CONSCIENCE ET REPRÉSENTATION

DANS LA MÊME COLLECTION

*Autour de l'*Esprit et le monde *de John McDowell*, sous la direction de A. Le Goff et Chr. Al-Saleh, 2013, 302 pages

BONICCO-DONATO (C.), *Une archéologie de l'interaction*, 2016, 250 pages

CHAUVIER (S.), *Le sens du possible*, 2010, 272 pages

DEBAISE (D.), *Un empirisme spéculatif. Lecture de* Procès et réalité *de Whitehead*, 2006, 192 pages

GOODMAN (N.), *La structure de l'apparence*, traduction coordonnée par J.-B. RAUZY, 2004, 352 pages

HALIMI (B.), *Le Nécessaire te l'universel. Analyse et critique de leur corrélation*, 2013, 256 pages

Herbert Feigl. De la physique au mental, édité par B. ANDRIEU, 2006, 224 pages

HUTCHESON (F.), *Système de philosophie morale,* introduction, traduction et notes de J. SZPIRGLAS, 2016, 656 pages

La philosophie en Pologne, 1918-1939, sous la direction de R. POUIVET et M. REBUSCHI, 2006, 256 pages

La philosophie naturelle de Robert Boyle, édité par M. DENNEHY et Ch. RAMOND, 2009, 416 pages

LEMAIRE (S.), *Les désirs et les raisons. De la délibération à l'action*, 2008, 256 pages

MCDOWELL (J.), *L'esprit et le monde*, traduction de Ch. Al-Saleh, 2007, 240 pages

PERRIN (D.), *Le flux et l'instant. Wittgenstein aux prises avec le mythe du présent*, 2007, 256 pages

Philosophie française et philosophie écossaise, 1750-1850, édité par E. AROSIO et M. MALHERBE, 2007, 224 pages

REID (T.), *Essais sur les pouvoirs actifs de l'homme (1788)*, traduction de G. KERVOAS et E. LE JALLE, 2009, 398 pages

– *Recherches sur l'entendement humain d'après les principes du sens commun (1764)*, introduction, traduction et notes de M. MALHERBE, 2012, 264 pages

SEGUY-DUCLOT (A.), *Recherches sur le langage*, 2011, 304 pages

SCHMITZ (F.), *Le Cercle de Vienne*, 2009, 432 pages

SWINBURNE (R.), *La probabilité du théisme*, traduction de P. CLAVIER, 2015, 440 pages

THOMAS-FOGIEL (I.), *Référence et autoréférence. Étude sur le thème de la mort en philosophie dans la pensée contemporaine*, 2005, 336 pages

VERNANT (D.), *Discours et vérité. Analyses pragmatique, dialogique et praxéologique de la véridicité*, 2009, 272 pages

WHITE (M.), *Une philosophie de la culture. Du point de vue pragmatiste*, traduction de G. KERVOAS, 2006, 192 pages

WHITEHEAD (A.N.), *Modes de pensée*, traduction et notes de H. VAILLANT, préface de G. DURAND, 2004, 208 pages

WITTGENSTEIN (L.), *Dictées à Friedrich Waismann et pour Moritz Schlick*, 2015, 384 pages

ANALYSE ET PHILOSOPHIE

Fondateur : Michel MALHERBE — Directeur : Laurent JAFFRO

CONSCIENCE ET REPRÉSENTATION

INTRODUCTION AUX THÉORIES REPRÉSENTATIONNELLES DE L'ESPRIT

Sous la direction de
Arnaud DEWALQUE et **Charlotte GAUVRY**

Ouvrage cofinancé par
l'Université de Liège et l'Union Européenne

PARIS
LIBRAIRIE PHILOSOPHIQUE J. VRIN
6 place de la Sorbonne, V^e^

2016

Imprimé en France

ISSN 1624-2459
ISBN 978-2-7116-2678-6

www.vrin.fr

INTRODUCTION

LES THÉORIES REPRÉSENTATIONNELLES

Ce recueil a pour ambition d'introduire le lecteur à un ensemble de théories connues sous le nom de *théories représentationnelles de l'esprit*. L'objectif poursuivi est double. Il s'agit, d'une part, de rendre compte de certaines avancées récentes dans le champ de la philosophie de l'esprit et, d'autre part, d'évaluer la pertinence et les limites de l'approche représentationnelle.

Il n'est sans doute pas faux de dire que cette approche en est venue à constituer, ces dernières années, une « nouvelle orthodoxie » parmi les philosophes travaillant dans ce domaine. Le *credo* des théories représentationnelles est que l'esprit humain se caractérise fondamentalement par sa capacité à représenter quelque chose comme étant d'une certaine manière. De façon polémique, les partisans de cette approche soutiennent que la capacité de l'esprit à produire une expérience consciente (disons, pour faire bref, la capacité que nous avons à *ressentir* quelque chose) est elle-même interprétable à partir de son pouvoir représentationnel. En un mot, c'est dans la mesure seulement où l'esprit *représente* quelque chose qu'il serait aussi *conscient*.

Cette dernière idée a suscité de riches controverses qui ont donné naissance à différentes *variétés* de théories représentationnelles concurrentes. Mais elle a aussi donné lieu à d'importantes *objections* de la part de philosophes défendant des approches alternatives, distinctes de l'orthodoxie représentationaliste (comme l'intentionalisme modal), voire franchement opposées à elle (comme le réalisme empirique et le contextualisme). Nous détaillerons toutes ces positions ci-dessous. Avant toute chose, il n'est sans doute pas inutile de rattacher les théories représentationnelles au programme de recherche dont elles tirent leur impulsion initiale, à savoir la quête d'une théorie de la conscience.

VERS UNE THÉORIE DE LA CONSCIENCE

Au cours des trois dernières décennies, le paysage de la philosophie analytique de l'esprit s'est profondément modifié. Auparavant dominé par le béhaviorisme logique, le matérialisme et le fonctionnalisme, il se structure aujourd'hui autour de questions et de perspectives théoriques nouvelles, essentiellement liées aux notions de *conscience* et de *représentation*.

Le terme « conscience » est notoirement plurivoque. Le concept qui a surtout occupé les philosophes contemporains est celui de « conscience phénoménale » (*phenomenal consciousness*). L'expression est utilisée pour désigner une caractéristique (ou un ensemble de caractéristiques) présentée(s) par certains états mentaux au moins. La meilleure manière de clarifier provisoirement la notion est d'introduire quelques exemples classiques [1].

Depuis les articles pionniers de Thomas Nagel (1974) et de Franck Jackson (1982) [2], l'idée s'est largement répandue qu'il y a une différence significative entre le fait de vivre soi-même un état mental « à la première personne » – d'en *faire l'expérience* – et le fait de se représenter ou de décrire cet état mental « à la troisième personne ». Vraisemblablement, comme l'a suggéré Nagel, savoir que les chauves-souris se déplacent par écholocalisation n'est pas la même chose que faire soi-même l'expérience du déplacement par écholocalisation (une expérience que nous ne pouvons pas faire en vertu de notre constitution physiologique naturelle). Similairement, comme l'a suggéré Jackson, on peut étudier la perception des couleurs sans avoir jamais vu du rouge; mais avoir une connaissance parfaite de l'état neurophysiologique dans lequel se trouve quelqu'un qui voit du rouge n'est pas la même chose que voir du rouge « de nos propres yeux ».

1. Dans un second temps, le concept de conscience phénoménale devra être explicitement distingué d'autres concepts de conscience. Voir *infra*, p. 21.

2. T. Nagel, « What it is Like to be a Bat? », *Philosophical Review* 83/4, 1974, p. 435-450, trad. fr. P. Engel et C. Tiercelin, « Quel effet cela fait d'être une chauve-souris ? », dans *id.*, *Questions mortelles*, Paris, P.U.F., 1983, p. 391-404; F. Jackson, « Epiphenomenal Qualia », *Philosophical Quarterly* 32, 1982, p. 127-136.

Ces exemples se laissent aisément généraliser. Ainsi, lire la description que donne Proust de la jalousie éprouvée par Swann n'est pas la même chose qu'éprouver soi-même un sentiment de jalousie, quand bien même la description de Proust pourrait raviver en nous le souvenir de sentiments dont nous avons fait l'expérience dans le passé. Une manière de formuler les choses, donc, est de dire qu'il y a une différence entre comprendre la description d'une expérience vécue par quelqu'un et vivre soi-même cette expérience. Supposez, par exemple, que vous ayez mal à la tête et que vous alliez chez le médecin. Lorsque vous lui exposez les symptômes dont vous souffrez – une douleur lancinante, la sensation d'avoir la tête prise dans un étau, etc. –, vous lui fournissez une description plus ou moins fine de la douleur que vous éprouvez. Mais pour autant, et sauf concours de circonstances exceptionnel, le médecin n'a pas lui-même mal à la tête, ou du moins, il n'*éprouve* pas lui-même la douleur que vous décrivez. Il peut certes avoir une représentation de la douleur (quelle que soit la nature de cette représentation), mais il ne ressent pas lui-même la douleur; il n'est pas le *sujet* de la douleur.

On résume habituellement cette différence en disant que l'expérience vécue d'un état mental en première personne présente un caractère « subjectif » [1]. Le mal de tête se manifeste d'une certaine façon au sujet qui a mal à la tête, la jalousie à celui qui est jaloux, le rouge à celui qui a une sensation de rouge, etc. Bien plus, il semble y avoir un sens dans lequel tous ces termes (« mal de tête », « jalousie », « rouge ») renvoient, au moins partiellement, à un « ressenti subjectif » ou à une expérience subjective d'un certain type, à quelque chose qui se manifeste typiquement *pour un sujet* qui se trouve dans l'état en question. Dans ce sens précis, voir du rouge consiste (pour partie au moins) à avoir une certaine sensation, être jaloux consiste à éprouver un certain sentiment, et avoir mal à la tête consiste à ressentir une certaine douleur localisée dans la tête. Bien sûr, la dimension d'expérience vécue n'épuise certainement pas tout ce qu'il y a à dire sur ces états. Ces derniers s'accompagnent aussi normalement de manifestations physiologiques déterminées. Voir du rouge suppose une certaine excitation des fibres du nerf optique qui a généralement pour antécédent un stimulus externe, ressentir une douleur correspond à l'activation d'une certaine région cérébrale, etc. Mais il semble plausible de soutenir que *l'expérience subjective est au moins autant constitutive de ces états que leurs conditions physiques ou physiologiques*.

Lorsque les philosophes de l'esprit parlent de « conscience phénoménale » ou d' « effet que cela fait » d'être dans tel ou tel état mental, ils

1. T. Nagel, « What it is Like to be a Bat ? », art. cit., p. 436, trad. fr., p. 392.

pensent généralement à ce ressenti subjectif qui est présent lorsque nous sommes nous-mêmes les sujets de l'état en question et qui fait défaut lorsque ce n'est pas le cas. Nagel, par exemple, considère qu' « un organisme a des états mentaux conscients si cela lui fait un certain effet d'*être* cet organisme – un certain effet *pour* l'organisme » [1]. Parallèlement, on peut comprendre l'adjectif *phénoménal*, dans l'expression « conscience phénoménale », de la manière suivante : lorsque je vois du rouge ou lorsque j'éprouve un sentiment de jalousie, j'ai conscience de quelque chose qui m'*apparaît* en propre et que *je ressens* moi-même. En un mot, parler de phénoménalité et de conscience phénoménale signifie minimalement que quelque chose *se manifeste* (au sens le plus large) à quelqu'un [2].

La notion de conscience phénoménale n'est toutefois pas épuisée par cette idée d'apparition ou de manifestation subjective. Une autre idée associée à cette notion est que l'expérience subjective que je vis en ce moment ne se distingue pas seulement numériquement (ou quantitativement) de mes autres expériences vécues, mais s'en différencie aussi *qualitativement*. Trivialement, voir du rouge n'est pas la même chose que voir du bleu ni qu'entendre la note *do*, et ce n'est pas la même chose, *a fortiori*, qu'être jaloux ou en colère (même si l'on se sert parfois de l'expression métaphorique « voir rouge » pour caractériser un état affectif comme la colère). Au sens phénoménal, le mot « rouge » désigne littéralement une certaine « qualité » chromatique, qui se distingue des autres qualités visuelles, auditives, tactiles, etc. De même, il y a un sens à dire que la jalousie se distingue qualitativement des autres sentiments comme la colère ou la joie. L'effet que cela fait d'être jaloux n'est pas le même que l'effet que cela fait d'être joyeux. Il y a, entre les deux expériences, une différence qualitative considérable. Bref, la notion de conscience phénoménale est aussi associée à l'idée que, ce qui se manifeste à nous dans l'expérience vécue, ce sont toujours certains aspects qualitatifs déterminés.

Ces observations préliminaires suggèrent que le concept de conscience phénoménale est appelé à jouer au moins un double rôle dans le cadre d'une théorie de l'esprit. D'abord (a), il doit servir à rendre compte de la différence entre un état mental vécu ou « ressenti » en première personne

1. T. Nagel, « What it is Like to be a Bat ? », art. cit., p. 436. L'expression quelque peu énigmatique « effet que cela fait » provient de B. Farrell, « Experience », *Mind* 49, 1950, p. 170-198, rééd. dans V. C. Chappel (ed.), *The Philosophy of Mind*, New Jersey, Prentice-Hall, 1962. Elle a été popularisée par Nagel.

2. Nous verrons plus loin que la phénoménalité n'est pas forcément restreinte aux domaines des sensations et des sentiments, même si ces domaines offrent des exemples privilégiés.

(*caractère subjectif de l'expérience*) et un état mental dont ce n'est pas le cas. Ensuite (b), il doit servir à rendre compte de la différence qualitative entre les différents états mentaux dont nous faisons l'expérience (*caractère qualitatif de l'expérience*). Une théorie de l'esprit qui ferait l'économie de ces considérations, pourrait-on alléguer, courrait le risque de rester aveugle à ces différences. Or, précisément, il y a des raisons de penser que ces différences ne sont pas accessoires. Elles semblent être au contraire pleinement constitutives de notre vie mentale ou, au moins, de certains de ses aspects les plus essentiels.

Dans la littérature, la manière dont le caractère subjectif de l'expérience et son caractère qualitatif se rapportent l'un à l'autre n'est pas parfaitement claire. Comme le suggère Uriah Kriegel, les philosophes de l'esprit, en parlant de conscience phénoménale, mettent l'accent tantôt sur le premier aspect, tantôt sur le second [1]. Plus généralement encore, il est clair que parler de conscience phénoménale équivaut simplement à mettre un nom sur une difficulté. Pour l'extrême majorité des philosophes, l'expression ne désigne pas un *explanans*, mais un *explanandum*. À supposer, en effet, que les états mentaux soient typiquement quelque chose dont on fait soi-même l'expérience – à supposer, plus exactement, que certains d'entre eux au moins présentent une dimension phénoménale ou « expérientielle » –, la question qui se pose est naturellement de savoir comment rendre compte de cette dimension de façon théorique ou « objective ». Comment expliquer la différence entre vivre soi-même un état mental et se représenter un état mental sans le vivre ? Et comment expliquer la différence qualitative, disons, entre éprouver de la jalousie et éprouver de la joie ? Telles sont, au fond, les questions principales qui se cachent derrière les investigations contemporaines dédiées à la conscience phénoménale.

L'un des enjeux, à cet égard, est d'intégrer la conscience dans une théorie générale du mental ou de l'esprit qui soit conforme à la vision du monde fournie par les « sciences physiques » (*physicalisme*) [2]. Fournir une

1. *Cf.* U. Kriegel, *Subjective Consciousness. A Self-Representational Theory*, Oxford, Oxford University Press, 2009, p. 1 *sq.* (traduction dans ce volume). Indépendamment d'analyses isolées de ce genre (voir aussi T. Crane, *Elements of Mind*, Oxford, Oxford University Press, 2001), l'usage des adjectifs « phénoménal », « subjectif », « qualitatif » et « expérientiel » demeure regrettablement flottant et n'est pas unanimement fixé dans la littérature.

2. Par « physicalisme », on entend habituellement deux choses : soit l'idée que l'ensemble de ce qui existe dans le monde est de nature physique (le physicalisme, entendu en ce sens, est une forme de monisme ontologique, que l'on oppose traditionnellement au dualisme cartésien des substances), soit l'idée qu'une théorie de l'esprit peut être construite purement dans le langage des « sciences physiques » (physique, chimie, biologie, neuro-

théorie de la conscience phénoménale en ce sens semble être, de prime abord, une tâche simultanément indispensable et extraordinairement complexe, voire insurmontable. La raison en est que le type d'explication privilégié dans les sciences physiques est une explication réductive, qui consiste à réduire les phénomènes étudiés à leur structure physique sous-jacente. Les propriétés d'une substance chimique comme l'ammoniaque – par exemple, son état liquide ou gazeux dans des conditions données – peuvent vraisemblablement être expliquées en invoquant la structure moléculaire de l'ammoniaque (NH_3). Un macro-phénomène ou un phénomène de niveau supérieur (l'état liquide ou gazeux) est expliqué en étant réduit à un état microscopique de niveau inférieur (la structure moléculaire). Pareillement, les sciences cognitives peuvent essayer d'expliquer des phénomènes comme la perception ou la mémoire en les rapportant à des états du cerveau.

Or, précisément, il semble qu'une explication réductive de ce type ne fonctionne pas pour la conscience phénoménale. Avoir une odeur âcre désagréable est une propriété phénoménale de l'ammoniaque, une propriété que l'ammoniaque manifeste pour quelqu'un qui ressent l'effet que cela fait de sentir de l'ammoniaque. Et rien, dans la structure moléculaire de l'ammoniaque, ne permet de prédire ou d'expliquer qu'il possède une odeur âcre désagréable [1]. La même idée sous-tend les analyses de Nagel et Jackson. Même si, par hypothèse, un scientifique disposait d'une connaissance parfaite des mécanismes physiologiques sous-jacents au déplacement par écholocalisation ou à la perception du rouge, ce scientifique ne pourrait toujours pas expliquer pourquoi cela fait tel effet, pour le sujet, de se déplacer par écholocalisation ou de voir du rouge.

Ces considérations laissent penser que la conscience phénoménale résiste à toute explication réductive. Comme le dit Nagel, sans la conscience phénoménale, le problème corps-esprit perd beaucoup de son intérêt ; mais avec la conscience phénoménale, il paraît « sans espoir de solution » [2]. Rosenthal, lui aussi, a bien résumé la situation : « Aucun

physiologie, etc.). En un mot, le terme « physicalisme » a une acception ontologique et une acception épistémologique.

1. Nous empruntons cet exemple à C. D. Broad, *The Mind and its Place in Nature*, London, Kegan Paul, 1925, p. 71.

2. T. Nagel, « What it is Like to be a Bat ? », art. cit., p. 436, trad. fr., p. 392. L'idée que la conscience rend l'esprit humain incompréhensible était déjà avancée par le physiologiste Emil Du Bois-Reymond dans sa célèbre conférence de 1872 sur les « limites » des sciences naturelles, cf. *Über die Grenzen des Naturerkennens*, Leipzig, Veit & Comp, 1872, p. 28-29, trad. fr. (anonyme), « Les bornes de la philosophie naturelle », *Revue scientifique de la France et de l'étranger*, 2e série, 15, 1874, p. 343 : « Un cerveau privé de conscience pour

phénomène mental n'est plus central à la compréhension adéquate de l'esprit que la conscience. Et aucun phénomène mental ne semble plus rétif à un examen théorique que cette dernière »[1]. Réputée non théorisable, la dimension subjective de l'expérience est ainsi apparue comme l'un des principaux obstacles à une théorie naturaliste ou physicaliste du mental. Il est en conséquence bien compréhensible que les philosophes de l'esprit aient concentré leurs efforts sur l'étude de la conscience phénoménale dans l'espoir de supprimer, de contourner ou de surmonter l'obstacle.

Les tentatives qui ont été faites en ce sens sont multiples. Elles ont d'abord donné naissance à plusieurs options de nature métaphysique et épistémologique, comme le naturalisme éliminativiste de Daniel Dennett (un état est conscient lorsqu'il accède à une certaine « notoriété » dans le cerveau, toute autre propriété soi-disant phénoménale est un « feu follet » ou une illusion de théoricien), le mystérianisme de Colin McGinn (la conscience est un phénomène naturel que nous ne pourrons jamais expliquer, un « mystère »), ou encore le dualisme naturaliste de David Chalmers (la conscience est un phénomène naturel explicable à condition d'en chercher une explication non réductive)[2]. Ces diverses options, sur lesquelles nous ne reviendrons pas ici, ont généré une abondante littérature et sont relativement connues, y compris dans le monde francophone[3].

une raison quelconque, par exemple dormant sans rêver, n'aurait plus rien de caché pour qui le connaîtrait astronomiquement [= parfaitement] ».

1. D. Rosenthal, « Two Concepts of Consciousness », *Philosophical Studies* 49, 1986, p. 329, trad. fr. D. Ipperciel, « Deux concepts de conscience », dans D. Fisette et P. Poirier (éd.), *Philosophie de l'esprit*, t. II : *Problèmes et perspectives*, Paris, Vrin, 2003, p. 151.

2. Voir D. Dennett, *Consciousness Explained*, Boston, Little, Brown and Company, 1991, trad. fr. P. Engel, *La Conscience expliquée*, Paris, Odile Jacob, 1993 ; *id.*, *Sweet Dreams. Philosophical Obstacles to a Science of Consciousness*, Cambridge (Mass.), MIT Press, 2005, trad. fr. C. Pichevin, *De beaux rêves. Obstacles philosophiques à une science de la conscience*, Paris, L'Éclat, 2008 ; rééd. Paris, Gallimard, « folio essais », 2012 ; C. McGinn, *The Character of Mind*, Oxford, Oxford University Press, 1982, [2]1996 ; *id.*, *The Problem of Consciousness*, Oxford, Blackwell, 1991 ; D. Chalmers, *The Conscious Mind*, Oxford, Oxford University Press, 1996, trad. fr. S. Dunand, *L'Esprit conscient*, Paris, Ithaque, 2010. L'expression « mystérianisme » a été forgée par O. Flanagan, *Consciousness Reconsidered*, Cambridge (Mass.), MIT Press, 1993, p. 9. Flanagan distingue le « nouveau mystérianisme », qui est une forme de monisme naturaliste (la conscience est un phénomène naturel), et l'« ancien mystérianisme », qui est dualiste (la conscience est incompréhensible car elle possède des propriétés non naturelles).

3. Les traductions françaises mentionnées dans la note précédente en témoignent. Pour un aperçu en français, on pourra se reporter aux volumes édités par Denis Fisette et Pierre Poirier : *Philosophie de l'esprit*, t. I et t. II, Paris, Vrin, 2002 et 2003. Voir aussi le t. III, en préparation, qui porte sur la conscience dans une perspective assez différente de celle adoptée ici.

Cependant, plus ou moins au moment où ces théories se mettaient en place, on a vu surgir un ensemble de préoccupations nouvelles, qui allaient renouveler en profondeur les débats. Ces préoccupations ont notamment été motivées par une exigence de nature descriptive. Certains auteurs soutiennent, en effet, qu'avant même d'adopter une position métaphysique ou épistémologique déterminée, il convient d'accomplir une *tâche préalable*, qui est de *décrire* les aspects constitutifs du mental et la manière dont ils sont connectés les uns aux autres. L'idée est fondamentalement la suivante : avant de chercher à expliquer la conscience phénoménale, il faudrait d'abord s'entendre sur ce qu'elle est ; il faudrait d'abord savoir de quoi on parle au juste lorsqu'on parle de conscience phénoménale ou d'effet que cela fait. Bref, avant de chercher à expliquer les phénomènes en question, il faudrait clarifier leur nature.

Cette exigence descriptive ne vient pas seulement, comme on pourrait s'y attendre, d'auteurs proches de la tradition phénoménologique[1]. D'autres voix se sont fait entendre récemment en ce sens. C'est notamment le cas de Graham, Horgan et Tienson. Selon eux, la métaphysique de l'esprit doit être précédée par une clarification préalable destinée à fixer ce que l'on entend au juste par un terme comme « mental » :

> Le matérialisme a certaines caractéristiques saillantes qui le rendent attractif aux yeux de beaucoup de philosophes. Et il fournit un programme de recherche métaphysique qui est largement encouragé. Mais, d'après notre conception, un prélude important à la métaphysique de l'esprit, qu'elle soit matérialiste ou autre, est l'obligation que nous avons de commencer par concevoir correctement ce qui fait du mental quelque chose de « mental » ou, à tout le moins, de « mental au sens paradigmatique du terme ». Pour nous, c'est la présence interdépendante de la conscience et de l'intentionnalité. Le mental est mental car il est conscient et possède une structure intentionnelle[2].

Bien qu'elles soient surtout motivées par le naturalisme ambiant, les théories représentationnelles de la conscience phénoménale, qui font l'objet du présent recueil, répondent partiellement à ce *desideratum*.

1. Parmi les contemporains, Dan Zahavi plaide explicitement pour une approche phénoménologique en philosophie de l'esprit. Voir, notamment, S. Gallagher et D. Zahavi, *The Phenomenological Mind*, London, Routledge, 2008, p. 6 : « L'une des idées sous-jacentes de la phénoménologie est que la préoccupation pour ces problèmes métaphysiques tend à dégénérer en discussions hautement techniques et abstraites qui perdent tout contact avec le véritable thème : l'*expérience* ».

2. G. Graham, T. Horgan et J. Tienson, « Consciousness and Intentionality », dans M. Velmans et S. Schneider (eds.), *The Blackwell Companion to Consciousness*, Oxford, Blackwell, 2007, p. 482 (traduction dans ce volume, p. 250).

Ces théories ont littéralement explosé à partir du milieu des années 1990. L'idée qui les anime est que la manière la plus prometteuse de rendre compte de la conscience phénoménale est d'analyser les expériences subjectives en termes de représentations ou en termes de « direction intentionnelle ». Elles suggèrent ainsi qu'un état mental est un état représentationnel, et que le « ressenti subjectif » qui caractérise certains états mentaux conscients n'est lui-même rien d'autre qu'une manière de représenter le monde. Le représentationalisme contemporain soutient en effet qu'avoir l'expérience d'un mal de tête, pour reprendre cet exemple, équivaut à se représenter quelque chose et donc, en ses termes, à être intentionnellement dirigé vers quelque chose. C'est pourquoi ces théories sont parfois rassemblées sous le label de « représentationalisme » ou d'« intentionalisme »[1].

L'apparition des théories représentationnelles a profondément bouleversé la position même de ce que Chalmers appelait le « problème difficile » (*hard problem*) de la conscience. Comme nous le verrons en détail plus loin, l'approche représentationnelle est toutefois loin de faire l'unanimité. Elle comporte en outre plusieurs variantes concurrentes.

Historiquement, l'une des premières versions de l'approche représentationnelle est celle développée par David Malet Armstrong dans *A Materialist Theory of the Mind* (1968). Selon Armstrong, il y a une différence entre vivre un état mental de façon consciente et vivre le même état mental sans s'en apercevoir. Aussi y aurait-il, par exemple, des perceptions inconscientes. L'exemple d'Armstrong, devenu célèbre, est celui d'un conducteur qui, au moment d'arriver à destination, réalise qu'il a parcouru une partie du chemin sans s'en être aperçu :

> C'est quelque chose qui peut arriver lorsqu'on conduit sur de très longues distances dans des conditions monotones. On peut « parvenir à » un certain point et réaliser qu'on a conduit de nombreux kilomètres sans avoir eu conscience de conduire ni, peut-être, de quoi que ce soit d'autre. On a gardé

1. On ne confondra pas ici le représentationalisme contemporain avec le représentationalisme classique, habituellement associé aux empiristes britanniques. Le représentationalisme classique réside essentiellement dans la thèse selon laquelle l'esprit ne se rapporte directement ou immédiatement qu'à des représentations ou à des *ideas*. Le représentationalisme contemporain, de son côté, stipule que faire l'expérience d'un état mental équivaut à se représenter quelque chose ou à être intentionnellement dirigé vers quelque chose. En outre, pour les défenseurs du représentationalisme standard (Fred Dretske, Michael Tye, Gilbert Harman et d'autres), il n'y a justement pas lieu de faire de distinction entre représentationalisme et intentionalisme. Cette position est toutefois contestée par d'autres auteurs, notamment par Tim Crane, qui défend une forme spécifique d'intentionalisme admettant la distinction entre mode, contenu et objet intentionnels. Voir *infra*, p. 46-49.

la voiture sur la route, changé les vitesses, même, ou utilisé le frein, mais tout cela dans un état d'« automatisme »[1].

Pour Armstrong, une théorie satisfaisante de l'esprit doit rendre compte de la conscience, c'est-à-dire, par exemple, de la différence entre percevoir quelque chose consciemment et percevoir quelque chose sans en avoir conscience. Si l'on admet qu'un état mental est un état interne apte à produire certains comportements (un état interne qu'Armstrong identifie à un état du cerveau), alors un état mental *conscient* doit être quelque chose de plus.

La solution d'Armstrong s'inspire de la théorie du « sens interne » que l'on fait habituellement remonter à John Locke. Dans son *Essai sur l'entendement humain*, Locke affirme que « la conscience est la perception de ce qui se passe pour un homme dans son propre esprit »[2]. Ainsi, soutient à son tour Armstrong, vivre un état mental de façon consciente équivaut à percevoir que l'on est dans cet état mental – donc, d'une certaine manière, à *se représenter* que l'on est dans cet état mental. D'après cette conception, le conducteur attentif ne se représenterait pas seulement la route ; en ayant conscience qu'il perçoit la route, il se représenterait aussi sa représentation de la route. Selon ce modèle, la conscience serait donc assimilable à une représentation d'ordre supérieur (une représentation de représentation), elle-même analogue à une perception[3]. Le point essentiel est qu'à côté d'une représentation dirigée vers la route, il y aurait une représentation dirigée vers l'état interne « représentation de la route ». La conscience pourrait ainsi être comprise en termes représentationnels.

L'exemple d'Armstrong a fait couler beaucoup d'encre. Cela dit, la version du représentationalisme contemporain qui a connu le plus de

1. D. M. Armstrong, *A Materialist Theory of the Mind*, London, Routledge, [1]1968, p. 93.

2. J. Locke, *An Essay Concerning Human Understanding* (1690), Livre 2, chap. premier, § 19, rééd. par P. H. Nidditch, Oxford, Oxford University Press, 1975, trad. fr. J.-M. Vienne, *Essai sur l'entendement humain. Livres I et II*, Paris, Vrin, 2001, p. 180. Contrairement à l'hypothèse d'Armstrong, Locke soutient aussi qu'« il est impossible à quiconque de percevoir sans percevoir qu'il perçoit » (*ibid.*, trad. fr., p. 520). Il n'y aurait donc pas de perception inconsciente, contrairement à ce que suggère l'exemple du conducteur. Comme on sait, la thèse qu'il n'y a pas d'état mental non perçu (non conscient) a été reprise et développée par Franz Brentano, *Psychologie vom empirischen Standpunkt*, Leipzig, Duncker & Humblot, 1874, rééd. 1911, trad. fr. M. de Gandillac, revue par J.-F. Courtine, *Psychologie du point de vue empirique*, Paris, Vrin, 2008.

3. Voir D. M. Armstrong, *A Materialist Theory...*, *op. cit.*, p. 94 : « Je suggère que la conscience n'est rien d'autre que l'*aperception* [awareness] (perception) des états mentaux internes par la personne dont ce sont les états ». Voir aussi *id.*, *The Nature of Mind and Other Essays*, Cornell, Ithaca, 1981. Sur l'idée de représentations d'ordre supérieur, voir *infra*, p. 36 *sq.*, et toute la deuxième partie de ce recueil.

succès récemment est sans doute la version dite « standard » proposée indépendamment par Fred Dretske et Michael Tye dans deux ouvrages parus en 1995[1]. Selon eux, faire l'expérience d'un état mental, ce ne serait rien d'autre que se représenter le monde comme étant d'une certaine manière, donc se trouver dans un état intentionnel. Percevoir du rouge équivaudrait à se représenter tel objet – par exemple, cette rose – comme étant rouge ; éprouver de la jalousie équivaudrait à se représenter telle ou telle personne comme ayant certaines propriétés déterminées (être proche de l'être aimé, occuper une position jugée « enviable », etc.) ; même avoir mal à la tête serait interprétable comme une manière de se représenter quelque chose, à savoir se représenter une partie de notre propre corps comme étant affectée d'un certain dommage corporel. Dans tous les cas, la stratégie générale adoptée par les partisans des théories représentationnelles consiste à soutenir que la conscience phénoménale (la capacité à être le sujet d'une expérience) doit être comprise à partir de la capacité de l'esprit à se représenter le monde ou de sa capacité à être « dirigé vers » quelque chose.

Ces positions sont emblématiques de l'approche représentationnelle. Dans l'immédiat, il n'est certainement pas faux de dire que l'engouement suscité par ces théories a eu pour effet de réorienter les discussions récentes vers un ensemble de questions à la fois très générales et fondamentales : faire soi-même l'expérience de voir une rose rouge, est-ce simplement avoir une représentation au sens le plus large du terme ? Si oui, est-ce avoir (i) une représentation *de la rose rouge*, (ii) une représentation *de soi-même* en train de percevoir la rose rouge, ou (iii) les deux ? À supposer que la représentation de la rose rouge et la représentation de moi-même en train de percevoir visuellement soient deux actes de représentation distincts, quelle relation entretiennent-ils l'un envers l'autre ? À supposer, au contraire, qu'ils forment un seul et unique acte mental, quelles conclusions en tirer concernant le sens des notions de conscience et d'intentionnalité ? Ne faudrait-il pas en déduire que l'intentionnalité et la conscience sont liées de manière plus étroite que ne le pensent une bonne partie des auteurs contemporains ?

La meilleure manière d'aborder ces questions est certainement de repartir d'un problème de nature très générale, à savoir l'articulation entre ce qui est mental, ce qui est intentionnel et ce qui est conscient.

1. F. Dretske, *Naturalizing the Mind*, Cambridge (Mass.), MIT Press, 1995 ; M. Tye, *Ten Problems of Consciousness. A Representational Theory of the Phenomenal Mind*, Cambridge (Mass.), MIT Press, 1995. *Cf.* les traductions en première partie de ce recueil.

MENTAL, INTENTIONNEL, CONSCIENT

L'ambition générale qui anime la philosophie de l'esprit est de fournir une théorie scientifique complète et unifiée de l'esprit humain, une théorie susceptible de décrire sa nature et d'expliquer son fonctionnement. Par définition, une théorie *complète* doit rendre compte de tous les aspects ou de toutes les dimensions constitutives de l'esprit ; et une théorie *unifiée* doit intégrer ces dimensions au sein d'un seul cadre descriptif et explicatif. Appelons ces deux caractéristiques l'*exigence de complétude* et l'*exigence d'unification* (nous y reviendrons).

Selon une conception traditionnelle, l'esprit est caractérisé par deux ingrédients ou deux dimensions distinctes : l'intentionnalité et la conscience. L'idée, en somme, est que le mental est foncièrement *bi-dimensionnel* (*Figure 1*).

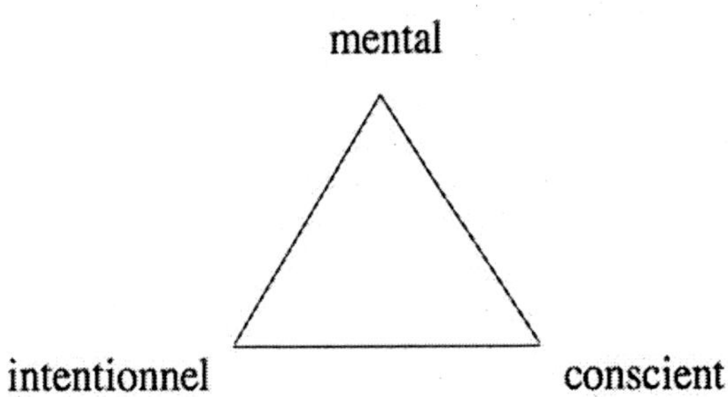

Figure 1

Comme on sait, « intentionnalité » est un terme technique censé désigner la capacité fondamentale que nous avons de nous rapporter au monde – ou encore : la propriété, exhibée par (au moins certains de) nos états mentaux, d'être à propos de quelque chose (*aboutness*) ou d'être dirigés vers quelque chose (*directedness*). On résume généralement cette idée en disant que toute croyance est croyance en quelque chose (ou que quelque chose est le cas), que tout désir est désir de quelque chose (ou que quelque chose soit le cas), etc.

La question de savoir si *tous* nos états mentaux sont intentionnels, ou si cette propriété n'est instanciée que par certains d'entre eux et non par d'autres, est une question controversée. On associe généralement la thèse de l'intentionnalité du mental à l'héritage de Franz Brentano. D'après Brentano, en effet, l'intentionnalité (ou, dans ses termes, l'inexistence intentionnelle) est « ce qui caractérise le mieux les phénomènes psychiques »[1]. Selon cette approche, tout ce qui compte comme mental est donc intentionnel (cette thèse est connue, dans la littérature, sous le nom de *thèse de Brentano*). De nombreux auteurs contemporains – à commencer par Dretske et Tye – considèrent précisément que cette thèse a ouvert la voie à un traitement *uniformément intentionnel* ou représentationnel de tous les états mentaux. Ils ont ainsi entrepris de montrer que les sensations, les sentiments et les douleurs (soit les états qui se distingueraient par des « qualités » ou des propriétés phénoménales) sont tout autant intentionnels que les croyances.

Mais la controverse, sur ce point, n'est pas nouvelle. L'idée que tout ce qui est mental est intentionnel avait déjà été remise en question par Edmund Husserl. D'une part, Husserl conteste l'intentionnalité des sensations ; d'autre part, il soutient avec Stumpf que, si certains sentiments sont de plein droit considérés comme intentionnels (la joie prise à l'audition d'une mélodie, etc.), il existe une autre classe d'états mentaux – les « sensations affectives » (*Gefühlsempfindungen*) – qui sont dépourvus d'intentionnalité[2]. Une conception similaire a été défendue par John Searle au début de son ouvrage sur l'intentionnalité. Dans un passage fameux pris pour cible par la plupart des partisans de l'approche représentationnelle, Searle soutient qu'un état d'exaltation ou de déprime peut très bien être dépourvu de direction intentionnelle, et donc se distinguer des autres états de manière purement qualitative ou phénoménale[3].

L'un des enjeux de ce débat est naturellement de savoir quels sont les *critères* qui permettent de distinguer les états mentaux les uns des autres et, par conséquent, de les répartir en classes distinctes. Il est aussi de savoir ce qui individue les états mentaux, ce qui fait d'eux les états mentaux qu'ils sont. L'option la plus « libérale » consiste à dire que les états mentaux pourraient bien être individués tantôt par leur contenu intentionnel (une croyance diffère d'une autre en vertu d'un contenu intentionnel différent : on peut croire que *p*, que *q*, etc.), tantôt par leur caractère phénoménal (une

1. F. Brentano, *Psychologie vom empirischen Standpunkt*, *op. cit.*, rééd. 1911, p. 137, trad. fr., p. 110.

2. E. Husserl, *Logische Untersuchungen*, t. II/1, Leipzig, Niemeyer, 1993, p. 392, trad. fr. H. Élie *et alii*, *Recherches logiques*, t. II/2, Paris, P.U.F., 1961, rééd. 2002, p. 196 : « Quand nous nous brûlons, la sensation de douleur ne peut assurément être mise sur le même plan qu'une conviction, une présomption, une volition, etc., mais elle est sur le même plan que des contenus sensoriels comme le rugueux ou le poli, le rouge ou le bleu, etc. ».

3. J. Searle, *Intentionality. An Essay in the Philosophy of Mind*, Cambridge, Cambridge University Press, 1983, p. 2, trad. fr. C. Pichevin, *L'Intentionalité. Essai de philosophie des états mentaux*, Paris, Minuit, 1985, p. 16.

douleur diffère d'une autre en vertu de sa qualité différente : lancinante, sourde, aigüe, etc.), tantôt par d'autres facteurs encore (comme le mode ou l'attitude intentionnelle, etc.) [1].

Quoi qu'il en soit, la question reste encore ouverte aujourd'hui de savoir si les adjectifs « mental » et « intentionnel » sont coextensifs (*Figure 2*). De manière générale, les croyances et les désirs sont habituellement traités comme des états mentaux *paradigmatiquement* intentionnels – *i.e.*, des états qui présentent, de façon non controversée, une structure intentionnelle. Ainsi, si je crois que Paris est en France, ma croyance a un contenu intentionnel déterminé (<que Paris est en France>), susceptible d'être évalué comme vrai ou faux. Pareillement, si je me trouve sur le quai de la gare et si je désire que le train arrive, mon désir a un contenu intentionnel déterminé (<que le train arrive>), susceptible d'être satisfait ou non par l'état du monde [2]. En revanche, l'intentionnalité des sentiments, comme le fait de se sentir subitement déprimé ou joyeux (Searle), ou celle des sensations corporelles, comme le fait d'éprouver une douleur cuisante lorsqu'on se cogne le pied ou d'éprouver une sensation diffuse de nausée, a été contestée par certains auteurs et défendue par d'autres. Certains encore, comme Charles Travis (voir *infra*), vont même jusqu'à contester l'association mental/intentionnel.

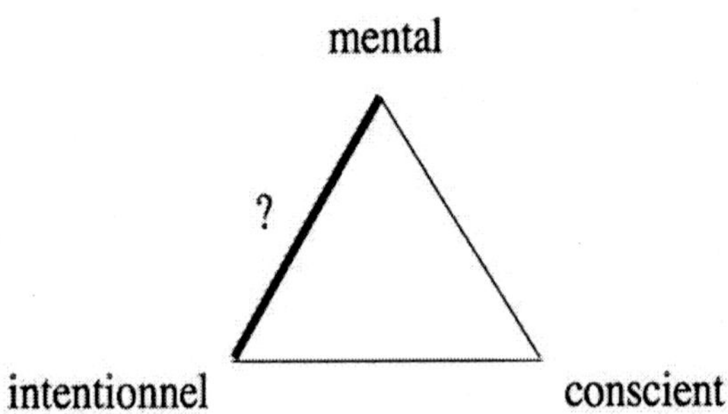

Figure 2

1. La position des représentationalistes de premier ordre, sur ce point, est claire : un état mental se distingue d'un autre en vertu de son seul contenu intentionnel, c'est-à-dire en vertu seulement de la manière dont il représente le monde. Voir *infra*, p. 30 *sq*.

2. La différence entre les états du genre des croyances et les états du genre des désirs a été thématisée par Searle en termes de « direction d'ajustement » (*direction of fit*) : si les croyances s'accordent ou non au monde, c'est le monde qui satisfait ou non nos désirs. La direction d'ajustement est inversée. Cette différence est une différence relative à l'attitude intentionnelle. Voir J. Searle, *Intentionality*, *op. cit.*

Cela étant dit, les discussions les plus âpres se sont focalisées, récemment, sur un autre terme du triangle : ce qui est conscient. Comme on l'a signalé d'emblée, le terme « conscience » est notoirement ambigu, et la notion de « conscience phénoménale » a été récemment distinguée de plusieurs notions connexes. Les efforts de clarification, dans la littérature, ont heureusement abouti à une taxonomie qui est assez largement partagée par les plupart des philosophes de l'esprit, et qui repose sur différents usages possibles de l'adjectif « conscient ».

D'abord, une première distinction usuelle est due à David Rosenthal (1990)[1]. Elle provient du fait que l'adjectif « conscient » peut s'appliquer aussi bien à un individu ou à une « créature » (*creature consciousness*) qu'à un état mental (*state consciousness*). Je peux dire de mon chat, par exemple, qu'il est conscient ou qu'il est une créature consciente. Mais je peux aussi dire d'un désir qu'il est conscient. Techniquement, on dira que le fait d'être conscient est une propriété qui peut être instanciée par deux types d'entités : les êtres vivants, d'une part ; les états et les actes mentaux, d'autre part (quel que soit, par ailleurs, le statut ontologique qu'on accorde à ce genre d'« entités » – *i.e.*, qu'on les réduise ou non à des états cérébraux).

Comme le remarque Rosenthal, cette première distinction ne suffit toutefois pas à lever les ambiguïtés, car l'adjectif « conscient », dans chacun de ces cas, peut encore revêtir plusieurs significations. Une *créature* peut être dite « consciente » en deux sens : (i) au sens transitif, on dira qu'une créature comme mon chat est consciente *de* son environnement (conscience transitive), par exemple de la souris qui se cache derrière le buffet ; (ii) au sens intransitif, on dira qu'une créature est « consciente » *tout court*, dans la mesure où elle ne se trouve pas profondément endormie ou dans un état comateux (conscience intransitive). Contrairement à la langue française, la langue anglaise dispose de deux termes correspondant à la conscience transitive et à la conscience intransitive : *awareness of* et *awakeness*. Naturellement, ces deux sens ne s'excluent pas : à l'état de veille, mon chat est à la fois conscient *de* son environnement et conscient *tout court*.

Par ailleurs, un *état mental*, à son tour, peut être dit « conscient » en deux sens différents. Cette dernière distinction a été introduite par

1. D. Rosenthal, « A Theory of Consciousness », Bielefeld, Center for Interdisciplinary Reseach (ZiF), Technical Report 40, 1990, republié dans N. Block *et alii* (eds.), *The Nature of Consciousness : Philosophical Debates*, Cambridge (Mass.), MIT Press, 1997, § 1. Voir aussi le texte de Rosenthal traduit dans ce volume, p. 225-250.

Ned Block dans un article célèbre (1995)[1]. (iii) En un premier sens, un état mental est conscient si et seulement si le fait d'être dans cet état mental s'accompagne d'un « ressenti distinctif » (*distinctive feel*). Comme on l'a suggéré ci-dessus, on parle à cet égard d'expérience subjective, de « caractère phénoménal » de l'expérience, ou encore de « conscience phénoménale ». (iv) Block distingue en outre la conscience phénoménale de la « conscience d'accès » (*access consciousness*) : un état mental est conscient, en ce dernier sens, si et seulement s'il est « disponible » pour des processus cognitifs (raisonnements, etc.). Une fois encore, ces deux sens du terme « conscient » ne s'excluent pas automatiquement, et on peut très bien soutenir qu'un état n'est phénoménalement conscient que s'il est accessible à la conscience[2].

Quoi qu'il en soit, la question de savoir si *tous* nos états mentaux présentent un caractère conscient est, là aussi, une question controversée. Autrement dit, la question reste ouverte de savoir si les adjectifs « mental » et « conscient » sont co-extensifs (*Figure* 3). On aborde habituellement ce problème par le biais de la question suivante : existe-t-il des états mentaux inconscients, c'est-à-dire essentiellement des états dans lesquels nous nous trouvons mais auxquels nous n'avons pas *accès* d'un point de vue cognitif (des états inconscients au sens de la conscience d'accès) ?

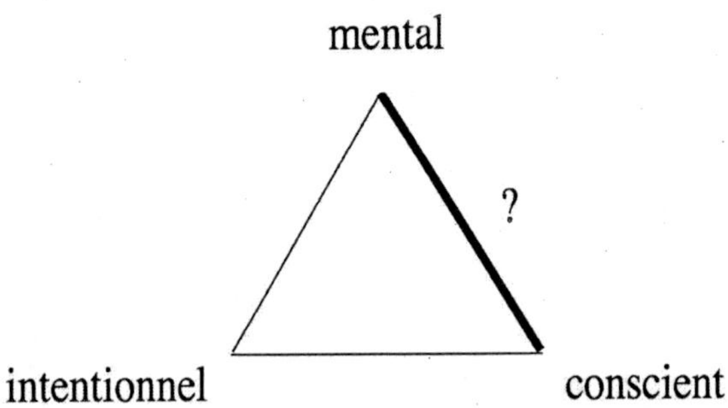

Figure 3

Un autre aspect du problème de la co-extensivité du mental et du conscient se décline en termes de conscience phénoménale : on peut effectivement se demander si toutes les classes d'états mentaux ont une

1. N. Block, « On a Confusion about a Function of Consciousness », *Brain and Behavioral Sciences* 18/2, 1995, p. 227-247.

2. Voir, par exemple, l'article de Graham, Horgan et Tienson traduit dans ce volume, *infra*, p. 233.

phénoménologie distinctive, propre et irréductible [1]. En particulier, y a-t-il plusieurs types de caractères phénoménaux primitifs (*primitivisme*) ? D'une part, *certains* au moins de nos états mentaux sont typiquement considérés comme pourvus d'une dimension phénoménale. C'est le cas de la perception sensible, qui semble à l'évidence constituée pour partie de sensations visuelles, auditives, etc., et des sensations corporelles (douleur, etc.). Bref, un état sensoriel est un état qui semble être constitutivement déterminé par une certaine dimension vécue ou expérientielle. Songez de nouveau à l'effet que cela fait de sentir l'odeur de l'ammoniaque, à l'effet que cela fait d'avoir mal à la tête, etc. Ces états sont dits « constitutivement déterminés » par le fait d'être vécus subjectivement (en première personne) au sens où une douleur qui ne serait pas ressentie par quelqu'un ne serait pas une douleur : pour la douleur, comme le dit Armstrong en détournant la maxime de Berkeley, *esse est sentiri* – être, c'est être senti [2]. La douleur semble constituer un cas d'état mental *phénoménal* par essence. Mais qu'en est-il des états mentaux cognitifs, comme la simple compréhension du sens d'une phrase ? Y a-t-il vraiment une différence phénoménale, comme le soutient Galen Strawson [3], entre le fait d'entendre et de comprendre spontanément une phrase dans sa langue maternelle et le fait d'entendre une phrase dans une autre langue ? Y a-t-il une phénoménologie cognitive comme il y a une phénoménologie sensorielle ?

Cette question – qui s'applique tout aussi bien aux états conatifs (désirs, volitions, souhaits, espoirs, etc.) qu'aux états cognitifs – est encore ouverte à l'heure actuelle. Graham, Horgan et Tienson, notamment, plaident en faveur d'une compréhension large de la notion de caractère qualitatif ou de quale : d'après eux, même un état intentionnel comme penser que les lapins ont une queue présente une dimension subjective ou phénoménale. Plus exactement, ils soutiennent que les croyances possèdent un caractère

1. Les termes « phénoménologie » et « phénoménologique » ne font naturellement pas référence ici à la tradition phénoménologie (Brentano, Husserl, Heidegger, Sartre, etc.), mais à la discipline qui s'intéresse au caractère phénoménal du mental ou qui étudie le mental sous l'angle phénoménal (donc, foncièrement, depuis le point de vue de la « première personne »).

2. D. M. Armstrong, *Bodily Sensations*, London, Routledge & Kegan Paul, 1962, p. 50. Le cas de la douleur a généré une abondante littérature – le caractère phénoménal offrant là une résistance forte aux multiples tentatives d'interprétation représentationnelle, fonctionnelle ou représentationnelle-*cum*-fonctionnelle. Voir surtout les contributions rassemblées dans M. Aydede (ed.), *Pain. New Essays on Its Nature and the Methodology of Its Study*, Cambridge (Mass.), MIT Press, 2005.

3. G. Strawson, *Mental Reality*, Cambridge (Mass.), MIT Press, 1994, p. 5-6.

phénoménal qui contribue à fixer leur contenu intentionnel – lequel doit donc être appelé, plus proprement, un contenu *intentionnel-phénoménal*[1].

Nous reviendrons sur ce dernier aspect. Dans l'immédiat, il suffit de noter que, lorsqu'elle n'est pas purement et simplement contestée, l'existence même d'une dimension phénoménale du mental soulève d'importantes questions : étant admis que certains au moins de nos états mentaux possèdent une dimension phénoménale, comment expliquer (i) l'existence même d'un caractère (phénoménal-)subjectif et (ii) la présence de *tel* caractère (phénoménal-)qualitatif, plutôt que tel autre[2] ? La réponse à ces questions apportée par les partisans des théories représentationnelles consiste, *grosso modo*, à repenser l'articulation entre intentionnalité et conscience.

INTENTIONNALITÉ ET CONSCIENCE

Nous avons vu que le programme philosophique d'une analyse de l'esprit, depuis les années 1970-80, s'est déployé dans deux directions : la première selon l'axe mental-intentionnel et la seconde selon l'axe mental-conscient. Ces axes de recherche correspondent à deux dimensions réputées constitutives du mental, à savoir l'intentionnalité et la conscience (thèse de la *bi-dimensionnalité* du mental). Mais nous avons aussi vu que la philosophie de l'esprit est animée par une double exigence de complétude et d'unification : une bonne théorie de l'esprit doit être une théorie à la fois complète et unifiée. Or, manifestement, ces exigences entrent en conflit sitôt que l'on admet le caractère bi-dimensionnel du mental.

Cette situation est la source d'un imposant problème. La difficulté, en la matière, provient du fait que l'exigence de complétude semble difficilement compatible avec l'exigence d'unification. On peut se représenter le problème sous la forme du dilemme suivant. (i) Si notre théorie de l'esprit doit être complète, alors elle doit englober à la fois une théorie de l'intentionnalité et une théorie non intentionnelle de la conscience – à supposer

1. Voir G. Graham, T. Horgan et J. Tienson, « Consciousness and Intentionality », art. cit. (traduction dans ce volume). Outre le passage de Strawson mentionné ci-dessus, le travail qui a ouvert la voie à l'idée de phénoménologie cognitive est l'article de D. Pitt, « The Phenomenology of Cognition Or *What Is It Like to Think that P* ? », *Philosophy and Phenomenological Research* 69, 2004, p. 1-36. Il existe à ce jour deux recueils importants consacrés à la phénoménologie des états cognitifs : T. Bayne et M. Montague (eds.), *Cognitive Phenomenology*, Oxford, Oxford University Press, 2011 ; T. Breyer et C. Gutland (eds.), *Phenomenology of Thinking. Philosophical Investigations in the Character of Cognitive Experiences*, London, Routledge, 2016.

2. *Cf.* U. Kriegel, *Subjective Consciousness*, *op. cit.*, p. 1 *sq.* (traduction dans ce volume, p. 251 *sq.*).

qu'une telle théorie soit tout simplement possible ; mais si elle englobe une théorie de l'intentionnalité et une théorie de la conscience, alors elle n'est pas unifiée, car elle se compose de *deux* théories distinctes et non d'une seule. Respecter l'exigence de complétude implique apparemment d'abandonner l'exigence d'unification. Inversement, (ii) si notre théorie de l'esprit doit être unifiée, alors elle doit être *ou bien* une théorie de l'intentionnalité, *ou bien* une théorie de la conscience ; mais si elle est une théorie de l'intentionnalité (respectivement, de la conscience), elle n'est pas complète, car elle échoue à intégrer la dimension consciente (respectivement, intentionnelle) du mental. Respecter l'exigence d'unification implique apparemment d'abandonner l'exigence de complétude.

Pour échapper à ce dilemme, plusieurs voies s'offrent aux philosophes de l'esprit. Par exemple, on peut remettre en question les données de départ et nier que la conscience soit une dimension constitutive du mental (*i.e.*, renoncer à la thèse de la bi-dimensionnalité du mental) ; on peut admettre l'existence de la conscience mais renoncer à l'exigence de complétude (ce qui veut dire : renoncer à fournir une théorie de la conscience et se contenter d'une théorie intentionnelle de l'esprit, en reconnaissant qu'elle est comme telle *incomplète*), etc. Bien sûr, on peut aussi conserver l'exigence de complétude et renoncer à l'exigence d'unification : au lieu d'*une* théorie de l'esprit, on se retrouverait alors avec *deux* théories, une théorie de l'intentionnalité et une éventuelle théorie de la conscience. Il y a toutefois quelque chose de profondément insatisfaisant à devoir travailler avec deux théories au lieu d'une seule, car cela suggère qu'au bout du compte, aucune ne décrit ni n'explique l'esprit lui-même (mais seulement un certain aspect de l'esprit).

L'approche représentationnelle est née de ce problème. L'une des clés de son succès réside certainement dans le fait qu'elle permet vraisemblablement d'échapper au dilemme sans renoncer aux deux exigences théoriques mentionnées. En fait, la solution préconisée par les représentationalistes repose sur une intuition relativement simple : il s'agit de voir si l'on ne serait pas en meilleure posture, pour étudier le mental, si l'on révisait la manière dont on conçoit habituellement l'articulation entre la dimension intentionnelle et la dimension phénoménale des états mentaux. En un mot, la solution préconisée par les représentationalistes consiste à engager les recherches sur l'esprit dans une troisième direction : selon l'axe intentionnel–conscient (*Figure* 4). Quelle sorte de relation il y a entre l'intentionnalité et la conscience ? Les adjectifs « intentionnel » et « conscient » sont-ils ou non coextensifs ? Tout ce qui est conscient est-il aussi intentionnel (et inversement) ? Mieux encore : produire une théorie de l'intentionnalité ne revient-il pas à produire *ipso facto* une théorie de la conscience (et inversement) ?

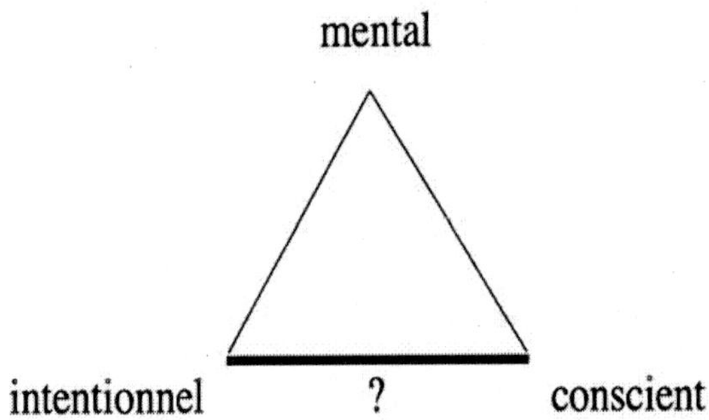

Figure 4

La question de savoir quel genre de relation existe entre l'intentionnel et le conscient est susceptible d'être tranchée de plusieurs manières. La conception traditionnelle repose implicitement sur l'idée d'une *séparabilité mutuelle* ou bilatérale entre intentionnalité et conscience. Accepter l'idée de séparabilité mutuelle renvient à endosser les deux thèses suivantes :

(1) Il existe des états mentaux qui sont intentionnels sans être phénoménalement conscients.

(2) Il existe des états mentaux qui sont phénoménalement conscients sans être intentionnels.

Ceux qui rejettent l'idée d'une phénoménologie cognitive, par exemple, considèrent que les états cognitifs sont un exemple du premier genre. Croire que Paris est la capitale de la France serait un état intentionnel, pourvu d'un contenu déterminé (<que Paris est la capitale de la France>), mais dépourvu de caractère phénoménal spécifique. D'autres (Ned Block, Jaegwon Kim, etc.) considèrent que certains états mentaux, les états affectifs par exemple, sont un exemple du second genre : un sentiment subit de joie ou de « bonne humeur » serait un état conscient sans être nécessairement un état intentionnel, pour peu que la joie ressentie ne soit pas *à propos de* quelque chose.

Ce modèle traditionnel a toutefois été sérieusement remis en question depuis le milieu des années 1990. Comme le note David Chalmers dans un article éclairant consacré au « caractère représentationnel de l'expérience »

(2004), la connexion entre intentionnalité et conscience est longtemps restée à l'arrière-plan en philosophie de l'esprit, mais

> ces dernières années, cela a commencé à changer. L'interface entre conscience et intentionnalité a fait l'objet d'une attention croissante sur un certain nombre de fronts. [...] Deux groupes philosophiques distincts ont commencé à émerger. L'un se concentre sur les manières dont la conscience pourrait être fondée dans l'intentionnalité. L'autre se concentre sur les manières dont l'intentionnalité pourrait être fondée dans la conscience [1].

Ces deux groupes correspondent aux *théories représentationnelles de la conscience* et aux théories de l'*intentionnalité phénoménale*.

Les critiques les plus radicales proviennent certainement des théories de l'intentionnalité phénoménale, dont nous parlerons plus loin. D'après ces théories, l'intentionnalité et la conscience ne sont pas deux dimensions séparables, mais sont au contraire étroitement « interdépendantes » ou « inséparables » l'une de l'autre. En bref, les partisans de l'intentionnalité phénoménale rejettent simultanément (1) et (2) au nom d'un « inséparatisme » de principe [2]. Mais d'autres théories ont ouvert la voie à l'inséparatisme. Entre la conception traditionnelle (« séparatiste ») et les théories de l'intentionnalité phénoménale (« inséparatistes »), il existe en effet plusieurs positions intermédiaires.

L'une de ces positions est défendue exemplairement par John Searle. Contrairement aux partisans de l'intentionnalité phénoménale, Searle n'a pas remis totalement en question l'idée d'une séparabilité entre conscience et intentionnalité. Par exemple, il estime que le fait de se sentir déprimé peut effectivement être considéré comme un état phénoménal non intentionnel, qui se distingue du fait de se sentir joyeux par un certain ressenti subjectif. Il y aurait un « effet que cela fait » de se sentir déprimé qui n'est pas, disons, l' « effet que cela fait » de se sentir joyeux, et qui qualifie l'état mental dont nous faisons l'expérience comme de la déprime plutôt que comme de la « bonne humeur ». La différence, soutient Searle, est simplement une différence de caractère phénoménal, car le fait de se sentir déprimé, comme le fait d'être « de bonne humeur », peut très bien être

1. D. Chalmers, « The Representational Character of Experience », dans B. Leiter (ed.), *The Future for Philosophy*, Oxford, Oxford University Press, 2004, p. 153.

2. Sur l'expression « inséparatisme », voir G. Graham, T. Horgan et J. Tienson, « Consciousness and Intentionality », art. cit. (traduction dans ce volume, *infra*, p. 226) ; *id.*, « Phenomenology, Intentionality, and the Unity of the Mind », dans S. Walter, A. Beckermann et B. McLaughlin (eds.), *The Oxford Handbook of Philosophy of Mind*, Oxford, Oxford University Press, 2009, p. 512-537.

considéré comme non intentionnel – pour autant, naturellement, que je ne déprime pas *à propos de* quelque chose ou que je ne me réjouisse pas *de* quelque chose. Inversement, Searle estime aussi qu'il existe des états mentaux intentionnels non conscients ou non phénoménaux. L'exemple typiquement invoqué est celui de croyances inconscientes. Dans son ouvrage sur *L'Intentionalité* (1983), Searle admet donc une certaine séparabilité entre conscience et intentionnalité :

> L'Intentionalité [*sic*] n'est pas la même chose que la conscience. De nombreux états conscients ne sont pas Intentionels, comme par exemple un sentiment soudain d'exaltation, et de nombreux états Intentionels ne sont pas conscients : par exemple, j'ai toutes sortes de croyances auxquelles je ne pense pas à cet instant et auxquelles je peux n'avoir jamais pensé. Je crois, par exemple, que mon grand-père paternel a passé toute sa vie sans sortir du continent américain, mais, jusqu'à cet instant, je n'avais jamais clairement formulé ni examiné cette croyance [1].

Cela dit, Searle a toutefois *partiellement* remis en question la séparabilité conscience-intentionnalité en suggérant que la relation entre conscience et intentionnalité était une relation de séparabilité *unilatérale*. Selon lui, la conscience est séparable de l'intentionnalité mais non l'inverse. Searle admet donc (2) l'existence d'états phénoménaux non intentionnels – ce qui signifie qu'il renonce à la *thèse de Brentano* d'après laquelle tout état mental est intentionnel. Mais il pose une condition restrictive en ce qui concerne (1) l'existence d'états intentionnels non conscients. Il soutient que, pour avoir de tels états, il faut au moins avoir par ailleurs des états intentionnels conscients. Un état intentionnel inconscient (une croyance que l'on aurait sans y penser) ne pourrait donc pas exister, selon Searle, sans qu'il y ait au moins d'autres états mentaux conscients. Si cette thèse est vraie, alors une bonne théorie de l'intentionnalité devrait s'appuyer aussi sur une théorie de la conscience :

> Je veux maintenant faire une affirmation très forte [...]. L'affirmation est la suivante : seul un être qui pourrait avoir des états intentionnels conscients pourrait avoir des états intentionnels tout court, et tout état intentionnel inconscient est au moins potentiellement conscient. Cette thèse [...] a pour

1. J. Searle, *Intentionality*, *op. cit.*, p. 2 ; trad. fr., p. 16. Voir aussi *id.*, *The Rediscovery of the Mind*, Cambridge (Mass.), MIT Press, 1992, p. 130, trad. fr. C. Tiercelin, *La Redécouverte de l'esprit*, Paris, Gallimard, 1995, p. 183 : « La conscience est en majeure partie, mais pas en totalité, intentionnelle. Ainsi puis-je simplement éprouver, par exemple, un sentiment de dépression ou d'enthousiasme sans être déprimé ou enthousiasmé par quelque chose en particulier. Dans ces cas, mon sentiment, comme tel, n'est pas intentionnel ».

conséquence qu'une théorie complète de l'intentionnalité requiert que l'on rende compte de la conscience [1].

Une autre position intermédiaire, entre le séparatisme et l'inséparatisme, est celle adoptée par les partisans de l'approche représentationnelle. Comme Searle, les représentationalistes standards (Dretske, Tye *et alii*) renoncent partiellement à concevoir l'intentionnalité et la conscience comme deux dimensions mutuellement séparables. Mais contrairement à lui, ils soutiennent, d'abord, qu'il n'y a pas d'états conscients non intentionnels, ensuite, que c'est l'intentionnalité qui est séparable de la conscience et non l'inverse. Autrement dit, ils admettent (1) l'existence d'états intentionnels non phénoménaux et ils rejettent (2) l'existence d'états phénoménaux non intentionnels. Ils défendent donc l'idée que tous les états mentaux phénoménalement conscients sont intentionnels – une affirmation qui est aussi partagée par certains partisans de l'intentionnalité phénoménale [2]. Dans l'immédiat, il faut insister sur le fait que le traitement représentationnel de la conscience est parfois présenté, à juste titre, comme une *intentionalisation* de la conscience. Comme le note Chalmers, si l'ambition des théories de l'intentionnalité phénoménale est de fonder l'intentionnalité dans la conscience, celle des théories représentationnelles est de *fonder la conscience dans l'intentionnalité* [3]. C'est pourquoi l'approche représentationnelle a parfois été désignée comme un « intentionalisme » [4].

L'approche représentationnelle entend ainsi offrir une solution au dilemme présenté plus haut : nous n'avons besoin de renoncer ni à l'exigence de complétude ni à l'exigence d'unification, car si la conscience phénoménale peut être intégralement décrite en termes de contenus représentationnels (ou d'intentionnalité), alors une seule théorie – une théorie intentionnelle de l'esprit – suffira à faire le travail. Ce point de vue est bien

1. J. Searle, *The Rediscovery of the Mind*, *op. cit.*, p. 132, trad. fr., p. 185.

2. C'est ce que Horgan et Tienson appellent *l'intentionnalité de la phénoménologie* : *cf.* T. Horgan et J. Tienson, « The Intentionality of Phenomenology and the Phenomenology of Intentionality », dans D. Chalmers (ed.), *Philosophy of Mind. Classical and Contemporary Readings*, Oxford, Oxford University Press, 2002, p. 520 : « Les états mentaux du type de ceux qui sont communément mentionnés comme étant paradigmatiquement phénoménaux [...] ont un contenu intentionnel qui est inséparable de leur caractère phénoménal ».

3. Voir la citation de D. Chalmers (« The Representational Character... », art. cit., p. 153) que nous avons donnée *supra*, p. 27.

4. Comme on l'a noté, les étiquettes « intentionalisme » et « représentationalisme » sont parfois utilisées de manière interchangeable. Voir, *e.g.*, M. Tye, *Ten Problems...*, *op. cit.*, p. 134 ; A. Byrne, « Intentionalism Defended », *The Philosophical Review* 110/2, 2001, p. 199-240.

résumé par William Lycan, qui plaide pour une « hégémonie de la représentation » :

> L'esprit n'a pas de propriétés spéciales qui ne seraient pas épuisées par ses propriétés représentationnelles, avec ou combinées à l'organisation fonctionnelle de ses composantes. Il s'ensuivrait que, une fois la représentation elle-même (enfin) comprise, alors non seulement la conscience dans le sens où on l'entend ici mais la subjectivité, les qualia, l' « effet que cela fait », et tout autre aspect du mental seraient explicables en termes de représentation, combinés avec la neurophysiologie sous-jacente organisée de manière fonctionnelle, sans qu'il faille poser un autre ingrédient qui ne serait pas déjà bien compris du point de vue naturaliste [1].

Tout ce que l'on vient de dire suffit à situer sommairement l'approche représentationnelle dans la vaste constellation de problèmes liés à la conscience.

Maintenant, si tous les intentionalistes ou représentationalistes s'accordent sur l'orientation générale de ce programme, leurs avis divergent fortement, en revanche, quant à la manière de le réaliser. Ces divergences de vues ont donné naissance à plusieurs variétés de représentationalisme qui se présentent, au moins partiellement, comme des approches concurrentes. Dans l'ensemble, les théories représentationnelles de la conscience se divisent en trois groupes : le représentationalisme standard (« représentationalisme de premier ordre », *First-Order Representationalism* ou FOR pour faire bref), le représentationalisme d'ordre supérieur (*Higher-Order Representationalism* ou HOR) et l'auto-représentationalisme (*Self-Representationalism*). Nous allons à présent considérer de plus près chacun de ces groupes.

LE REPRÉSENTATIONALISME DE PREMIER ORDRE

Le représentationalisme de premier ordre est essentiellement associé aux noms de Fred Dretske et Michael Tye. On situe généralement son apparition en 1995 [2]. Selon le représentationalisme de premier ordre, un

1. W. Lycan, *Consciousness and Experience*, Cambridge (Mass.), MIT Press, 2006, p. 11.

2. F. Dretske, *Naturalizing the Mind*, *op. cit.* ; M. Tye, *Ten Problems…*, *op. cit.* Pour une introduction, voir W. Lycan, « Representational Theories of Consciousness », *The Stanford Encyclopedia of Philosophy* (Printemps 2005), dans E. Zalta (ed.), <http ://plato.stanford.edu/archives/spr2005/entries/consciousness-representational> ; W. E. Seager et D. Bourget, « Representationalism about Consciousness », dans M. Velmans et S. Schneider (eds.),

état mental est phénoménalement conscient en vertu du fait qu'il *représente* quelque chose. Plus exactement, les partisans du représentationalisme standard soutiennent que la conscience phénoménale n'est rien en dehors ou à côté de l'intentionnalité : le caractère phénoménal d'un état mental est « épuisé » (*exhausted*) par le contenu de celui-ci. Cette thèse est parfois appelée *exhaustion thesis*[1]. L'idée directrice, en un mot, est qu'il n'y a pas d'ingrédient extra-intentionnel : un état mental est intégralement individué par son contenu.

Une bonne manière de résumer cette conception est de dire que les propriétés phénoménales (*e.g.*, les couleurs dont on fait l'expérience subjective lorsque nous les voyons nous-mêmes) ne sont pas des propriétés *de* l'expérience, mais de ce qui est représenté *dans* l'expérience. Ce n'est pas mon expérience de voir du rouge qui possède une qualité particulière qui l'individue (l'identifie et la distingue des autres) ; ce qui l'individue, c'est ce qu'elle représente : un objet – un livre, un pan de mur, etc. – comme ayant *telle* nuance de rouge. Concrètement, on dira alors que deux états mentaux diffèrent l'un de l'autre si et seulement s'ils possèdent un contenu représentationnel différent. Il n'y aurait donc pas de différences phénoménales (ou qualitatives) non intentionnelles entre mes expériences – ou, plus exactement : toutes les différences phénoménales seraient *in fine* des différences intentionnelles, des différences de contenu. Faire une typologie des états mentaux reviendrait donc, en somme, à faire une typologie des représentations.

Pour reprendre un exemple de Dretske[2], entendre Paul jouer du piano et croire que Paul joue du piano sont deux états qui représentent quelque chose, ce sont deux *représentations* ; simplement, l'une est une représentation sensorielle (non conceptuelle), tandis que l'autre est une représentation conceptuelle. Cela signifie simplement que je peux entendre Paul jouer du piano même si je ne possède pas le concept de piano ; mais je ne peux pas croire que Paul joue du piano sans posséder le concept de piano.

Bien qu'elles présentent certaines divergences, les théories de Dretske et de Tye reposent sur une conception très semblable de l'intentionnalité ou de la représentation. D'après cette conception, être intentionnel équivaut à

The Blackwell Companion to Consciousness, Oxford, Blackwell, 2007, p. 261-276 ; M. Tye, « Appendix : Representationalism », dans *id.*, *Consciousness and Persons. Unity and Identity*, Cambridge (Mass.), MIT Press, 2003, p. 165-176.

1. Voir W. E. Seager et D. Bourget, « Representationalism about Consciousness », art. cit., p. 263 : « Le caractère phénoménal d'un état mental est épuisé (*exhausted*) par son contenu = pour tout caractère phénoménal P il y a un contenu C tel qu'un état mental avec P n'est rien de plus qu'un état phénoménal avec C comme contenu ».

2. F. Dretske, « The Representational Character… », art. cit., p. 9 (trad. dans ce volume).

représenter le monde comme étant d'une certaine manière, et représenter le monde comme étant d'une certaine manière équivaut à avoir un contenu de représentation (ou un contenu *tout court*). Plus exactement, on reconnaît une représentation, selon eux, à la présence d'une relation spécifique de *co-variance causale*. L'exemple typique est celui du thermomètre ou du compteur de vitesse : le niveau de mercure dans le thermomètre *représente* la température dans la pièce dans la mesure où il co-varie avec les variations de températures ; de même, la position de l'aiguille du compteur représente la vitesse du véhicule dans la mesure où elle co-varie avec l'accroissement ou le décroissement de la vitesse. Ces exemples illustrent des représentations de nature conventionnelle. Mais il existe aussi, d'après cette manière de voir, des représentations naturelles partout où l'on peut identifier de telles relations de co-variance en situations standard (*e.g.*, les lignes visibles lorsqu'on coupe le tronc d'un arbre représentent son âge, etc.).

Naturellement, l'idée de co-variance causale, à elle seule, ne suffit pas à déterminer ce qui est représenté. Dans son ouvrage de 1981, *Knowledge and the Flow of Information*, Dretske discute l'exemple suivant : comment expliquer que le fait d'entendre la sonnette de la porte d'entrée représente la sonnette de la porte d'entrée et non autre chose ? Comment expliquer que mon audition ait tel contenu intentionnel (représentationnel) plutôt que tel autre [1] ? La théorie causale de la perception, qui consiste à soutenir que ce qui est représenté est ce qui cause ma perception, présente de considérables difficultés. Le fait que la sonnette retentisse fait partie d'une « chaîne causale » qui inclut d'autres faits : quelqu'un appuie sur le bouton, il y a du courant qui passe dans les câbles électriques, le marteau vient frapper la cloche, les vibrations de l'air frappent mes tympans, etc. Tous ces faits font partie de la même chaîne causale. Pourtant, on ne dit pas qu'on perçoit le bouton de la sonnette ni le courant électrique, mais la sonnette de la porte d'entrée. Il faut donc qu'une condition supplémentaire soit remplie pour que l'on puisse fixer le contenu représentationnel. Selon Dretske, le facteur décisif est la *fonction* que joue le son de la sonnette : la sonnette a été conçue *pour* signaler la présence de quelqu'un devant la porte d'entrée. Ce modèle, peut-on soutenir, se laisse généraliser. Ce qui est déterminant pour fixer le contenu d'un état mental, c'est la fonction de l'état au sein du système total de l'organisme. La conception représentationnelle est donc ici largement combinée à une approche fonctionnelle du mental : un état

1. *Cf.* F. Dretske, *Knowledge and the Flow of Information*, Cambridge (Mass.), MIT Press, 1981, p. 156 *sq.*

mental, au sens où l'entend Dretske, n'est rien d'autre qu'un certain contenu informationnel combiné à un certain *rôle causal ou fonctionnel*.

L'argument principal en faveur du représentationalisme standard est l'« argument de la transparence » de la conscience (*transparency argument*). Cet argument est inspiré d'un passage de la « réfutation de l'idéalisme » de George E. Moore (1903), bien qu'il soit douteux que Moore introduise l'idée de « transparence » de l'expérience dans le même sens que les représentationalistes standards :

> En général, ce qui fait de la sensation de bleu un fait mental semble nous échapper ; elle semble, si je peux utiliser une métaphore, être transparente – nous regardons à travers elle et ne voyons que le bleu [1].

Ce passage a inspiré la formulation contemporaine de l'argument de la transparence. Elle apparaît pour la première fois sous la plume de Gilbert Harman dans un article célèbre intitulé « La qualité intrinsèque de l'expérience » (1990). Harman présente les choses de la manière suivante :

> Lorsque vous voyez un arbre, vous ne faites pas l'expérience de quelconques traits qui seraient des traits intrinsèques de votre expérience. Regardez un arbre et essayez de tourner votre attention vers les caractéristiques intrinsèques de votre expérience visuelle. Je prédis que vous trouverez que les seules caractéristiques vers lesquelles diriger votre attention seront les caractéristiques de l'arbre représenté, en ce compris les caractéristiques relationnelles de l'arbre « vu depuis ici » [2].

L'idée générale est que, lorsque nous essayons de décrire l'expérience que nous vivons en ce moment (par exemple, la vision d'un arbre), tout ce que nous pouvons décrire, ce sont des propriétés de ce qui est représenté dans l'expérience, des propriétés du contenu (la couleur des feuilles de l'arbre, sa situation par rapport à nous, etc.). Selon cette ligne de raisonnement, la conscience est transparente ou diaphane. Notre regard « passe » à travers elle comme à travers une vitre propre, et va directement dans le monde, tel qu'il est représenté dans l'expérience que nous en avons. Dans le sillage de Harman, Tye formule à son tour le raisonnement de la manière suivante :

1. G. E. Moore, « The Refutation of Idealism » (1903), dans *Philosophical Studies*, London, Kegan Paul, 1922, p. 20. Juste après avoir affirmé que l'élément mental est « pour ainsi dire diaphane » et n'est *habituellement* pas distingué de l'élément physique, Moore ajoute : « Mais il *peut* être distingué si nous regardons assez attentivement et si nous savons qu'il y a quelque chose à regarder », *ibid.*, p. 25. Voir A. Kind, « What's so transparent about transparency ? », *Philosophical Studies* 115/3 (2003), p. 225-244.

2. G. Harman, « The Intrinsic Quality of Experience », *Philosophical Perspectives*, vol. 4, 1990, p. 39.

> Focalisez votre attention sur un carré qui a été peint en bleu. Intuitivement, vous êtes directement conscient du caractère bleu et du caractère carré comme étant là dans le monde éloignés de vous, comme des caractéristiques d'une surface externe. Maintenant, dirigez votre regard vers l'intérieur et essayez de devenir conscient de votre expérience elle-même, à l'intérieur de vous, indépendamment de ses objets. Essayez de focaliser votre attention sur une caractéristique quelconque de l'expérience, une caractéristique qui la distingue d'autres expériences et qui serait quelque chose d'autre que le fait d'être une expérience *de* [ceci ou cela]. La tâche semble impossible : notre conscience semble toujours glisser à travers l'expérience vers le caractère bleu et le caractère carré, en tant qu'instanciés ensemble dans un objet externe. En tournant notre esprit vers l'intérieur pour assister à l'expérience, il semble que l'on se concentre en fin de compte, encore une fois, sur ce qui est dehors, sur des caractéristiques externes ou des propriétés externes. Et cela reste le cas même s'il n'y a pas réellement de carré bleu en face de nous – si, par exemple, nous sommes victimes d'une illusion [1].

Ces formulations renferment un certain nombre de difficultés, et de nombreux auteurs considèrent aujourd'hui que l'argument de la transparence échoue à démontrer ce qu'il prétend démontrer [2]. Néanmoins, que l'argument soit tenu pour convaincant ou pas, le représentationalisme standard demeure une orientation particulièrement répandue dans la littérature. Il y a sans doute plusieurs raisons à cela. D'abord, comme on l'a laissé entendre, l'avantage majeur des théories représentationnelles de la conscience tient sans doute au fait qu'elles offrent une issue au dilemme généré par l'exigence de complétude et l'exigence d'unification. Mais certaines de ces théories jouissent aussi d'une popularité considérable en raison du fait qu'elles semblent rendre possible, malgré tout, une approche *réductive* de la conscience. À supposer, en effet, qu'il soit possible de rendre compte de la conscience phénoménale en termes d'intentionnalité, et à supposer qu'il soit possible de rendre compte de l'intentionnalité en termes naturalistes (par exemple, en termes de contenus informationnels et de rôle causal), alors il serait possible de rendre compte de la conscience phénoménale en termes naturalistes. L'approche intentionnelle en matière de conscience phénoménale peut donc sembler particulièrement attractive dans le contexte des sciences cognitives, car elle permettrait d'expliquer le plus difficile par le plus facile. Pour la plupart des philosophes de l'esprit,

1. M. Tye, *Ten Problems...*, *op. cit.*, p. 30-31. Un chapitre entier de cet ouvrage est traduit dans la première section, *infra*, p. 97-133.

2. La littérature est trop abondante pour être mentionnée. En français, on trouvera un aperçu de quelques difficultés liées à l'argument de la transparence dans A. Dewalque et D. Seron, « Existe-t-il des phénomènes mentaux ? », *Philosophie* 124, 2015, p. 105-126.

en effet, l'intentionnalité du mental est – à tort ou à raison – non problématique. Et s'il en est ainsi, c'est parce que beaucoup pensent qu'elle peut être expliquée comme une capacité à traiter de l'information ou à faire référence à l'environnement physique extérieur.

Le représentationalisme standard admet un certain nombre de variantes, la principale étant l'alternative suivante : soit le caractère phénoménal d'un état mental est purement et simplement *identique* à son caractère intentionnel (représentationalisme fort, *strong representationalism*), soit il « survient sur » son caractère intentionnel (représentationalisme faible, *weak representationalism*), au sens où les deux dimensions covarient nécessairement – ou encore, au sens où toute différence de caractère phénoménal est *ispo facto* corrélée à une différence de contenu intentionnel [1]. De leur côté, Tye et Dretske défendent un intentionalisme fort, reposant sur une thèse d'identité : phénoménal = intentionnel. Le fait d'être conscient est identique au fait d'être intentionnellement dirigé vers le monde ou de se le représenter comme étant tel ou tel. Éprouver l'effet que cela fait de voir le bleu de l'océan, ce ne serait donc rien d'autre que se trouver dans un état intentionnel qui représente la scène du monde comme un <océan bleu>.

Le principal défi, pour les représentationalistes standards, est de fournir une interprétation intentionnelle de certains états mentaux réputés non intentionnels. Typiquement, cela inclut les sensations corporelles, les sentiments et les états d'esprits (*moods*). Comme en témoignent les chapitres de Dretske et de Tye traduits dans ce volume [2], le traitement intentionnel ou représentationnel des expériences subjectives est un maillon central du programme représentationaliste standard. Si le caractère phénoménal d'un état est identique à son contenu représentationnel, alors la seule manière de distinguer une douleur d'une autre, un sentiment d'un autre, etc., est de leur assigner des contenus représentationnels différents. La sensation provoquée par une brûlure à la main et celle provoquée par une coupure à la main ne se distingueraient pas l'une de l'autre par un ressenti qualitatif différent. Elles seraient différentes parce qu'elles *représentent ma main* comme étant tantôt brûlée, tantôt coupée.

Il en irait de même, *mutatis mutandis*, pour la différence entre un sentiment de déprime et un sentiment d'enthousiasme. D'après le représentationalisme standard, lorsque je suis déprimé, c'est le monde tout entier qui m'apparaît d'une certaine manière, à savoir d'une autre manière que lorsque je suis joyeux. Je ne me représente certes pas ceci ou cela

1. Voir, *e.g.*, M. Tye, *Consciousnes and Persons*, *op. cit.*, p. 165 *sq.*
2. Voir ici, *infra*, « Première partie », p. 61-95 et p. 97-133.

comme étant l'objet de mon état d'esprit « déprimé », mais il y aurait malgré tout quelque chose qui serait représenté, à savoir l'ensemble de ce qui existe ou « toute chose » (*everything*). Ces états seraient donc intentionnels, à condition de ne pas présupposer que l'« intentionnalité » implique la direction vers tel objet ou tel état-de-choses déterminé. La clé de ces analyses réside donc, très largement, dans l'idée qu'il y a des états pleinement intentionnels (possédant une « directionnalité ») qui ne sont pas dirigés vers quelque chose de déterminé. Ils présentent, pour ainsi dire, une directionnalité indéterminée [1].

LE REPRÉSENTATIONALISME D'ORDRE SUPÉRIEUR

En s'imposant progressivement sur la scène philosophique au milieu des années 1990, le représentationalisme de premier ordre est apparu comme une alternative au représentationalisme d'ordre supérieur dont les bases avaient été jetées par Armstrong. Comme nous venons de l'indiquer, Dretske et Tye affirment qu'être conscient équivaut à avoir une représentation *de premier ordre*, une représentation du monde comme étant tel ou tel. Dans l'ensemble, les partisans du représentationalisme d'ordre supérieur (David Rosenthal, Peter Carruthers, Rocco Gennaro, William Lycan, etc.) [2] soutiennent que l'explication de la conscience phénoménale en termes de contenus représentationnels est correcte ; mais ils estiment aussi que le représentationalisme standard est profondément insatisfaisant.

1. *Cf.* E. Husserl, *Logische Untersuchungen*, t. II/1, *op. cit.*, p. 396, trad. fr., p. 200 : « *Ou bien* il y a là de simples sensations [...]. *Ou bien* nous disons : il s'agit bien de vécus intentionnels, mais de vécus de telle sorte qu'ils sont caractérisés comme des intentions orientées sans détermination précise, où l' "indétermination" de l'orientation vers l'objet n'a pas la signification d'une privation, mais devrait désigner un caractère descriptif, c'est-à-dire un caractère de représentation ». Husserl, toutefois, semble plutôt songer à des cas où l'on se représente « quelque chose » d'indéterminé (« ça bruisse », « quelqu'un sonne », etc.) et non, comme Tye, à des cas où l'on se représente « tout » (lorsque je suis déprimé, « le monde me semble gris »).

2. L'article pionnier en la matière est celui de D. Rosenthal, « A Theory of Consciousness », art. cit. Pour une introduction au représentationalisme d'ordre supérieur, *cf.* R. Gennaro, « Higher-Order Theories of Consciousness : An Overview », dans *id.* (ed.), *Higher-Order Theories of Consciousness. An Anthology*, Amsterdam, John Benjamin, 2004, p. 1-13 ; P. Carruthers, « Higher-Order Theories of Consciousness », *The Stanford Encyclopedia of Philosophy* (Automne 2011), E. N. Zalta ed., <http://plato.stanford.edu/archives/fall2011/entries/consciousness-higher/>.

L'une des questions qui se posent est de savoir si invoquer des différences dans les représentations de premier ordre permet de rendre compte du caractère *subjectif* d'un état mental. Selon les représentationalistes d'ordre supérieur, ce n'est pas le cas. La raison en est qu'il semble possible de se représenter quelque chose sans pour autant avoir conscience que l'on se représente cette chose. Par exemple, on peut éviter – et donc, *percevoir* – « inconsciemment » un obstacle lorsqu'on conduit un véhicule ou lorsqu'on marche dans les bois ; on peut éviter l'obstacle « machinalement », lorsque notre attention est accaparée par une conversation ou par autre chose. Il semble plausible de soutenir que, dans ce cas, il y a bel et bien une représentation (de premier ordre) de l'obstacle (mon esprit doit avoir enregistré l'information « obstacle devant »), mais que cette représentation ne s'accompagne pas d'une expérience ou d'un « effet que cela fait », pour le sujet, d'avoir cette représentation. Ce modèle ne suffit donc pas, semble-t-il, à rendre compte du caractère subjectif de l'expérience. L'intuition derrière le représentationalisme d'ordre supérieur est qu'il y a *quelque chose de plus* qui caractérise les états *conscients*.

La solution adoptée par les partisans du représentationalisme d'ordre supérieur consiste à dire qu'un état mental est phénoménalement conscient, non pas en vertu du fait qu'il *représente* quelque chose, mais en vertu du fait qu'il *est représenté* par l'individu même qui se trouve dans cet état mental. Pour Rosenthal, par exemple, lorsque je marche en forêt et que, absorbé par une conversation ou par mes pensées, j'évite machinalement les branches qui se trouvent sur mon passage, ma perception des branches est elle-même simultanément représentée, donc fait l'objet d'une représentation d'ordre supérieur, quoique éventuellement indéterminée. On pourrait ainsi rendre compte de la différence entre un état inconscient (seulement représentant) et un état conscient (représentant *et* représenté).

La motivation principale en faveur d'une telle approche est connue sous le nom de *principe de transitivité.* Elle tient dans le raisonnement suivant. (i) Il existe une différence entre les états mentaux phénoménalement conscients et les états mentaux « inconscients ». L'exemple de « conduite machinale » d'Armstrong suggère qu'un conducteur peut avoir perçu la route sans avoir eu conscience de tous les virages, des changements de vitesse, etc. D'une certainement manière, son cerveau a traité l'information, et il l'a traitée correctement – sans quoi sa voiture aurait quitté la route ou aurait percuté d'autres véhicules – ; il a donc perçu les virages, le bruit du moteur, etc., mais il y a un sens à dire qu'il n'en a pas

« eu conscience »[1]. (ii) Une théorie satisfaisante de la conscience doit rendre compte de la différence existant entre les états mentaux phénoménalement conscients et les états mentaux inconscients. (iii) Or, encore une fois, une solution apparemment simple et directe consiste à soutenir qu'un état mental est conscient si et seulement si la créature qui se trouve dans cet état mental est consciente *d*'être dans cet état mental (conscience transitive). Fondamentalement, l'idée est qu'un état mental conscient est un état mental « dont on est conscient » ou « dont on s'aperçoit » (*which we are aware of*). Selon ce modèle, la conscience *d'*être dans un état mental ne serait pas foncièrement différente de la conscience *de* notre environnement : de même qu'être conscient de notre environnement équivaut à se représenter notre environnement, être conscient d'un état mental équivaut à se représenter cet état mental. Simplement, la représentation d'un état mental serait, on l'a dit plus haut, une *représentation de représentation*, *i.e.*, une représentation de second degré ou une représentation d'ordre supérieur[2].

Notons qu'ici encore, la conscience serait intégralement explicable en termes d'intentionnalité : un état mental est dit « intentionnel » au sens où il représente quelque chose, et il est dit « conscient » au sens où il est lui-même l'objet (intentionnel) d'une représentation d'ordre supérieur qui se dirige sur lui. La conscience s'expliquerait ainsi, pour ainsi dire, par un redoublement de la flèche de l'intentionnalité, par une représentation de représentation.

1. *Cf.*, encore une fois, D. Armstrong, *A Materialist Theory*..., *op. cit.*, p. 93 *sq.* On peut se demander si les théories d'ordre supérieur cherchent vraiment à expliquer la même chose que les théories représentationnelles de premier ordre. On a parfois suggéré qu'elles avaient des cibles différentes : par « conscience phénoménale », les représentationalistes standard visent essentiellement le caractère *qualitatif* de l'expérience (ce qui fait de telle expérience l'expérience qu'elle est, son *identité*), tandis que les représentationalistes d'ordre supérieur visent essentiellement le caractère *subjectif* de l'expérience (son *existence* en tant qu'expérience vécue *tout court*). Même dans ce cas, néanmoins, on peut soutenir que la controverse entre les partisans de ces deux approches n'est pas purement verbale, mais provient d'une conception différente de ce qui fait problème dans la conscience phénoménale. *Cf.* U. Kriegel, *Subjective Consciousness*..., *op. cit.*, chap. premier (trad. dans ce volume, p. 203-204).

2. William Lycan a proposé une formulation du principe de transitivité sous la forme d'un « argument simple » : (1) par définition, un état mental conscient est un état dont le sujet s'aperçoit qu'il est dedans, (2) le « de » en (1) est le « de » de l'intentionnalité, (3) l'intentionnalité est synonyme de représentation (un état « a une chose comme objet intentionnel seulement s'il représente cette chose »), donc (4) l'aperception d'un état mental est une représentation de cet état et (5) un état conscient est un état qui est représenté par un autre état mental du sujet. *Cf.* W. Lycan, « A Simple Argument for a Higher-Order Representation Theory of Consciousness », *Analysis* 61/269, 2001, p. 3-4.

Les théories représentationnelles d'ordre supérieur connaissent elles aussi un certain nombre de variantes. Selon une conception défendue par certains auteurs (Armstrong, Lycan)[1], les représentations d'ordre supérieur sont analogues à des perceptions. Comme on l'a dit, on fait généralement remonter ce modèle à John Locke. Selon ce dernier, l'entendement tire ses idées de deux sources, la sensation et la réflexion. La seconde peut aussi être qualifiée, dit-il, de « sens interne » :

> L'autre source d'où l'entendement vient à recevoir des idées, c'est la perception des opérations de notre âme sur les idées qu'elle a reçues par les sens [...]. Quoique cette faculté ne soit pas un sens, parce qu'elle n'a rien à faire avec les objets extérieurs, elle s'en rapproche beaucoup, et le nom de sens intérieur ne lui conviendrait pas mal[2].

Ainsi, de même que nous disposons de « sens externes » nous fournissant des informations sur le monde, nous disposerions d'un « sens interne » nous fournissant des informations sur nos propres états mentaux, via des « perceptions d'ordre supérieur » (*Higher-Order Perceptions*, HOP).

D'autres auteurs, en revanche, considèrent la théorie du sens interne comme très peu plausible et soutiennent que les représentations d'ordre supérieur sont plutôt analogues à des pensées (*Higher-Order Thoughts*, HOT). On dira alors qu'un état mental est conscient si et seulement s'il est accompagné de façon adéquate par la pensée que l'on se trouve dans cet état mental. Le principal défenseur de cette approche est David Rosenthal[3].

Rosenthal a soulevé une importante objection contre l'idée que la représentation d'ordre supérieur serait analogue à une perception. Sommairement résumé, son argument se présente comme suit. (i) Toute perception sensible nous met en contact avec quelque chose comme une « qualité sensorielle » (son, couleur, etc.). (ii) Si la conscience de nos propres états mentaux était analogue à une perception, alors elle nous mettrait également en contact avec une qualité sensorielle ou avec quelque chose d'analogue. (iii) La question de savoir à quelle sorte de qualité sensorielle la conscience nous donnerait accès ne peut être tranchée que de deux

1. Voir D. Armstrong, « What is Consciousness ? », dans *id.*, *The Nature of Mind and Other Essays*, *op. cit.*, p. 55-67 ; W. Lycan, *Consciousness*, Cambridge (Mass.), MIT Press, 1987 ; *id.*, « The Superiority of HOP to HOT », dans R. Gennaro (ed.), *Higher-Order Theories of Consciousness*, *op. cit.*, p. 93-113 ; *id.*, *Consciousness and Experience*, *op. cit.*

2. J. Locke, *Essai...*, *op. cit.*, II, I, § 4, trad. fr., p. 165.

3. Voir D. Rosenthal, « Thinking that One Thinks », dans M. Davies et G. W. Humphreys (eds.), *Consciousness. Psychological and Philosophical Essays*, Oxford, Blackwell, 1993, p. 197-223, et les articles rassemblés dans *id.*, *Consciousness and the Mind*, Oxford, Oxford University Press, 2005. *Cf.* aussi le chapitre traduit dans ce volume, p. 137-170.

manières : soit il s'agit de la même qualité sensorielle que la perception externe (*e.g.*, le rouge), soit il s'agit d'une autre. (iv) La thèse selon laquelle il s'agit de la même qualité sensorielle, qui serait pour ainsi dire perçue une deuxième fois, est peu plausible. (v) Mais s'il s'agit d'une autre qualité sensorielle, alors on ne voit pas ce que cette qualité pourrait être ; elle demeurerait « mystérieuse ». (vi) Les conséquences découlant de l'idée d'une « perception d'ordre supérieur » étant difficilement défendables, il semble raisonnable de renoncer à concevoir la conscience comme une perception. On dira, dès lors, que lorsque je perçois consciemment du rouge, je ne perçois pas (de façon interne) ma perception du rouge (contrairement à ce que disaient Locke, Brentano et, plus récemment, Armstrong), mais je *pense* que je perçois du rouge [1].

Cela dit, une fois encore, cette théorie ne fait pas l'unanimité. Une autre variante du représentationalisme d'ordre supérieur est attribuable à Peter Carruthers, qui défend une version *dispositionaliste* de cette approche. Selon cette variante, un état mental est conscient si et seulement s'il *peut* être représenté, c'est-à-dire s'il est disponible (*available*) pour une représentation d'ordre supérieur (que celle-ci soit analogue à une pensée ou à une perception : la théorie de Carruthers entend se qualifier aussi bien comme une théorie de la pensée d'ordre supérieur que comme une théorie de la perception d'ordre supérieur). L'idée de Carruthers est qu'un état mental est stocké en mémoire un certain laps de temps, ce qui rend possible une représentation d'ordre supérieur dirigée vers cet état mental [2]. Cette théorie est aussi appelée « théorie du double contenu » (*dual content theory*), dans la mesure où le processus est conçu comme la mise à disposition d'un deuxième contenu de représentation qui s'ajoute au contenu de la représentation de premier ordre (par exemple, si je vois du rouge, mon expérience est constituée, selon Carruthers, du contenu effectif <rouge> et du contenu disponible <expérience du rouge>).

Enfin, une autre question disputée par les partisans du représentationalisme d'ordre supérieur est de savoir si la représentation d'ordre supérieur est *extrinsèque* ou *intrinsèque* à la représentation de premier ordre. Rosenthal soutient qu'elle est extrinsèque : le fait d'être conscient, pour un état mental, est une propriété *relationnelle*, qui est possédée par

1. Pour une réponse à cette objection, voir W. Lycan, *Consciousness and Experience*, *op. cit.*, p. 28 *sq.*

2. Voir P. Carruthers, *Phenomenal Consciousness. A Naturalistic Theory*, Cambridge, Cambridge University Press, 2000, p. 228 ; *id.*, « Phenomenal Concepts and Higher-Order Experiences », *Philosophy and Phenomenological Research* 68, 2004, p. 316-336 ; et la traduction du texte de Carruthers dans ce volume, p. 171-197.

l'état mental en vertu de sa relation (actuelle) à un état mental d'ordre supérieur. Récemment, Rocco Gennaro, en s'inspirant de Brentano, a proposé une version « intrinsècaliste » de HOT (baptisée *the wide intrinsically view*, WIV)[1]. Le fait d'être conscient est alors compris comme une propriété non relationnelle, intrinsèque, que l'état mental possède pour ainsi dire *in absoluto*. Tout état mental, quel qu'il soit, est représenté au moment où il se produit.

L'AUTO-REPRÉSENTATIONALISME ET L'INTENTIONNALITÉ PHÉNOMÉNALE

Comme on vient de le voir, les théories représentationnelles de la conscience phénoménale sont divisées quant à la question de savoir si le fait d'être conscient équivaut à avoir une représentation du monde (une représentation de premier ordre) ou une représentation d'une représentation du monde (une représentation d'ordre supérieur). Être conscient du rouge de la rose, est-ce avoir une représentation visuelle de la rose ou une représentation de soi-même en train de percevoir la rose ?

Il existe une autre manière d'aborder ce problème, à savoir l'approche auto-représentationnelle, dont les principaux représentants sont Uriah Kriegel et Kenneth Williford[2]. Cette approche consiste à nier que l'on doive choisir entre la représentation de la rose et la représentation de la représentation de la rose, tout simplement parce qu'il s'agirait d'un seul et même état mental. Sommairement résumée, l'idée est que la conscience que j'ai de me trouver dans tel ou tel état mental ne doit pas être mise au compte d'une représentation de niveau supérieur, mais est pour ainsi dire prise en charge par la représentation de premier ordre. Selon ce modèle,

1. Voir R. Gennaro, *Consciousness and Self-Consciousness*, Amsterdam, John Benjamin, 1996 ; *id.*, « Higher-Order Thoughts, Animal Consciousness, and Misrepresentation », dans *id.* (ed.), *Higher-Order Theories of Consciousness*, *op. cit.*, p. 45-66.

2. Pour une introduction générale à l'auto-représentationalisme, voir U. Kriegel et K. Williford, « Introduction », dans *id.* (eds.), *Self-Representational Approaches to Consciousness*, Cambridge (Mass.), MIT Press, p. 1-8. Voir aussi U. Kriegel, « Consciousness as Intransitive Self-Consciousness : Two Views and an Argument », *Canadian Journal of Philosophy* 33, 2003, p. 103-132 ; *id.*, « Consciousness and Self-Consciousness », *The Monist* 87, 2004, p. 185-209 ; *id.*, « The Same-Order Monitoring Theory of Consciousness », dans U. Kriegel et K. Williford (eds.), *Self-Representational Approaches to Consciousness*, *op. cit.*, p. 143-170 ; *id.*, « Self-Representationalism and Phenomenology », *Philosophical Studies* 143/3, 2009, p. 357-381 ; *id.*, *Subjective Consciousness. A Self-Representational Theory*, Oxford-New York, Oxford University Press, 2009 (premier chapitre traduit dans ce volume, p. 201-224) ; K. Williford, *The Structure of Self-Consciousness. A Phenomenological and Philosophical Investigation*, PhD Dissertation, University of Iowa, 2003.

lorsque je perçois une rose rouge, j'ai une représentation visuelle de la rose rouge qui est simultanément une représentation de ma perception de la rose. Contrairement aux représentationalistes d'ordre supérieur, les partisans de l'auto-représentationalisme soutiennent qu'un état mental est conscient en vertu du fait qu'il se représente *lui-même* : il est donc à la fois *représentant* (comme dans le représentationalisme standard) et *représenté* (comme dans le représentationalisme d'ordre supérieur). La différence est qu'il est ici représenté *par lui-même*, il est *auto*-représenté.

Historiquement, l'auto-représentationalisme se réclame de la conception brentanienne de la conscience comme « perception interne ». La perception interne, au sens de Brentano, n'est précisément pas un acte de second degré. Au contraire, selon Brentano, il y a un seul et même acte qui est intentionnellement dirigé vers le monde et qui est simultanément dirigé vers lui-même : lorsque nous entendons un son, note Brentano,

> la représentation du son et la représentation de la représentation du son ne forment qu'un seul phénomène psychique, que nous avons, de façon abstraite, décomposé en deux représentations en le considérant dans son rapport à deux objets différents, dont l'un est un phénomène physique et l'autre un phénomène psychique [1].

Uriah Kriegel a récemment défendu une interprétation auto-représentationnelle de la conscience qui s'inspire de Brentano [2]. Selon lui, un état mental est phénoménalement conscient – c'est-à-dire se caractérise à la fois par un caractère qualitatif qui lui procure son *identité*, et par un caractère subjectif qui correspond à son *existence pour moi* – si et seulement s'il est représenté par un état mental qui n'est pas « numériquement distinct ». En d'autres termes, un état est conscient lorsqu'il se représente lui-même. Naturellement, lorsque je regarde par la fenêtre et que je perçois le ciel bleu, mon attention est tout entière dirigée vers le ciel. Néanmoins, il y a un sens à dire qu'en plus d'être conscient (transitivement) du ciel bleu, je suis aussi conscient d'avoir une expérience visuelle du ciel bleu. Kriegel propose, très judicieusement, de thématiser cette seconde forme de conscience transitive comme une conscience *périphérique*, identique à la conscience que j'ai des objets situés en bordure de mon champ visuel [3].

1. F. Brentano, *Psychologie…*, *op. cit.*, p. 179, trad. fr. p. 139.

2. Voir U. Kriegel, « Brentano's Most Striking Thesis : No Representation Without Self-Representation », dans D. Fisette et G. Fréchette (eds.), *Themes from Brentano*, Amsterdam, Rodopi, 2013, p. 22-40.

3. *Cf.* U. Kriegel, *Subjective Consciousness…*, *op. cit.*, p. 17, et la traduction dans ce volume, p. 219. Une autre alternative consisterait à soutenir que les différences d'attitudes

Pour des raisons évidentes, l'auto-représentationalisme est lié à une autre variante du représentationalisme : celle incarnée par les théories de l'intentionnalité phénoménale, que nous avons déjà évoquées plus haut. Apparues dans le sillage d'un article de Brian Loar sur l'« Intentionnalité subjective » (1987) [1], ces théories se sont rapidement développées, dans les années 2000, autour de l'idée que la conscience et l'intentionnalité sont deux facettes inséparables du mental. Plus exactement, les partisans de l'intentionnalité phénoménale suggèrent que la conscience est intrinsèquement intentionnelle (comme le soutiennent tous les représentationalistes), mais aussi que l'intentionnalité est intrinsèquement consciente. D'une certaine manière, ces théories souscrivent donc à l'approche représentationnelle de la conscience : être conscient, c'est avoir des représentations, et rien d'autre (il n'y a pas de place pour des qualia au sens de propriétés non intentionnelles de l'expérience elle-même). C'est pourquoi les théories de l'intentionnalité phénoménale sont parfois qualifiées de théories représentationnelles au sens contemporain. Néanmoins, contrairement aux représentationalistes standards, les partisans de l'intentionnalité phénoménale (George Graham, Terence Horgan, Uriah Kriegel, Brian Loar, Adam Pautz, John Tienson, pour ne mentionner que quelques noms) pensent que l'on ne peut pas produire une théorie de l'intentionnalité sans prendre en compte l'expérience vécue ou le caractère phénoménal des états mentaux. Ils défendent ainsi une version *internaliste* de représentationalisme.

intentionnelles (ou de modes intentionnels) sont conscientes sans être représentées, *i.e.*, sans être l'objet d'une représentation, fût-elle marginale. *Cf.* la position suggérée dans A. Dewalque et D. Seron, « Existe-t-il des phénomènes mentaux ? », art. cit.

1. B. Loar, « Subjective Intentionality », *Philosophical Topics* 15, 1987, p. 89-124. Voir aussi *id.*, « Phenomenal Intentionality as the Basis of Mental Content », dans M. Hahn, B. Ramberg (eds.), *Reflections and Replies. Essays on the Philosophy of Tyler Burge*, Cambridge (Mass.), MIT Press, 2003, p. 229-258. Pour une introduction aux théories de l'intentionnalité phénoménale, voir surtout U. Kriegel, « The Phenomenal Intentionality Research Program », dans *id.* (ed.), *Phenomenal Intentionality*, Oxford, Oxford University Press, 2013, p. 1-26. Voir aussi T. Horgan et J. Tienson, « The Intentionality of Phenomenology and the Phenomenology of Intentionality », dans D. Chalmers (ed.), *Philosophy of Mind. Classical and Contemporary Readings*, Oxford, Oxford University Press, 2002, p. 520-533 ; G. Graham, T. Horgan et J. Tienson, « Phenomenology, Intentionality, and the Unity of the Mind », dans S. Walter, A. Beckermann, B. McLaughlin (eds.), *The Oxford Handbook of Philosophy of Mind*, Oxford, Oxford University Press, 2009, p. 512-537 ; C. Siewert, « Consciousness and Intentionality », *The Stanford Encyclopedia of Philosophy* (Automne 2011), E. N. Zalta ed., <http ://plato.stanford.edu/entries/consciousness-intentionality/>. Enfin, en français, on se reportera à D. Seron, « Perspectives récentes pour une phénoménologie de l'intentionnalité », *Bulletin d'Analyse Phénoménologique* 6/8, 2010, p. 162-191.

La raison est que l'intentionnalité, d'après eux, est foncièrement quelque chose qui est vécu, quelque chose qui se manifeste dans l'expérience. En l'absence d'une expérience subjective, les lignes d'un tronc d'arbre (pour reprendre l'exemple de Tye) ne représenteraient rien : elles ne représentent quelque chose que si elles sont là *pour un sujet qui les voit*, qui en a une expérience visuelle déterminée. C'est pourquoi la pointe des théories de l'intentionnalité phénoménale peut être résumée au moyen du slogan : *la conscience d'abord* ! – ou, si l'on veut : *l'expérience subjective d'abord* ! D'après cette manière de voir, dire qu'un état mental *M* représente un objet *O* ou un état-de-choses *S*, cela ne signifie pas seulement que *M* co-varie causalement avec *O* ou *S* et a telle ou telle fonction. Dire que *M* représente *O*, cela signifie plutôt que, pour le sujet qui se trouve dans *M*, il y a une certaine expérience vécue telle que *M* représente *O*. La directionnalité des états mentaux serait foncièrement dépendante de leur caractère phénoménal. L'attribution, à un sujet, d'un état intentionnel déterminé, est gouvernée par l'instanciation d'une expérience subjective déterminée. Autrement dit, c'est parce que j'ai en ce moment une certaine *expérience subjective* que je me trouve dans un état intentionnel déterminé (« voir une image tordue sur le mur », « entendre le chant d'un oiseau », etc.). Par intentionnalité phénoménale, on entend précisément l'intentionnalité qu'un état mental possède « en vertu de » son caractère phénoménal, donc en vertu du fait qu'il est vécu de manière consciente par un sujet. Autrement dit,

> l'expression « intentionnalité phénoménale » dénote un genre d'intentionnalité que présentent les états phénoménalement conscients, et qu'ils présentent en outre précisément *en vertu* du fait que ce sont des états mentaux phénoménalement conscients, c'est-à-dire en vertu de leur caractère phénoménal spécifique [1].

Selon cette conception, il existerait donc un lien très fort entre intentionnalité et phénoménalité, ou encore entre théorie de l'intentionnalité et phénoménologie. Les partisans de cette approche soutiennent, non seulement qu'il *existe* quelque chose comme l'intentionnalité phénoménale, mais aussi que l'intentionnalité phénoménale est *plus fondamentale* que les autres genres d'intentionnalité. L'intentionnalité phénoménale serait, en quelque sorte, la source de toute intentionnalité [2].

1. T. Horgan et U. Kriegel, « Phenomenal Intentionality Meets the Extended Mind », *The Monist* 91, 2008, p. 353-380.

2. *Cf.*, en particulier, U. Kriegel, *The Sources of Intentionality*, Oxford, Oxford University Press, 2011, p. 9 : « L'intentionnalité expérientielle est l'origine de toute intentionnalité ».

Ils affirment ainsi que, sous sa forme la plus fondamentale, l'intentionnalité d'un état mental (sa propriété d'être dirigé vers quelque chose) est *inséparable* de son caractère phénoménal (le fait que cela fait quelque chose de vivre cet état mental), ou encore que le caractère phénoménal *constitue* le caractère intentionnel de l'état mental. C'est parce que l'expérience visuelle est vécue ou phénoménalement consciente qu'elle est l'expérience de cette rose rouge : après tout, le contenu intentionnel <rose rouge> est originellement quelque chose dont on a l'expérience.

L'un des arguments avancés par Graham, Horgan et Tienson[1] en faveur de l'intentionnalité phénoménale se présente comme suit. Dans des conditions normales, celui qui vit l'expérience en position de sujet, remarquent-ils, est toujours capable de « juste dire » (*just tell*) quel est le contenu de son expérience. Par exemple, celui qui a une expérience visuelle et voit quelque chose « de ses propres yeux » est capable de dire ce qu'il voit. Bien plus, non seulement il est capable d'expliciter ou de thématiser le contenu de son expérience en le verbalisant (« Je vois une image tordue sur le mur »), mais son rapport verbal fait aussi autorité en la matière. D'une certaine manière, il serait absurde de lui objecter : « Non, ce n'est pas vraiment ce que tu vois ». La meilleure explication de ce phénomène, suggèrent ces auteurs, est liée au fait que le contenu intentionnel n'est pas fixé ou individué par des facteurs externes, qu'il s'agisse de l'environnement physique ou du contexte socio-culturel. La seule alternative disponible, selon eux, est d'admettre que le contenu intentionnel est fixé par le caractère phénoménal de l'expérience. Encore une fois, l'intentionnel est donc inséparable du phénoménal[2].

Cette conception dite « inséparatiste » a des conséquences historiographiques très remarquables. Elle s'accompagne notamment d'une sorte de retour en force de la « tradition phénoménologique » sur le terrain de la philosophie de l'esprit[3]. Ce retour est spectaculaire car la philosophie de l'esprit, dont la naissance est liée au béhaviorisme et surtout à l'essor des sciences cognitives, s'est historiquement construite contre toute forme

1. Voir l'article traduit dans ce volume, p. 225-250.

2. Il y a plusieurs manières de concevoir cette relation d'inséparabilité, par exemple comme une relation d'identité (intentionnalité et phénoménalité sont les « deux faces » d'une même médaille), une relation de survenance (*supervenience* – l'intentionnalité « survient sur » la phénoménalité). Une troisième alternative est de la concevoir comme une relation méréologique, soit une relation partie-tout (*cf.* A. Dewalque, « Brentano and the Parts of the Mental : A Mereological Approach to Phenomenal Intentionality », *Philosophy and Phenomenological Research* 12/3, 2013, p. 447-464).

3. Voir surtout U. Kriegel, « Phenomenal Intentionality Past and Present », numéro spécial de *Phenomenology and the Cognitive Sciences* 12, 2013, p. 437-444.

d'introspectionnisme, donc aussi (que ce soit de façon directe ou détournée) contre la tradition phénoménologique. Or, en affirmant l'existence et le caractère fondamental de l'intentionnalité phénoménale, les partisans de l'inséparatisme sont amenés à voir en Brentano, Husserl, Twardowski et d'autres, des précurseurs de cette position[1]. Le point essentiel est que ces auteurs défendent globalement une forme d'internalisme d'après laquelle les seuls facteurs pertinents pour fixer un contenu intentionnel sont des facteurs « internes », qui ne dépendent pas de l'environnement physique et du contexte social.

L'INTENTIONALISME MODAL

Ce bref tour d'horizon suffit à donner un aperçu de la variété des approches représentationnelles. Ces approches ne vont pas sans poser de réelles difficultés. L'argument de la transparence de la conscience, l'hypothèse d'un contenu représentationnel susceptible d'épuiser la conscience et plus généralement du caractère intentionnel du mental ont fait l'objet d'importantes analyses critiques. Aux fins de les discuter, nous avons accordé, dans ce recueil, une place à un échantillon de perspectives critiques qui nous semblent particulièrement représentatives des controverses actuelles. Notons que ces différentes perspectives critiques, la première mise à part, visent essentiellement le traitement représentationaliste d'une expérience consciente particulière : l'expérience perceptive.

Une première option critique remarquable consiste à souscrire à une position intentionaliste dite « forte » (et donc à endosser la thèse que tout état conscient est un état intentionnel) tout en critiquant certains présupposés du représentationalisme standard. C'est la position défendue exemplairement par Tim Crane.

1. *Cf.* U. Kriegel, « The Phenomenal Intentionality Research Program », art. cit., p. 2 : « L'intentionnalité phénoménale est l'intentionnalité qu'un état mental présente purement en vertu de son caractère phénoménal. Pour autant que nous le sachions, le terme a fait sa première apparition dans deux articles qui circulaient dans la seconde moitié des années quatre-vingt-dix, l'article de Brian Loar [« Phenomenal Intentionality as the Basis of Mental Content », art. cit] et celui de T. Horgan et J. Tienson [« The Intentionality of Phenomenology... », art. cit.]. [...] On pourrait soutenir, cependant, que les vifs débats sur l'intentionnalité auxquels ont pris part Brentano et ses étudiants concernaient en réalité l'intentionnalité phénoménale, qui était probablement la seule intentionnalité qu'ils reconnaissaient ».

Depuis les années 1990, Crane a effet constamment soutenu la *thèse de Brentano* selon laquelle l'intentionnalité est la marque du mental [1] (« tout ce qui est mental est intentionnel »). Il s'accorde ainsi partiellement avec les représentationalistes de premier ordre autour de l'idée qu'une douleur, par exemple, est un état mental intentionnel. Crane défend, plus généralement, une *théorie perceptive des sensations corporelles* qui trouve son origine chez Armstrong et Pitcher [2]. D'après cette théorie, éprouver une sensation corporelle équivaut à percevoir une propriété de notre corps. La perception étant une sorte de représentation, cette approche s'accorde au moins partiellement avec l'approche représentationnelle de Dretske ou Tye.

Le meilleur argument en faveur d'une théorie perceptive (« représentationnelle ») des sensations corporelles, estime Crane, est ce que l'on pourrait appeler l'*argument de la localisation*. Une douleur ne se distingue pas seulement d'une autre douleur par son caractère phénoménal. Toute douleur est aussi localisée dans une partie ou une région du corps. Or, il y a des raisons de penser qu'une telle localisation ne serait pas possible si cette partie du corps n'était pas représentée d'une certaine manière [3]. Ainsi, lorsque j'ai mal à la tête, mon expérience consciente de la douleur peut être considérée de plein droit comme un état intentionnel, dans lequel ma tête est représentée comme douloureuse. L'idée que *toutes* les douleurs sont localisées est naturellement discutable. Une sensation corporelle de nausée, par exemple, est-elle vraiment localisée ou localisable dans une partie du corps ? À nouveau, l'argument est que la localisation n'a pas besoin d'être précise ou déterminée. Dans certains cas (nausée, épuisement, bien-être, etc.), la sensation corporelle peut être localisée dans l'ensemble du corps. De même que certains sentiments (déprime, exaltation) seraient des représentations indéterminées du monde dans son ensemble, certaines sensations corporelles – des sensations « diffuses » – seraient des représentations indéterminées du corps dans son ensemble [4].

1. T. Crane, « Intentionality as the mark of the mental », dans A. O'Hear (ed.), *Contemporary Issues in the Philosophy of Mind*, Cambridge (Mass.), Cambridge University Press, 1998, p. 234 ; *id., Elements…, op. cit.*, p. 8.

2. D. M. Armstrong, *Bodily Sensations*, *op. cit.*, 1962 ; G. Pitcher, « Pain Perception », *The Philosophical Review* 79/3, 1970, p. 368-393. Pour une critique, voir N. Block, « Bodily Sensations as an Obstacle for Representationism », dans M. Aydede (ed.), *Pain*, *op. cit.*, p. 137-142 ; M. Aydede, « Is Feeling Pain the Perception of Something ? », *The Journal of Philosophy* 56/10, 2009, p. 531-567.

3. On trouve déjà un argument comparable discuté chez F. Brentano, *Psychologie vom empirischen Standpunkt*, *op. cit.*, rééd. 1911, p. 116, trad fr., p. 96.

4. T. Crane, *Elements of Mind*, *op. cit.*, p. 79. On pourrait encore objecter que la localisation d'une douleur est l'affaire d'une croyance qui s'ajouterait à la sensation de douleur, laquelle serait, par elle-même, dépourvue de localisation. Cette objection est toutefois diffici-

Jusque là, la position de Crane est plus ou moins comparable à celle de Dretske ou de Tye. Cependant, les travaux de Crane présentent la caractéristique d'opérer une dissociation stricte entre la position « intentionaliste », à laquelle il souscrit, et le « représentationalisme », dont il se distingue [1]. Cette position est illustrée de manière emblématique par son article sur « La structure intentionnelle de la conscience » (2003) [2].

Première distinction, dans la lignée des analyses de Husserl, Twardowski ou, plus récemment, Searle [3], Crane refuse de réduire l'intentionnalité à l'existence d'un *contenu* de représentation. Il a ainsi défendu une version particulière d'intentionalisme, d'après laquelle un état mental s'individue, non seulement par son *contenu*, mais aussi par son *objet* et son *mode* intentionnels. Il soutient en conséquence, à l'encontre de l'« argument de la transparence », qu'un même contenu peut être visé selon plusieurs modalités intentionnelles différentes et que ces différents modes contribuent, au même titre que le contenu de représentation, à spécifier l'état mental. Pour reprendre son exemple, l'avion volant haut dans le ciel peut être vu, entendu, imaginé, pensé, etc. [4]. De façon importante, toutes ces différences relatives aux « modes intentionnels » ou aux « attitudes intentionnelles » (aux manières de se rapporter à l'objet : les « qualités d'acte » de Husserl) sont conscientes ou possèdent un caractère phénoménal : elles se manifestent dans l'expérience. La position de Crane a donc une portée polémique à l'encontre du présupposé véhiculé par le représentationalisme selon lequel un état mental est *épuisé* par son contenu représentationnel. En un mot, Crane rejette l'*exhaustion thesis* :

> Le caractère phénoménal de l'expérience visuelle d'un avion qui vole au dessus de nous est donné en donnant son contenu – l'avion, sa forme, sa taille, etc. – et en donnant le mode intentionnel de l'expérience : le fait de voir. La différence phénoménale entre voir un avion au-dessus de nous et l'entendre est, en partie, une question de contenu – *ce dont* on a l'expérience –, mais c'est aussi une question de mode d'appréhension de ce

lement défendable, car il existe manifestement des cas où nous révisons notre croyance sur la localisation ou l'origine de la douleur et où nous continuons à ressentir la douleur au même endroit (en revenant de chez le médecin, je peux croire que ma douleur à la jambe est en réalité causée par le nerf sciatique : je n'en ressens pas moins une douleur *à la jambe* et non, disons, dans le dos). *Ibid.*, p. 79-80.

1. Crane emprunte le terme « intentionalisme » à G. McCulloch, « The Very Idea of the Phenomenological », *Proceedings of the Aristotelian Society* 93, 1993, p. 39-57.

2. T. Crane, « The Intentional Structure of Consciousness », dans A. Jokic et Q. Smith (eds.), *Consciousness. New philosophical Perspectives*, Oxford, Oxford University Press, 2003, p. 33-56.

3. J. Searle, *Intentionality*, *op. cit.*

4. T. Crane, *Elements...*, *op. cit.*, p. 86.

contenu, le mode intentionnel au sens de Searle. Certaines propriétés d'objets (par exemple, les couleurs) ne peuvent être appréhendées qu'à travers certains modes, elles ne figurent donc pas dans le contenu de certains modes (on ne peut pas, par exemple, sentir la couleur). Mais d'autres ne sont pas réservées à tel ou tel mode (*are not mode-specific*) : ainsi, par exemple, la différence entre voir des formes et les sentir est pour partie une affaire du mode intentionnel en question. Selon une théorie intentionaliste forte de la perception, le caractère phénoménal d'une perception est fixé par deux choses : le mode et le contenu [1].

Le deuxième argument que mobilise principalement Crane à l'encontre de l'orthodoxie représentationaliste concerne l'usage du concept de « contenu ». Les travaux récents de Crane [2] entendent en effet souligner que le représentationalisme, sous toutes ses formes, fait fond sur un présupposé hérité de la sémantique, en postulant, parfois inconsciemment, que le « contenu intentionnel » d'un état mental doit nécessairement être pensé sur le modèle du « contenu de la proposition » susceptible d'être évaluée en termes de vérité et de fausseté. En arguant essentiellement des exemples des actes d'imagination ou de désir [3], Crane entend bien plutôt dissocier la notion de « contenu intentionnel » de celle de « contenu propositionnel ». Son idée est que certains états mentaux (certains désirs, certaines pensées, certaines perceptions, etc.) sont des états intentionnels dont le contenu n'est pas de nature propositionnelle : je peux désirer quelque chose sans désirer *que* quelque chose soit tel ou tel, je peux penser à quelque chose sans penser *que* quelque chose est tel ou tel, etc. [4]. Tout contenu intentionnel n'est pas propositionnel. L'intentionnalisme fort, au sens de Crane, n'implique pas un propositionalisme (soit la thèse d'après laquelle tout état intentionnel est propositionnel).

Cependant, comme indiqué d'emblée, malgré ces critiques, Crane revendique une position intentionaliste « forte », dans la mesure où il soutient que les facteurs susceptibles d'individuer les états mentaux (mode intentionnel – contenu intentionnel) sont tous des composantes *intentionnelles* de nos états mentaux. Une telle approche a parfois été nommée

1. T. Crane, « The Intentional Structure... », art. cit., rééd. dans *id.*, *Aspects of Psychologism*, Cambridge (Mass.), Harvard University Press, 2014, p. 142. Voir aussi *Elements of Mind*, *op. cit.*, p. 85-86, 144.

2. T. Crane, « Is Perception a Propositional Attitude ? », *Philosophical Quaterly* 59, 2009, p. 452-469, republié dans *id.*, *Aspects of Psychologism*, *op. cit.*, p. 217-234 ; *id.*, « The Given », dans J. Schear (ed.), *Mind, Reason and Being-in-the-World. The McDowell-Dreyfus Debate*, London, Routledge, 2013, republié dans *id.*, *Aspects of Psychologism*, *op. cit.*, p. 235-255.

3. T. Crane, « Is Perception... », art. cit.

4. T. Crane, « The Given », art. cit.

« intentionalisme intramodal »[1], par contraste avec l'« intentionalisme intermodal » des représentationalistes de premier ordre, d'après lequel la différence de mode intentionnel est intégralement réductible à une différence de contenu (ainsi, on peut se demander si la différence entre voir et entendre un avion ne se réduit pas malgré tout à la différence entre contenu visuel et contenu auditif, etc.). On pourra aussi appeler la position de Crane, plus simplement, *intentionalisme modal*, puisque l'une de ces idées directrices est qu'un même contenu peut être visé selon plusieurs modalités intentionnelles différentes (perception visuelle, auditive, souvenir, imagination, etc.). Historiquement, une telle approche renoue, *mutatis mutandis*, avec le modèle triadique de Twardowski[2] et, plus indirectement peut-être, avec la notion de « mode de conscience » employée notamment par Stout[3].

LE RÉALISME EMPIRIQUE OU NAÏF

Au nom d'un réalisme empirique[4] ou naïf[5], une seconde tradition critique a émergé ces dernières années. Différentes voix dissidentes se sont en effet distinguées par une critique du représentationalisme plus radicale que celle proposée par l'intentionalisme modal. Ces critiques n'entendent pas seulement proposer quelques ajustements du modèle défendu par le représentationalisme standard (par exemple, une reformulation des notions de « contenu » et de « mode », comme chez Crane) mais récuser la dimension intentionnelle de la conscience et faire en conséquence l'économie des

1. Voir A. Byrne, « Intentionalism Defended », art. cit.

2. K. Twardowski, *Zur Lehre vom Inhalt und Gegenstand der Vorstellungen. Eine Psychologische Untersuchung* (1894), München-Wien, Philosophia Verlag, 1982, trad. fr. J. English, « Sur la théorie du contenu et de l'objet des représentations », dans E. Husserl et K. Twardowski, *Sur les objets intentionnels (1893-1901)*, Paris, Vrin, 1993, p. 85-200.

3. G. E. Stout, « Voluntary Action », *Mind* 5/19, 1896, p. 354-366.

4. Voir J. Campbell, *Reference and Consciousness*, Oxford, Oxford University Press, 2002 ; J. Campbell et Q. Cassim, *Berkeley's Puzzle*, Oxford, Oxford University Press, 2014 ; B. Brewer, « Perception and Content », *European Journal of Philosophy* 14/2, 2006, p. 165-181 (traduit dans le présent volume, p. 253-275) ; *id.*, *Perception and its Objects*, Oxford, Oxford University Press, 2011.

5. Voir M. Martin, « Perceptual content », dans S. Guttenplan (ed.), *A Companion to the Philosophy of Mind*, Oxford, Blackwell, 1996, p. 463-471 ; *id.*, « The Limits of Self-Awareness », *Philosophical Studies* 120, 2004, p. 37-89, rééd. dans A. Byrne et H. Logue (eds.), *Disjunctivism. Contemporary Readings*, Cambridge (Mass.), MIT Press, 2008 ; M. Johnston, « The Obscure Object of Hallucination », *Philosophical Studies* 120, 2004, p. 113-183, rééd. dans A. Byrne et H. Logue, *Disjunctivism…*, *op. cit.*

notions de « représentation » et de « contenu ». Ces différentes critiques s'adressent en particulier au traitement représentationaliste de la perception.

Les partisans de l'approche réaliste (empirique ou naïve) ont en commun de penser que, quand nous percevons les objets du monde, nous sommes directement conscients de leur indépendance par rapport à notre esprit (réalisme) ainsi que de leurs différents caractères (conscience directe). En conséquence, selon eux, les objets existent tels qu'ils sont perçus, tant et si bien qu'aucune erreur ne peut s'immiscer dans la relation perceptive. Au nom de cette confiance absolue en la perception, la grande majorité des réalistes endossent parallèlement la thèse disjonctiviste selon laquelle la perception et l'hallucination sont des expériences de nature différente et ne partagent pas de contenu commun [1].

Dès lors, pour les réalistes, la perception n'est pas trompeuse et il est tout à fait égarant de la décrire en termes de « contenu » de représentation. Bill Brewer (2006) expose clairement les principales raisons pour lesquelles le réalisme entend renoncer à toute « théorie du contenu » (*content view*). Si Brewer a tenté un temps de proposer différents ajustements de la thèse représentationaliste [2], en suivant la version défendue par John McDowell (dont il partage parallèlement la thèse conceptualiste), son article de 2006 introduit une rupture dans ses travaux. Brewer soutient désormais que non seulement la thèse représentationaliste n'est pas susceptible de rendre compte de l'aspect phénoménal de l'expérience, mais aussi que le modèle sur lequel elle s'appuie – la « théorie du contenu » – doit être rejeté pour deux raisons.

1. La théorie représentationaliste qui présuppose que tout état mental – la perception pour commencer – a un contenu, à savoir une condition de vérité ou du moins d'exactitude, introduit l'hypothèse que la perception est évaluable en termes de vérité et de fausseté (ou d'exactitude et d'inexactitude). Or Brewer, au nom de la thèse empiriste, refuse d'introduire une norme de correction dans la perception. Car il défend l'idée que la perception n'exerce pas de prise de position épistémologique sur ce qu'elle perçoit. Réalistes empiriques ou naïfs soutiennent en effet que la perception nous met directement en présence de ce que nous percevons : c'est donc une « présentation consciente des constituants réels [*actual*] de la réalité physique elle-même, à savoir des choses particulières,

1. Voir, *e.g.*, J. Hinton, « Visual Experiences », *Mind* 76, 1967, p. 217–227 ; P. Snowdon, « The Object of Perceptual Experience », *Proceedings of the Aristotelician Society* 64, 1990, p. 121-150 ; M. Martin, « The Reality of Appearances », dans M. Sainsbury (ed.), *Thought and Ontology*, Milan, Franco Angeli, 1997.

2. B. Brewer, *Perception and Reason*, Oxford, Oxford University Press, 1999.

exactement comme elles sont » [1]. Aussi, c'est prioritairement l'idée que la perception serait susceptible de nous tromper – qui occupe une grande partie des débats actuels sur la perception – que condamne Brewer à ce premier titre.

2. La deuxième série de critiques à l'endroit de la « théorie du contenu » insiste sur l'absolue singularité de l'expérience perceptive. Elles tendent à montrer que le représentationalisme, qui réduit l'expérience à un contenu de représentation, impose nécessairement une structure trop *générale* au perçu.

Les différentes critiques de Brewer (mais aussi de John Campbell, qui fut son interlocuteur à Oxford) sont formulées dans le cadre plus général de l'empirisme classique (en particulier la théorie de Berkeley) [2]. C'est donc dans cet horizon qu'il faut resituer les deux critiques précédentes. La deuxième critique, à savoir la critique de la généralité, entend en effet faire droit à l'intuition de Berkeley selon laquelle la perception est toujours « la présentation à un sujet des constituants réels du monde physique lui-même » [3]. Le représentationalisme qui adopte la notion de contenu au format nécessairement trop général ne serait pas en mesure de rendre compte des infinis changements du monde qui affectent singulièrement les objets perçus. La première critique qui concerne le traitement sémantique de la perception – l'hypothèse qu'elle dispose d'un contenu de type propositionnel évaluable en termes de vérité ou de fausseté – est directement héritée de la critique contextualiste de Travis sur laquelle nous reviendrons plus bas. Or la stratégie qu'adopte un empiriste comme Brewer pour y répondre a ceci d'intéressant que, plutôt que de condamner l'argument de l'illusion, il en propose une reformulation d'inspiration berkeleyenne : plutôt que de conclure que nos sens sont trompeurs, il faudrait admettre que ce sont les objets que nous percevons qui ont le pouvoir de nous tromper.

En conséquence, le réalisme empirique – dont le texte de Brewer présente ici une illustration – comme le réalisme naïf assument la thèse selon laquelle il faut définitivement rejeter le représentationalisme et tout modèle qui raisonne en termes de « contenu » de la perception, en ceci que de tels modèles ne sont pas capables de rendre compte du fait que la perception est une *relation directe* du sujet à des objets physiques toujours singuliers. Or, ainsi que nous allons le montrer à présent, la critique

1. B. Brewer, « Perception and Content », art. cit. (traduction *infra*, p. 253-275).

2. Brewer cite les *Three Dialogues Between Hylas and Philonous* et le *Treatise Concerning the Principles of Human Knowledge* (« Perception and Content », art. cit., p. 168, trad. dans ce volume, p. 259).

3. *Ibid.*, p. 169.

contextualiste de Charles Travis bien comprise, à laquelle Brewer emprunte bon nombre de ses arguments, a ceci de plus radical encore qu'elle entend non seulement se passer de la notion de « contenu », mais aussi de l'idée que la perception est une *relation* entre un sujet et des objets.

LE CONTEXTUALISME

Au sein de ces perspectives critiques, la position contextualiste qu'incarne par excellence Charles Travis est probablement la plus radicale. Elle s'inscrit dans la lignée d'intuitions formulées par Ludwig Wittgenstein et John Austin – ainsi que, dans une moindre mesure, par Gottlob Frege. Son objectif n'est pas tant de proposer quelques critiques locales du modèle véhiculé par le représentationalisme standard (et le représentationalisme en général) que de montrer que ce modèle est vicié à son fondement, car il repose sur une conception erronée de l'expérience. Le contextualisme récuse en effet l'hypothèse fondamentale du représentationalisme, à savoir l'idée que les expériences conscientes – et, exemplairement, la perception – procèdent par « représentations » dotées d'un « contenu » propositionnel qui présente les choses comme étant telles ou telles.

La critique de Travis sur le représentationalisme vise explicitement la position standard que nous avons présentée [1]. Elle gagne cependant une portée plus générale quand on comprend que Travis entend généraliser les critiques austiniennes, formulées à l'encontre des théoriciens des *sense data,* à l'endroit des représentationalistes [2]. La critique vise alors toute théorie de la perception qui substitue invariablement à l'analyse du perçu une explication en termes de représentations ou contenus intentionnels qui viendraient le capturer. Cette critique s'appuie principalement sur deux lignes argumentatives, à savoir (1) une critique de la notion de « représentation » et (2) une critique de l'idée que nos sens seraient trompeurs et susceptibles de nous délivrer une représentation vraie ou fausse de ce qui est perçu (et donc une critique de la notion de « contenu »).

1. C. Travis, « The Silence of the Senses » (2004), réédité dans *id., Perception. Essays After Frege*, Oxford, Oxford University Press, 2013, p. 23-58, trad. fr. B. Ambroise, V. Aucouturier et L. Raïd, « Le silence des sens » dans *id., Le Silence des sens*, Paris, Cerf, 2014, p. 101-152.

2. C. Travis, *Le Silence des sens, op. cit.*, p. 22.

1. L'un des enjeux majeurs de l'analyse développée par Travis[1] à l'encontre des théories représentationnelles de la conscience, et en particulier de la perception, est de montrer que lorsque l'on réduit le perçu à une « représentation » ou à un « contenu représentationnel », on présuppose indument que le perçu doit pouvoir s'analyser de façon unique et se structurer selon une unique représentation (comme si les choses pouvaient être présentées comme étant « telles ou telles »). L'analyse représentationnelle suppose donc que seule une description, à l'exclusion des autres, est pertinente pour décrire ce qui est perçu. Or l'idée contextualiste que développe inlassablement Travis est que les états possibles des choses (un cochon dans une porcherie, par exemple), de même que les descriptions qu'on en donne, sont nécessairement multiples car « sensibles à l'occasion »[2]. Pour reprendre l'exemple, en fonction des contextes, on peut aussi bien décrire le cochon en question comme un « mammifère à sabot » ou comme du « porc destiné à l'abattoir ». C'est donc d'abord à la « sensibilité à l'occasion » de la prise en charge conceptuelle du perçu que les théories représentationnelles seraient aveugles.

2. Qui plus est, en fidélité à la thèse formulée dans *Le Langage de la perception*[3] d'Austin, Travis défend l'idée que « nos sens sont muets »[4] et ne nous disent rien, notamment rien de vrai ou de faux, sur ce que nous sentons. L'une de ses principales croisades, à la suite d'Austin (et de Wittgenstein) est alors de dénoncer la confusion entre le niveau purement perceptif (non conceptuel) (le niveau où je sens une odeur porcine ou une odeur de brocolis, où je vois un groin de cochon, etc.) et le niveau déjà cognitif qui est de l'ordre du jugement. Car comme il le rappelle sans cesse, voir n'est pas juger. Au niveau perceptif, je vois ce que je vois, je sens ce

1. C. Travis, « Le silence des sens », art. cit. ; *id.*, « The Face of Perception », dans Y. Ben-Menahem (ed.), *Hilary Putnam*, Cambridge, Cambridge University Press, 2005, trad. fr. B. Ambroise, V. Aucouturier et L. Raïd, « Le visage de la perception », dans *id.*, *Le Silence des sens*, *op. cit.*

2. C. Travis, « Le visage de la perception », art. cit., p. 77. Voir aussi *id.*, *Occasion Sensitivity. Selected essays*, Oxford, Oxford University Press, 2008 ; *id.*, *Les Liaisons ordinaires*, trad. fr. B. Ambroise, Paris, Vrin, 2003, p. 229 ; C. Al-Saleh et B. Ambroise, « Expérience et représentation : Métaphysique de l'expérience *vs* silence des sens», dans L. Perreau (éd.), *L'Expérience*, Paris, Vrin, 2010 ; S. Laugier, « La perception est-elle une représentation ? », dans J. Bouveresse et J. J. Rosat (dir.), *Philosophie de la perception*, Paris, Odile Jacob, 2003. Voir aussi les travaux de J. Benoist, *Les Limites de l'intentionalité*, Paris, Vrin, 2005 ; *id.*, *Sens et Sensibilité. L'intentionalité en contexte*, Paris, Cerf, 2009 ; *id.*, *Le Bruit du sensible*, Paris, Cerf, 2013.

3. J. L. Austin, *Sense and Sensibilia*, Oxford, Clarendon Press, 1962, trad. fr. P. Gochet, revue par B. Ambroise, *Le Langage de la perception*, Paris, Vrin, 2007.

4. *Ibid.*, p. 11, trad. fr., p. 38-39.

que je sens, je touche ce que je touche, je goûte ce que je goûte, j'entends ce que j'entends, quand bien même je ne suis pas capable d'identifier ce que c'est. Nos sens ne nous apportent donc aucun témoignage sur ce que nous percevons. Tant et si bien que c'est une erreur de considérer que l'expérience perceptive nous délivre un *contenu* dont on pourrait évaluer la valeur de vérité. La perception ne prend pas position quant à ce qu'elle perçoit, elle n'a pas de « valeur comptant », pour reprendre l'expression du célèbre article de 2004. Dès lors, il n'y a jamais d'erreur de « perception » mais éventuellement des erreurs dans l'identification conceptuelle de ce dont je parle, qui s'expliquent par une erreur dans la reconnaissance du contexte en jeu (ce n'était pas un « vrai » cochon mais un cochon factice). Il reste que la perception des traits distinctifs d'une situation n'est pas elle-même de l'ordre d'un jugement ni même d'une identification : elle ne délivre donc pas de représentation du monde comme tel ou tel.

Pour ces différentes raisons, la perception ne nous délivre pas de contenu (évaluable) de ce que nous percevons et il existe d'innombrables manières, en fonction des contextes, de décrire par le langage ce que nous percevons. C'est alors un non-sens de parler de « contenu » de ce qui est perçu et même de « représentation » (indépendamment de la prise en compte du contexte où la description peut opérer).

L'un des principaux arguments mobilisés pour critiquer l'approche représentationnelle de la conscience s'appuie sur l'analyse de l' « air » (*look*) [1] qu'ont les choses. S'il existe différents usages de la notion d' « air » qui ne sont pas perceptifs (par exemple « Pia a l'air d'approcher »), il existe un usage purement perceptif de « l'air » qui désigne l'air qu'ont les choses que l'on perçoit. Il s'agit bien d'un phénomène perceptif, infra-cognitif : ce que je perçois, dans un environnement porcin (disons dans une porcherie), c'est un ensemble de traits qui figurent l'air du cochon. Or l'introduction de ce concept d' « air » perceptif a au moins deux fonctions dans la logique de la critique du représentationalisme qui consolident les deux critiques que nous venons de rappeler. La première, c'est d'introduire une distinction claire entre « l'air » et « l'apparence » des choses, pour déjouer toutes les rhétoriques de l'illusion et des sens trompeurs. Dire que ce que je perçois a l'air d'un cochon, c'est précisément ne pas dire que cela en a l'apparence (et donc que cela pourrait être autre chose ou que je pourrais me tromper en lui attribuant cette apparence). L'air qu'ont les choses, ce n'est rien d'autre que la façon dont je perçois les choses. Cela n'a aucun sens de dire que les choses sont différentes de ce dont elles ont l'air. Qui plus est, la rhétorique de « l'air » perceptif a vocation à souligner qu'il y a différentes choses que

1. C. Travis, « Le silence des sens », art. cit.

l'on peut comprendre à propos de « l'air qu'a une chose » en fonction des circonstances de l'analyse. L'air ne peut être reconduit à un unique contenu de représentation. Pour reprendre un exemple inspiré de ceux de Travis, si Pia a l'air d'avoir grossi, selon les circonstances, je peux analyser cet air de différentes manières : comme le fait qu'elle a pris du poids, qu'elle a caché un coussin sous son pull ou qu'elle est enceinte. On ne peut pas espérer capturer par une « représentation » à structure unique l'air qu'a une chose [1].

Ces différentes lignes critiques, héritées des philosophes du langage ordinaire, ont en partie inspiré les philosophes réalistes (empiriques et naïfs) que nous évoquions plus haut. Il reste que malgré une certaine proximité, la position contextualiste se distingue fondamentalement de tout empirisme en ceci que, selon Travis, non seulement la perception n'est pas réductible à un contenu de représentation, mais elle ne peut pas non plus être caractérisée comme la *relation* d'un *sujet* à un *objet*, et ce pour plusieurs raisons que nous pouvons formuler succinctement.

Les contextualistes soutiennent en effet que s'il est possible de prendre conscience de certains traits de la perception, cette conscience ne procède jamais par identification conceptuelle ou même cognitive – du moins au niveau purement perceptif – tant et si bien que ce ne sont pas même des « objets » qui sont perçus. Je ne perçois pas un cochon en tant que cochon. À cela, les contextualistes ajoutent que ce que nous percevons est toujours situé, inscrit dans une histoire, de sorte que nous ne percevons pas le cochon mais le cochon dans un certain réseau de relations (« le cochon sous le chêne »). Aussi la notion de « relation », du moins telle que la mobilise Brewer (« relation » d'un sujet à un objet), est formellement trop contraignante. Enfin, la thèse contextualiste est une position conventionaliste héritée d'Austin et ne peut se satisfaire de l'idée que les dits « objets » du monde sont des objets « physiques » comme le soutient systématiquement Brewer dans la logique de son réalisme empirique (à forte implication ontologique, voire métaphysique). S'il est naturellement vrai que nos sens ne perçoivent que le sensible, le langage qui parle de nos perceptions ordinaires est gouverné par un réseau de conventions, celui-là même qui décide de ce qui compte comme contexte pertinent dans l'analyse de nos états mentaux. Aussi, je ne peux identifier conceptuellement

1. Il existe de nombreuses discussions critiques de cet argument. Voir, *e.g.*, A. Byrne, « Experience and Content », *The Philosophical Quarterly* 236/59, 2009, rééd. dans K. Hawley et F. Macpherson (eds.), *The Admissible Contents of Experience*, Oxford, Wiley-Blackwell, 2011, p. 69-72, et surtout S. Schellenberg, « Perceptual Content Defended », *Noûs* 45/4, 2011, p. 714-750, en particulier p. 720 *sq.*

l'objet que j'ai perçu qu'en comprenant quel usage *normé* il en est attendu dans un contexte donné.

Pour ces différentes raisons – dont nous ne prétendons pas avoir présenté une liste exhaustive –, le hiatus qui oppose le réalisme (empirique ou naïf) et le contextualisme nous paraît bien plus profond que ce qui est traditionnellement suggéré (notamment par les partisans de la thèse représentationaliste)[1]. En conséquence, même si certaines des analyses de Travis recoupent celles des réalistes empiriques ou naïfs ou de l'intentionalisme modal, sa critique est bien plus catégorique, dans la mesure où il se dispense aussi bien de la notion de « contenu », que de celle de « représentation » (décontextualisée) ou même d'intentionnalité. Dès lors, comme le montre le texte dont nous proposons ici une traduction, il condamne au même titre toutes les versions d'intentionalisme (toute théorie qui considère nos états mentaux comme intentionnels), au prétexte qu'elles partagent le présupposé du représentationalisme selon lequel l'expérience consciente représente les choses comme étant telles ou telles, de manière plus ou moins correcte.

Comme le suggère le panorama que nous venons de donner, l'étiquette de « théories représentationnelles » recouvre, en vérité, une variété de positions alternatives particulièrement riches et fécondes. Ces sont ces positions qui sont illustrées et défendues dans les textes qui suivent. Nous avons tâché de faire en sorte que le choix des textes reflète, autant que possible, cette diversité de positions théoriques, en donnant un aperçu des principales alternatives défendues à l'heure actuelle. Le lecteur s'apercevra toutefois que ces textes se répondent largement.

L'ouvrage est divisé en quatre sections. Les deux premières sont consacrées (I) au représentationalisme de premier ordre et (II) au représentationalisme d'ordre supérieur. La troisième (III) est dédiée à l'auto-représentationalisme et aux théories de l'intentionnalité phénoménale. La quatrième et dernière partie (IV) a été réservée à quelques illustrations emblématiques des diverses stratégies critiques existantes[2].

Arnaud DEWALQUE et Charlotte GAUVRY

1. Voir par exemple S. Siegel, *The Contents of Visual Experience*, Oxford, Oxford University Press, 2010.

2. Faute d'espace disponible, nous avons finalement dû renoncer à inclure le texte de Tim Crane, « The Intentional Structure of Consciousness », art. cit. Nous tenons à remercier les auteurs pour l'aide qu'ils nous ont apportée, les traducteurs pour leur précieuse contribution à ce volume, ainsi que Laurent Jaffro, pour l'avoir accueilli dans la collection « Analyse et philosophie ».

PREMIÈRE PARTIE

LE REPRÉSENTATIONALISME DE PREMIER ORDRE

FRED DRETSKE

| LE CARACTÈRE REPRÉSENTATIONNEL 1
DE L'EXPÉRIENCE SENSORIELLE [*]

L'expérience sensorielle est le lieu primitif de la conscience. Marcel pense que, sans elle, nous n'aurions aucun concept de conscience [1]. Quoi qu'il en soit, l'expérience phénoménale – l'aspect visuel, sonore, gustatif et tactile des choses – domine nos vies mentales. Si on s'en débarrasse entièrement que reste-t-il de nous ? Des zombies ?

Si, en accord avec la thèse représentationnelle, nous considérons que tous les faits mentaux sont des faits représentationnels, alors la qualité de l'expérience, comment les choses nous apparaissent au plan sensoriel, est constituée par les propriétés que les choses sont représentées posséder. Mon expérience d'un objet est la somme de ses manières de m'apparaître, et la manière dont un objet m'apparaît est la manière qu'ont mes sens de le représenter.

Puisque tous les faits concernant la représentation ne sont pas des faits représentationnels, et que toutes les représentations ne sont pas mentales, je commence par faire quelques distinctions intéressantes entre différents genres de représentations. L'expérience est un genre spécial de représentation – une forme non conceptuelle de représentation. La première chose à faire, donc, c'est de dire en quoi c'est un genre spécial de représentation.

Je conclurai ce chapitre par un court aperçu des bénéfices que l'on peut attendre d'une approche représentationnelle de | l'expérience perceptive. 2
Dans le § 5, je décris la manière dont cette approche naturalise l'intentionnalité, et dans le § 6, la manière dont elle fournit une explication

* « The Representational Character of Sense Experience », premier chapitre de *Naturalizing the Mind*, Cambridge (Mass.), MIT Press, 1995, pagination d'origine en marge.

1. A. J. Marcel, « Phenomenal Experience and Functionalism », dans A. J. Marcel et E. Bisiach (eds.), *Consciousness in Contemporary Science*, Oxford, Clarendon Press, 1988, p. 128.

satisfaisante de la raison pour laquelle, même si les expériences sont dans la tête, ce n'est pas là qu'on les trouve [...] [1].

LA NATURE DE LA REPRÉSENTATION

L'idée fondamentale est qu'un système, *S*, représente une propriété, *F*, si et seulement si *S* a pour fonction d'indiquer (c'est-à-dire de fournir de l'information sur) le *F* d'un certain domaine d'objets [2]. La manière dont *S* remplit sa fonction (quand il la remplit) consiste à occuper différents états $s_1, s_2, \ldots s_n$ correspondant aux différentes valeurs déterminées $f_1, f_2, \ldots f_n$, de *F*. Un tachymètre (*S*) représente la vitesse (*F*) d'une voiture. Son travail, sa fonction, c'est d'indiquer, de fournir de l'information (au conducteur) à propos de la rapidité avec laquelle le véhicule se meut (*F*). Quand il fait son travail, ses différents états (les positions de l'aiguille sur « 30 », « 70 », etc.) correspondent aux différentes vitesses du véhicule (30 km/h, 70 km/h, etc.). Étant donnée la fonction de cet instrument, chacun de ses états est supposé transporter une information différente à propos de la vitesse de la voiture. L'enregistrement « 30 » est supposé transporter l'information que la voiture va à 30 km/h, l'enregistrement « 70 » qu'elle va à 70 km/h, et ainsi de suite. Le fait que le tachymètre a une fonction d'indicateur de vitesse, et le fait que l'aiguille sur « 30 » signifie 30 km/h sont des faits représentationnels qui concernent l'instrument et cet état de l'instrument. C'est ce pour quoi l'instrument a été conçu, ce qu'il est supposé faire, et, comme tout système faillible, il peut échouer à accomplir ce qu'il est censé accomplir. Si un enregistrement de « 30 » sur un instrument installé correctement échoue à transporter de l'information à propos de la vitesse de la voiture, ou transporte la même information que « 70 », alors il ne fait pas son travail. Le résultat, ce qui arrive assez souvent, est une représentation erronée.

1. Nous avons omis les renvois internes à d'autres chapitres de l'ouvrage de Dretske (NDT).

2. Les états ont également des fonctions d'indicateurs (de fournisseurs d'information). Pour l'instant, je me concentre sur les systèmes. En parlant d'information et d'indication, je m'appuie fortement sur F. Dretske, *Knowledge and the Flow of Information*, Cambridge (Mass.), MIT Press, 1981 ; *id.*, *Explaining Behavior*, Cambridge (Mass.), MIT Press, 1988. Mis à part quelques raffinements importants (en particulier la distinction entre expérience et pensée), la présente explication de la représentation peut être trouvée dans F. Dretske, « Aspects of Cognitive Representation », dans M. Brand et R. M. Hamish (eds.), *The Representation of Knowledge and Belief*, Tucson, University of Arizona Press, 1986, p. 101-115 ; *id.*, *Explaining Behavior*, *op. cit.* Même si je m'appuie sur mes travaux précédents, j'ai voulu donner à ce livre un caractère auto-suffisant.

| Le fait que le tachymètre soit relié à l'axe au moyen d'un câble qui 3
transmet de l'information sur la vitesse, d'autre part, n'est pas un fait représentationnel concernant cet instrument. C'est un fait qui concerne un système représentationnel, mais ce n'est pas un fait représentationnel. L'instrument ne pourrait pas faire son travail sans ce câble, mais qu'il y ait ce câble n'entraîne pas que le dispositif *a* un travail – encore moins que ce travail soit de fournir de l'information. Pour la même raison, le fait qu'un certain thermomètre soit rempli de mercure, un métal dont le volume sert à indiquer la température, est un fait qui concerne un dispositif représentationnel, mais ce n'est pas un fait représentationnel. Un fait représentationnel à propos de *S* est un fait à propos de ce pour quoi *S* a été conçu, un fait à propos de l'information qu'il est supposé transporter. Il y a des faits à propos des représentations – leur couleur, leur forme, leur constitution matérielle, leur mode opératoire – qui ne nous renseignent pas sur le type d'information qu'elles sont censées fournir ou, même, si elles sont supposées nous fournir quelque information que ce soit.

Dans la conception représentationnelle de l'esprit que j'ai l'intention de présenter, la différence entre des faits représentationnels et de (simples)[1] faits concernant les représentations revient à la différence entre l'esprit et le cerveau. Les neurosciences nous enseignent de nombreux faits qui concernent le cerveau. Il se pourrait que l'on découvre que ces faits portent sur les représentations mentales – les expériences et les pensées. Mais cela ne signifie pas qu'en connaissant ces faits, nous connaissions l'esprit. La connaissance de l'esprit, des faits mentaux, si l'on suit la thèse représentationnelle, est la connaissance des faits représentationnels, pas des (simples) faits concernant les représentations mentales. Je n'apprends rien sur la vie représentationnelle d'un système si on me dit qu'il contient du mercure ou qu'il comporte une aiguille orange. Je ne sais pas non plus ce que (ou si) un système représente, si on me dit qu'il fournit de l'information
à propos de la vitesse. Ce n'est pas qu'il | fournisse de l'information à 4
propos de la vitesse qui est important, mais qu'il ait la fonction de fournir cette information.

Cette notion de représentation est composée d'idées téléologiques et d'idées propres à la théorie de l'information. Pour que le concept de représentation accomplisse un travail utile aux sciences cognitives, en particulier, s'il doit être utilisé pour clarifier la nature de la pensée et de l'expérience, alors il doit être suffisamment riche pour permettre des représentations erronées. Ce concept doit comprendre la capacité à être dans le faux, à dire

1. Par la suite, j'omettrai de préciser « simples ». Quand je parlerai de faits concernant les représentations, il faudra donc comprendre que je parle de faits concernant les représentations qui ne sont pas des faits représentationnels.

que tel est le cas quand cela n'est pas le cas. C'est ce que la téléologie, l'idée d'un élément ayant la fonction de porter de l'information, accomplit dans la théorie présente. La téléologie capture l'élément normatif inhérent à l'idée de représentation. Comme un objet peut conserver une fonction même quand il échoue à l'accomplir (pensons au cœur, aux reins, aux instruments endommagés), un dispositif peut conserver sa fonction indicative – continuer de représenter (c'est-à-dire de donner une représentation erronée d')un mobile allant à 30 km/h, même quand il échoue à fournir l'information qu'il doit fournir par son travail. Des informations peuvent exister sans les fonctions, mais, sans les fonctions, il n'y a pas de représentation.

Un événement qui porte une information n'a pas nécessairement la fonction de la porter. Pour reprendre un exemple de Matthen [1], l'angle que fait une colonne de fumée avec l'horizon porte une information sur la vitesse du vent, mais il est évident que ce n'est pas la fonction de la fumée. La fumée ne peut pas représenter erronément la vitesse du vent. La colonne de fumée peut nous égarer. Nous pouvons croire qu'elle indique quelque chose qu'elle n'indique en fait pas (c'est alors nous-mêmes qui représentons erronément la vitesse du vent), mais la fumée ne peut pas représenter erronément la vitesse du vent, à la différence d'un anémomètre. C'est pourquoi, cela dit en passant, une télévision en noir-et-blanc ne peut pas représenter erronément la couleur du ciel alors qu'une télévision en couleur le peut. La capacité de la télévision couleur à représenter erronément la couleur réside dans sa fonction de dépiction de la couleur.
5 Les images, sur l'un et l'autre écran, peuvent | être identiques ; cependant, l'une est une représentation erronée, tandis que l'autre ne l'est pas. C'est la différence entre *manquer de* représenter la couleur, et une représentation *manquée* de la couleur.

Une telle conception de la représentation est, je crois, à l'œuvre dans de nombreuses approches scientifiques de la représentation mentale. La terminologie varie, mais les intuitions et les finalités théoriques sont les mêmes. Michel Treisman, par exemple, parle des représentations comme de signaux ou d'événements auxquels a été assigné la « charge » (fonction ?) de transmettre un sens (information ?) [2]. La théorie de la vision bien connue de David Marr [3] assigne à la vision primitive la fonction ou

1. M. Matthen, « Biological Functions and Perceptual Content », *Journal of Philosophy* 85, 1988, p. 5-27.

2. M. Treisman, « Does the Perception of Temporal Sequence Throw Light on Consciousness ? », *Behavioral and Brain Sciences* 15, 1992, p. 227.

3. D. Marr, *Vision*, San Francisco, W. H. Freeman and Co., 1982.

tâche[1] de dépeindre les propriétés spatiales et chromatiques de scènes distales. Gallistel décrit le cerveau comme représentant des aspects de l'environnement quand un isomorphisme fonctionne entre l'environnement et les processus cérébraux qui « adaptent » le comportement de l'animal à cet environnement[2]. On décrit communément les organes et les mécanismes sensoriels en termes de ce « pour quoi » ils sont là. On dit que les canaux semi-circulaires de l'oreille moyenne permettent la détection de l'accélération angulaire, l'utricule et le saccule[3] indiquent l'accélération linéaire, et la rétine encode l'information sur la lumière pour la transmettre au cerveau. Décrire les mécanismes et les processus perceptifs ainsi est une manière de les concevoir en termes représentationnels. Les sens fournissent des représentations du monde, non pas simplement parce que (quand ils fonctionnent bien) ils délivrent une information à propos du monde, mais parce que c'est leur travail. Les sens, et les états qu'ils produisent en accomplissant leur fonction, sont donc évaluables par rapport à la correction de leur travail.

Toutefois, avant d'appliquer ces idées représentationnelles à des questions mentales, nous devons savoir, en des termes plus précis, quel
genre de représentation une représentation mentale | est censée être. Si 6
c'est certainement le travail des divers sens de fournir de l'information à propos du monde – et donc, d'après notre conception, de représenter ce monde – quelle est la source de ces fonctions, quelle information est-ce leur travail de fournir, et comment – en termes représentationnels – notre expérience des objets et les pensées que nous avons d'eux se distinguent-elles ? De plus, qu'est-ce qui permet à certaines représentations de rendre les systèmes dans lesquels elles sont présentes *conscients* de ce qui est représenté ? Bonnes questions.

Je vais commencer à répondre en expliquant un certain nombre de distinctions fondamentales : (1) représentations naturelles et représentations conventionnelles ; (2) états représentationnels et systèmes représentationnels ; et (3) propriétés représentées et objets représentés. Armés de ces distinctions, nous pourrons donner une taxinomie préliminaire de la représentation mentale et entrer dans l'argument d'après lequel l'expérience consciente est une sorte de représentation naturelle.

1. L. Shapiro, « Content, Kinds, and Individuation in Marr's Theory of Vision », *The Philosophical Review* 102/4, 1993, p. 489-513.

2. C. R. Gallistel, *The Organization of Learning*, Cambridge (Mass.), MIT Press, 1990.

3. Organes de l'oreille interne (NDT).

REPRÉSENTATIONS NATURELLES ET REPRÉSENTATIONS CONVENTIONNELLES

La fonction d'un système (ou d'un état) est ce pour quoi il est conçu – ce pour quoi, de par sa conception, il est supposé être. Cette conception peut avoir différentes sources. Chacune d'entre elles est à l'origine d'un genre différent de fonction, et, donc, d'une forme différente de représentation. Unc différence importante (pour nos considérations) est la différence entre des fonctions acquises naturellement, et des fonctions assignées conventionnellement – et du coup la différence entre des représentations naturelles et des représentations conventionnelles.

Les fonctions de fournisseur d'information qu'ont les instruments de mesure, comme les capteurs, détecteurs et les jauges, ils les tiennent de nous – leurs concepteurs et utilisateurs. Nous les concevons. Nous leur donnons un travail à faire. Nous disposons les choses de sorte que certains liquides, grâce à leur position dans des tubes transparents adjacents à une
7 échelle calibrée, nous fournissent une information sur la | température. Nous appelons les artefacts qui en résultent des thermomètres. Le mât d'un drapeau ou un trombone (en métal), dont le volume est proportionnel à la température, portent également une information sur la température. Leur volume est également corrélé de manière fiable à la température. Cela, toutefois, n'est pas leur fonction. Ce n'est pas ce pour quoi ils ont été conçus. Comme leur nom le suggère, leur travail est tout à fait différent. Même s'ils portent la même information, le mât du drapeau et le trombone ne représentent pas ce que les thermomètres représentent. Ils ne représentent rien. Nous ne leur avons pas donné ce genre de travail.

Quand les fonctions informationnelles d'un élément sont dérivées des intentions et des finalités de ses concepteurs, constructeurs et utilisateurs comme nous l'avons évoqué, j'appelle la représentation qui en résulte une représentation *conventionnelle*. Les représentations qui ne sont pas conventionnelles sont *naturelles*.

Je suppose qu'il existe des fonctions acquises naturellement et, donc, des représentations naturelles[1]. Je ne donne pas d'arguments, c'est quelque chose que je prends pour supposition. Je sais que cette idée n'est

1. Je ne pense pas que la sélection naturelle soit la seule source des fonctions naturelles. Il y a également l'apprentissage. C'est le fondement de ma conception de la croyance (F. Dretske, *Explaining Behavior*, *op. cit.*). Je reviens sur ce point brièvement en distinguant les états représentationnels dont les fonctions d'indicateur sont *systémiques* (phylogénétiques) des états représentationnels dont les fonctions d'indicateur sont acquises lors d'un apprentissage individuel (ontogénétiques).

pas universellement acceptée[1]. [...] Sur ce point, je suis Wright, Kitcher, Godfrey-Smith, Millikan, Neander, Papineau, Bennett et beaucoup d'autres en supposant que les organes et mécanismes corporels peuvent, dans le sens intéressant, être conçus pour accomplir un certain travail – et ainsi, avoir la fonction d'accomplir ce travail – sans être conçus par quelqu'un pour cela[2]. Philip Kitcher écrit en ce sens : « L'une des découvertes importantes de Darwin est que nous pouvons penser un plan de conception sans concepteur ». Les sens, je le suppose, ont des fonctions de fournisseur d'information. Ces fonctions sont biologiques et elles dérivent de leur histoire évolutionnaire[3]. Le résultat, ce sont des systèmes perceptifs (ce qui inclut la proprioception) qui produisent des représentations des conditions (externes ou internes selon les cas) à propos desquelles c'est leur fonction de donner de l'information. | Les représen- 8
tations qu'ils produisent en accomplissant leurs fonctions informationnelles ont un contenu, quelque chose qu'ils disent ou signifient, qui ne dépend de l'existence ni de nos finalités ni de nos intentions. C'est pourquoi les sens – ou, plus précisément, les états internes (expériences, sentiments) que les sens produisent en accomplissant leur fonction – ont une intentionnalité originale, quelque chose qu'ils représentent, disent, ou

1. D. Dennett (*The Intentional Stance*, Cambridge (Mass.), MIT Press, 1987, en particulier p. 287-321) et J. Searle (*The Rediscovery of the Mind*, Cambridge (Mass.), MIT Press, 1992, p. 52, trad. fr., C. Tiercelin, *La Redécouverte de l'esprit*, Paris, Gallimard, 1995), par exemple, la refusent.

2. L. Wright, « Functions », *The Philosophical Review* 82, 1973, p. 139-168 ; *id.*, *Teleological Explanations*, Berkeley, University of California Press, 1976 ; P. Kitcher, « Function and Design », dans P. French *et alii* (eds.), *Philosophy of Science*, Notre Dame (IN), University of Notre Dame Press, 1993, p. 379-397 ; P. Godfrey-Smith, « Misinformation », *Canadian Journal of Philosophy*, 19/4, 1994, p. 533-550 ; R. Millikan, *Language, Thought, and Other Biological Categories*, Cambridge (Mass.), MIT Press, 1984 ; K. Neander, « Functions as Selected Effects : The Conceptual Analyst's Defence », *Philosophy of Science* 58, 1991 ; *id.*, « The Teleological Notion of "Function" », *Australasian Journal of Philosophy* 69, 1991 ; D. Papineau, *Philosophical Naturalism*, Oxford, Blackwell, 1993 ; J. Bennett, *Linguistic Behavior*, Cambridge, Cambridge University Press, 1976.

3. Il se trouve que je favorise l'explication des fonctions biologiques décrite par Godfrey-Smith (« Misinformation », art. cit.) – voir également P. Kitcher, « Function and Design », art. cit. – comme « la théorie historique moderne des fonctions ». Ma conception, cependant, est indépendante de la théorie particulière que l'on peut soutenir au sujet des fonctions naturelles ou de leur provenance exacte. Il pourrait même s'avérer, comme Tim Schroeder me l'a suggéré, que les processus de maturation individuels soient la source des fonctions d'un système perceptif qui se développe, dans la mesure où ils établissent les connections anatomiques vers et dans le cerveau. Tant qu'il y a des fonctions naturelles – quelle que soit la compréhension correcte de ces fonctions – cela est suffisant à mon projet naturaliste. Je supposerai cependant dans ce travail que les fonctions naturelles sont toujours acquises grâce à des processus historiques comme la sélection naturelle (des systèmes) ou l'apprentissage (pour les états). [...]

signifient, qu'ils ne tiennent pas de nous. C'est pourquoi les représentations perceptives dans les systèmes biologiques – à la différence de celles qui sont dans les ordinateurs portables, les tachymètres et les téléviseurs – rendent les systèmes dans lesquels elles se trouvent *conscients* des objets qu'elles représentent[1].

Nous disposons désormais de la classification préliminaire suivante :

Systèmes représentationnels
Systèmes avec des fonctions d'indicateur

Conventionnels	**Naturels**
Les fonctions d'indicateur sont conventionnelles :	Les fonctions d'indicateur sont naturelles :
Instruments	Systèmes sensoriels
Langage	Concepts

Par la suite, quand je parlerai de la thèse représentationnelle, cela voudra dire la thèse d'après laquelle tous les états mentaux sont des représentations *naturelles*. C'est ce qui fait de cette thèse une forme de naturalisme.

SYSTÈMES REPRÉSENTATIONNELS ET ÉTATS REPRÉSENTATIONNELS

La classification ci-dessus manque de finesse. Toutes les représentations mentales (sans parler des représentations naturelles non
9 mentales)[2] sont | classées ensemble. Des pensées et des croyances sont

1. J'aurai évidemment bien davantage à dire au sujet du pourquoi et du comment de ce fait. Pour un scepticisme relatif à cette manière de distinguer les systèmes biologiques et les systèmes artificiels, voir G. Rey, « A. Question About Consciousness », dans H. Otto et J. Tuedio (eds.), *Perspectives on Mind*, Dordrecht, Reidel, 1988.

2. Tous les systèmes naturels de représentation ne sont pas mentaux. Il existe, par exemple, des mécanismes homéostatiques ou régulateurs qui dépendent de « capteurs » dont la fonction biologique est d'indiquer des faits tels que le niveau de glucose dans le sang, la température de l'hypothalamus, et autres. Si cela est sûrement la fonction biologique de ces capteurs, alors il existe, au sens défini ici, des représentations naturelles dans le système nerveux autonome qui ne sont en aucun cas mentales. Tout du moins elles ne sont pas conscientes. Ce que ne nie pas la thèse représentationnelle. La thèse représentationnelle dit que tous les faits mentaux sont représentationnels, mais ne dit pas que toutes les représentations, pas même toutes les représentations *naturelles*, sont mentales.

classées avec des expériences. Ce qui est en gros correct. Il s'agit bien à chaque fois de formes de représentation. Cependant, dans le cadre de nos considérations, il est important de distinguer voir et entendre de connaître et croire. Je peux voir Paul jouer du piano et croire qu'il joue du piano, mais l'expérience visuelle représente le jeu au piano de manières bien différentes de ce que fait la croyance. Il y a différents genres de représentations mentales. On peut voir ou entendre du piano joué sans croire qu'un piano est joué, et on peut croire qu'un piano est joué sans le voir ou l'entendre joué. Voir un piano en train d'être joué est constitué, en partie, par une expérience visuelle, l'entendre par une expérience auditive. Tant que ces expériences n'ont pas eu lieu, on n'a pas vu ou entendu le piano [1]. Des expériences de piano joué ne requièrent pas un concept de piano (au moins pas au sens où le jugement et la croyance en requièrent un). Elles ne requièrent pas de compréhension de ce qu'est un piano ou de ce dont ont l'air les sons qu'il émet. Même une souris peut voir ou entendre un piano qui est joué.

Croire est différent. Cela requiert le concept d'un piano, et une compréhension de ce en quoi consiste un piano. Les souris qui entendent un piano qui est joué ne croient pas que des pianos sont joués. Leur compréhension est, je suppose, trop faible pour le croire, même si leur audition est suffisamment bonne pour l'entendre.

Toutes les représentations sont des représentations de faits (supposés), mais toutes ces représentations ne sont pas des représentations *conceptuelles*. Une aperception conceptuelle de faits – une croyance, un jugement ou une connaissance qu'un toast est en train de brûler – a un lien étroit avec le comportement. Pour les êtres dotés d'un langage, ce que le langage apporte est une capacité de *dire* ce de quoi l'on s'aperçoit – que le toast brûle. Ce n'est pas le cas avec une aperception sensorielle. On peut
voir ou sentir (et, donc, avoir une aperception perceptive) d'un toast | qui 10
brûle tout en ayant peu ou pas du tout de compréhension de ce qu'est un toast ou de ce que veut dire brûler. « Quelle est cette étrange odeur ? » pourrait être la remarque de quelqu'un qui sent le toast brûler, mais qui ignore ce qu'est un toast et ce que veut dire brûler. Une souris dans la cuisine (celle qui a entendu le piano joué) peut sentir, et donc avoir une aperception sensorielle du toast qui brûle, mais elle ne sera pas (à la différence du cuisinier) au fait (par exemple en croyant) que le toast brûle. La souris n'aura que peu ou pas du tout d'aperception conceptuelle de cet événement. Elle sentira le toast brûler, mais elle ne sentira pas que cela est

1. Cela ne suffit pas que la rétine (ou le tympan) soit stimulée par la lumière (ou le son) du piano. Il n'est même pas encore suffisant que ces signaux soient relayés vers le cortex. Tant qu'une expérience n'a pas lieu, ce qui n'est pas le cas si (par exemple) le cerveau a été massivement endommagé, rien n'est vu ni entendu.

– ne le sentira pas *comme* – en train de brûler. Le cuisinier et la souris se distinguent dans ce qu'ils pensent à propos de ce qu'ils sentent. Ils se distinguent dans leur manière de considérer l'odeur. Ils peuvent également se distinguer dans la manière dont l'odeur du toast qui brûle leur apparaît. Mais ils le sentent tous les deux. Ils en font tous les deux l'expérience. Ils ont tous les deux une sorte de représentation sensorielle de cet événement [1].

1. De nombreux philosophes reconnaissent une distinction tranchée entre la pensée (le jugement, la croyance, etc.) et la sensation (l'expérience), en dépit de leurs divergences sur ce dont relève, au bout du compte, cette distinction. Certains auteurs (par exemple, D.M. Armstrong, *A Materialist Theory of the Mind*, New York, Humanities Press, 1968 ; D. Dennett, *Content and Consciousness*, London, Routledge & Kegan Paul, 1969 ; *id.*, *Consciousness Explained*, Little, Brown, 1991, trad. fr. P. Engel, *La Conscience expliquée*, Paris, Odile Jacob, 1993 ; G. Pitcher, *A Theory of Perception*, Princeton (NJ), Princeton University Press, 1971) cherchent à analyser l'expérience en termes cognitifs, comme des jugements « refoulés », « potentiels », « micro- », ou autrement inconscients, que les choses sont (ou semblent être) d'une certaine manière. D'autres établissent une séparation claire entre ce qui est du ressort du conceptuel et ce qui est du ressort du sensoriel (c'est le cas de N. Block, « On a Confusion about a Function of Consciousness », *Behavioral and Brain Sciences* 18/2, 1995, p. 227-247 ; T. Crane « Introduction », dans *The Contents of Experience. Essays on Perception*, Cambridge, Cambridge University Press, 1992 ; M. Davies, « Perceptual Content and Local Supervenience », *Proceedings of the Aristotelian Society* 92, 1992, p. 21-45 ; F. Dretske, *Seeing and Knowing*, Chicago, University of Chicago Press, 1969 ; *id.*, *Knowledge of the Flow of Information*, *op. cit.* ; *id.*, « Conscious Experience », *Mind* 102/406, 1993, p. 263-283 ; G. Evans, *The Varieties of Reference*, Oxford, Clarendon Press, 1982 ; R. Jackendoff, *Consciousness and the Computational Mind*, Cambridge (Mass.), MIT Press, 1989 ; C. McGinn, *Mental Content*, Oxford, Blackwell, 1989 ; A. Millar, *Reasons and Experience*, Oxford, Clarendon Press, 1991 ; C. Peacocke, *A Study of Concepts*, Cambridge (Mass.), MIT Press, 1992 ; M. Perkins, *Sensing the World*, Indianapolis (IN), Hackett Publishing Company, 1983, pour n'en nommer que quelques-uns). Sentir des toasts brûlés n'est *pas* un type de croyance ou de jugement. À la différence d'une croyance ou d'un jugement, cela ne requiert pas les concepts (de la part de l'animal qui sent) que l'on utilise pour exprimer ce dont on s'aperçoit. La distinction entre une expérience d'un *F* et une croyance que c'est un *F* est ce que j'ai décrit (dans F. Dretske, « Seeing, Believing and Knowing », dans D. Osherson *et alii* (eds.), *An Invitation to Cognitive Science*, vol. 2 : *Visual Cognition and Action*, Cambridge (Mass.), MIT Press, 1990 ; *id.*, « Conscious Experience », art. cit.) comme la différence entre la perception non épistémique (entendre un piano qui est joué) et la perception épistémique (entendre que le piano est joué). La distinction de Block entre conscience phénoménale et conscience d'accès est, je pense, une autre manière de décrire cette différence (*cf.* N. Block, « Consciousness and Accessibility », *Behavioral and Brain Sciences* 14/4, 1990, p. 596-598 ; *id.*, recension de D. Dennett, *Consciousness Explained*, *The Journal of Philosophy* 90/4, 1993, p. 181-193). Même si le langage utilisé pour décrire les différences ne sert pas les mêmes finalités, ce sont bien les mêmes distinctions que l'on retrouve dans la psychologie cognitive. À la place du mot « expérience », on trouve les mêmes phénomènes décrits en termes de percepts, de niveaux primitifs de représentation (par exemple, D. Marr, *Vision*, *op. cit.*), de représentations *précatégoricales* des attributs sensoriels (A. H. C. Van der Heijden, *Selective Attention in Vision*, London, Routledge, 1992), d'espaces d'information *icôniques* et *échoïques* (U. Neisser, *Cognitive Psychology*, New York, Appleton-Century-Crofts, 1967 ; M. W. Eysenck (ed.), *The Blackwell Dictionary of Cognitive Psychology*,

La différence entre des expériences de *k* (comme *F*) et des pensées à propos de *k* (que c'est *F*) – entre des représentations sensorielles et conceptuelles de *k* – est en général suffisamment claire quand nous nous décrivons comme conscients d'objets (par exemple le toast brûlé) et d'événements (par exemple le piano joué) concrets. Toutefois, lorsque nous passons à la description de nous-mêmse comme nous apercevant d'objets abstraits – différences, nombres, réponses, problèmes, tailles, couleurs – une ambiguïté apparaît. Je vais donc prendre un moment pour commenter cette ambiguïté, puisqu'autrement, la discussion à venir ne sera pas claire.

Quand nous utilisons une expression ou un nom abstrait pour décrire ce que nous voyons, entendons ou sentons – ce dont nous avons l'aperception ou la conscience –, ce qui est décrit est normalement l'aperception conceptuelle d'un fait (non spécifié). L'expression nominale abstraite représente une condition factive[1]. Ainsi, quand on décrit quelqu'un comme voyant (comme étant conscient de) la différence entre A et B, cela entraîne que la personne voit (est consciente) *qu'*A et B sont des lettres différentes. Décrire quelqu'un comme s'apercevant | de la couleur de sa 11
chemise (bleue) entraîne qu'elle s'aperçoit *que* la chemise est bleue – et se représente donc la couleur de manière conceptuelle (comme du bleu, comme la couleur du ciel, etc.). Il serait étrange de décrire une personne comme voyant (et ainsi s'apercevant de) la couleur de la chemise si cette personne ne savait pas, à un certain niveau conceptuel, de quelle couleur est la chemise. De même, pour s'apercevoir d'un problème, il n'est pas suffisant de voir (d'avoir l'expérience) de la chose qui pose un problème (par exemple un conduit obstrué). Il faut voir (le fait) que c'est obstrué. Il faut conceptualiser ce que l'on voit, le conduit obstrué, *comme* un problème. À moins d'accéder à cette conceptualisation, on ne s'aperçoit pas (selon nos formulations) du problème.

Oxford, Blackwell, 1990), de *registres sensoriels* (R.C. Atkinson et R.M. Shiffrin, « Human Memory : A Proposed System and Its Control Processes », dans K.W. Spence et J.T. Spence (eds.), *The Psychology of Learning and Motivation*, vol. 2, New York, New York Academix Press, 1969, p. 89-195), de *mémoire de traits à court terme* (Mewhort *et alii*, « Identification, Localization, and "Iconic Memory" », *Memory and Cognition* 9, 1981, p. 50-67) etc. Empruntant la terminologie de Marr, Jackendoff (*Consciousness...*, *op. cit.*, p. 294) décrit l'aperception visuelle (un mode pré-conceptuel d'aperception) comme déterminée par l'esquisse en 2½D, alors que la compréhension visuelle (qu'il décrit comme le « contenu » ou le « sens » de l'aperception visuelle) est déterminé par l'esquisse en 3D et les structures conceptuelles en relation. N. Humphrey (*A History of the Mind. Evolution and the Birth of Consciousness*, New York, Simon & Shuster, 1992, p. 44) distingue deux genres de représentation – l'une qui mène à des « qualia de sentiments subjectifs » (ce que j'appelle l'expérience) et l'autre « aux objets intentionnels de la cognition et de la connaissance objective » (ce qui est cru ou connu).

1. F. Dretske, « Conscious Experience », art. cit.

Ces différences sont importantes quand on réfléchit aux manières de représenter des propriétés, et, donc, en accord avec une théorie représentationnelle, les propriétés dont nous sommes conscients. Comme le thème est notre expérience des objets, et non nos croyances à leur propos, nous devons faire attention à ne pas décrire l'expérience de la couleur d'une chemise comme l'aperception ou la conscience de la couleur de la chemise. Car cette terminologie entraîne[1] une représentation conceptuelle de la couleur de la chemise, et cette représentation pourrait faire défaut. Un enfant ou un animal pourraient s'apercevoir visuellement de la couleur de la chemise (leur expérience visuelle de la chemise étant, selon une certaine terminologie, saturée de bleuité) sans qu'ils ne sachent ni pensent que la chemise est bleue – sans classer (ou être disposés à classer) la chemise avec d'autres objets bleus. Si cela est difficile à imaginer, que l'on conçoive que ce qui perçoit est un animal. Les chats ne sont pas aveugles à la couleur en raison de leur ignorance des différences de couleur[2]. On peut avoir l'expérience du bleu (de la couleur de la chemise) – et, en ce sens, s'apercevoir du bleu – sans s'apercevoir conceptuellement que quelque chose est (ou a l'air) bleu.

Je voudrais mettre bien au point ces aspects en distinguant entre des représentations conceptuelles et des représentations sensorielles de faits, entre des expériences de la bleuité de *k* et des croyances et des jugements | d'après lesquels *k* (ou quelque chose) est (ou apparaît) bleu. Le terme « phénoménal » est souvent utilisé pour décrire ce mode sensoriel d'aperception, et je l'emploierai parfois. L'aperception phénoménale est un mode d'aperception qui ne requiert pas – même s'il pourrait en être
12 accompagné – d'aperception conceptuelle. On peut être phénoménalement conscient de la couleur d'une chemise, d'un piano joué, ou d'un toast brûlé sans être conscient que quelque chose est bleu, que le piano est joué, ou que quelque chose est en train de brûler.

Quel est donc, en termes représentationnels, le fondement de cette distinction ordinaire – et, j'espère, familière – entre l'expérience de la couleur, de la forme et de la texture, et une croyance ou un jugement à

1. Je considère qu'il s'agit d'une implication conversationnelle, et non d'une implication logique ou conceptuelle, mais quel que soit ce dont il s'agisse, cela ne change rien par rapport à mes buts. Le potentiel de confusion est le même.

2. On a longtemps pensé que les chats ne voyaient pas les couleurs, car ils ne manifestaient pas dans leur comportement une discrimination des couleurs. On sait maintenant, cependant, que les chats discriminent *perveptivement* les couleurs. Ils *perçoivent* les couleurs. Ils ont une *vision* colorée. Cependant, si on ne les y entraîne pas, ils ne réagissent pas aux différences qu'ils perçoivent. Sur la différence entre discrimination comportementale et discrimination perceptive, voir l'article de Geoffrey Hall sur la « discrimination » dans D. McFarland (ed.), *The Oxford Companion to Animal Behavior*, Oxford, Oxford University Press, 1987, p. 129-131.

propos de la couleur, de la forme ou de la texture ? En termes représentationnels, quelle est la différence entre une expérience olfactive d'un toast qui brûle, et la croyance ou le jugement que le toast est en train de brûler ?

Les expériences (sensations) de toast brûlé et les croyances (pensées) que le toast brûle sont des représentations, et toutes les représentations sont des états ou des événements particuliers (des *instances*). Cependant, des états instanciés puisent leur fonction d'indicateur à deux sources différentes. (1) Un état peut tirer sa fonction d'indicateur – et donc son statut représentationnel – du système dont il est un état. Nous parlerons de fonctions d'indicateur *systémiques* (= fonctions$_s$) et nous dirons que les représentations qu'elles produisent sont des représentations systémiques (= représentations$_s$). Si un système (par exemple un thermomètre) est censé fournir de l'information sur la température, et que β est l'état (par exemple, du mercure à un certain niveau) qui est censé porter l'information que la température est de, mettons, 32°, alors β a la fonction systémique (fonction$_s$) d'indiquer la température de 32°. L'état β représente$_s$ donc la température comme étant de 32°. (2) Un état instancié peut, d'autre part, tirer sa fonction d'indicateur, non pas du système dont il est un état, mais du | *type* d'état dont 13
il est une instance. Peu importe ce que β représente systémiquement (ce qu'il est, de par la conception du système, censé représenter), on peut lui donner, ou il peut acquérir, une fonction d'indicateur spéciale ou différente. Si nous imprimons le nombre « 38 » à *ce* point de l'échelle, alors, toutes les fois que le mercure atteindra *ce* point, cela *signifiera* que la température est de 38°. Si nous imprimons le mot « DANGER » à ce point (et aux points qui se situent au-dessus), alors, si le mercure monte à ce point, cela signifie un danger. Nous pouvons appeler ces fonctions (les fonctions que des états typiques se voient assignés ou acquièrent indépendamment de leur éventuelle fonction systémique) des fonctions d'indicateur *acquises* (= fonctions$_a$). Les fonctions$_a$ d'indicateur (et, donc, les représentations$_a$) des états instanciés peuvent être différentes de leurs fonctions systémiques (ce qu'elles représentent$_s$). Comme nous le verrons, un état instancié pourrait représenter à la fois systémiquement et acquisitivement, et ce qui est représenté$_a$ n'est pas nécessairement ce qui est représenté$_s$.

Un exemple devrait permettre de clarifier cette distinction. Supposons que nous disposions d'un mécanisme simple de tachymètre qui représente la vitesse du véhicule en enregistrant la rotation de l'axe. Ce mécanisme a été conçu pour être utilisé dans des voitures équipées de pneus de toutes tailles. Comme (à une vitesse donnée) la rotation de l'axe est plus lente avec de grands pneus qu'avec de petits pneus, le fabricant laisse à l'utilisateur le soin de calibrer l'instrument. Si j'utilise l'instrument dans une voiture avec des pneus normaux, je tape un certain nombre pour calibrer.

Si on utilise de plus grands pneus, on calibre différemment. Par exemple, je mets « 50 » à la position β du compteur. Vous mettez « 60 ». Quand nos axes tournent selon un taux qui correspond à la position β du compteur, c'est que ma voiture va à 50 km/h, tandis que la vôtre va à 60. Ainsi, nous calibrons différemment en assignant des nombres différents à la position β sur le compteur. La position β du compteur, cet état du système, a la même fonction systémique dans les deux véhicules – celle d'indiquer un taux de
14 rotation de l'axe de tant de tours par minute. Néanmoins, | par le biais de calibrations différentes, la fonction acquise est différente dans les deux voitures. Dans ma voiture, l'état β représente$_a$ 50 km/h tandis que dans votre voiture il représente$_a$ 60 km/h. L'état β a la même fonction$_s$ d'indicateur dans tous les véhicules ; ce qu'il représente$_a$ (à propos de la vitesse), cependant, varie selon les voitures.

Pour suggérer (en s'appuyant sur une description tendancieuse) la manière dont il faut appliquer cette distinction, on peut décrire les systèmes individuels où ce mécanisme « perceptif » est installé comme ayant les mêmes « expériences » (c'est-à-dire d'une rotation d'axe N) mais comme ayant différentes « croyances » (à propos de la vitesse). β représente$_s$ (est une expérience de) la même chose pour toutes les voitures : une rotation d'axe N. C'est ce que cet état signifie, ce qu'il représente$_s$ dans ma voiture et dans la vôtre. Étant donnée l'information (à propos de la rotation d'axe) que ce système a la fonction de fournir, ce pour quoi il a été conçu (à l'usine), cet état particulier du système a la fonction *systémique* d'indiquer un axe avec une rotation de N tours par minute. Cependant, même si cet état représente$_s$ la même chose dans les deux systèmes, il représente$_a$ quelque chose de différent dans ma voiture et dans votre voiture. Il représente$_a$ 50 km/h dans ma voiture et 60 km/h dans votre voiture. Une fois calibré, mon tachymètre, pour ainsi dire, « voit » une rotation d'axe de N tours par minute comme une vitesse de 50 km/h. Votre tachymètre, qui est calibré différemment, « voit » la même chose – une rotation d'axe N – mais la voit *comme* 60 km/h. Nos tachymètres ont la même « expérience », mais l'expérience donne naissance à des « croyances » différentes.

Walker décrit deux des chiens de Pavlov [1]. L'un est conditionné à saliver quand on joue un *do* du médium sur n'importe quel instrument. L'autre chien est conditionné à saliver quand il entend une note quelconque sur une clarinette. Maintenant, imaginons nos deux chiens qui entendent un *do* du médium joué sur une clarinette. Ils entendent le même son. Leur expérience de ce son est sans doute la même. Leur réaction est la même ;

1. S. Walker, *Animal Thought*, London, Routledge & Kegan Paul, 1983, p. 246.

ils salivent tous les deux. Cependant, leurs réactions | sont médiées par des 15
représentations acquises différentes. Le résultat d'un apprentissage différent est que les chiens l'entendent différemment – l'un (comme nous, pas les chiens, pouvons le restituer) l'entend comme un *do* du médium, l'autre comme le son d'une clarinette. La manière dont leur expérience représente$_s$ le son pourrait bien être la même, mais la manière dont leur expérience représente$_a$ ce son est différente.

Ce que ma description de ces exemples a pour but de suggérer, c'est qu'il faut identifier ces expériences avec des états dont les propriétés représentationnelles sont *systémiques*. Les pensées (les états conceptuels en général), d'autre part, sont des états dont les propriétés représentationnelles sont *acquises*. Le résultat, c'est que le contenu représentationnel des expériences est fixé par les fonctions biologiques des systèmes sensoriels dont elles sont des états [1]. La manière dont une expérience représente$_s$ le monde est fixée par les fonctions du système dont elle est un état. La qualité d'un état sensoriel – ce dont les choses ont l'air visuellement, auditivement, sensitivement au niveau le plus fondamental (phénoménal) – est donc déterminé phylogénétiquement. Comme nos systèmes sensoriels sont hérités, comme ils sont (et ce à un âge précoce, de toute façon) implantés profondément, nous ne pouvons pas (pas aisément, dans tous les cas) modifier le caractère représentationnel$_s$ de l'expérience [2]. Grâce aux apprentissages, je peux changer ce que je crois quand je vois *k*, mais je ne peux pas vraiment modifier la manière dont *k* m'apparaît (phénoménalement), le genre d'expérience visuelle que *k* produit en moi. Pour cette raison, les expériences sont modulaires au sens de Fodor [3]. La manière dont une croyance représente le monde, d'autre part, est déterminée ontogénétiquement. Nous pouvons, grâce aux apprentissages, modifier le calibrage. Nous pouvons changer ce que nous voyons *comme* – ce que, sur la base de notre vision, nous pensons être – même si nous ne pouvons pas – pas de la même manière – changer ce que nous voyons. C'est pourquoi une représentation$_s$ de *k* comme rouge (une sensation de rouge) est diffé-

1. Comme P. Godfrey-Smith le note (« Misinformation », art. cit., p. 542-543), ce sont les systèmes (qui produisent des états) et non pas les états produits par ces systèmes, qui sont sujets à des processus de sélection naturelle.

2. Quoique les différences dans le développement individuel n'ont pas d'influence sur ce qu'une expérience représente, elles peuvent modifier ce qu'une expérience représente. Je ne nie pas que l'apprentissage peut modifier l'aspect visuel, auditif et sensitif des choses. Quand nous décrivons ces aspects, nous décrivons souvent une combinaison d'apparences conceptuelles et sensorielles.

3. J. Fodor, *Modularity of Mind*, Cambridge (Mass.), MIT Press, 1983, trad. fr. A. Gerschenfeld, *La Modularité de l'esprit*, Paris, Minuit, 1986.

rente d'une représentation$_a$ de *k* comme rouge (une croyance que *k* est rouge), même si les deux sont des représentations de *k* comme rouge.

16 | L'exemple ci-dessus est un peu trop simpliste pour révéler la vraie capacité qu'a la distinction représenté$_a$-représenté$_s$ d'éclairer la différence sensation-cognition (expérience-croyance). Mais il suffira sans doute de l'améliorer un peu pour montrer comment il peut capturer un aspect de la structure des systèmes sensoriels effectifs (je pense essentiellement aux mécanismes de constance).

Un autre fabricant produit un tachymètre plus sophistiqué. Il est conçu pour être utilisé sur tous les véhicules, quelle que soit la taille des pneus. Les positions sur le compteur sont déterminées par deux sources d'information. En plus du taux de rotation de l'axe, il y a la hauteur à laquelle est situé l'axe au-dessus de la route. Comme la hauteur de l'axe au-dessus de la route procure une mesure utile de la taille du pneu, ces deux sources d'information se combinent et fournissent une mesure fiable de la vitesse de la voiture, quelle que soit la taille des pneus utilisés. Les positions sur le compteur de ces instruments – guidés par deux sources d'information – ont donc une fonction systémique d'indication de vitesse et sont calibrées à l'usine. Comme l'indique leur structure, ces instruments plus sophistiqués sont conçus pour fournir de l'information, non pas à propos de la vitesse de rotation de l'axe, mais à propos de la vitesse du mouvement du véhicule. Même si les processus de traitement de l'information de ces instruments imaginaires utilisent l'information à propos de la rotation de l'axe pour engendrer une représentation de la vitesse, la représentation finale (la position du compteur) n'indique pas, en fait, la vitesse de rotation de l'axe. Les premières étapes du processus informationnel utilisent de l'information à propos de la rotation de l'axe, mais (en l'intégrant avec de l'information à propos de l'élévation de l'axe) sacrifient cette information de façon à produire une indication finale de vitesse. Du coup, l'information
17 à propos des rotations d'axes est perdue. C'est un instrument | dont les états individuels (positions du compteur) représentent$_s$ la vitesse, et non pas l'axe de rotation. Cet instrument, à la différence de celui rudimentaire décrit plus haut, « a une expérience » de la vitesse (et non pas de la rotation de l'axe) même si le processus de délivrance de l'information dépend d'informations à propos de l'axe de rotation pour engendrer cette « expérience ».

Mais si la vitesse est ce dont cet instrument a une « expérience » (= ce que ses différents états ont pour fonction d'indiquer) que « croit »-il ? Cela dépend de ce que les états de cet instrument représentent$_a$, et dont c'est leur rôle acquis (ou assigné)[1] de l'indiquer. Normalement, bien entendu, si

1. Quand je parle des représentations conventionnelles, la lettre souscrite « a » peut être lue « assignée », que ce soit pour les représentations ou pour les fonctions.

l'instrument était utilisé comme un tachymètre, alors on assignerait des fonctions à ses différents états de manière à refléter leurs fonctions systémiques. L'état β, ayant la fonction$_{s}$ d'indiquer une vitesse de 50 km/h, recevrait cette fonction$_{a}$ en imprimant le nombre « 50 » à cette position du compteur[1]. Nous sommes cependant libres d'assigner toutes les fonctions$_{a}$ que nous voulons. Si nous ne sommes pas particulièrement intéressés par la vitesse exacte du véhicule, nous pouvons toujours partitionner le marquage en sub-divisions et les intituler « lent », « moyen », « rapide ». Ainsi, β (qui a la fonction$_{s}$ d'indiquer une vitesse de 50 km/h) obtient la même fonction$_{a}$ que l'état qui a la fonction$_{s}$ d'indiquer une vitesse de 48 km/h, quand la fonction$_{a}$ est d'indiquer une vitesse *lente*. Cela, en fait, pourrait être la fonction que ces états acquièrent si nous utilisons ce dispositif, non pas comme un tachymètre, mais comme un mécanisme de contrôle de transmission automatique. Dans ce cas, si nous voulons que le véhicule soit en deuxième vitesse à la fois pour 48 et 50 km/h, nous donnons à ces deux états la même fonction$_{a}$. Si les différents états du dispositif acquièrent *ces* fonctions$_{a}$, alors le dispositif finira pas avoir « l'expérience » de 50 et
48 km/h (les vitesses que ces deux états | représentent$_{s}$), mais il les repré- **18**
sentera$_{a}$ de la même manière (comme la deuxième vitesse). Il a l'expérience d'une différence entre 48 et 50 km/h, certes, mais, pour ainsi dire, il « voit » ces deux vitesses comme une vitesse lente (ou comme la deuxième vitesse). Conceptuellement, ce système « fait abstraction » de la différence sensorielle entre 48 et 50 km/h.

Le dernier exemple a pour but d'indiquer comment des systèmes sensoriels innés pourraient avoir pour fonction de délivrer de l'information à propos de quantités plus ou moins continues (réflectances de surfaces, vitesse, direction, fréquence, etc.) tandis que le système cognitif devrait « couper » cette information en morceaux appropriés à un système individuel de besoins et de buts. Au niveau de l'expérience, je suis sensible à (*i.e.*, je peux discriminer) tous les genres de différences dans la lumière, le son, la pression, la température et la chimie des objets qui affectent mes sens. J'ai néanmoins un répertoire conceptuel limité pour catégoriser ces différences sensorielles, pour produire des jugements sur (des représentations$_{a}$) des différences dont j'ai l'expérience. J'ai l'expérience des différences (de la même manière que le tachymètre décrit ci-dessus enregistre une différence entre 50 et 48 km/h), mais, au niveau conceptuel, je traite ces différences comme différents cas du même genre. Au niveau

1. On peut même imaginer que l'on assigne une fonction 60 km/h à un état qui a la fonction systémique d'indiquer 50 km/h. Cela serait souhaitable si l'instrument, à cause d'un défaut de fabrication, avait tendance à sous-enregistrer l'information. C'est une version du problème du spectre inversé – sentir rougement mais croire vertement.

sensoriel, je peux discriminer des centaines de couleurs différentes. Au niveau conceptuel, j'opère avec, au mieux, quelques dizaines de catégories sur les couleurs dont j'ai l'expérience. L'apprentissage ne me calibre pas plus finement que nécessaire pour satisfaire des besoins et atteindre des buts. Cela ne veut pas dire, évidemment, que je ne pourrais pas « recalibrer » d'une manière plus discriminante si besoin était. L'information requise pour une telle recalibration est toujours déjà là dans l'expérience.

19 | La taxinomie, donc, a cette allure :

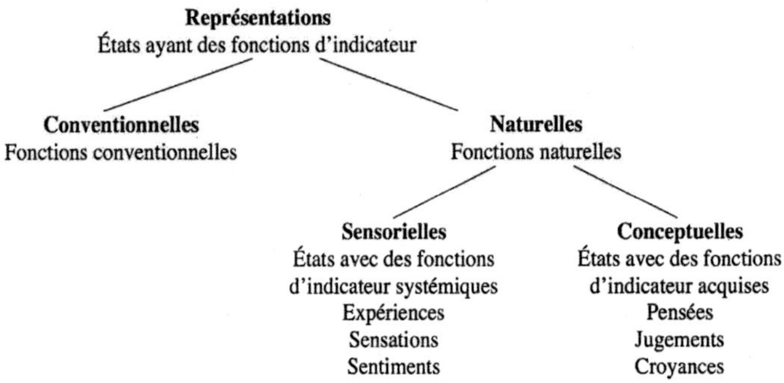

Quelques remarques s'imposent à titre de clarifications.

a) Les expériences sont des représentations$_s$, mais, comme noté plus haut, toutes les représentations$_s$ (y compris même toutes les représentations$_s$ naturelles) ne sont pas mentales – *a fortiori*, ce ne sont pas toutes des expériences. Les expériences sont les représentations$_s$ naturelles qui servent à structurer les représentations$_a$, les représentations$_s$ qui peuvent être calibrées (par l'apprentissage) afin de servir plus concrètement les besoins et les désirs d'un organisme. Ce sont les états dont la fonction est de fournir de l'information à un système cognitif à des fins de calibrage et d'usage pour le contrôle et la régulation du comportement. Evans exprime une idée semblable quand il décrit des états internes dont le contenu dépend de leurs anciennes connexions phylogénétiques avec le système moteur [1]. D'après lui, afin de valoir comme expériences conscientes, ces états porteurs de contenu doivent servir d'*input* dans ce qu'il appelle un « système de raisonnement et d'exercice des concepts » [2]. C'est pourquoi,

1. G. Evans, *The Varieties...*, *op. cit.*, chap. VII, § 4.

2. Dans *Knowledge and the Flow of Information*, *op. cit.*, j'ai décrit la relation entre sensation et cognition en termes de modes d'encodage de l'information. Dans ces termes, la

dans le (second) exemple de tachymètre, les premières phases du processus de délivrance de l'information (celles qui portent de l'information à propos de la rotation de l'axe, | par exemple) ne conviennent pas comme analogues 20
de l'expérience. Quoique ces processus primaires aient une fonction$_s$ – celle de fournir de l'information à propos de la rotation de l'axe (information nécessaire au système pour engendrer une représentation de la vitesse) – et représentent$_s$ donc la rotation de l'axe, cette information ne se prête pas au calibrage. L'instrument *utilise* cette information, mais, pour ainsi dire, ne la rend pas disponible pour des processus (cognitifs) de calibrage. Il n'y a donc aucun moyen de donner à cette information une forme « conceptuelle ». L'information disparaît (absorbée par l'information à propos de la vitesse) avant d'atteindre les structures appropriées de contrôle qui déterminent le comportement (en l'espèce, des positions du compteur). Ce sont des représentations$_s$ naturelles qui ne sont pas mentales. Leur fonction est de fournir de l'information aux représentations$_s$ qui sont mentales[1].

b) Les systèmes sensoriels ont des fonctions phylogénétiques et sont, donc, comparativement modulaires au sens de Fodor[2]. Ils sont profondément implantés, encapsulés informationnellement, etc. Cela ne veut pas dire que les états (expériences) qu'ils produisent ne souffrent aucun changement de leur statut représentationnel. Nous pouvons utiliser une jauge de pression (fonction$_s$ = délivrer de l'information à propos de la pression) comme un altimètre en recalibrant la mesure en « mètres au dessus du niveau de la mer ». Les positions du compteur représentant$_s$ la

condition qu'une représentation analogique doit satisfaire pour valoir comme une expérience est que l'information qu'elle a la fonction de fournir doit se prêter à la digitalisation (c'est-à-dire à un traitement conceptuel). Les processus conceptuels, à leur tour, sont simplement ceux qui sont engagés dans la structuration et l'usage des représentations – les représentations qui (avec les désirs) sont utilisées pour le contrôle et la régulation du comportement.

1. Ainsi, les *spécialistes* de la nourriture (D. McFarland (ed.), *The Oxford Companion to Animal Behavior*, *op. cit.*, p. 210) – les mouches à viande, grenouilles, et autres vers solitaires –, les créatures qui disposent de systèmes distincts de détection et de réactions inflexibles (qui ne peuvent pas être modifiées par l'apprentissage) pour chacun des nutriments dont elles ont besoin, n'ont pas, d'après cette explication, d'expérience de la nourriture que leurs détecteurs détectent. Comme elles n'ont pas de système cognitif servi par les détecteurs, et pas de moyen de recalibrer en termes de besoins et de circonstances individuels, leurs représentations de la nourriture ne valent pas comme expériences de nourriture. Les *généralistes* de la nourriture (*id.*), d'autre part, c'est-à-dire les organismes (comme nous) qui n'ont pas de mécanismes de reconnaissance de la nourriture donnés génétiquement, doivent apprendre grâce à l'expérience ce qui est de la nourriture et ce qui n'en est pas. Dans notre cas, les représentations de nourriture valent comme expériences de nourriture, et ce même avant que nous ayons appris quelle est la nourriture dont nous avons l'expérience.

2. J. Fodor, *Modularity of Mind*, *op. cit.*

pression représentent$_{a}$ maintenant (également) l'altitude. La jauge, pour ainsi dire, a l'expérience de la pression *comme* altitude. C'est la même transformation que l'on observe quand on apprend à identifier et à reconnaître les objets et les conditions dont nous avons l'expérience. Nous commençons par entendre (avoir l'expérience) des sons et nous finissons par entendre (reconnaître) des mots. Nous entendons toujours des sons, bien sûr, mais, après l'apprentissage, après que le genre de calibrage qui est entraîné par l'apprentissage du langage a eu lieu, les expériences acquièrent une dimension représentationnelle ajoutée[1]. L'adaptation sensorielle est un exemple d'un recalibrage de ce type. Tout comme nous
21 pouvons recalibrer un tachymètre quand nous | changeons la taille des pneus (l'état β acquerrant la fonction d'indiquer une vitesse de 60 km/h, et plus, comme avec des pneus normaux, une vitesse de 50 km/h), les systèmes sensoriels peuvent également se recalibrer quand l'information délivrée par l'expérience change. Quand on porte des lunettes qui font « apparaître » tous les objets 30° sur la gauche, le toucher « éduque » la vision et les objets finissent par « apparaître » à nouveau là où ils peuvent être saisis. C'est là, au moins, une manière de décrire les modifications expérientielles qui accompagnent l'adaptation. En vieillissant, la macula (un endroit de la rétine) jaunit progressivement, et cela modifie les signaux envoyés par la rétine au cerveau à propos des longueurs d'onde de la lumière[2]. Malgré cette modification constante de l'information que les états représentationnels$_{s}$ transportent, il n'y a pas de modification représentationnelle$_{a}$ correspondante. On continue à voir le bleu, le jaune, le rouge et le vert, *comme* du bleu, du jaune, du rouge et du vert.

c) Les états au moyen desquels un système représentationnel accomplit ses fonctions informationnelles ont une structure qui leur permet d'acquérir des fonctions, sans que cela ne soit explicite. Une fois que nous avons assigné « 12 » à une certaine position des aiguilles sur le cadran, tous les autres états indicateurs (la position des aiguilles sur le cadran) reçoivent une fonction d'indicateur « impliquée ». Quand on trouve ce genre de structure sous-jacente aux états indicateurs du système (comme dans notre expérience du son et de la couleur, par exemple), il n'y a pas de raison de supposer que *chacun* des états représentationnels$_{s}$ a obtenu explicitement

1. Pour des considérations qui suggèrent fortement la nécessité de distinguer entre deux sortes de propriétés de l'expérience perceptive, voir la discussion par C. Peacocke (*Sense and Content*, Oxford, Clarendon Press, 1983) des propriétés « sensationnelles » et sa notion ultérieure (*A Study of Concepts, op. cit.*) de contenu « proto-propositionnel ». Voir également A. Millar, *Reasons and Experience*, *op. cit.*, p. 470-452 [*sic*].

2. L'exemple vient d'A. Clark, *Sensory Qualities*, Owford, Clarendon Press, 1993, p. 170.

sa fonction d'indicateur grâce à un processus évolutionnaire distinct. Tous les états indicateurs peuvent recevoir une fonction d'indicateur impliquée, une fois que l'un des états l'a acquise explicitement.

d) L'ouïe fournit de l'information, non seulement à propos de la hauteur et de l'intensité, mais aussi à propos du timbre et (binauralement) des propriétés directionnelles du son. Dans le cas de la vue, il semble qu'il y 22
ait | des voies séparées, des systèmes différents pour les informations à propos de la couleur, de la localisation, de la forme et du mouvement[1]. Il serait donc plus approprié de décrire une modalité sensorielle donnée, non pas (ainsi que je l'ai fait) comme ayant la fonction d'indiquer *F*, mais comme ayant de multiples fonctions d'indicateur. Et il n'y a pas de raison pour que des expériences « associées » à une modalité sensorielle donnée (l'odorat ou la vue) ne puissent pas exploiter de l'information provenant d'autres modalités[2].

e) Finalement, la qualité subjective d'une expérience – les apparences phénoménales – consiste dans la manière qu'a l'expérience de représenter$_s$ les choses. Pour m'appuyer encore une fois sur l'analogie du tachymètre, le premier tachymètre a des qualia de rotation d'axe. Le second tachymètre a des qualia de vitesse. Une fois calibrés, cependant, les deux tachymètres décrivent (*i.e.*, représentent$_a$) comment les choses leur semblent de la même manière – comme la vitesse d'un véhicule à tant de km/h. Si nous parlons de la vitesse du véhicule, alors les choses *semblent* identiques [pour les deux systèmes]. [...]

| PROPRIÉTÉS REPRÉSENTÉES ET OBJETS REPRÉSENTÉS 23

Des thermomètres ordinaires peuvent représenter la température de n'importe quel milieu. Plongez-en un dans votre café, et il vous dira à quel point votre café est chaud. Accrochez le même thermomètre à un mur, et il vous dira la température de la pièce. Dans votre bouche, il indiquera quelque chose qui vous concerne – si vous avez de la fièvre. Ce n'est pas la fonction de l'instrument de dire ce qu'est ce dont il mesure la température – que ce soit le café, le salon, ou vous-même. L'instrument dit à quel point *ceci* est chaud, où *ceci* est un milieu où se trouve le thermomètre. Le

1. G. D. Fischback, « Mind and Brain », *Scientific American* 267/3, 1992, p. 56 ; S. Zeki, « The Visual Image in Mind and Brain », *Scientific American* 267/3, 1992, p. 71.

2. Voir, par exemple, B. E. Stein et M. A. Meredith, *The Merging of the Senses*, Cambridge (Mass.), MIT Press, 1993 ; F. Dretske, *Knowledge...*, *op. cit.*, p. 145-147.

thermomètre ne représente pas la relation (*i.e.*, le fait qu'il *y* soit) qui fait que c'est plutôt *ceci* que *cela* dont il représente la température.

On peut dire la même chose de tous les dispositifs représentationnels. Les jauges de pression ne nous disent pas quel est le pneu (le cas échéant) dont ils représentent la pression. Si vous voulez savoir quel pneu (le cas échéant) la jauge représente, quel sujet il est en train de commenter, il faut regarder, non pas la jauge, mais la connexion externe entre la jauge et le monde qui fait que c'est du pneu avant-droit et non du pneu arrière-gauche que la jauge mesure la pression. Les jauges ne fournissent pas – elles n'ont pas pour fonction de fournir – de l'information à propos de ces connexions externes. Les représentations ont un sens (les propriétés qu'elles ont pour fonction d'indiquer) et, bien souvent, une référence (un objet dont elles représentent les propriétés), mais le sens ne détermine pas la référence. Deux représentations avec le même sens peuvent avoir des référents différents.

La différence entre objet représenté et propriété représentée, entre la référence et le sens d'une représentation, est la même que la distinction que Nelson Goodman vise avec le contraste qu'il établit entre l'image d'un
24 cheval noir (« cheval noir » spécifiant ici l'objet dont l'image est | une image) et une image-de-cheval-noir (« cheval noir » spécifiant ici la manière dont l'image dépeint l'objet) [1]. Certaines images de chevaux noirs ne représentent pas le cheval noir comme un cheval noir. Ce ne sont pas des images-de-cheval-noir. Imaginons que l'on prenne la photo d'un cheval noir de très loin. L'image dépeint le cheval noir comme, mettons, un point au loin. Cela pourrait être n'importe quoi. Ou bien imaginons que l'on prenne la photo d'un cheval noir déguisé de façon à avoir l'air d'un chameau marron. Cette image d'un cheval noir est une image-de-chameau-marron. D'autres auteurs [2] font la même distinction en marquant la différence entre contenu explicite et contenu extensionnel. Le contenu extensionnel, c'est ce qu'est l'objet qui est représenté. Le contenu explicite, c'est comment cet objet est représenté – comme tel ou tel. L'objet dont la représentation est une représentation n'est pas déterminé par les propriétés que l'objet est représenté comme ayant. Rien ne garantit que des images-de-cheval-noir soient des images de chevaux noirs.

De ce point de vue, les expériences sont comme des images ; ce sont des modes de représentation *de re* [3]. Même si des instances d'expériences sont

1. N. Goodman, *Languages of Art*, Indianapolis (IN), Hackett, 1976.

2. Par exemple, D. Lloyd, « Simple Minds », Cambridge (Mass.), MIT Press, 1989, p. 14.

3. T. Burge, « Belief *de re* », *Journal of Philosophy* 74, 1977, p. 338-362 ; K. Bach, « Thought and Object : *de re* Representations and Relations », *in* M. Brand et R. M. Harnish, *The Representation of Knowledge and Belief*, *op. cit.*, p. 187-218 ; *id.*, « Thought and

individuées en étant des expériences d'un objet particulier, *k*, il peut y avoir des instances d'une expérience du même type avec un *k* différent ou sans objet du tout (hallucinations, rêves, imagination). En dépit du fait que ce que mon expérience-de-cheval-noir présente soit l'expérience d'un cheval noir (c'est-à-dire que je vois un cheval noir), je peux néanmoins avoir exactement le même type d'expérience, une expérience-de-cheval-noir, sans qu'il ne s'agisse de l'expérience d'un cheval noir ou, même, de l'expérience de quelque objet que ce soit [1]. Ce qui détermine la référence pour un mode de représentation *de re* (l'objet dont c'est une représentation), ce n'est pas *comment* c'est représenté, mais une certaine relation externe causale ou contextuelle, que je vais désigner par la capitale C [2]. Il n'y a rien dans le contenu de la représentation, rien que la représentation ne *dise*, qui | permet que la représentation soit à propos de cet objet-ci plutôt 25
que de cet objet-là, ou même à propos d'aucun objet tout court. La référence des modes de représentation *de re* est déterminée contextuellement, par la relation que j'appelle ici C. Comme le caractère véridique d'une expérience dépend de sa référence – de l'objet (le cas échéant) dont elle est une expérience – le caractère véridique de l'expérience est déterminé, en partie, par le contexte (C). C rend possible que *k* soit l'objet que S représente comme bleu. Par là, C aide à déterminer si la représentation (que *k* est bleu) est véridique ou pas. Néanmoins, le fait que cela soit *k* (plutôt qu'un autre objet ou que pas d'objet du tout) qui se tienne dans la relation C à la

Reference », Oxford, Clarendon Press, 1987 ; F. Recanati, *Direct Reference*, Oxford, Blackwell, 1993.

1. Si nous comprenons (comme je le fais) les propriétés qu'une représentation représente (la *manière* dont elle dépeint – le cas échéant – ce qu'elle dépeint) comme (faisant partie de) *ce dont* la représentation est ou *à propos de* quoi elle est, alors une représentation (et donc, l'expérience) sera toujours *de* ou *à propos de* quelque chose. Quand il n'y a pas d'objet (par exemple, un carré rond) l'expérience sera une expérience des propriétés ou à propos des propriétés (rotondité, carréité) qu'elle représente erronnément l'objet comme ayant. Sur ce type de représentation erronnée, voir *infra*.

2. Je ne vais pas essayer de qualifier ici cette relation externe C (voir G. Evans, *The Varieties...*, *op. cit.* ; J. McDowell, « Singular Thought and the Extent of Inner Space », dans P. Petit et J. McDowell (eds.), *Subject, Thought and Context*, Oxford, Clarendon Press, 1986 ; F. Recanati, *Direct Reference*, *op. cit.*, p. 116, n. 9). C'est assurément davantage qu'une simple relation causale. De nombreuses choses se tiennent dans une relation causale avec une représentation (comme une expérience) qui ne sont pas des objets de cette représentation (qui ne sont pas les objets dont nous avons l'expérience). Dans *Knowledge and the Flow of Information* (*op. cit.*, p. 153-168), j'ai tenté de fixer cette relation en termes de relation informationnelle entre un sujet percevant et un objet. Je continue à penser que cette explication est très probable. Pour des discussions éclairantes des problèmes rencontrés quand on tente de spécifier l'objet perceptif pour les différents sens, voir M. Perkins, *Sensing the World*, *op cit.*, p. 99-101, 244 *sq*. Par exemple, est-ce que c'est la température de l'air ou la température de la peau (ou ni l'une ni l'autre) que nous sentons quand nous sentons que « cela » se réchauffe ?

représentation n'est pas ce que la représentation représente. Les représentations ne représentent pas (et, en fait, ne peuvent pas représenter) le contexte. Elles représentent *k* comme étant bleu, mais elles le font sans représenter que c'est *k* qu'elles représentent comme bleu.

Le tachymètre de ma voiture est connecté à l'axe de ma voiture, pas de la vôtre. Il représente donc (ou représente de manière erronnée, comme cela peut arriver) la vitesse de ma voiture, pas de la vôtre. C'est en vertu de cette relation spéciale, C, à ma voiture qu'il peut faire ce que les autres tachymètres ne peuvent pas faire – à savoir, dire quelque chose (de vrai ou de faux) à propos de ma voiture. Les autres tachymètres ne peuvent même pas dire quelque chose de faux à propos de ma voiture. C'est la relation telle que, quand un système représentationnel S fonctionne correctement, et que *k* se tient dans la relation C avec S, alors S indique le *F* de *k*. Si *k* est l'objet dont le *F* est représenté au moment *t*, alors on peut dire que, au moment *t*, S représente *k*. À d'autres moments, S peut être configuré différemment – il peut ainsi, à différents moments, représenter différents objets. Modifier la manière dont un système est configuré, modifier les objets qui se tiennent dans la relation C avec S, revient à modifier ce que S représente (quel *objet* il représente), mais ne modifie pas nécessairement ce que S dit (représente) à propos de cet objet.

Au sens où j'emploie les termes, donc, le fait que S représente *k* n'est pas – du moins pas purement – un fait représentationnel à propos de S.
26 C'est un | fait à propos d'une représentation – un fait important à de nombreux égards – mais ce n'est pas un fait qui concernerait exclusivement ce que le système a la fonction d'indiquer. S a la fonction d'indiquer le *F* de ces objets qui se tiennent en relation C avec lui, mais ce n'est pas son rôle d'indiquer – ni, par conséquent, de représenter – l'objet – ou même s'il y a un objet – qui se tient dans la relation C avec lui. Quand on décrit S (dont la fonction est d'indiquer *F*) comme représentant *k*, cela entraîne que, soit un *F*, S représente (et éventuellement représente erronnément) le *F* de *k*. Que S représente *k*, donc, entraîne un fait représentationnel – que, soit un *F*, S représente le *F* de *k*. Mais cela entraîne également quelque chose qui n'est pas un fait représentationnel – à savoir, que *k* se tient dans la relation C à S. Les faits à propos des objets de la représentation sont donc des faits *hybrides* – en partie représentationnels, en partie non représentationnels. Cela est important pour la discussion de la connaissance introspective. Car ce que l'on connaît par introspection, ce sont des faits mentaux – et donc, (d'après la thèse représentationnelle) des faits représentationnels. Les faits hybrides représentationnels (que S représente *k*) sont des mélanges de faits représentationnels et de faits à propos de

la représentation. C'est pourquoi on ne peut pas savoir, du moins pas par introspection, quel est l'objet (ou s'il y a un objet) dont on a l'expérience [1].

Il est donc clair que je n'utilise pas le terme « quelque chose », dans la description de S comme représentant quelque chose comme étant bleu, comme un quantificateur existentiel. Il pourrait arriver que S représente erronnément que quelque chose est *F* quand il y a quelque chose (dans la pièce mitoyenne, par exemple) qui *est F*. Le fait qu'il y ait quelque chose dans le monde qui aille à 25 km/h ne signifie pas qu'un tachymètre mesurant « 25 km/h » dit quelque chose de vrai du monde. Car ce que « dit » le tachymètre n'est pas qu'il y a quelque chose dans le monde qui va à 25 km/h, mais que *ceci* (quel que soit l'objet qui se tient dans la relation C à l'instrument) va à 25 km/h. Si le système représentationnel S dit quelque
chose | quand il représente la couleur – et, ainsi, représente quelque chose 27
comme étant (mettons) bleu – c'est que *ceci* est bleu, où *ceci* est un objet quelconque (s'il y en a un) avec lequel S se tient dans la relation C. S'il n'y a pas d'objet de la représentation, alors S représente (*i.e.*, représente erronnément) *ceci* comme étant bleu alors qu'il n'y a pas de *ceci*. Si nous croyons que ceci veut dire cela, à cause d'une erreur de présupposition, ce que S représente comme étant tel (le contenu de la représentation) n'est ni vrai ni faux. Tout ce que ce cas montre sur la nature de l'expérience sensorielle, est quelque chose que nous savions déjà, à savoir que la représentation erronnée peut prendre deux formes. Une expérience peut représenter erronnément ou bien (1) en disant quelque chose de faux, en disant que *ceci* est bleu alors que ce (l'objet de la représentation) n'est pas bleu, ou bien (2) en disant ce qui n'est ni vrai ni faux – que *ceci* est bleu, alors qu'il n'y a nul « ceci » pour être bleu. Quand il n'y a pas d'objet de la représentation, rien que S représente être bleu, je vais continuer à décrire S comme représentant quelque chose être bleu. Il faut comprendre, cependant, que, lorsqu'il n'y a pas d'objet, « quelque chose » prend la place d'un indexical raté.

Nous avons donc deux genres différents de représentation erronnée.

1. D'après C. B. Christensen (« Sense, Subject and Horizon », *Philosophy and Phenomenological Research* 53/4, 1993, p. 760), c'est pour cette raison que Husserl dit que notre perception des choses est « objective » ou « transcende la conscience ». Il se peut que l'objet perçu, ou bien n'existe pas comme il est perçu, ou bien n'existe pas du tout.

S représente la couleur
S représente quelque chose être (mettons) bleu

- ***Objet de la représentation***
  Il y a un objet que S représente être bleu
  - ***Véridique***
    L'objet que S représente être bleu est bleu
  - ***Représentation erronée***
    L'objet que S représente être bleu n'est pas bleu
- ***Pas d'objet de la représentation***
  Il n'y a pas d'objet que S représente être bleu
  - ***Représentation erronée***
    S représente quelque chose être bleu, mais il n'y a aucun objet que S représente être bleu

28 | L'INTENTIONNALITÉ

D'après la conjecture de Brentano, une marque du mental est l'intentionnalité [1]. Quoi qu'il en soit de ce que Brentano voulait dire au juste en parlant d'intentionnalité et de la correction de sa conjecture, la plupart des philosophes pensent que les caractéristiques intentionnelles (qui sont prises selon plusieurs acceptions) sont distinctives d'un très grand nombre de phénomènes mentaux. Dans ce qui suit, j'établis un petit catalogue des aspects de l'intentionnalité qui ont pris la place la plus importante dans la littérature récente. À chaque fois, on constate qu'une conception représentationnelle de l'esprit apporte une explication satisfaisante de l'intentionnalité. En concevant les faits mentaux – et, en particulier, ceux qui concernent l'expérience sensorielle – comme s'inscrivant dans l'ordre naturel, et comme des manifestations d'une structure et d'un développement biologiques généraux, on peut voir d'où l'intentionnalité vient, et comprendre pourquoi il y a de l'intentionnalité. À chaque fois, l'intentionnalité a suffisamment de réalité, mais il s'avère, comme Fodor le suggère [2], qu'elle doit parfois être réellement quelque chose d'autre.

1. F. Brentano, *Psychologie vom empirischen Standpunkt*, Leipzig, Duncker & Humblot, 1874, trad. fr. M. de Gandillac, revue par J.-F. Courtine, *Psychologie du point de vue empirique*, Paris, Vrin, 2008.

2. J. Fodor, *Psychosemantics*, Cambridge (Mass.), MIT Press, 1987.

Le pouvoir de représenter erronnément

Chisholm décrit ce trait comme étant la première marque de l'intentionnalité[1]. Les croyances et les expériences ont le pouvoir de « dire » ou de « vouloir-dire » que *k* est *F* quand *k* n'est pas *F*. Et même, elles ont le pouvoir de le dire (voir plus haut) alors qu'il n'y a pas de *k*. Si nous comprenons les représentations comme des états ayant des fonctions d'indicateur (systémiques ou acquises), nous pouvons comprendre d'où leur vient ce pouvoir. À la différence des symboles, des diagrammes, des jauges et des instruments, ces représentations naturelles, qui plus est, ne tiennent pas ce pouvoir de nous. Ce sont des états qui présentent la première marque de l'intentionnalité sous une forme originaire (non dérivée).

Être-à-propos-de

Il s'agit, bien entendu, du pouvoir ou de la capacité d'un état-de-choses de référer à ou d'être à propos d'autre chose. S voit Tom, l'entend, a des pensées à propos de lui et des désirs pour lui. Ce sont des choses dont S est incapable à moins d'occuper des états qui | ont Tom pour objet, ce à quoi ils 29
réfèrent, ce *à propos de* quoi ils sont des pensées, des expériences *de*, des désirs *pour*. En voyant Tom, les expériences qu'a S de Tom pourraient ne pas dépeindre celui qui (ou ce qui) est ce dont elles sont des expériences. S peut, après tout, voir Tom par une nuit de brouillard, et le prendre pour quelqu'un d'autre. Mais si Tom se tient dans la bonne relation causale avec ces expériences, alors ce sont des expériences de lui. En écho à Goodman, on dira qu'il est possible que l'expérience qu'a S ne soit pas une expérience-de-Tom et qu'elle soit une expérience *de* Tom.

Ce n'est pas seulement à propos des objets que nous avons des pensées et des expériences, c'est également à propos de leurs propriétés. Je vois une balle de golf et, en la voyant, j'ai l'expérience de sa couleur, de sa forme, de son mouvement et de sa texture ridelée. Mon expérience est de ou à propos de ces propriétés tout autant qu'elle l'est de la balle de golf. Je pourrais être en train d'avoir l'expérience de ces propriétés (lors d'un rêve ou d'une hallucination) alors qu'il n'y a pas de balle de golf, alors qu'il n'y a aucun objet ayant ces propriétés. Qu'il y ait un objet ou pas, l'expérience demeure une expérience de blancheur, de rondeur, de mouvement et de texture.

Les instruments de mesure même les plus simples présentent cette dimension d'être-à-propos-de, quoique de manière dérivée. En représentant la pression dans un collecteur d'admission d'air, une jauge de pression « dit » quelque chose à propos de l'admission. Ce n'est pas

1. R. Chisholm, *Perceiving. A Philosophical Study*, Ithaca (NY), Cornell University Press, 1957.

seulement à propos de l'admission (un objet), c'est à propos de la pression qu'on y trouve (une propriété) et, donc, à propos de l'admission sous cette pression (une condition ou un état). Si la jauge de pression était consciente, si son intentionnalité était originaire plutôt que conventionnelle, l'admission (celle qui se trouve dans la relation C avec la jauge) serait l'objet dont la jauge est consciente. Avoir une pression de 0.96 bars serait la propriété que la jauge perçoit comme étant celle de l'admission, et qu'elle ait cette pression de 0.96 bars serait la condition, l'état-de-choses ou le fait dont la jauge s'aperçoit.

30 | Quoique *être-à-propos-de* soit ici compris en termes de référence d'un état représentationnel – la référence étant, elle, fixée par la relation contextuelle C –, il ne faudrait pas croire que cela veut dire que cette dimension d'intentionnalité est identifiée à une relation informationnelle ou causale (quoiqu'il en soit de ce en quoi consiste la relation C) entre deux objets. Ce qui permet à S d'être *à propos de* l'objet *k* n'est pas simplement le fait que *k* se tienne dans la relation C avec S. Se tenir dans la relation C avec S est nécessaire, mais n'est pas suffisant pour que S soit à propos de *k*. Le système avec lequel *k* se tient dans cette relation doit être un système *représentationnel*, qui a pour *fonction* d'indiquer le *F* de ces objets qui se tiennent dans la relation C avec lui. Si S n'avait pas cette fonction, s'il n'y avait pas quelque chose que S est *supposé* indiquer à propos de *k*, alors même si *k* se tenait dans la relation C avec S, S ne serait pas à propos de *k*. La position de la balançoire à bascule d'un terrain de jeu se tient dans la même relation avec les enfants qui y jouent que celle d'une balance à plateaux avec les poids qu'elle a pour fonction de comparer. Le comportement de la balance « dit » ou représente quelque chose à propos des objets qui y sont posés. Il « dit » que l'un est plus lourd que l'autre. Ce que ne fait pas la balançoire à bascule. Cela ne veut pas dire que nous ne pourrions pas *apprendre* quelque chose (c'est-à-dire exactement ce que nous apprend la balance) à propos du poids relatif des enfants, d'après le comportement de la balançoire. Cependant, cela ne permet pas à l'état de la balançoire d'être *à propos* des enfants, selon un sens acceptable de « à propos de ». Le comportement d'un individu ivre n'est pas *à propos de* la composition chimique de son sang simplement parce que nous pouvons nous appuyer sur son comportement pour dire quelque chose à propos de la composition chimique de son sang.

Forme aspectuelle

Quand je pense à une balle, j'y pense d'une manière plutôt que d'une autre – comme rouge et non pas bleue, comme ronde et non pas carrée, comme immobile et non pas en mouvement. Ce sont les aspects sous lesquels je pense à la balle. Je peux désirer une pomme, certes, mais en désirant une pomme, je désire la manger, la goûter, la jeter, la tenir, la regarder, ou simplement l'avoir. Ce sont les aspects[1] | sous lesquels je 31
désire la pomme. Nos états mentaux n'ont pas seulement une référence, un être-à-propos-de, un objet (ou objet visé) pour former leur thème. Ils représentent cet objet d'une manière plutôt que d'une autre. Quand un objet est représenté, il y a toujours un aspect sous lequel il est représenté. Même quand il n'y a pas d'objet, l'*aspect* demeure.

On peut dire la même chose des objets dont nous avons l'expérience. Les objets que je vois m'*apparaissent* d'une certaine manière à moi – rouges, ronds et immobiles. Les objets que je touche se font sentir d'une certaine manière à moi – rugueux et froids. Les expériences sont des expériences d'objets, certes, mais on ne peut pas avoir l'expérience d'un objet sans en avoir l'expérience sous un certain aspect. Cela suit immédiatement du fait que l'objet dont on a l'expérience est simplement cet objet, s'il y en a un, dont les propriétés déterminables sont représentées par le système sensoriel. On ne peut donc pas voir, sentir, ou goûter un objet sans en avoir l'expérience comme ayant des propriétés déterminées.

Les aspects présentent une individuation fine, et cela est, également ce que l'on veut dire quand on parle de forme aspectuelle. Si nous supposons, en accord avec les lois sur les gaz, que la pression du gaz contenu dans un réservoir (de volume constant) ne peut pas être de 0.96 bars sans que le gaz ait une température de (mettons) 38° C, un instrument ne peut s'empêcher de fournir de l'information à propos de la température (que le gaz est à 38° C) en fournissant de l'information à propos de la pression (qu'il est à 0.96 bars). Il peut, néanmoins, *représenter* l'un sans représenter l'autre. Un instrument peut avoir unc fonction d'indiquer-la-pression sans avoir une fonction d'indiquer-la-température même s'il ne peut pas fournir de l'information à propos de la pression sans fournir de l'information à propos de la température. Une jauge de pression ne devient pas un thermomètre du seul fait de founir de l'information sur la température (même si nous pourrions certainement en faire cet usage et, du coup, en faire un thermomètre). Accomplir X ne vous donne pas automatiquement la fonction d'accomplir X, et avoir | la fonction de fournir l'information sur la tempé- 32
rature est ce qui est requis pour pouvoir représenter la température. C'est la

1. Le langage des « aspects » est repris de J. Searle, *The Rediscovery of the Mind*, *op. cit.*

spécificité des fonctions indicatrices de *cette* propriété-*ci* plutôt que de *cette* propriété-*là* (même quand les propriétés ont une corrélation nomologique) qui explique le profil aspectuel des représentations et, donc (d'après la thèse représentationnelle), le caractère aspectuel de l'expérience et de la pensée [1]. Cela permet d'expliquer pourquoi avoir l'expérience d'une certaine pression est différent d'avoir l'expérience d'une certaine température, même si on ne peut pas séparer ces aspects dans l'objet dont on a l'expérience.

Directivité

La référence objective d'une expérience – l'objet dont l'expérience est une expérience – est une propriété relationnelle et contextuelle de cette expérience. Deux expériences peuvent ne pas se distinguer du point de vue subjectif, être toutes deux des expériences-de-cheval-noir, alors que l'une est l'expérience d'un cheval noir et que l'autre ne l'est pas. La directivité, d'autre part, est censée être une qualité de l'expérience qui est supposée être intrinsèque à l'expérience. Elle est supposée faire partie de ce que cela fait que d'avoir l'expérience. Si je comprends ce que cela veut dire (mais je n'en suis pas sûr), c'est au moyen de la qualité de l'expérience que l'expérience vise la référence à un objet ou à un fait. Les expériences sont censées présenter ce genre d'intentionnalité – la directivité – qu'elles aient ou non un référent objectif, qu'elles soient ou pas à propos de quelque chose, au sens décrit plus haut. C'est de cette manière que Miller explique le terme technique husserlien de « noème » :

> Puisqu'un acte a une directivité indépendamment de savoir s'il a un objet ou non, il faut quelque chose d'autre que l'objet pour rendre compte de la directivité de l'acte. Ce « quelque chose », d'après Husserl, est le *noème* de l'acte [2].

1. Il y a une différence entre les traits aspectuels de l'expérience et ceux de la pensée, mais je ne m'arrête pas ici sur ces difficultés. Je ne m'arrête pas non plus sur les difficultés relatives à la question de savoir si une explication représentationnelle (quand elle est développée en termes de fonctions d'indicateurs) suffit pour « découper » les aspects avec assez de finesse. Peut-elle, par exemple, distinguer entre la représentation de *k* comme *F* et la représentation de *k* comme *G*, quand *F* et *G* sont des propriétés nécessairement (nomologiquement, logiquement ou métaphysiquement) équivalentes ? Je crois que c'est possible mais, pour prendre la mesure du problème, voir J. Fodor, *Elm and the Expert*: *Mentalese and its Semantics*, Cambridge (Mass.), MIT Press, 1994.

2. I. Miller, *Husserl*, Cambridge (Mass.), MIT Press, 1984, p. 16.

Il y a, cependant, une connexion entre le noème d'une expérience et sa référence. À la suite de Føllesdal [1], Miller considère le noème comme ce qui détermine quel objet (le cas échéant) est l'objet de l'expérience [2]. Quand on dit d'une expérience qu'elle a une direction, cela veut simplement dire qu'elle a un noème [3]. Dire que des expériences ont cette qualité de directivité, c'est donc dire qu'elles ont une qualité subjectivement accessible qui est telle que si elles ont une référence objective (un objet dont elles sont l'expérience), alors cette qualité détermine de quel objet il s'agit.

Si nous comprenons la directivité de cette manière, cependant, c'est comme s'il devait se trouver une qualité subjective de l'expérience qui est telle que, si je vois (en fait) un cheval noir, cela détermine quel cheval noir je vois. Si c'est ce que la directivité est censée être, il est clair, semble-t-il, que cela ne se trouve pas dans les expériences. Quand j'ai l'expérience d'un objet, rien dans mon expérience ne détermine *quel* est l'objet dont j'ai l'expérience, pas davantage qu'il y aurait dans la représentation de la pression d'un pneu par une jauge de quoi déterminer *quel* est le pneu dont la pression est mesurée. Les représentations ne sont pas comme ça. Et les expériences non plus.

Je ne suis pas sûr, cependant, de comprendre ce qu'est un noème et la directivité qu'il est censé conférer aux expériences. | Miller dit que la part 33
du noème (ou *sens noématique*, la référence déterminant les aspects du noème) qui détermine l'objet visé de l'acte (abstraction faite des propriétés) est indexicale [4]. Si cela veut dire, comme cela semble vouloir dire, que l'objet de l'expérience, s'il y en a un, est déterminé, non pas au sein du caractère subjectif « accessible » de l'expérience elle-même, mais par les propriétés relationnelles et contextuelles de l'expérience (ce que j'ai appelé la relation « C », au § 3 plus haut), alors, encore une fois, la directivité revient finalement au même que l'être-à-propos-de, tel que nous l'avons défini. Elle ne constitue pas un autre aspect de l'intentionnalité.

| Parfois, bien sûr, les propriétés qui sont représentées s'appliquent de 34
manière unique à un unique objet. C'est particulièrement le cas pour la vision où l'expérience représente les objets comme étant à des endroits particuliers, des endroits qui (étant donnée la manière dont nous représentons des objets) ne peuvent être occupés que par un seul objet à la fois.

1. D. Føllesdal, « Husserl's Notion of Noema », *The Journal of Philosophy* 66/20, 1969, p. 680-687.

2. I. Miller, *Husserl*, *op. cit.*, p. 17.

3. *Ibid.*, p. 31.

4. *Ibid.*, p. 69. Voir également C. B. Christensen, « Sense, Subject and Horizon », art. cit., p. 758.

Quelque chose est représenté comme étant ici et quelque chose est représenté comme étant là. Il n'est pas très sensé de supposer que l'objet qui est représenté comme ici est vraiment représenté comme là. Je peux, à un moment donné, représenter plus d'un objet comme rouge, de sorte que représenter un objet comme rouge ne déterminera pas quel objet (le cas échéant) je représente. Mais si je représente l'objet comme étant ici (et il faut comprendre que c'est uniquement un seul objet qui peut être représenté commé étant ici), sa représentation comme étant ici détermine quel objet (le cas échéant) est représenté de cette manière. C'est celui qui est représenté comme ici. Si c'est ce à quoi revient la directivité, alors la directivité n'est pas une question de référence objectuelle (s'il y a un objet) de l'expérience, mais a plutôt à voir avec certaines propriétés particulières que l'objet visé est représenté comme ayant. Des instruments simples peuvent même posséder ce genre de directivité (de manière dérivée). Un radar est « dirigé » vers quelque objet et le représente comme se trouvant à des coordonnées (x, y, z). S'il y a là un objet, alors la représentation de cet objet comme étant là, en (x, y, z), détermine quel est l'objet qui est représenté comme étant là. C'est l'objet qui est là – en (x, y, z).

L'ESPRIT ET LE CERVEAU ; LES ADRESSES DE L'EXPÉRIENCE

Pour autant qu'une explication représentationnelle de l'expérience sensorielle dépeigne l'expérience comme représentationnelle, elle propose une ressemblance entre l'expérience et un genre d'histoire. Quand on pense à une histoire, on peut penser (1) aux mots qui racontent l'histoire ou (2) à la signification de ces mots, à l'histoire qu'ils racontent. Appelons le
35 premier aspect le | *véhicule de l'histoire* et le second le *contenu de l'histoire*. Les histoires (*i.e.*, les véhicules de l'histoire) se trouvent dans les livres, mais ce qui se passe dans l'histoire (le contenu) ne se passe pas dans un livre. Cela peut ne se passer nulle part. Un chevalier en armure flamboyante vient au secours d'une princesse – cet épisode se trouve certainement *dans* l'histoire – mais, quoique cette histoire soit *dans* un livre, personne ne s'attend à trouver une princesse, un chevalier, ou une audacieuse opération de secours *dans* un livre (*i.e.*, entre la première et la quatrième de couverture d'un livre).

Toutes les fois que l'on parle de représentations, il y a ce genre d'ambiguité entre véhicule représentationnel et contenu représentationnel. C'est le même genre d'ambiguité quand nous parlons des pensées et des expériences. De la même manière que les histoires sont dans les livres,

les pensées et les expériences sont dans les têtes. Ce qui est dans la tête, bien entendu, ce sont les véhicules de l'expérience, les états physiques qui ont un contenu représentationnel, les états qui racontent (expriment) une histoire à propos du monde – qui disent ou veulent dire, par exemple, qu'il y a quelque chose de rouge par ici et quelque chose de triangulaire là-bas. Les pensées et les expériences doivent se trouver dans la tête (ou au moins quelque part dans notre corps) si le fait que nous les avons peut (parfois) expliquer pourquoi nous agissons comme nous agissons. Je vais dans la garde-robe parce que je veux m'habiller et parce que je pense que c'est là que se trouvent mes vêtements. Si ma pensée (que les vêtements se trouvent dans la garde-robe) et mon désir (de m'habiller) n'étaient pas *en moi* – n'étaient pas au moins *mes* états et *mes* conditions –, comment pourraient-ils expliquer mon trajet vers la garde-robe ? La démangeaison que je ressens doit être en moi pour expliquer que je me gratte. Pour que des états mentaux aient un rôle explicatif, si nous faisons parfois ce que nous faisons à cause de ce que nous pensons et des expériences que nous avons, alors les croyances et les expériences doivent être *dans* les systèmes dont elles expliquent le comportement. Cependant, à côté de leur rôle dans l'explication du comportement (ce dont certains philosophes doutent), les expériences doivent être en nous pour expliquer pourquoi, par exemple, je cesse d'avoir l'expérience | d'une salle remplie de gens en fermant les 36
yeux. La salle ne disparaît pas, mais quelque chose cesse d'exister quand je ferme les yeux. Et ce quelque chose doit être en moi ou être un état mien. Pourquoi, sinon, son existence dépendrait-elle aussi étroitement de la position de mes paupières ?

Cependant même s'il faut que les pensées et les expériences soient en nous, nous savons tous ce que nous allons trouver si nous regardons à l'intérieur du crâne. S'il y a des sensations et des sentiments là-dedans, c'est derrière un bon camouflage. Quand Wilder Penfield [1] a regardé dans le cerveau de son patient – un patient qui avait (en conséquence des stimulations électriques contrôlées par Penfield) diverses sensations –, il n'a pas observé les couleurs et les sons dont le patient disait avoir l'expérience. Et c'est bien ce à quoi une théorie représentationnelle de l'expérience nous prépare. Tout comme ce qui fait d'une histoire l'histoire qu'elle est, est ce dont elle est l'histoire (*i.e.*, le contenu de l'histoire), ainsi, ce qui fait d'un état mental – et, en particulier, d'une expérience – l'expérience qu'elle est, est ce dont elle est l'expérience. Nous pouvons avoir des histoires de chiens bleus (des histoires-de-chien-bleu) et des expériences-de-chien-bleu.

1. W. Penfield et T. Rasmussen, *A Clinical Study of Localization of Function*, New York, Macmillan, 1957 ; W. Penfield et L. Roberts, *Speech and Brain Mechanisms*, Princeton, Princeton University Press, 1959.

Les histoires de chiens bleus – les véhicules de chien bleu – ne sont ni bleues ni canines. Regardez donc dans un livre. Ce n'est que du noir et du blanc. De même, ce que nous trouvons en regardant dans le cerveau d'une personne qui a une expérience de chiens bleus n'est ni bleu ni canin. Nous ne trouvons pas le contenu de l'expérience, les propriétés qui font de l'expérience l'expérience qu'elle est. Ce que nous trouvons, à la place, c'est de l'électricité, de la chimie dans une matière grise et gluante. Nous trouvons les véhicules de l'expérience [1]. Ce que nous trouvons, en d'autres termes, c'est le même genre de choses que ce que nous trouvons quand nous regardons dans des livres, des véhicules représentationnels qui ne ressemblent en rien à ce que ces représentations représentent.

D'après la thèse représentationnelle, les faits qui rendent mental ce qui
37 est dans la tête, les faits qui convertissent | l'activité électrique et chimique du cortex en expériences-de-chien-bleu, ne sont pas identifiables en regardant, exclusivement, ce qui est dans la tête. Ce qui fait d'un certain schéma d'activité électrique dans le cortex une expérience-de-chien-bleu est un fait à propos de ce que cette activité représente, ce qu'elle a pour fonction d'indiquer. Ce qu'elle représente parfois, ce qu'elle a pour fonction d'indiquer, ce ne sont pas des faits que l'on peut découvrir en regardant *dans* le cortex, *vers* les représentations. On pourrait tout aussi bien espérer comprendre ce que, le cas échéant, une différence de voltage entre deux contacts électriques dans un ordinateur veut dire (représente, signifie) en prenant des mesures encore plus exactes du voltage. On pourrait tout aussi bien espérer comprendre ce que, le cas échéant, de vieilles inscriptions dans une grotte signifiaient en les regardant de plus près à la loupe. Cela ne vous dira pas ce que quelque chose signifie ni, même, s'il y a là la moindre signification – le moindre contenu. C'est pourquoi, d'après la thèse représentationnelle, regarder le cerveau d'une personne ayant une expérience ne va pas nous dire ce dont la personne a l'expérience. Le véhicule de l'expérience est là, mais pas le contenu de l'expérience et, tout comme avec les histoires, c'est le contenu qui permet à l'expérience (l'histoire) d'être l'expérience (l'histoire) qu'elle est.

Ce qui contribue parfois à obscurcir la différence entre véhicule de la représentation et contenu de la représentation est une confusion (encouragée par des instruments conventionnels de mesure) quant à la manière de s'y prendre pour déterminer ce qu'une représentation représente. Les instruments vont avec leurs « écrans » représentationnels calibrés en

1. Pour la même idée, voir W. Lycan, « What Is the "Subjectivity" of the Mental ? », dans J.E. Tomberlin, *Philosophical Perspectives*, vol. 4 : *Action Theory and Philosophy of Mind*, Atascadero (CA), Ridgeview, 1990, p. 111 ; M. Tye, *The Imagery Debate*, Cambridge (Mass.), MIT Press, 1991, p. 118.

degrés Celsius, en kilogrammes par mètre carré, ohms, kilomètres par heure, tours par minute, etc. Cela permet aux utilisateurs de dire, non seulement *ce que* l'instrument est conçu pour mesurer, mais également *comment* il représente cette quantité. On regarde juste vers la représentation (par exemple, un compteur dont l'aiguille est sur le nombre 900 sur l'écran d'un | instrument appelé COMPTE-TOURS et calibré en tours par 38
minutes) pour découvrir ce que l'instrument « dit », ce qu'il représente, quelle est l'histoire qu'il raconte à propos du moteur. En regardant vers le véhicule de la représentation, l'aiguille sur le « 900 », on apprend ce qu'est le contenu de la représentation – que le moteur tourne à 900 tours par minute. Quand tout est bien étiqueté de cette manière, on peut, pour ainsi dire, voir ce que l'instrument « voit », voir comment est son « expérience », en regardant dans (ou vers) l'instrument. Cela obscurcit la distinction entre la représentation elle-même, quelque chose (le véhicule) qui est *dans* l'instrument, quelque chose (le véhicle) qui *raconte* une histoire à propos du moteur, d'une part, et, d'autre part, ce qui est représenté (= le contenu), l'histoire qui est racontée, quelque chose qui *ne* se trouve *pas* dans l'instrument. Le cerveau d'un animal n'est pas aussi nettement étiqueté. C'est pourquoi on ne peut pas dire, en le regardant (ou en regardant dedans), ce dont l'animal à qui appartient ce cerveau a l'expérience. On ne peut pas le faire avec un instrument ou avec l'aide d'étiquettes. Les représentations sont là, mais pas leur contenu. En ce sens, l'esprit n'est pas dans la tête, pas davantage que des histoires (*i.e.*, des contenus d'histoires) ne sont dans les livres.

Traduit de l'anglais par Christophe AL-SALEH

MICHAEL TYE

| L'INTENTIONNALITÉ DES SENTIMENTS ET DES EXPÉRIENCES * 93

Les philosophes admettent généralement que les sensations et les expériences propres à la perception ont un aspect représentationnel. Prenons, par exemple, les sensations visuelles que je puis avoir en regardant un avion lointain parcourir un ciel clair. Ces sensations me représentent une tache argentée se déplaçant dans une certaine direction et produisant un trait blanc sur un fond bleu brillant. Il semble également aller de soi que certaines émotions ont un contenu représentationnel, comme, par exemple, quand on ressent l'ennui que le train soit en retard, ou la joie que le livre soit enfin fini d'être écrit. Mais il n'est pas aussi courant d'admettre que les sensations corporelles sont représentationnelles. Et la représentationnalité des sentiments est quasi unanimement refusée. Voici quelques propos typiques (de Colin McGinn, John Searle et Ned Block, respectivement):

> Par sensations, nous entendons des sentiments corporels [...] tout aussi bien que des expériences perceptives. Il y a une différence importante entre les deux, ce qui nous amène à introduire une sous-division à l'intérieur de la classe de ce que nous appelons des sensations : les sensations corporelles, à la différence des expériences perceptives, n'ont pas d'objet intentionnel. Nous distinguons entre une expérience visuelle et ce dont elle est l'expérience; mais nous n'opérons pas cette distinction quand il s'agit des douleurs. Ou autrement dit, les expériences visuelles représentent le monde dans un certain état, alors que les douleurs sont dépourvues de ce genre de contenu représentationnel [1].

* « The Intentionality of Feelings and Experiences », chap. IV de *Ten Problems of Consciousness. A Representational Theory of the Phenomenal Mind*, Cambridge (Mass.), MIT Press, 1995. Les « boites » ne sont pas incluses dans la présente traduction. Pagination originale en marge.

1. C. McGinn, *The Character of Mind*, Oxford, Oxford University Press, 1982, p. 8.

> De nombreux états conscients ne sont pas intentionnels, comme par exemple un sentiment soudain d'exaltation [1].
>
> Il faut remarquer [...] que le contenu phénoménal n'a nullement besoin d'être représentationnel (mon exemple favori est le contenu phénoménal d'un orgasme) [2].

Selon moi, toutes ces affirmations sont erronées. *Tous* les états phénoménalement conscients – *tous* les sentiments et *toutes* les expériences – ont un contenu intentionnel.

94 | Je vais d'abord expliquer ce que j'entends en disant qu'un état est un état intentionnel, un état ayant un contenu intentionnel. Puis j'émettrai quelques remarques générales, qui ont un intérêt pour l'ensemble de ma position, à propos de la façon dont des sensations perceptives simples représentent. Ensuite, j'en viendrai à des problèmes spécifiques. Tout d'abord, je montrerai que les images rémanentes ont un contenu intentionnel, contrairement à la conception courante. Puis je traiterai les cas des douleurs et autres sensations corporelles. Enfin, j'examinerai les sentiments d'arrière-plan, les émotions et les humeurs. La conception qui ressortira finalement de la discussion présentera les expériences et les sentiments comme des *représentations sensorielles* du monde externe ou bien de certaines modifications corporelles internes.

De façon importante, les humeurs, les émotions et les sensations corporelles sont comme des cartes de nos propres processus physiques internes, des guides de nos états corporels intérieurs, des représentations graphiques de ce qui se passe en dessous (et à la surface) de notre peau. De même, les expériences perceptives sont des représentations, mais elles sont orientées vers le monde extérieur, sur le terrain de l'extériorité [...] [3].

ÉTATS INTENTIONNELS ET CONTENU INTENTIONNEL

Il y a un accord général sur l'idée qu'au moins certains états mentaux peuvent représenter ou être à propos de choses qui n'existent pas. Par exemple, je peux espérer vivre deux siècles, désirer une émeraude bleue, penser qu'il existe des montagnes en or, me demander si les licornes ont

1. J. Searle, *Intentionality*, Cambridge, Cambridge University Press, 1983, p. 2, trad. fr. C. Pichevin, *L'Intentionalité. Essai de philosophie des états mentaux*, Paris, Minuit, 1985, p. 16.

2. N. Block, « On a Confusion about a Function of Consciousness », *Behavioral and Brain Sciences* 18, 1995, p. 234.

3. Les références internes à d'autres parties de l'ouvrage ont été omises ici (NDT).

deux cornes, croire que le Père Noël vit au pôle Nord, et il peut me sembler voir un éléphant rose, alors même qu'en réalité, une vie humaine ne peut pas durer deux siècles, et que les émeraudes bleues, les montagnes en or, les licornes, le Père Noël, les éléphants roses, tout cela n'existe pas.

Le philosophe autrichien Franz Brentano pensait que, dans tous ces cas, même si les objets en question n'existent pas vraiment, il n'en demeure pas moins qu'ils sont présentés dans les états mentaux. Brentano appelait cette présentation « inexistence intentionnelle ». D'après lui, *tous* les états mentaux ont leur(s) propre(s) objet(s) intentionnel(s) inexistant, quoi qu'il
en soit de la réalité. | D'après lui, c'est le fondement de l'intentionnalité. 95
L'intentionnalité, prétend-il, ne relève que des états mentaux, et jamais d'un élément physique.

Il commente :

> Ce qui caractérise tout phénomène psychique, c'est ce que les Scolastiques du Moyen Âge ont appelé l'inexistence intentionnelle (ou encore mentale) d'un objet et ce que nous pourrions appeler nous-mêmes – en usant d'expressions qui n'excluent pas toute équivoque verbale – la relation à un contenu, la direction vers un objet (sans qu'il faille entendre par là une réalité) ou objectivité immanente. Tout phénomène psychique contient en soi quelque chose à titre d'objet, mais chacun le contient à sa façon. Dans la représentation, c'est quelque chose qui est représenté, dans le jugement quelque chose qui est admis ou rejeté, dans l'amour quelque chose qui est aimé, dans la haine quelque chose qui est haï, dans le désir quelque chose qui est désiré et ainsi de suite.
>
> Cette inexistence intentionnelle appartient exclusivement aux phénomènes psychiques [1].

La doctrine brentanienne de l'inexistence intentionnelle est profondément obscure. Alexius Meinong, un étudiant de Brentano, l'a interprétée dans le sens d'une supposition d'après laquelle les objets des états mentaux ont une manière spéciale d'exister, ou subsistance, qui est entièrement distincte de leur existence dans le vrai monde [2]. Ainsi, si l'on suit l'interprétation de Meinong, penser à des montagnes en or met en relation le sujet de cette pensée avec des montagnes en or subsistantes. Malheureusement, cela ne revient qu'à expliquer ce qui est obscur par quelque chose de plus obscur encore. L'idée d'un domaine d'objets qui

1. F. Brentano, *Psychologie vom empirischen Standpunkt*, Leipzig, Duncker & Humblot, 1874, rééd. 1911, p. 125 ; trad. fr. M. de Gandillac, revue par J.-F. Courtine, *Psychologie du point de vue empirique*, Paris, Vrin, 2008, p. 101-102.

2. A. Meinong, « Über Gegenstandstheorie », dans *id.* (éd.), *Untersuchungen zur gegenstandstheorie und Psychologie*, Leipzig, Barth, 1904, p. 1-51 ; rééd. dans *Gesamtausgabe*, Bd. 2, Graz, Akademische Druck- und Verlagsanstalt, 1971, p. 481-535, trad. fr. J.-F. Courtine, *La Théorie de l'objet*, Paris, Vrin, 2000.

n'existent pas et qui ont cependant une sorte d'existence semble incompréhensible [1]. De plus, si l'inexistence intentionnelle est la marque du mental, alors les états mentaux ne sont pas, comme nous le supposons normalement, à propos de vrais objets du monde. Par exemple, quand j'ai souhaité hier avoir suffisamment d'argent pour m'acheter une Ferrari que j'ai vue, mon souhait ne portait pas vraiment sur une vraie Ferrari, mais plutôt sur une Ferrari subsistante. Mais ce n'est pas cette dernière que j'aimerais pouvoir m'offrir. Il est probable que, pour ce qui concerne *ces Ferrari-là*, je suis déjà en mesure de me les offrir. Celle que je veux, c'est la vraie, qui n'est pas à ma portée.

Brentano a refusé l'interprétation de Meinong, conscient sans doute des difficultés que nous venons d'évoquer. Mais il n'a proposé aucune autre caractérisation de l'inexistence intentionnelle, de sorte que ses propres conceptions demeurent obscures. Toutefois, Brentano a réussi à attirer notre attention sur un fait très intéressant concernant un très grand nombre de nos états mentaux (indépendamment de savoir si c'est le cas ou non pour tous les états mentaux), à savoir, leur capacité à représenter ou à être à propos de choses qui n'existent pas.

Deux autres aspects de la représentation mentale ont été beaucoup discutés par les philosophes et sont également typiquement considérés comme faisant plus ou moins partie de l'intentionnalité. Le premier aspect
96 est étroitement | lié à la capacité de représenter mentalement ce qui n'existe pas. Il semble que nous puissions penser à, ou imaginer, désirer, espérer un yacht ou une maison dans le pays, sans qu'il ne se trouve quelque yacht particulier ou quelque maison particulière auquel/à laquelle on pense ou que l'on imagine, désire ou espère.

En revanche, nous adoptons parfois ces attitudes-là relativement à des choses réelles particulières du monde. Un yacht particulier auquel je pense ou que je veux pourrait exister. Dans certains cas, il semble que l'esprit « se projette » sur le monde et « se relie » à des objets réels spécifiques.

Par ailleurs, les représentations mentales ont un grain fin. Nous avons la capacité de penser que tous les êtres humains ont un cœur sans penser que tous les êtres humains ont au moins un rein, même si les deux propriétés sont co-instanciées (cela veut dire que toute instance d'une propriété est également une instance de l'autre propriété). Cela est vrai, qui plus est, même des cas où la co-instanciation des propriétés est *nécessaire*.

1. En effet, l'affirmation d'après laquelle il y a des objets qui n'existent pas est une contradiction. Si l'on tente de l'exprimer avec les ressources de la logique quantifiée du premier ordre, formellement cela donne : $(\exists x)\sim(\exists y)(x=y)$. Bien entendu, il est toujours possible de nier que telle soit la traduction formelle de cette affirmation. Cependant, dans ce cas, la charge revient au défendeur de cette affirmation de l'expliciter davantage.

Par exemple, je peux penser que certaines figures fermées ont trois angles sans croire que la somme des angles internes est de 180 degrés. Encore plus étonnant, il semble que nous puissions croire que *p* sans croire que *q*, même si «*p*» et «*q*» ont la même signification. Par exemple, si je peux croire erronément qu'une douzaine, c'est environ dix, et que je crois que Tom a offert une douzaine de roses à Jane, je ne crois pas que Tom a offert douze roses à Jane, même si les prédicats « avoir donné une douzaine de roses » et « avoir donné douze roses » sont synonymes.

Je dirais qu'un état mental *intentionnel* est un état qui (a) peut représenter ou être à propos d'un *F* sans qu'il existe un *F* que cet état représente ou à propos duquel il est – il n'est même pas besoin qu'il existe vraiment un seul *F* – et qui, (b) a un grain fin en ce qui concerne sa manière de représenter, selon au moins une des façons que nous venons de spécifier. Des exemples non controversés d'états intentionnels sont l'espoir, la croyance, le désir, la pensée, l'interrogation, l'intention. Le *contenu intentionnel* de toute instance particulière de l'un de ces états est ce qui est espéré, cru, désiré, etc. Dans le cas des croyances, on exprime le contenu à l'aide d'une subordonnée en « que », qui sert à spécifier une croyance particulière. Ainsi, quand je crois que la neige est blanche, ce que je crois, c'est-à-dire *que la neige est blanche*, est le contenu intentionnel de ma croyance.

Si l'on réfléchit aux cas mentionnés ci-dessus en relation avec le grain fin qui caractérise la représentation mentale, on se rend compte qu'il n'est pas possible d'identifier simplement le contenu intentionnel d'une croyance et ses conditions de vérité (conditions | qui se réalisent si et 97
seulement si la croyance est vraie). Des croyances qui n'ont pas le même contenu peuvent avoir les mêmes conditions de vérité. Je dois souligner que je ne prétends pas qu'il *n*'y a *pas* un usage établi du terme « contenu », en relation à des croyances, d'après lequel le contenu intentionnel d'une croyance consiste dans les conditions de vérité de la phrase impliquée dans la subordonnée en « que ». Il est évident qu'un bon nombre de philosophes pensent au contenu en ces termes. L'usage que j'adopte est plus large, et il est également bien accepté. D'après cet usage, le contenu d'une croyance est ce que l'on assigne à un état de croyance par l'intermédiaire d'une subordonnée en «que». Selon cet usage, des conditions de vérité identiques n'entraînent pas une identité de contenu.

Comment, dans ces conditions, des états ayant un contenu intentionnel sont-ils produits ? C'est une vaste question que je ne peux pas traiter extensivement ici. Mais je voudrais faire quelques remarques à ce sujet. De nombreux philosophes soutiennent que les états mentaux intentionnels ont une structure fondamentalement *linguistique*. L'hypothèse du « langage de la pensée » est une hypothèse empirique sur la structuration réelle des états mentaux. Il ne s'agit pas d'une analyse philosophique *a priori*. Donc, le but de cette hypothèse n'est pas d'embrasser la réalité des états mentaux (intentionnels) de toutes les créatures réelles et possibles. Dans sa forme la plus générale, elle concerne *tous* les états mentaux représentationnels réels. D'après la thèse primordiale, qui vient du modèle computationnel de l'esprit, ces états sont encodés dans des structures symboliques relevant d'un langage interne.

Dans le cas des attitudes propositionnelles – c'est-à-dire ces états mentaux, comme le croyance, dont le contenu est canoniquement exprimé à l'aide de subordonnées en « que » – on a typiquement supposé que les structures symboliques en jeu étaient des phrases [1]. Ce besoin apparent de faire une place à des phrases internes dans une explication des attitudes propositionnelles [2] a différentes sources.

Pour commencer, les attitudes propositionnelles sont systématiques ; il existe des relations intrinsèques entre certaines pensées. Prenons, par exemple, la pensée que le garçon court après le chien et la pensée que le chien court après le garçon. Quiconque a la capacité d'avoir la première pensée a également la capacité d'avoir la seconde pensée, et vice versa. Deuxièmement, les attitudes propositionnelles sont productives ; nous avons, semble-t-il, la capacité d'avoir un nombre infini de pensées, et d'avoir des pensées que nous n'avons jamais eues auparavant. Les attitudes propositionnelles ont également un grain fin, comme je l'ai noté plus haut ; je peux penser que vous savez quelque chose d'important sans penser que vous croyez vraiment et de manière justifiée quelque chose d'important, même si « croire vraiment et de manière justifiée » est l'ana-
98 lyse correcte de | « savoir ». Enfin, les attitudes propositionnelles possèdent des valeurs de vérité ; ma croyance que l'euro vaut moins de dollars qu'il y a quelques mois est soit vraie soit fausse.

On peut établir parallèlement exactement les mêmes faits en ce qui concerne les phrases d'un langage public. Il existe des relations intrinsèques entre certaines phrases (par exemple « la fille a embrassé le garçon » et « le garçon a embrassé le fille ») ; nous produisons de nouvelles phrases tout le temps (mis à part, il est vrai, certains cas, il est rare que nous répétions une phrase identique dans des situations différentes). En écrivant ou prononçant une phrase *S* qui a le même sens qu'une autre phrase *T*, nous n'avons pas cependant par-là écrit ou prononcé *T*. Enfin, les phrases peuvent être vraies ou fausses.

1. J. Fodor, *The Language of Thought*, New York, Crowell, 1975 ; *id.*, « Propositional Attitudes », *The Monist* 61, 1978, p. 501-523.

2. L'acronyme anglais *PAs* (que l'auteur introduit ici pour *Propositional Attitudes*) a partout été remplacé, dans la traduction, par « attitudes propositionnelles » (NDT).

D'après les partisans de l'hypothèse du langage de la pensée, la meilleure explication de ces parallèles réside dans la supposition d'après laquelle ce sont les attitudes propositionnelles qui ont une structure phrastique[1]. Ainsi, croire que les citrons sont amers, par exemple, revient à produire intérieurement, dans un compartiment de croyances, une instance de phrase qui signifie ou représente que les citrons sont amers. En général, il est admis que cette phrase ne fait pas partie d'un langage public naturel, mais que c'est plutôt une phrase relevant d'un langage spécial, interne, qui a été câblé dans le cerveau par l'évolution (tout comme le langage binaire est câblé dans les ordinateurs). Toutes les créatures capables de penser, d'avoir des croyances et d'autres attitudes propositionnelles, partagent le langage interne. Ce n'est pas un privilège des humains qui ont appris un langage public.

|La conception linguistique des attitudes propositionnelles amène 99
naturellement à proposer de concevoir le contenu intentionnel, dans le cas de la croyance, de la manière suivante. La croyance que-*p* représente l'état de faits *A* externe de *p* comme étant le cas. La croyance est vraie si et seulement si l'état de faits est effectivement réalisé. Le contenu de la croyance est le résultat conjoint de l'état de faits en question et de la manière dont il est encodé linguistiquement dans la croyance. Les états de faits sont des entités complexes dans lesquelles entrent des objets, des propriétés et des relations réels, mais où l'on ne trouve aucune entité représentationnelle ou conceptuelle. Ainsi, par exemple, si j'ai une croyance à propos de montagnes en or, cela entraîne la représentation d'un état de faits où se trouve la propriété réelle d'être une montagne en or (cependant, on n'y trouve aucune montagne en or particulière, car ce genre de choses n'existe pas). La propriété d'être une montagne en or est constituée de deux propriétés, la propriété d'être une montagne et la propriété d'être en or. Le contenu de la croyance est donné par un état de faits pertinent (par exemple, l'état de faits où il y a des montagnes en or au Mexique, ou l'état de faits où l'on ne peut pas escalader les montagnes en or) *et* par la phrase instanciée dans la croyance. De même, croire que c'est un endroit où les gens aiment aller dîner dépend d'une croyance qui représente un certain état de faits dans le monde de la manière qui convient ou selon la phrase qui convient (dont une portion est indexicale). Cette croyance est différente de la croyance que La Tour d'Argent est un endroit où les gens aiment aller dîner, même si cela est La Tour d'Argent. En effet, les constituants phrastiques, et en particulier les représentations linguistiques de la La Tour

1. Pour un développement détaillé de ces points en ce qui concerne la systématicité et la productivité, voir J. Fodor et Z. Pylyshyn, « Connectionism and Cognitive Architecture : A Critical Analysis », *Cognition* 28, 1988, p. 3-71.

d'Argent, diffèrent d'un cas à l'autre. Dans un cas, il y a un indexical, dans l'autre, il y a un nom.

On peut étendre cette approche à d'autres états mentaux intentionnels. Cependant, il n'est pas nécessaire de supposer que tous ces états sont exactement comme des attitudes propositionnelles. En particulier, on n'a pas à supposer que des phrases sont présentes dans la tête (ou dans l'âme) dans tous les cas. Cela serait aller un peu vite en besogne. Accepter un système symbolique interne au sein duquel il y a des représentations mentales ne revient pas à accepter des *phrases* dans tous les cas. Après tout, les ordinateurs – les manipulateurs de symboles par excellence – opèrent sur toutes sortes de structures (par exemple, des listes, des phrases, des suites ordonnées) ; et, pour mentionner un exemple, il y a des théories bien connues de l'imagerie mentale qui relèvent de l'approche computationnelle de l'esprit sans pour autant adopter la thèse d'après laquelle les images sont des phrases [1]. Je reviendrai sur ce point plus loin.

Tout cela nous laisse cependant avec une grande question. Comment est-il possible qu'un état qui se trouve dans la tête – une croyance, un
100 espoir, un désir, ou autre – représente | un état de faits externe ? Plus généralement, comment est-il possible qu'un état naturel représente quelque chose ? Ce n'est pas l'endroit pour répondre exhaustivement et définitivement à cette question (et apporter ainsi une solution au problème de l'intentionnalité), mais, dans la section suivante, j'esquisse une approche – qui me semble prometteuse – dans le contexte de l'expérience sensorielle.

COMMENT LES SENSATIONS PERCEPTIVES REPRÉSENTENT

Prenons le cas des cernes des arbres. Intuitivement, le nombre des cernes sur la section horizontale d'un tronc *représente* un fait à propos de l'arbre, à savoir son âge. Cela ne dépend pas de nos connaissances sur les cernes ou du fait que nous soyions attentifs à ces cernes. Il s'agit plutôt d'un fait objectif, indépendant de l'observation, ou il est du moins plausible de le supposer. Avant qu'un être humain n'ait l'idée de remarquer que, dans les arbres, il y avait des cernes, le nombre de cernes représentait l'âge de l'arbre, et il en est toujours ainsi.

Comment comprendre une représentation naturelle de ce genre ? Et bien, à différents nombres de cernes correspondent des âges différents. De plus, dans tous les cas, le nombre des cernes présent est *causé par* l'âge

1. Par exemple, le picturalisme de Stephen Kosslyn, *cf.* S. Kosslyn, *Image and Mind*, Cambridge (Mass.), Harvard University Press, 1980.

de l'arbre. Mais qu'en est-il lorsque les conditions climatiques sont bizarres ? Et si l'arbre est atteint d'une maladie ? Certainement, le nombre de cernes ne sera pas *toujours* en correspondance avec l'âge de l'arbre.

| L'important, semble-t-il, c'est qu'il y ait une correspondance – ou 101
pour être plus précis, une covariation causale – *dans des conditions optimales*[1]. La suggestion générale est, donc, que, pour tout état *S* de l'objet *x*, choisi dans un ensemble pertinent des différents états de *x*, on définira ce que l'état représente comme suit :

> *S* représente que $p =_{df}$ Si les conditions optimales sont satisfaites, alors *S* est instancié dans *x* si et seulement si *p* et parce que *p*[2].

Si les conditions optimales ne sont pas satisfaites, alors il y a une représentation *faussée*. L'état d'avoir *n* cernes représente que l'âge de l'arbre est de *n* années par correspondance causale avec cet âge dans des conditions optimales, mais si, en réalité, les conditions ne sont pas optimales, alors l'âge de l'arbre et le nombre de cernes ne colleront pas.

Cette suggestion à propos de la représentation s'applique sans modification à des cas simples de représentation conventionnelle ou artificielle. Prenons la hauteur du mercure dans un thermomètre. Elle représente la température de l'air ambiant. À différentes hauteurs correspondent causalement, dans des conditions optimales, différentes températures, et c'est ainsi que les hauteurs représentent ces températures. Dans ce cas, la correspondance est produite artificiellement par le concepteur du thermomètre. S'il y a malfaçon, alors les conditions ne sont pas optimales et la représentation est faussée. De même, dans le cas d'un tachymètre et de la position de l'aiguille. Là, c'est la vitesse qui est représentée[3].

Ce qu'il faut retenir, c'est que la représentation est une affaire de covariation ou de correspondance causale (de *repérage* [tracking], notion que je vais souvent utiliser) dans des conditions optimales. S'il n'y a ni facteurs de perturbation, ni anomalies, ni anormalités, alors le nombre de cernes repère l'age, la hauteur de la colonne de mercure repère la température, la position de l'aiguille du tachymètre repère la vitesse, etc. C'est

1. D. Stampe, « Towards a Causal Theory of Linguistic Representation », *Midwest Studies in Philosophy* 2, 1977, p. 42-63 ; R. Stalnaker, *Inquiry*, Cambridge (Mass.), MIT Press, 1984.

2. Dans cette définition, on doit prendre les conditionnels comme des subjonctifs. Ainsi, il faut lire le *definiens* comme suit : si les conditions optimales étaient satisfaites, *S* serait instancié dans *x* si et seulement si *p* était le cas ; de plus, dans ces circonstances, *S* serait instancié dans *x* parce que *p* est le cas.

3. Voir, dans ce volume, le chapitre précédent, où ces exemples sont abondamment commentés par Fred Dretske (NDT).

ainsi que l'âge, la température, la vitesse et d'autres informations sont représentés.

Bien entendu, il faudrait détailler cette approche plus amplement. Cependant, ce que j'ai dit est suffisant pour se prononcer sur son intérêt dans la compréhension de la représentation *mentale* en général. Il est clair qu'il y a des difficultés. En particulier, on ne peut pas transposer cette suggestion à toutes les croyances de but en blanc. Prenons, par exemple, la croyance que le diable est un ange déchu. Quelles peuvent bien être les conditions optimales dans ce cas ? Et, pour ce qui est des croyances mathématiques, comme la croyance que deux et deux font quatre ? La suggestion ne semble pas pouvoir s'y étendre. Aucun état n'est instancié dans l'esprit
102 humain | *parce que* deux et deux font quatre. Ce fait mathématique abstrait n'a pas de pouvoir causal.

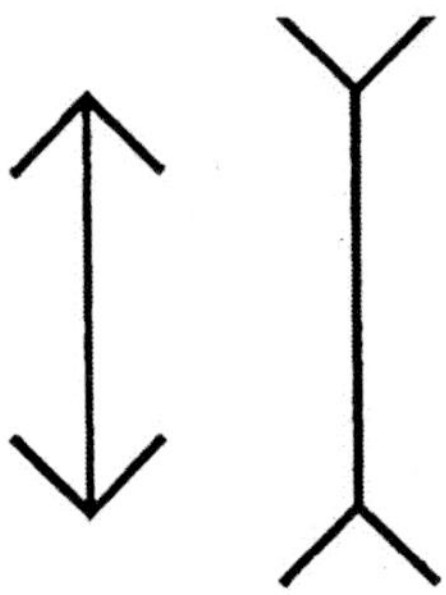

Le diagramme de Müller-Lyer

Toutefois, dans le cas des sensations perceptives simples, l'approche de la covariation causale semble très prometteuse. Car ces sensations, d'après moi, sont normalement mécaniquement produites par des stimuli externes. Je m'explique.

Il est bien connu que l'on ne modifie pas les illusions visuelles, comme l'illusion de Müller-Lyer et d'autres, en modifiant les croyances sur la réalité des propriétés observées de l'objet. Par exemple, dans le cas du diagramme de Müller-Lyer, savoir que les deux lignes sont de la même longueur n'incite en aucune façon à ce que les lignes *aient l'air* d'être de la même longueur.

On peut dire la même chose à propos du diagramme de Hering. Savoir que les deux lignes sont parallèles ne permet pas de les voir parallèles. Au contraire, elles persistent à avoir l'air d'être incurvées.

Pourquoi ? D'après une hypothèse plausible, la vision est modulaire, au sens où elle engendre des représentations d'une certaine classe de propriétés de stimuli distaux par l'intermédiaire de processus perceptifs qui opèrent sur l'*input* rétinien selon des modes autonomes et très déterminés.

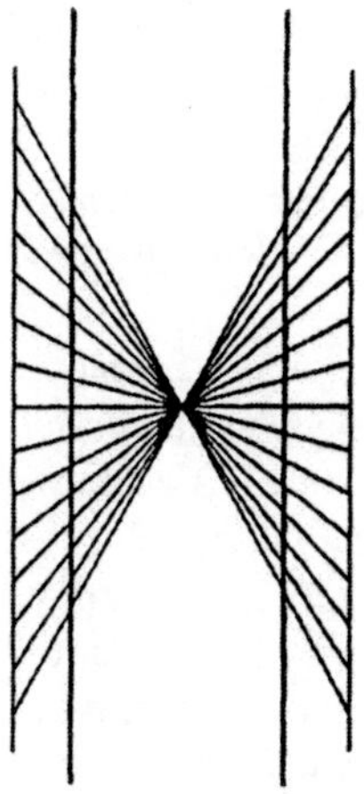

Le diagramme de Hering

Dans l'approche computationnelle classique, on considère les cellules réceptrices de la rétine comme des transducteurs. Elles reçoivent de l'énergie physique sous la forme de lumière, qu'elles convertissent immédiatement en représentations symboliques de l'intensité lumineuse et des longueurs d'onde. Ces représentations sont composées de cellules nerveuses actives. Elles sont donc physiques. Et elles sont bien symboliques, puisqu'elles sont les objets des procédures computationnelles. De plus, elles représentent l'intensité lumineuse et les longueurs d'onde, car c'est | ce qu'elles repèrent avec fiabilité, si l'on suppose que le système 103
fonctionne normalement. Les procédures computationnelles, en opérant sur ces représentations, engendrent d'autres représentations symboliques, en premier lieu les variations d'intensité lumineuse et de longueur d'ondes, puis les limites, les crêtes et les surfaces, tout cela combiné avec des représentations d'aspects de surface locaux, comme la couleur, l'orientation et les distances. Les procédures les plus évidentes opèrent mécaniquement. À ce niveau primordial, le système visuel ressemble vraiment à une machine à calculer qui a été conçue pour effectuer des additions. Il n'y a

pas de représentations stockées en mémoire, qui permettent de déterminer le comportement du système en étant mobilisées et manipulées.

Les représentations sont donc construites à partir de traits distaux des surfaces des objets externes, selon un mode mécanique, par des processus computationnels. Les représentations initiales, l'*input*, dans le module visuel, repèrent l'intensité lumineuse et les longueurs d'ondes, si l'on suppose qu'il n'y a aucun dysfonctionnement. Les représentations finales, l'*output*, repèrent des traits des stimuli distaux, dans des conditions perceptives optimales ou idéales. Il est donc plausible, semble-t-il, de supposer qu'elles représentent ces traits, qu'elles deviennent des sensations *de* limites, crêtes, couleurs, formes et ainsi de suite [1]. De même pour les autres sens.

Cette conception des sensations perceptives, brossée à grands traits, permet de tracer une ligne claire entre ces états et les croyances ou autres états conceptuels. D'après moi, les sensations perceptives forment les
104 *outputs* de modules sensoriels spécialisés | et se tiennent prêtes à produire des réponses conceptuelles via l'action de processus cognitifs de plus haut degré de différentes sortes [2]. Les sensations perceptives donnent de l'aliment au système conceptuel, sans faire partie elles-mêmes du système conceptuel. Ce sont des états non doxastiques ou non conceptuels. Cela, je le souligne, ne veut pas dire que les sensations perceptives ne sont pas des états symboliques. Cependant, d'après moi, ce sont des états symboliques différents des croyances. J'élaborerai ce point plus loin.

Il est important de comprendre que les sensations perceptives ne peuvent pas davantage être confondues avec les croyances et les pensées provoquées par les stimulations sensorielles appropriées qu'elles ne peuvent être simplement assimilées avec (ou conçues sur le modèle) des épisodes de voir-que ou de voir-comme. Voir quelque chose comme un *F* requiert de se souvenir de ce à quoi un *F* ressemble. L'information perceptive sur les *F* est stockée dans un schéma (d'après le modèle psychologique classique de la mémoire perceptive). Voir-comme requiert de placer l'*input* sensoriel sous le schéma approprié. Le voir-comme est donc contraint par les limites mémorielles.

Il peut en revanche, et c'est souvent le cas, y avoir des sensations perceptives sans le schéma correspondant. L'amplitude des variations subjectives des sensations de couleur [...] dépasse nos schémas de

1. Ce n'est pas mon intention de suggérer, ici, que le fait que les traits donnés soient des représentations, en eux-mêmes et d'eux-mêmes, fait de l'état qui les représente une sensation. J'en dirai davantage plus loin.

2. Ces modules sensoriels sont fonctionnellement spécialisés. Il n'y a pas ici d'affectation à chaque module d'une région neurale singularisée et discrétisée.

couleur[1]. L'expérience ou sensation de la nuance déterminée rouge$_{29}$ est phénoménalement différente de celle de la nuance rouge$_{32}$. Cependant, des sujets percevants normaux n'ont typiquement pas de schéma en mémoire pour rouge$_{29}$ ou rouge$_{32}$. Moi-même, par exemple, je ne sais pas à quoi ressemble du rouge$_{29}$. Et je ne peux pas voir quelque chose comme rouge$_{29}$ ni reconnaître cette nuance spécifique. Si j'entre dans un magasin de décoration et que j'observe un nuancier, je ne peux pas trouver le rouge$_{29}$. Il en va de même pour nos expériences sensorielles sonores, pour mentionner un autre exemple évident. Dans ce cas également, le grain des distinctions est trop fin pour pouvoir être capté par les représentations sonores stockées dans notre mémoire.

Il y a, bien entendu, de bonnes raisons architecturales pour que la mémoire humaine soit ainsi limitée. Si toutes les discriminations dont nous sommes capables pouvaient être retenues en mémoire, nous serions bientôt saturés d'une quantité ingérable d'informations. Il faut des limitations mémorielles pour pouvoir réduire l'information.

Pour finir, j'ajouterai que, dans la conception que je viens de présenter, des processus ayant lieu dans l'arène conceptuelle peuvent alimenter en retour les modules sensoriels, et parfois même influencer partiellement *certains* des processus qui s'y déroulent. C'est ainsi que des croyances et des pensées peuvent affecter la manière dont les choses | apparaissent[2]. 105
Cependant, selon moi, il y a de nombreux aspects des apparences qui sont exempts de telles influences.

Voilà, donc, une manière de considérer les sensations perceptives et comment elles représentent. Dans les sections suivantes, je vais essayer de montrer que l'approche que je viens d'exposer peut s'étendre à des objets sensoriels et expériences sensorielles qui n'ont initialement, semble-t-il, pas de contenu représentationnel du tout. Je m'intéresserai pour commencer au cas des images rémanentes.

LES IMAGES RÉMANENTES

On peut produire des images rémanentes de nombreuses manières différentes. Allumer et éteindre la lumière, après une longue période d'obscurité, engendre une image rémanente qui est de la couleur de la lumière. Si l'on regarde brièvement un coucher de soleil, le résultat est souvent une image assez vive. Si l'on fixe une lumière ou une surface

1. *Cf.* D. Raffman, « On the Persistence of Phenomenology », dans T. Mezinger (ed.), *Conscious Experience*, Paderborn, Schöningh, 1995, p. 293-308.

2. Voir ce chapitre, *infra*, p. [114-115].

colorée et puis que l'on tourne son regard vers une surface blanche, cela produit une image qui est de la couleur complémentaire.

C'est dans les années 1950 que J. J. C. Smart a proposé, le premier, une objection bien connue à la conception d'après laquelle les images rémanentes sont des processus cérébraux. L'objection – qui est, il est vrai, très simple – est la suivante : les images rémanentes sont parfois jaune-orangé ; des processus cérébraux ne peuvent pas être jaune-orangé. D'où, les images rémanentes ne sont pas des processus cérébraux.

On présente souvent cette objection comme une raison de refuser que les images rémanentes sont *littéralement* jaune-orangé, ou d'une couleur qui existe dans le monde réel. Du coup, elle fait partie de l'arrière-plan du problème du vocabulaire phénoménal.

106 | Smart a lui-même répondu à cette objection en refusant l'existence des images rémanentes. Tout ce qu'il y a, selon Smart, ce sont des expériences d'*avoir* des images rémanentes, qui ne sont pas jaune-orangé. J'ai déjà rejeté cette réponse. D'après moi, les images rémanentes sont des expériences visuelles. Du coup, si les images rémanentes sont jaune-orangé, il en va de même de certaines expériences. Mais qu'est-ce que cela peut bien vouloir dire ? Si, en prédiquant des termes de couleurs à des images, nous ne leur attribuons pas exactement les mêmes propriétés que celles que nous attribuons aux objets externes au moyen de notre usage du langage des couleurs, alors quelles propriétés leur attribuons-nous ? En fait, comment peut-on appliquer le vocabulaire des couleurs aux images rémanentes, étant donné qu'elles n'ont pas vraiment les couleurs appropriées ?

Ned Block a proposé comme solution de dire que les termes de couleurs sont des ellipses utilisées à la place d'expressions comme « représentant-le-vrai-bleu », « représentant-le-vrai-vert » et ainsi de suite, et ce généralement en relation avec des images [1]. D'après moi, cette solution offre un certain nombre d'avantages [2]. Tout d'abord, il est certain que des processus cérébraux peuvent représenter des couleurs. Ainsi, la théorie de l'identité n'est plus menacée. Ensuite, comme Block l'a remarqué [3], des termes comme « volume » ou « aigu » peuvent être normalement appliqués directement à ce qu'on lit sur un oscilloscope, et ce en relation avec des représentations graphiques de sons. Dans ce contexte, il est évident que ces termes ne nomment pas de vrais sons produits par les oscillations. La possibilité qui reste, donc, est que ces termes sélectionnent des propriétés

1. Voir N. Block, « Mental Pictures and Cognitive Science », *Philosophical Review* 92, 1983, p. 499-541, en particulier p. 518.

2. Ces avantages m'avaient amené à accepter cette solution jusqu'à récemment. Voir M. Tye, *The Imagery Debate*, *op. cit.*

3. Voir N. Block, « Mental Pictures and Cognitive Science », art. cit., p. 516-517.

représentationnelles, comme représentant-le-volume ou représentant-l'aigu. Si c'est le cas, alors il existe déjà un usage convenu des termes qui est conforme à celui que l'on a présenté pour rendre compte du cas des termes de couleur et des images rémanentes.

Toutefois, cette solution présente une véritable difficulté. Les images mentales ne sont pas littéralement carrées, pas davantage qu'elles ne sont littéralement bleues. Si nous appliquons la solution proposée ci-dessus au cas de la forme, alors une image rémanente bleue et carrée est tout simplement une image représentant-le-carré et représentant-le-bleu. Intuitivement, cela est, semble-t-il, trop faible. Il est bien évident qu'une image bleue et carrée ne peut pas représenter différents éléments comme bleus *et* carrés. Malheureusement, cette solution ne permet pas d'exclure cette possibilité. Ainsi, « bleu », quand on l'applique à des images rémanentes, ne veut pas dire « représentant-le-bleu ». De même pour « carré ».

Cette difficulté ne concerne pas que les images. C'est exactement le même problème qui se pose pour les graphes de l'oscilloscope. Pour s'en
sortir, je suggère de considérer que la signification de | termes comme **107**
« bleu » ou « volume » dans les contextes évoqués n'a rien d'elliptique. Ce sont plutôt les contextes eux-même qui requièrent qu'on les examine davantage. Je m'explique.

Les contextes « espérer un *F* » et « halluciner un *G* » sont typiquement *intensionnels*. Par exemple, je peux espérer une vie éternelle et halluciner un éléphant rose, alors que cela n'existe pas. De même, je peux espérer une vie éternelle sans espérer un éternel ennui, même si en réalité cela revient au même. Il est évident, semble-t-il, que les termes qui viennent se substituer à « *F* » et à « *G* » dans ces contextes conservent leur sens usuel. Les particularités que nous venons juste de présenter sont dues au fait que l'espérance et l'hallucination sont des états intentionnels, et au caractère spécial de l'intentionnalité.

Ce sont exactement les mêmes particularités que nous trouvons dans le cas des contextes « une image *F* », où « *F* » est un terme de couleur ou de forme. Ainsi, dans un monde où rien n'est vraiment triangulaire, je peux cependant trouver une image triangulaire. De même, si je trouve une image rouge, il ne s'ensuit pas, intuitivement, que j'ai trouvé une image qui est de la couleur de la plupart des camions de pompiers, même si la plupart des camions de pompiers sont rouges. Je suggère que, là, l'explication est directe. Une image *F* est une image qui *représente que quelque chose* est *F* [1].

1. Je me permets d'ajouter qu'il est possible d'interpréter ce contexte selon une lecture *de re*. La *F*-ité est telle qu'une image *F* représente que quelque chose *l*'a. Ainsi, des propositions « Je trouve une image rouge » et « Rouge est la couleur de la plupart des camions de

De même, si « *F* » est un terme de couleur et « *G* » un terme de forme, une image *F*, *G* est une image *qui représente que quelque chose* est à la fois *F* et *G*. Dans le cas d'une image rémanente, ce qui est représenté, c'est qu'il y a un élément orthogonal à la ligne de vision qui est *F* et *G*, typiquement, un élément qui a un caractère flou et vague. Finalement, je suggère que la signification des termes « *F* » et « *G* » dans le contexte « une image *F*, *G* » n'a rien d'elliptique ou de particulier. C'est plutôt le contexte lui-même qui est intensionnel, c'est-à-dire qu'il a une structure qui reflète le caractère intentionnel en général des images.

On pourrait cependant encore se demander pourquoi nous *disons* que l'image elle-même est *F* et *G*, bleue et carrée par exemple. Cela vient, je crois, d'un usage beaucoup plus général. Il est courant que, lorsque nous parlons de représentations, mentales ou non mentales, dans la science ou dans la vie ordinaire, nous gagnons du temps en parlant comme si c'était les représentations qui avaient les propriétés de ce qu'elles représentent. Dans ce cas, en disant d'une représentation qu'elle est *F*, ce que nous voulons dire est qu'elle représente que quelque chose est *F*. Ainsi, quand on dit d'un graphe oscilloscopique qu'il a du volume et des aigus, on affirme que le
108 graphe représente un son qui a du volume | et des aigus. « Volume » et « aigus » signifient ici ce qu'ils signifient normalement. C'est le contexte qui est intensionnel.

L'idée proposée ci-dessus résout le problème de l'image bleue, carrée. Ainsi, l'image représente que quelque chose est à la fois bleu et carré, et non pas simplement que quelque chose est bleu *et* que quelque chose est carré[1].

Affirmer que les images rémanentes sont représentationnelles, ajouterais-je, n'entraîne ni ne présuppose qu'une créature ne peut pas avoir des images rémanentes à moins de posséder les concepts appropriés (au moins selon l'acception fréquente du mot « concept »). D'après certaines explications, posséder le concept *F* requiert la capacité à utiliser le terme linguistique « *F* » correctement. Selon d'autres explications, la possession

pompiers », on *peut* inférer « Je trouve une image de la couleur de la plupart des camions de pompiers ».

1. Je dois ajouter que, selon moi, une condition nécessaire pour qu'une image représente que quelque chose est à la fois *F* et *G* est qu'elle représente que quelque chose est *F*. Ainsi, si je trouve une image *F*, *G*, je trouve une image *F*. L'argument pour la prémisse est direct. En trouvant une image bleue, carrée, j'ai l'expérience du bleu *comme* d'un aspect de quelque chose, un aspect qui est co-instancié avec du carré. *Ce dont* j'ai l'expérience, c'est, en partie, *que* quelque chose est bleu. Donc, mon image, en partie, représente que quelque chose est bleu.

d'un concept requiert la capacité à représenter, dans les croyances et dans les pensées, que quelque chose tombe sous le concept.

Cependant, les images rémanentes, comme les autres sensations perceptives, ne sont ni des pensées ni des croyances; et elles n'ont certainement pas besoin d'un langage public. Ce sont des représentations non doxastiques ou non conceptuelles [1].

En admettant que les images rémanentes sont des représentations non doxastiques ou non conceptuelles, je n'accorde pas du même coup qu'elles n'ont pas vraiment de contenu *intentionnel*, qu'il s'agit de représentations d'un type non intentionnel. Comme je l'ai remarqué dans la section précédente, l'intentionnalité, telle que je la conçois, n'exige pas des concepts. Dans mon usage du terme « intentionnalité », l'aspect central est la finesse de grain de la représentation et [le critère du] réel et [du] non-réel. Cet aspect, ai-je montré, est présent dans le cas des images rémanentes. Les images rémanentes sont donc intentionnelles. Les philosophes qui tiennent à l'idée qu'il n'y a pas d'intentionnalité digne de ce nom sans concepts (ou bien que l'intentionnalité est restreinte au centre exécutif) sont justifiés à faire cet usage du terme. Mais tout désaccord est ici, je pense, purement verbal. Il n'y a rien de substantiel qui dépende de l'usage adopté.

| LE PROBLÈME DE LA PROPRIÉTÉ REVISITÉ **109**

Nous sommes maintenant en mesure de revenir sur les trois objections – qui étaient restées sans réponse – à la solution du problème de la propriété que j'avais proposée. D'après la première objection, si on identifie littéralement les images rémanentes avec certaines expériences visuelles, alors on commet l'erreur d'aplatir les objets de ces expériences sur les expériences elles-mêmes. Par exemple, si je trouve une image rémanente bleue, l'objet de mon expérience est une image bleue. Donc l'image ne peut pas être identique à l'expérience.

Je réponds à cette objection en refusant que les images rémanentes puissent être vraiment des objets d'expériences. En trouvant une image bleue, j'ai certainement une expérience de quelque chose. Ce dont j'ai l'expérience est qu'il y a quelque chose (ou autre) qui est bleu. En un sens large, un objet d'expérience est simplement le contenu intentionnel de

1. Des représentations sensorielles de ce genre ont une détermination que ne possèdent pas des états conceptuels. Une image rémanente bleue, par exemple, doit représenter une teinte déterminée de bleu. Nous possédons des concepts pour les déterminables (par exemple, le bleu), mais non pas pour les valeurs déterminées de ces déterminables (par exemple, $bleu_{37}$).

l'expérience – dans ce cas, que quelque chose est bleu. Il est clair qu'en ce sens les images rémanentes ne sont pas des objets d'expérience. En un autre sens, plus étroit, mais très apparenté, un objet d'expérience est une véritable entité concrète qui entre dans le contenu de l'expérience (par exemple, un arbre particulier). Les images rémanentes, d'après la conception exposée plus haut, ne sont pas non plus des objets d'expérience en ce sens.

Je suggère que les images rémanentes sont des objets mentaux que les personnes *trouvent* quand elles sont le sujet de certaines sortes d'expériences sensorielles. Mais les images rémanentes ne sont pas elles-mêmes les objets *de* ces expériences. Elles sont des objets que les gens trouvent en étant des choses dont les gens sont les sujets, à savoir des événements. Trouver une image rémanente, c'est être le sujet d'un événement mental d'un type particulier. Les images rémanentes c'est, en un sens, *ce qui* est quand les gens ont certaines expériences, tout comme les morts, c'est ce qui est quand les gens meurent, et les rires, c'est ce qui est quand les gens rient. Car trivialement, les expériences, c'est ce qui est quand les gens ont une expérience. Mais il n'y a pas de sens substantif dans lequel les images rémanentes sont des objets de l'expérience.

110 | D'après la deuxième objection, si on identifie, selon ma proposition, les objets phénoménaux à des expériences, alors les expériences sont parfois piquantes (comme dans le cas des douleurs) ou bien carrées ou bien jaunes (comme dans le cas des images rémanentes), et cela n'a pas un sens clair. Ma réponse, bien entendu, est que de telles affirmations ont bien un sens. Il faut les comprendre selon ce que j'ai expliqué en rapport avec les images rémanentes (et qui peut être rapidement généralisé en relation avec les douleurs), comme décrivant des propriétés qui entrent dans le contenu représentationnel des expériences.

D'après la troisième objection, si les objets phénoménaux sont des expériences, alors, quand des objets phénoménaux multiples sont présents, par exemple une image rémanente rouge à la gauche d'une image rémanente verte, il doit y avoir simultanément de multiples expériences visuelles différentes, une pour chaque image. Mais c'est, semble-t-il, très bizarre et contre-intuitif. Il est évident que, même quand je trouve deux images rémanentes, je n'ai qu'une seule expérience visuelle.

Il est certainement vrai que si je trouve une image rémanente rouge à la gauche d'une image rémanente verte, je n'ai en tout qu'une seule expérience visuelle. Mon expérience représente que quelque chose de rouge est à la gauche de quelque chose de vert. Toutefois, il est toujours possible de soutenir qu'il s'agit d'une expérience *composée*, dont les composantes sont une instance d'expérience de quelque chose de rouge et aussi une instance d'expérience de quelque chose de vert.

Prenons, par exemple, le cas d'un tableau d'un objet carré à côté d'un objet rond. Il n'y a qu'un seul tableau, mais il contient le tableau d'un objet carré, et le tableau d'un objet rond. Cela veut dire, qu'à l'intérieur du tableau comme un tout, il y a une partie qui représente picturalement quelque chose de carré, et une partie qui représente picturalement quelque chose de rond. On peut dire la même chose des plans, et, selon ma conception, des expériences visuelles.

Ce qui vaut ici pour les tableaux et les plans ne vaut pas pour les phrases. Une phrase qui décrit un carré et un cercle n'est pas nécessairement composée d'une phrase qui décrit un cercle et d'une phrase qui décrit un carré. C'est l'une des raisons pour lesquelles j'ai fait plus haut la remarque selon laquelle les sensations perceptives n'ont pas une structure phrastique.

On objectera sans doute que les tableaux et les plans sont des objets, et que les expériences sont, dans ma conception, des événements ou des états instanciés. Et que le parallèle manque donc de pertinence. Mais cette différence ne me semble pas importante dans le présent contexte. Dans chacun des cas, il y a une instance de complexe représentationnel d'un certain type
(expérientiel, pictural ou topographique). | Cette instance contient d'autres 111
instances représentationnelles du même type. Que ces instances soient des objets ou des états n'a pas d'importance.

Cela clôt ma discussion du problème de la propriété. Je vais à présent traiter du cas des douleurs.

LES DOULEURS

On suppose souvent que les termes s'appliquant aux douleurs qui s'appliquent également à des objets physiques n'ont pas leur signification ordinaire. Ned Block, qui adopte cette conception, écrit :

> Nous avons des raisons de penser qu'il existe une différence systématique de signification entre des prédicats quand ils s'appliquent à des objets physiques, et les mêmes prédicats quand ils s'appliquent à des particuliers mentaux. Prenons un exemple qui ne comporte pas d'imagerie : le prédicat « ____ dans ____ ». Ce prédicat est présent dans les deux prémisses et dans la conclusion de l'argument suivant :
>
> Il y a une douleur dans le bout de mon doigt.
> Le bout de mon doigt est dans ma bouche.
> Donc, la douleur est dans ma bouche.

> Cet argument est valide pour le « dans » spatial [...], puisque « dans », en ce sens, est transitif. Mais supposons que les deux prémisses soient vraies en leur sens *ordinaire* [...]. La conclusion ne suit manifestement pas. Nous devons donc conclure que « dans » n'est pas utilisé selon le sens spatial dans les trois affirmations. Il est très plausible, semble-t-il, que « dans », quand il est appliqué à situer des douleurs, a un sens systématiquement différent du sens spatial normal [1].

Cela me semble faux. Il n'y a aucune raison d'adopter la position étrange d'après laquelle « dans » revêt une signification spéciale quand il s'agit de la douleur, pas plus que de dire qu' « orange » a une signification spéciale quand il s'agit des images. L'inférence que Block cite *ne* permet *pas* d'établir ce qu'il affirme. On peut mettre cela en évidence en considérant l'inférence suivante :

Je désire être dans City Hall.
City Hall est dans un ghetto.
Donc, je désire être dans un ghetto.

Le terme « dans » a la même signification dans les prémisses et dans la conclusion. Mais l'argument n'est pas valide. Je peux désirer être dans City Hall pour assister à un certain discours, par exemple, sans désirer, par là, me trouver dans un ghetto. Ce que je suggère, c'est qu'il en va de même
112 avec l'exemple de Block, et l'explication | est la même. Dans la première prémisse et dans la conclusion, le terme « dans » figure dans un contexte intensionnel. Tout comme quand nous disons qu'une image est bleue, nous disons qu'elle représente que quelque chose est bleu, de même, quand nous disons qu'une douleur est dans le bout de mon doigt, nous disons qu'elle représente que quelque chose est dans le bout de mon doigt.

Il est sans doute utile de préciser que, si l'inférence de la douleur n'est pas valide, cela n'a rien à voir avec le fait que la bouche soit une cavité d'un certain genre et, du coup, une entité dont il faudrait interroger le statut ontologique. Si j'ai une douleur dans le bout de mon doigt et que je découpe une petite entaille dans ma jambe, à l'intérieur de laquelle je glisse le bout de mon doigt, il ne s'ensuit toujours pas qu'il y a une douleur dans ma jambe. Supposons, par exemple, que ma jambe soit anesthésiée. Dans ce cas, je ressens une douleur dans le bout de mon doigt, mais pas dans ma jambe [2].

1. N. Block, « Mental Pictures... », art. cit., p. 517. Voir aussi F. Jackson, *Perception*, Cambridge, Cambridge University Press, 1977, p. 76.

2. Il n'est pas non plus éclairant de dire que, ce que l'échec de l'inférence montre, c'est que les douleurs sont des êtres au statut ontologique suspect. Même s'il était vrai qu'il n'y a pas de douleurs, mais uniquement des personnes endolories, cela ne nous explique cependant pas pourquoi l'inférence échoue. Après tout, si « dans » veut dire dedans, et que je suis

Qu'il se trouve une intensionnalité cachée dans les énoncés de situation des douleurs est confirmé par nos expressions concernant les douleurs dans les membres fantômes. Nous pensons qu'il est vrai qu'il y a des cas où des personnes éprouvent des douleurs dans des membres qui n'existent plus. Par exemple, un patient amputé d'une jambe peut rapporter des sensations de douleurs à des endroits où il a pu dans le passé avoir des expériences de douleur. Des douleurs sont parfois ressenties dans des fantômes d'autres parties du corps. Par exemple, un homme, dont on avait amputé le pénis, ressentait de très fortes douleurs dans son pénis-fantôme. J'ajouterais le cas d'un autre homme, qui rapportait ressentir une érection continuelle et indolore dans les quatre années ayant suivi l'amputation du pénis [1].

Comment des douleurs peuvent-elles être éprouvées dans des membres fantômes ? Réponse : on peut éprouver une douleur à la jambe gauche alors même qu'on n'a plus de jambe gauche, tout comme on peut être en quête de la fontaine de jouvence. Encore une fois, le contexte est intensionnel. En particulier, on a une douleur qui représente que quelque chose est dans la jambe gauche [2].

Bien sûr, il peut être tentant de dire que, si l'on n'a pas de jambe gauche, alors on ne peut pas vraiment y avoir une douleur. Mais cela ne pose pas de problème pour ce que je propose. Car il y a une autre interprétation (*de re*) du contexte, d'après laquelle, avoir une douleur à la jambe gauche, c'est, pour votre jambe gauche, être de telle sorte que vous *y* avez une douleur. Il est vrai que cela requiert *qu'il y ait* une jambe gauche.

Mais une douleur à la jambe ne représente-t-elle pas davantage que le fait qu'il y a quelque chose dans la jambe ? En fait, oui. Avoir une douleur, c'est ressentir une douleur, et ressentir une douleur, c'est avoir l'expérience d'une douleur. Ainsi, si j'ai une douleur, je suis le sujet d'une instance d'expérience d'un certain genre. Cette instance d'expérience est la douleur particulière | que j'ai. Dans des conditions optimales, des expé- 113
riences sensorielles du genre de la douleur repèrent certains types de désordres dans le corps, paradigmatiquement, des dommages subis par le corps. Ainsi, les douleurs représentent ces troubles.

Par exemple, une pointe de douleur représente une trouble léger et bref. Une douleur lancinante représente un trouble avec une pulsation rapide.

endolori dans le bout de mon doigt, alors, je suis également endolori dans ma bouche, si je suppose que le bout de mon doigt est dans ma bouche.

1. R. Melzack, « Phantom Limbs and the Concept of Neuromatrix », *Trends in the Neurosciences* 3, 1990, p. 88-92.

2. Les douleurs-fantômes montrent que les douleurs n'engagent pas essentiellement des relations entre des personnes et des parties de leur corps. C'est, à mes yeux, une objection décisive à la conception relationnelle défendue par B. Aune, *Knowledge, Mind, and Nature*, New York, Random House, 1967, p. 130.

Il y a des douleurs qui représentent des désordres ayant lieu *à l'intérieur* du corps plutôt qu'à sa surface. Ces désordres sont représentés avec un volume, avec une apparition et une disparition graduelles, avec une augmentation en sévérité et puis un effacement progressif et lent[1]. Les volumes ainsi représentés ne le sont pas selon des limites précises et bien déterminées. C'est pourquoi ces douleurs internes ne sont pas ressenties avec une localisation précise, à la différence des piqûres, par exemple. Une douleur-coup-de-poignard représente un dommage soudain sur une région corporelle particulièrement bien définie. Cette région est représentée avec un volume (plutôt que bi-dimensionnellement), avec la forme de quelque chose de tranchant et de pointu (comme celle d'un poignard)[2]. Dans le cas d'une piqûre, le dommage en question est représenté avec un commencement et une fin soudains à la surface ou juste en-dessous, et couvrant une surface très petite. Une douleur lancinante représente le dommage comme engageant l'étirement de parties internes du corps (comme les muscles).

Dans chacun des cas ci-dessus, le porteur de la douleur est le sujet d'une représentation sensorielle d'un certain genre, qui représente un trouble corporel. Les troubles varient avec les douleurs. Prenons par exemple une douleur de démangeaison dans la jambe. Il semble phénoménologiquement indéniable que l'on fait l'expérience de la démangeaison *comme* d'un trait instancié dans la jambe, et non pas comme d'un caractère intrinsèque de l'expérience elle-même. Ce dont il est fait l'expérience comme d'une démangeaison fait partie de la surface de la jambe, ce dont rend bien compte l'explication proposée plus haut. Il faut également noter que, comme les piqûres ne représentent pas des aiguilles, mon explication n'entraîne pas la conséquence peu plausible d'après laquelle des créatures qui vivent dans un monde sans aiguilles ne peuvent pas avoir de sensations de démangeaison, ou bien que dans de tels mondes, les créatures qui ont ces sensations représentent erronément ce qui se passe en elles.

Mon idée, donc, est que les douleurs sont des représentations sensorielles de dommages ou de troubles corporels. Plus précisément, il s'agit de réactions mécaniques à certains changements corporels, tout comme les sensations visuelles primaires sont des réactions mécaniques à des stimuli visuels proximaux. Dans le cas de la douleur, les récepteurs (qu'on appelle les nocicepteurs) sont distribués dans tout le corps. Ces récepteurs ont un fonctionnement analogue à celui des récepteurs sur
114 la rétine. Ce | sont des transducteurs. Ils ne réagissent qu'à certaines

1. Voir. D. M. Armstrong, *Bodily Sensations*, London, Routledge & Kegan Paul, 1962.

2. Je ne veux pas dire qu'on ne peut pas avoir une douleur-coup-de-poignard à moins de posséder le concept de poignard. D'après moi, les douleurs sont des représentations non conceptuelles.

modifications des parties des tissus auxquels ils sont directement connectés (typiquement, un dommage), et ils convertissement immédiatement l'*input* en symboles. Les représentations sont donc produites mécaniquement à partir des modifications corporelles internes, tout comme, dans le cas de la vision, les représentations sont produites à partir des surfaces externes. Ces représentations, répétons-le, sont sensorielles. Elles n'engagent pas de concepts. Il n'est pas nécessaire de pouvoir conceptualiser un trouble corporel donné pour ressentir de la douleur. Et même si c'est possible, cela n'a pas de pertinence, car ressentir de la douleur nécessite l'expérience sensorielle de ce trouble.

Il est intéressant de noter qu'il y a des circonstances dans lesquelles les gens ne peuvent pas distinguer une pression d'une douleur, par exemple quand le dentiste fait usage de sa roulette sous anesthésie locale. Notre explication permet d'en rendre compte simplement. Ces sensations – la douleur et la pression – engagent toutes deux la représentation d'un trouble corporel. Certains troubles – des modifications de certains genres des tissus – sont à la limite entre celles qui sont caractéristiques de la douleur et celles qui sont paradigmatiques de la pression. Les représentations sensorielles de ces troubles ne sont ni clairement des expériences de douleur, ni clairement des expériences de pression.

On pourra peut-être objecter que l'explication proposée n'intègre pas clairement le fait bien établi d'après laquelle la douleur peut être influencée par le haut. Par exemple, lors d'une expérience, on a découvert que des coureurs courent plus vite dans un bel environnement boisé que sur une piste d'athlétisme. Apparemment, ils éprouvaient moins de douleur aux jambes et aux bras au milieu des arbres et des fleurs, et le résultat était qu'ils couraient à un meilleur rythme [1]. Il y a également le cas intéressant de chiens scottish terriers élevés dans des environnements restreints. Une fois relâchés, nous dit Melzack, ils se comportaient comme suit :

> Ils étaient tellement excités et exubérants qu'inévitablement on leur marchait sur la queue. Mais nous n'avons pas entendu un seul chien se plaindre. Dans leur excitation, il leur arrivait de se cogner la tête avec un bruit sonore contre les tuyauteries basses de l'immeuble, et de se contenter de s'éloigner. Curieux, je craquai une allumette pour voir leur réaction. Ils maintenaient leur truffe contre la flamme, et même s'ils reculaient comme devant une odeur étrange, ils ne réagissaient pas comme si cela leur avait fait mal [2].

1. Voir J. Pennebacker et J. Lightner, « Competition of Internal and External Information in an Exercise Setting », *Journal of Personality and Social Psychology* 39, 1980, p. 165-174.

2. R. Melzack, cité dans C. Warga, « Pain's Gatekeeper », *Psychology Today*, Août 1987, p. 52.

L'angoisse, à l'opposé, accroît l'expérience de douleur, comme, par exemple, quand on compare une blessure présente à quelque blessure passée.

Ces faits à propos de la douleur, s'il s'agit bien de faits (voir plus loin), ne menacent pas ma position. On peut les expliquer en supposant que les
115 canaux afférents qui vont des récepteurs de la douleur | au cortex somato-sensoriel (le centre primaire du cerveau) en passant par la colonne vertébrale, ont un point de passage en ce qu'ils sont contrôlés par des *inputs* qui viennent des centres les plus élevés du cerveau (théorie du passage contrôlé de la douleur)[1]. Lorsque ce point de passage est partiellement fermé, il y a moins d'information qui passe, et le sentiment de douleur diminue. Quand il s'ouvre davantage, il y a davantage d'information qui peut passer. L'angoisse, l'excitation, la joie, la concentration et d'autres activités de haut niveau, influencent l'orientation du passage. Donc, le fait que l'expérience de douleur soit, *au sens ci-dessus*, cognitivement pénétrable, ne présente pas de véritable difficulté pour ma conception. Ce qui se passe est simplement que l'appréciation cognitive de la situation est transmise dans le module sensoriel de l'expérience de la douleur et joue sur la quantité d'information à propos du dommage corporel qui va passer à travers le point de passage.

Je dois préciser que le degré selon lequel l'expérience de douleur, considérée comme un état sensoriel, peut vraiment être modifiée par les centres cognitifs, n'est pas évident. Ce qui est indéniable, semble-t-il, c'est que les réactions cognitives peuvent affecter l'*aperception* que l'on a de son expérience de douleur. Mais l'aperception de l'expérience de douleur est elle-même un état cognitif. Elle suppose que l'expérience soit amenée sous des concepts. Ces concepts nous permettent de former des conceptions au moyen de l'introspection sur ce que c'est pour nous qu'être le sujet des expériences.

À moins d'appliquer des concepts, nous oublions nos expériences. Nous sommes semblables au conducteur distrait qui est perdu dans ses pensées alors qu'il conduit sur des kilomètres. Pendant ce temps, il garde la voiture sur la route et agit même sur la boîte de vitesses. Il voit donc certainement la route et les autres voitures[2]. Mais il ne s'aperçoit pas de ses sensations visuelles. Il ne fait pas attention à elles. En bref, il n'a pas de pensées à propos de ses perceptions – ses pensées sont ailleurs.

1. Voir R. Melzack et P. Wall, « Pain Mechanisms : A New Theory », *Science* 150, 1965, p. 971-979.

2. Je dois cet exemple à David Armstrong, *A Materialist Theory of Mind*, *op. cit.*, p. 93.

> Le genre de conscience qui manque au conducteur n'est pas la conscience phénoménale. C'est plutôt [...] une conscience d'ordre supérieur. La conscience, en ce sens, est la conscience de ses propres états mentaux. Celle-là *requiert* des concepts.

Ce point – les expériences sensorielles exigent des concepts pour que leurs sujets puissent s'en apercevoir – est substantiel, et j'y reviendrai plus loin. Pour l'instant, il ne m'intéresse que pour autant qu'il constitue une preuve dans le débat sur la pénétration cognitive.

Je n'ai jusqu'à présent rien dit directement sur le caractère douloureux des douleurs. Comment rendre compte de cet aspect des douleurs à l'intérieur de la présente conception ?

| Pour commencer, notons que nous disons souvent que les dommages **116**
corporels sont douloureux. Quand on dit qu'une coupure, une brûlure ou un choc sont douloureux ou font mal, ce que l'on veut dire est (*grosso modo*) qu'ils *causent* un sentiment, c'est-à-dire, le sentiment même dont la personne est le sujet, et que ce sentiment provoque un répulsion immédiate pour lui-même ainsi que de l'angoisse ou de la préoccupation à propos de la région corporelle où l'on ressent que le trouble est situé.

Ensuite, les douleurs ne causent pas des sentiments qui causent de la répulsion. Elles *sont* de tels sentiments, au moins dans des cas typiques. Ainsi, les douleurs ne sont pas douloureuses au sens ci-dessus. Cependant, elles sont douloureuses en un sens légérement plus faible. Elles provoquent typiquement les réactions *cognitives* décrites ci-dessus. De plus, quand nous introspectons nos douleurs, nous nous apercevons que leurs contenus sensoriels sont douloureux. C'est pourquoi, si j'ai une douleur à la jambe, intuitivement, je m'aperçois de quelque chose de douloureux dans ma jambe (et pas à la tête, qui est l'endroit où se trouve l'expérience elle-même). Ma douleur représente un dommage dans ma jambe, et c'est ainsi que je classifie cognitivement ce dommage comme douloureux (au moyen du concept *douloureux* par introspection).

Dans des circonstances normales, une personne qui a une douleur à la jambe et qui rapporte que quelque chose dans sa jambe est douloureux n'est pas dans une illusion de quelque genre que ce soit. Mais quelqu'un qui rapporte à son médecin qu'il a une douleur au bras gauche est dans une situation différente si on découvre que la vraie cause de la couleur est cardiaque. Il a une douleur au bras gauche – il est le sujet d'un expérience sensorielle qui lui représente un dommage à cet endroit –, mais en réalité il n'y a rien *à son bras gauche* qui soit douloureux. Ce qui est douloureux a lieu dans le cœur.

Je conclus que les douleurs, comme les images rémanentes, ont un contenu représentationnel. À la différence des images, cependant, elles ont un lieu dans le corps (au sens réprésentationnel que j'ai éclairci)[1]. Donc, quoique les douleurs soient réellement constituées par des processus physiques dans la tête, il est également vrai de dire qu'elles peuvent se trouver n'importe où dans le corps[2].

AUTRES SENSATIONS CORPORELLES

L'approche intentionaliste de la sensation s'étend naturellement à toutes les autres sensations corporelles. Avoir un chatouillis à l'orteil, c'est être le sujet d'un certain type d'expérience. Ce que les expériences du genre du chatouillis repèrent (dans des conditions optimales), c'est la
117 présence de quelque chose qui touche ou brosse doucement contre | la surface du corps. C'est donc ce qu'elles représentent. Les chatouillis sont des représentations sensorielles de troubles corporels, tout comme les douleurs. Les chatouillis ont également une composante normale de réaction (comme les douleurs dans les cas normaux). Elles causent une impulsion à faire cesser le contact avec l'objet qui frotte doucement la peau, et un désir de frotter ou de gratter la région corporelle affectée, si le contact continue.

Les démangeaisons représentent également des troubles de surface, mais qui ne sont pas du même genre que les chatouillis. En plus, elles provoquent chez leurs porteurs des réactions de répulsion (moins intenses que pour des douleurs) et l'impulsion de frotter ou de gratter la partie du corps concernée[3].

1. Je nie que les soi-disant douleurs psychologiques, par exemple la douleur du regret ou de la honte, soient authentiquement des douleurs. Je pense qu'il est plausible de soutenir que ces états sont qualifiés de « douleurs » car, tout comme les douleurs (normales), les gens les ont en aversion. Mais c'est un usage métaphorique ou analogique. Je ne nie pas, bien entendu, que de vraies douleurs puissent avoir une origine psychologique. La honte cause certainement une sensation de chaleur douloureuse au niveau du visage. Voir L. Stephens et G. Graham, « Minding Your *P*'s and *Q*'s : Pain and Sensible Qualities », *Noûs* 21, 1987, p. 413 [*sic*].

2. La relation de constitution est plus faible que la relation d'identité. *A* peut être constitué par *B* alors même que *A* et *B* diffèrent selon certaines de leurs propriétés modales. Voir M. Tye, *Ten Problems…*, *op. cit.*, chap. II ; *id.*, « Naturalism and the Mental », *Mind* 101, 1992, p. 421-441.

3. Armstrong (*Bodily Sensations*, *op. cit.*) adopte la même conception des picotements et des sensations de grattement.

Des picotements représentent des schémas de troubles corporels qui consistent en un grand nombre de petites parties distinctes, chacune d'entre elles émettant des pulsations variées et rapides. La sensation de soif représente une sécheresse de la gorge et de la bouche. Une sensation de chaleur est un état qui représente une augmentation de la température corporelle au-dessus de la normale. Les sensations de faim représentent des contractions des parois stomacales quand l'estomac est vide[1]. Dans ces cas, les représentations sont bien des expériences sensorielles, et non des états conceptuels. Donc, le fait que, pour certaines sensations corporelles – comme, par exemple, la sensation de faim –, une personne ordinaire ne soit pas capable de dire quel état corporel elle représente, n'a pas d'importance. De ce dont on ne peut parler (ou penser), on peut cependant le ressentir.

| Que dire de l'exemple de Block à propos des sensations présentes lors 118
d'un orgasme ? Dans ce cas, on est le sujet de représentations sensorielles de certaines modifications physiques dans les parties génitales. Ces modifications connaissent des ondulations rapides en intensité. De plus, elles sont extrêmement plaisantes. Elles provoquent une réaction positive forte et immédiate.

Il est important d'insister à nouveau sur le fait que les représentations des modifications corporelles engagées dans l'orgasme sont non conceptuelles. C'est pour cela que, si j'assiste à l'orgasme de mon partenaire, il ne s'ensuit pas que je vais en éprouver un moi-même. Voir-que est conceptuel. Cela engage une croyance-que, avec les sensations visuelles associées. Avoir un orgasme requiert l'expérience sensorielle non conceptuelle des changements corporels adéquats, mais ne requiert pas la représentation conceptuelle de l'état générique. Aucune croyance à propos de mon partenaire ou de moi n'est nécessaire. Qui plus est, mes orgasmes représentent des modifications physiques dans *mon* corps, et non dans mon partenaire. Mais ce que je vois, si je le vois avoir un orgasme, est quelque chose à propos de *lui*.

En plus des douleurs, il y a communément des sensations corporelles dans les membres-fantômes. Il y a des sensations de chaleur, de pression (par exemple, l'étroitesse d'une alliance sur un doigt-fantôme), des démangeaisons, des chatouillis. Des vessies-fantômes sont même ressenties comme une vraie vessie. Parfois, après une amputation de la vessie, les patients rapportent un véritable inconfort au niveau de la vessie, ou rapportent qu'ils ont l'impression d'uriner. Dans tous ces cas, les gens

1. Cette sensation provoque typiquement le désir ou l'envie pressante de manger, tout comme la sensation de douleur cause typiquement le désir très fort qu'elle cesse.

sont le sujet de représentations sensorielles d'états ou de modifications corporelles qui n'existent pas en réalité.

Si tout ce que nous avons dit est correct, alors nous avons résolu le problème de la localisation ressentie et du vocabulaire phénoménal. Il n'y a rien d'étrange ou de singulier dans la signification des termes d'objets physiques, quand ils s'appliquent à des douleurs, des démangeaisons, ou des images rémanentes. Des termes comme « piqûre », « intense », « jaune », et « dans » signifient ce qu'ils signifient normalement.

119 | Cependant, les contextes d'application de ces termes sont intensionnels. C'est l'intensionnalité de ces contextes qui est responsable des particularités sur lesquelles se fonde le problème. Cette intensionnalité est le reflet du caractère représentationnel des douleurs, des démangeaisons, des images rémanentes et d'autres entités phénoménales.

Cette conception me semble intuitivement très attirante. Et elle s'accorde bien avec la manière dont nous parlons en général de nos expériences et de nos sensations. Une odeur de brûlé est certainement une odeur qui représente que quelque chose est en train de brûler. Une sensation de noyade est une sensation qui représente que quelqu'un, à savoir le porteur de la sensation, se noie. Une expérience extra-corporelle est une expérience qui représente que son porteur est hors de son corps. Les termes « brûlé », « noyade » et « extra-corporel » ne changent pas de signification dans ces contextes. Les contextes sont intensionnels.

120 | LE FORMAT DES REPRÉSENTATIONS SENSORIELLES

Dans mes propos, les représentations sensorielles représentent des états physiques internes ou externes. Mais quel est au juste le format de ces représentations ? Comment l'information y est-elle codée ? En quelle sorte de structure symbolique consiste une représentation sensorielle ?

Prenons à nouveau le cas des douleurs. Les réflexions évoquées dans la section 1, plus haut, en faveur de l'idée que les croyances et autres attitudes propositionnelles ont une structure phrastique [*sentence-like structure*], ne justifient pas une conception phrastique des douleurs. Il n'y a pas, entre des douleurs, la relation systématique générale que l'on trouve entre des pensées (comme la relation entre la pensée qu'un garçon embrasse une fille et la pensée qu'une fille embrasse un garçon). Et la douleur n'est pas productive. Nous ne pouvons pas engendrer en nombre infini de nouveaux types de douleurs à la manière dont nous pouvons engendrer en nombre infini de nouvelles pensées.

Nous disposons également de preuves scientifiques contre une conception phrastique de la douleur. Nous savons que, dans la perception visuelle, l'image rétinienne est reconstruite dans le cortex visuel, de sorte qu'en un sens plutôt littéral, des portions adjacentes du cortex représentent des portions adjacentes de l'image rétinienne. Il y a donc une projection topographique ordonnée de l'image rétinienne sur le cerveau. Des expériences où une électrode enregistreuse était posée dans le cortex visuel ont permis d'établir ce point. L'électrode enregistre un regain d'activité quand on éclaire un point précis de la rétine. Le déplacement de l'électrode n'a pour résultat l'enregistrement continu d'un regain d'activité que si la lumière est dirigée sur une portion adjacente de la rétine.

On trouve également une organisation topographique de ce genre dans le cortex somato-sensoriel. Il y a, par exemple, une représentation topographique ordonnée de la surface du corps humain qui est consacrée au toucher. Des régions adjacentes de la surface du corps sont projetées sur des régions adjacentes du cortex. Un regain d'activité dans l'une des régions corticales concernées représente que la région de la surface du corps qui s'y projette est touchée. Des portions relativement petites du corps, comme les mains et le visage, fournissent un *input* à davantage de neurones que ne font des portions relativement plus grandes, comme le torse. C'est pour cette raison que, lorsque l'on demande à des gens si il y a deux points qui sont touchés sur leur visage, ou juste un point, | la plus 121
petite distance entre les points qui peut être ressentie est bien moindre que ce qu'elle peut être quand les points se trouvent sur le torse.

D'autres représentations du corps humain dans le cortex somato-sensoriel ont une structure semblable. On a établi que l'expérience de la douleur est associée à une activité dans cette partie du cortex [1]. Le fait que le cortex somato-sensoriel soit topographiquement organisé et qu'il soit le lieu primaire de la douleur met en question la conception phrastique de la douleur, car les phrases n'ont pas la structure topographique requise [2].

La suggestion qui s'impose, donc, est que les douleurs ont une structure topographique ou de plan. Tout comme les sensations corporelles et les sensations perceptives.

1. Cela n'entre pas en contradiction avec l'idée que d'autres régions neurales jouent un rôle dans les expériences de douleur. En particulier, il y a des voies de la douleur qui arrivent dans le cortex pariétal postérieur et dans le cortex frontal supérieur.

2. Pour une discussion des différences représentationnelles entre des phrases, des tableaux et des plans, voir M. Tye, *The Imagery Debate*, *op. cit.*

123 ## |Les sentiments d'arrière-plan

Jusqu'à présent, je n'ai rien dit des sentiments d'arrière-plan. C'est ce que nous ressentons de temps à autre quand nous ne sommes pas saisis par une émotion ou par une humeur particulières. Tandis que j'écris, je ne suis pas spécialement heureux ou malheureux, je ne suis pas en colère, triste ou craintif. Rien d'extra-ordinaire ne se présente, en termes de sentiments. Mais il serait très erroné d'en conclure qu'il n'y a aucun sentiment présent. Je ressens constamment toutes sortes de choses qui relèvent de mon corps comme, par exemple, la localisation de mes membres et la manière dont ils sont reliés les uns aux autres, même si je m'attarde rarement sur ces sentiments.

124 |Il est difficile de surestimer l'importance des sentiments d'arrière-plan dans nos vies mentales. Pensons à [l'expérience de] reposer immobile dans son lit dans l'obscurité, en respirant rythmiquement, sans cependant parvenir à trouver le sommeil. Imaginez que vous vous concentrez sur votre respiration. Cependant, vous pouvez sentir tous vos membres et leur position dans le lit. Maintenant, imaginez que vous perdiez tout sentiment de votre corps, que vous deveniez complètement insensible. Auriez-vous toujours un sens clair de vous-même ? Imaginez que vous perdiez tout sentiment relativement à votre tête, à votre respiration, à la pression de l'oreiller sous votre tête. Il me semble que, si cette situation devait durer, votre sens de vous-même serait, au mieux, sérieusement menacé.

Prenons un autre exemple. Les anosognosiques sont des personnes qui ont eu des accidents ayant pour conséquence de sérieuses blessures au cerveau, et qui sont partiellement paralysées. Cependant, elles ne se rendent pas compte que quelque chose ne va pas. Quand on attire leur attention sur les parties [de leur corps] qui sont paralysées, elles admettent que ces parties ne bougeront pas, mais elles ignorent le problème et font comme si de rien n'était. Elles sont également dépourvues d'émotions et sont peu concernées par le futur.

Les anosognosiques ont perdu un plein accès sensoriel à leur état corporel général *présent*. Non seulement elles ne diposent pas de la représentation sensorielle courante normale de leur corps, mais aussi elles échouent à réagir cognitivement aux représentations sensorielles dont elles disposent. Leurs réactions sont fondées sur un *input* sensoriel *passé*, sur des images, conservées dans l'esprit, de leur corps tel qu'il était ressenti alors. Elles ne sont donc pas concernées par leur condition. Elles se sont senties entières, normales, en bonne santé, et, pour autant que je sache, c'est ainsi qu'elles se sentent à présent [1].

Ces personnes, qui ne disposent pas d'un accès sensoriel à l'état présent de leur corps, vivent dans le passé. Elles ne sont qu'en partie avec nous quand nous leur parlons. Il manque les sentiments d'arrière-plan qui repèrent les états courants généraux de leur corps.

Je soutiens donc que les sentiments d'arrière-plan sont des représentations qui rentrent dans la catégorie générale des sensations corporelles, même si leurs contenus ne sont pas limités à des régions singulières et isolées du corps, comme c'est le cas pour les douleurs. Ils sont constamment présents chez les personnes normales, et les ancrent dans leur corp.

Nous sommes à présent en mesure d'offrir une solution (en des termes généraux) au problème du membre étranger. Rappelons que, pour cette personne qui était tombée du lit, la jambe étrangère n'était pas ressentie comme étant *sa* jambe [2]. Par contraste, si j'ai | une douleur à la jambe, il y a **125**
un sens, semble-t-il, dans lequel j'ai l'expérience de la douleur comme se trouvant dans l'une de *mes* jambes. C'est une preuve de plus en faveur de l'intentionnalité des sensations et, en particulier, des sentiments d'arrière-plan. Cette personne tombée du lit n'avait pas l'expérience de la jambe étrangère *comme* de sa jambe. Elle n'avait plus de représentation sensorielle du genre de celle que l'on trouve dans un sentiment corporel général, qui aurait relié cette jambe au reste de son corps. Elle ne disposait pas d'une représentation générale de son corps au sein de laquelle une représentation de cette jambe aurait été partie intégrante. Et elle rejetait la jambe. Elle la considérait comme une étrangère, comme contrefaite. Elle croyait qu'elle ne *lui* appartenait pas.

Pour ce qui me concerne, quand j'ai une douleur à la jambe, je ressens en même temps que j'ai une jambe qui m'appartient dans laquelle a lieu la douleur. La raison en est que j'ai une représentation sensorielle générale de mon corps, qui relie la jambe en question au reste de moi, et j'ai également une représentation sensorielle du dommage fait au tissu dans une partie de cette jambe.

1. Voir A. Damasio, *Descartes' Error*, New York, G. P. Putnam's Sons, 1994, p. 153.

2. Allusion au cas du « membre étranger » mentionné au chap. premier de l'ouvrage dont est extrait ce chapitre (voir M. Tye, *Ten Problems...*, *op. cit.*, p. 33). Le cas était rapporté par le médecin Oliver Sacks : Sacks raconte avoir soigné un patient dont la jambe était paralysée et apparaissait au patient lui-même comme un membre étranger, qu'il avait tenté de jeter hors du lit, provoquant ainsi sa propre chute (NDT).

On peut donc répondre à la question « Comment est-ce que je me trouve engagé dans mes sentiments ? » de la manière suivante. Je suis continuellement sujet à des sentiments d'arrière-plan qui représentent mon état corporel général d'arrière-plan. Ces sentiments d'arrière-plan rendent possible un sens de la continuité dont je dispose relativement à des sensations corporelles isolées (par exemple, des douleurs et des démangeaisons) et à des émotions (voir plus bas), le sens qu'elles sont toutes miennes. Des sensations corporelles isolées représentent des modifications physiques particulières qui ont lieu à des endroits particuliers du corps. Ces endroits sont reliés à moi en étant représentés en relation à d'autres parties de mon corps par le moyen de sentiments d'arrière-plan simultanés (et continuels).

LES ÉMOTIONS

J'en viens finalement au cas des émotions et des humeurs. On peut sentir que les humeurs et les émotions ont d'évidence un contenu intentionnel. Se sentir soulagé après un examen, ou en colère qu'il pleuve encore, sont deux exemples simples. Il est plausible de considérer que ces états sont constitués, cependant, de deux composantes : une croyance et une émotion ou humeur simple. Dans un cas, il y a la croyance que l'examen est terminé, qui provoque le sentiment de soulagement et, dans l'autre cas, il y a la croyance qu'il pleut encore, qui cause le sentiment de
126 colère. Les croyances | sont certainement intentionnelles, mais les seuls sentiments de soulagement et de déprime ne sont, semble-t-il, pas eux-mêmes intentionnels. C'est du moins la supposition la plus répandue.

Mais cette conception est bien trop hâtive. Les humeurs et les émotions ressenties seules sont des représentations sensorielles qui sont semblables dans leur caractère intentionnel aux sentiments d'arrière-plan et aux sensations corporelles comme la douleur. Je vais commencer par quelques remarques sur les émotions.

Supposons que vous vous sentiez soudainement vraiment très en colère. Votre corps va connaître de nombreuses modifications. Par exemple, votre pression sanguine augmente, vos narines fulminent, votre visage rougit, votre poitrine se lève à mesure que le schéma de votre respiration se modifie, votre voix devient plus forte, vous serrez les dents et les poings, les muscles de vos joues se tendent, votre système immunitaire se modifie rapidement. Des récepteurs sensoriels distribués dans tout le corps enregistrent ces modifications physiques. En réaction à l'activité de vos récepteurs, vous constituez mécaniquement une représentation sensorielle complexe de cette modification du corps, et du nouvel état corporel dans lequel vous vous trouvez. C'est ainsi que vous *ressentez* les modifications physiques. Le sentiment dont vous êtes le sujet consiste dans la représentation sensorielle complexe de ces modifications.

Dans des circonstances différentes, vous pourriez vous sentir également très en colère sans ressentir *exactement* ce que vous ressentiez ci-dessus. Car votre corps peut se modifier différemment. Il y a des différences dans le sentiment en raison de la différence des états corporels qui sont l'objet des représentations sensorielles. Vous pourriez même sentir de la colère en ayant perdu votre corps et en étant maintenu en vie comme un cerveau dans une cuve, stimulé au moyen d'instructions données à un ordinateur, de manière à être le sujet des mêmes états cérébraux que ceux dont vous êtes le sujet quand vous êtes en colère dans des circonstances normales. La raison en est qu'il n'est pas nécessaire d'être réellement le sujet de modifications comme celles que j'ai décrites. Il suffit que vous soyez le sujet d'une *représentation* sensorielle de ces changements. Là où il y a une représentation, il peut y avoir une représentation erronée. Et la représentation erronée, ou illusion, est ce que l'on rencontre dans le cas du cerveau dans une cuve.

Un autre exemple. Supposons que vous pensez que l'on va vous cambrioler, et que vous avez très peur. Là aussi, en supposant des circonstances normales, votre corps change à la fois de manière interne et de manière externe. Par exemple, votre visage pâlit, votre estomac est retourné, votre pouls s'accélère, | vos lèvres tremblent, vos jambes se **127**
dérobent[1]. Des états sensoriels dans votre tête repèrent toutes ces modifications et d'autres. Vous ressentez les modifications, et, en les ressentant, vous avez encore plus peur.

Pourquoi accepter cette conception ? Pour commencer, elle est très élégamment compatible avec les conceptions des sections précédentes sur les sensations corporelles et les sentiments d'arrière-plan. Ensuite, prenons ce que cela serait d'être en colère sans ressentir *aucune modification* du genre de celles qui ont été spécifiées ci-dessus en relation à la peur. Pour moi-même, je ne comprends pas ce que cela veut dire. Ôtez les sensations de telles modifications, et il me semble qu'il n'y a plus de sentiment de colère. De même pour la peur.

Il vaut la peine de remarquer qu'on peut présenter des données empiriques en faveur de cette conception. Dans une expérience conduite

1. Voir W. James, *The Principles of Psychology* (1890), vol. 2, New York, Dover, 1950.

par Paul Ekman[1], on a demandé à des sujets de bouger leurs muscles faciaux de certaines manières, de sorte qu'ils avaient l'air d'éprouver une émotion spécifique (la peur ou le soulagement, par exemple). On ne disait rien aux sujets à propos de l'émotion qui correspondait aux instructions. Ensuite, on leur demandait ce qu'ils ressentaient. Les sujets ont rapporté ressentir des émotions caractéristiques, qui correspondaient aux expressions faciales. Par exemple, les sujets auxquels on avait demandé d'engendrer un air de colère (sans qu'ils réalisent à ce moment-là que c'était ce qu'ils étaient en train de faire) ont rapporté ressentir quelque chose comme de la colère sans cependant être *vraiment* en colère.

Étant donné que les sujets ne ressentaient en eux-mêmes qu'une toute petite portion des modifications physiques qui entrent dans l'expérience des émotions suscitées, et étant donné, en plus, qu'il manquait les réactions cognitives pertinentes (voir plus bas), le résultat est très intéressant. J'ajoute que même les modifications faciales induites par les instructions n'étaient que très partiellement appropriées aux émotions correspondantes. Dans le cas d'un sourire de vrai bonheur, par exemple, on a établi que l'un des muscles impliqués (*orbicularis oculi*) ne pouvait pas être mû par un simple acte de la volonté[2]. C'est une autre raison pour laquelle les émotions ne sont pas vraiment pleinement ressenties.

Affirmer que les émotions sont des représentations sensorielles n'oblige pas à affirmer qu'elles n'ont *que* des aspects sensoriels. En fait, je rejette cette dernière idée. Une partie de ce qui fait d'un certain état un cas de colère consiste dans les effets sur ce que la personne veut et/ou croit, et, du coup, sur la manière dont elle se comporte. La peur, par exemple, cause normalement le désir ou l'envie pressante d'agir violemment sur la cause
128 perçue. La peur cause normalement | l'impulsion de fuir. Un état sensoriel qui ne joue pas ce genre de rôle causal ne peut pas être classé parmi des cas de colère ou de peur. La réaction cognitive est indubitablement un facteur important de chaque émotion.

1. P. Ekman, « Facial Expressions of Emotions : New Findings, New Questions », *Psychological Science* 3, 1992, p. 34-38.

2. Cela a été noté par C. Darwin (*The Expression of the Emotions in Man and Animals*, New York, Philosophical Library, 1872) et rapporté pour la première fois par Guillaume-Benjamin Duchenne (*The Mechanism of Human Facial Expression*, trad. angl. R. A. Cuthberton, New York, Cambridge University Press, 1862). Antonio Damasio (*Descartes', op. cit.*) cite également l'expérience d'Ekman. La conception des émotions (et des humeurs) développée par Damasio est semblable à la mienne et m'a influencé. La différence principale entre nous est que Damasio considère le sentiment engagé dans l'expérience d'une émotion (ou d'une humeur) comme servant un *monitorage cognitif* des états corporels, tandis que je considère qu'il s'agit de *sentir non conceptuellement* ces états.

De plus, les émotions sont souvent déclenchées par une appréciation cognitive. Ma pensée que je vais être cambriolé cause diverses réactions physiques du genre de celles que nous avons décrites plus haut. Ces réactions activent des récepteurs sensoriels situés dans mon corps, et engendrent une représentation sensorielle complexe des modifications physiques qui ont eu lieu en moi. Cette représentation repère les modifications (dans des conditions optimales). En retour, elle cause certaines réactions cognitives, comme, par exemple, le désir de courir et la croyance que la meilleure échappatoire est à ma gauche, réactions qui peuvent également produire d'autres modifications corporelles qui sont également l'objet d'un enregistrement sensoriel.

Cependant, les émotions ne sont pas toujours produites par des états cognitifs. Quelques émotions fondamentales, qui sont ressenties universellement, sont souvent produites par des stimuli non cognitifs. Prenons, par exemple, les sensations de douleur dans la poitrine et de pression typiques des crises cardiaques. Ces stimuli provoquent de l'angoisse et de la peur. On peut défendre l'idée que nous sommes équipés de manière innée de façon à réagir mécaniquement à l'activité des nocicepteurs adéquats tout d'abord en engendrant les expériences non conceptuelles de pression et de douleur et, ensuite, en réaction à ces expériences, en engendrant les sentiments d'angoisse et de peur. Il est donc, semble-t-il, plausible de supposer qu'il n'est pas nécessaire de *penser* en soi-même que l'on va mourir, ou que la situation est dangereuse, afin de ressentir de la peur dans ces circonstances. Bien sûr, toutes les émotions ressenties ne sont pas ainsi. Beaucoup requièrent une cause cognitive. Songeons, par exemple, aux sentiments d'embarras, de gratitude, ou d'indignation.

LES HUMEURS

La conception que j'ai développée pour les émotions et les sentiments d'arrière-plan peut être étendue aux humeurs. Nous considérons que les humeurs s'installent en nous, qu'elles nous remplissent, qu'elles viennent sur nous. Comme John Haugeland l'a remarqué, les humeurs sont comme des « vapeurs qui suintent sur tout notre être et le contaminent » [1]. Qui plus est, c'est ce que nous dit notre expérience des humeurs. Nous avons l'expérience des humeurs *comme* s'installant en nous, *comme* étant à l'endroit où nous nous trouvons, *comme* nous prenant.

1. J. Haugeland, *Artificial Intelligence : The Very Idea*, Cambridge (Mass.), MIT Press, 1985, p. 235.

129 | Je soutiens que les expériences d'humeurs, à l'instar des émotions, sont des représentations sensorielles. Ce qu'elles représentent au juste n'est pas simple à caractériser, mais l'image générale que je m'en fais est la suivante. Pour chacun d'entre nous, il existe, à un moment donné, un ensemble d'états physiques qui constituent un équilibre fonctionnel. De quels états il s'agit peut varier d'un moment à un autre. Mais quand l'équilibre fonctionnel est réalisé, nous opérons de manière normale et stable, sans ressentir d'humeur particulière. Quand les humeurs s'installent en nous, nous réagissons de manière sensorielle à un *écart* par rapport à l'ensemble d'états physiques qui est approprié. Nous ressentons des modifications physiques dans nos « paysages corporels » (selon l'expression de Damasio)[1]. Encore une fois, cela ne veut pas dire qu'on a besoin d'un corps entier et plein pour avoir l'expérience de ce dont les gens normalement incarnés ont l'expérience quand ils sont sujets à une humeur particulière, comme la tristesse. Car l'expérience consiste dans la représentation sensorielle d'états physiques, et l'existence de la représentation n'exige pas l'existence des états.

Ainsi, les humeurs, comme les émotions, sont des états intentionnels, et, comme les émotions, les humeurs ont des effets cognitifs normaux qui signalent en partie leur présence. Ces effets, cependant, ne sont pas aussi directement spécifiques qu'ils le sont dans le cas des émotions. Pour la déprime ou l'angoisse, aucune activité caractéristique normale n'est causée par elle, comme cela peut être le cas avec la peur ou la colère. Ce que l'on observe, c'est plutôt un style ou une façon caractéristique de se comporter. La déprime est un état qui entraîne les gens qui y sont sujets à se comporter de manière déprimée, quoi qu'ils fassent. De même, l'angoisse entraîne les gens à se comporter de manière angoissée.

On soutient souvent que les humeurs ne sont pas intentionnelles, car le « de » dans le contexte « sentiment (ou expérience) de *H* », où *H* est une humeur, n'est pas intentionnel. Par exemple, John Searle déclare :

> Quand je fais une expérience consciente de l'inquiétude, il y a bien quelque chose dont mon expérience est l'expérience, à savoir l'inquiétude, mais ce sens de « de » est radicalement différent du « de » de l'Intentionalité, tel qu'il figure, par exemple, dans l'affirmation que j'ai une peur consciente des serpents ; car, dans le cas de l'inquiétude, l'expérience de l'inquiétude et l'inquiétude sont identiques, tandis que la peur des serpents n'est pas identique aux serpents. C'est une caractéristique des états Intentionels, dans le sens que je donne à ce terme, qu'il y ait distinction entre l'état et ce vers quoi, sur quoi ou à quoi cet état renvoie [...] Le « de » figurant dans l'expression « l'expérience de l'inquiétude » ne peut pas être, à mon avis, le

1. A. Damasio, *Descartes'*, *op. cit.*

> « de » de l'Intentionalité, parce que l'expérience et l'inquiétude sont identiques [...] Mon seul but pour l'instant est de poser clairement que, dans mon langage, la classe des états conscients et la classe des états mentaux Intentionels se recouvrent, mais qu'elles ne sont pas identiques [1].

| La vérité de la prémisse de Searle n'est pas évidente. D'après moi, on pourrait, c'est concevable, ressentir ce que des personnes normales ressentent quand elles sont angoissées et cependant ne pas être soi-même angoissé, si, par exemple, on n'est pas du tout dans un état qui a tendance à provoquer un comportement ou des réactions angoissées (si le câblage est très bizarre). Mais on peut défendre l'idée qu'il ne s'agirait pas alors d'un sentiment d'*angoisse*. Soyons donc charitable et accordons la prémisse à Searle. L'angoisse et l'expérience de l'angoisse (du moins d'après la compréhension que Searle a, peut-on présumer, de cette dernière) sont la même chose. 130

Nous devrions maintenant nous accorder avec Searle sur la conséquence, à savoir que le « de » dans « expérience de l'angoisse » n'est pas le « de » intentionnel. Mais *rien* ne montre que l'expérience de l'angoisse n'est pas un état intentionnel, pas davantage qu'un argument parallèle sur la croyance et l'état *de* croyance ne montre que la croyance n'est pas un état intentionnel. En fait, tout ce que nous sommes autorisés à conclure est que l'usage de « de » dans ce contexte n'est pas une bonne raison de supposer que l'expérience de l'angoisse est un état intentionnel.

Pour rendre cette idée de manière plus claire, prenons encore le cas de la douleur. Intuitivement, la douleur est un sentiment. La douleur et le sentiment de douleur sont identiques. Donc le « de » dans « sentiment de douleur » n'est pas intentionnel. Donc, nous ne pouvons pas conclure que la douleur est intentionnelle. Mais, comme tout ce que j'ai dit précédemment est censé le montrer, il y a d'autres raisons de tirer cette conclusion.

| La conclusion générale que je tire est que les sentiments et les expériences ont en général un contenu intentionnel. Sur ce point, l'orthodoxie philosophique a complètement tort. [...] 131

Traduit de l'anglais par Christophe AL-SALEH

1. J. Searle, *Intentionality*, *op. cit.*, p. 2, trad. fr., p. 16-17.

DEUXIÈME PARTIE

LE REPRÉSENTATIONALISME D'ORDRE SUPÉRIEUR

DAVID ROSENTHAL

| EXPLIQUER LA CONSCIENCE * 406

Parmi les phénomènes mentaux, aucun plus que la conscience ne semble résister à une explication informative. La difficulté est due, pour partie, à l'usage que nous faisons du terme « conscient » et de termes connexes pour couvrir plusieurs phénomènes distincts qui n'entretiennent pas toujours de relations claires les uns aux autres. Et cela nous conduit souvent à traiter en bloc ces phénomènes distincts. Toute tentative visant à expliquer la conscience doit donc commencer par distinguer les différentes choses que nous appelons « conscience ».

L'un de ces phénomènes est étroitement lié au simple fait d'être éveillé. Nous décrivons les gens et d'autres créatures comme étant conscients lorsqu'ils sont éveillés et que leurs systèmes sensoriels sont réceptifs d'une façon qui est normale pour un état de veille. J'appelle ce phénomène la *conscience de créature* [creature consciousness]. La conscience en ce sens est quelque chose de biologique. Elle consiste en ceci qu'une créature n'est pas inconsciente – c'est-à-dire, *grosso modo*, qu'elle n'est pas endormie ou assommée.

Mais nous utilisons aussi le terme « conscience » pour d'autres phénomènes qui semblent beaucoup moins aisés à comprendre et à expliquer. Non seulement nous distinguons les créatures conscientes des créatures inconscientes, mais nous distinguons aussi les états mentaux qui sont conscients et ceux qui ne le sont pas. J'appellerai cette seconde propriété la *conscience d'état* [state consciousness]. Il est largement admis que tous les états mentaux ne sont pas conscients. Les états intentionnels tels que les croyances et les désirs se produisent clairement sans être

* « Explaining Consciousness », dans D. Chalmers (ed.), *Philosophy of Mind. Classical and Contemporary Readings*, New York, Oxford University Press, 2002, p. 406-421.

conscients[1]. Et, bien que les opinions sur la question divergent, je soutiendrai que c'est aussi vrai des états sensoriels, comme les douleurs et les sensations de couleur. De tels états, non seulement peuvent se produire de façon non consciente, mais se produisent aussi inconsciemment de fait[2].

Bien que la conscience de créature et la conscience d'état soient des propriétés distinctes, elles sont tout à fait susceptibles d'être connectées de diverses manières. Par exemple, peut-être que les créatures doivent elles-mêmes être conscientes pour que certains de leurs états mentaux soient conscients, bien que les rêves ordinaires, à supposer qu'ils soient des états conscients, soient des contre-exemples qui vont à l'encontre de cette généralisation[3].

Quoi qu'il en soit, la propriété de la conscience de créature est relativement peu problématique. Nous pouvons le voir en considérant des créatures moins bien dotées que nous sur le plan mental, des créatures dont les états mentaux ne sont jamais conscients, même lorsqu'elles sont éveillées[4]. Leurs états mentaux sont tous comme les états mentaux non conscients dans lesquels nous sommes lorsque nous sommes éveillés. Il ne fait pas de doute que certaines créatures sont effectivement comme cela, notamment les grenouilles ou les tortues. Et il est évident que, lorsqu'aucun des états mentaux d'une créature n'est conscient, il n'y a rien d'énigmatique concernant l'effet que cela fait pour la créature d'être consciente. Certains théoriciens pourraient nier qu'un tel cas soit possible, soutenant qu'aucune créature ne compte comme consciente à moins que certains des états mentaux dans lesquels elle se trouve ne soient des états conscients. Mais cela semble être un peu plus qu'une extrapolation

1. N'en déplaise à John Searle, *The Rediscovery of the Mind*, Cambridge (Mass.), MIT Press, 1992, trad. fr. C. Tiercelin, *La Redécouverte de l'esprit*, Paris, Gallimard, 1995 ; voir *infra*. J'utilise ici l'expression « état intentionnel » pour désigner des états qui, comme les croyances et les désirs, présentent un contenu propositionnel en même temps qu'une attitude mentale.

2. Pour certaines observations apparentées concernant différents usages du terme « conscience », voir E. Husserl, *Logical Investigations*, London, Routledge & Kegan Paul, 1970, II, p. 535-536, trad. fr. H. Élie *et alii*, *Recherches logiques*, t. II/2, Paris, P.U.F., 1961, rééd. 2002, p. 144 *sq*.

3. Je parle de rêves « ordinaires » pour écarter ce qu'on appelle les rêves hypnagogiques, qui se produisent dans un état semi-éveillé. Les intuitions sont en tout cas ici difficilement décisives. Des états de rêve très vivants sont-ils des états conscients ? Devons-nous être conscients lorsque nous nous trouvons dans de tels états ? Dans la mesure où ce qu'il faut dire sur ces questions est loin d'être clair, il se pourrait que des états conscients puissent se produire sans que la créature elle-même soit consciente.

4. Il n'y a, bien sûr, aucun *effet* que cela fait pour une telle créature d'être consciente – cela ne fait aucun effet *pour* la créature. Mais cela ne signifie pas que le fait d'être conscient n'*est* rien.

illégitime qui étend l'état de veille humain à toutes les créatures. En outre, même si leur conception était correcte, ce serait la conscience d'état qui serait responsable du mystère apparent.

Ce qui est énigmatique à propos de la conscience ne doit donc pas être une affaire de conscience de créature, mais de la conscience des états mentaux d'une créature. Dans la mesure où la conscience de créature inclut la capacité de réagir à des stimuli sensoriels, si les états sensoriels étaient tous conscients, alors toute conscience de créature serait forcément dans des états conscients. Mais même dans ce cas, ce serait toujours la conscience des états, non la conscience de créature, qui semble induire un mystère.

Pour cette raison, je focaliserai ici mon attention sur la conscience d'état. Après avoir jeté les bases de ce qui suit dans la section un, je continue, dans la section deux, en développant une hypothèse concernant ce que cela signifie, pour un état mental, d'être conscient. D'après cette hypothèse, un état mental est conscient s'il est accompagné par un type
spécifique | de pensée. C'est le cas si l'état qui est conscient est lui-même 407
un état intentionnel ou un état sensoriel. La section trois, ensuite, étaie cette hypothèse au moyen d'un argument qui fait appel à la capacité qu'ont des créatures comme nous de rapporter leurs propres états conscients de façon non inférentielle.

Les sections quatre et cinq abordent le cas spécial des états qualitatifs conscients. Dans la section quatre, je soutiens qu'une telle conscience sensorielle est simplement un cas spécial de la conscience d'état et ne pose pas en soi de problèmes supplémentaires. Dans la section cinq, j'avance des raisons de penser qu'un état intentionnel accompagnateur peut effectivement aboutir à l'existence d'un effet que cela fait pour quelqu'un d'être dans un état sensoriel conscient. Enfin, la section six considère deux questions générales concernant la conscience d'état : la question de savoir quelle fonction elle peut avoir et celle de savoir si la conscience peut représenter erronément les états mentaux dans lesquels nous nous trouvons.

LA CONSCIENCE D'ÉTAT ET LA CONSCIENCE TRANSITIVE

Quoi que l'on puisse découvrir d'autre à propos de la conscience, il est clair que, si l'on ne s'aperçoit absolument pas d'un état mental, cet état n'est pas un état conscient. Un état peut bien sûr être conscient sans que l'on fasse consciemment attention à lui et, à vrai dire, même sans que l'on soit conscient de quelque aspect mental de l'état en question. Mais si l'on ne s'aperçoit pas du tout d'un état, cet état n'est pas un état conscient. Cette observation nous fournit un point de départ utile pour progresser en direction d'une théorie de la conscience d'état. Dans la mesure où il est suffisant, pour qu'un état ne soit pas conscient, qu'on ne s'aperçoive pas du tout de cet état, s'apercevoir [*being aware*] d'un état est forcément une condition nécessaire pour que cet état soit un état conscient.

S'apercevoir d'un état mental, cependant, n'est pas une condition suffisante pour que l'état soit conscient. Il y a des manières dont nous pouvons nous apercevoir de nos états mentaux même lorsque ces états ne sont pas des états conscients. Donc, si nous pouvions exclure ces manières, nous ne garderions que la manière particulière dont nous nous apercevons de nos états mentaux lorsque ces états sont des états conscients. Et cela nous donnerait une condition à la fois nécessaire et suffisante pour qu'un état mental soit conscient.

Compte tenu des objectifs poursuivis ici, je parlerai indifféremment de s'apercevoir [*being aware*] de quelque chose et d'être conscient [*being conscious*] de cette chose. Ma stratégie est d'expliquer le fait qu'un état est un état conscient à partir du fait que nous sommes conscients de cet état d'une certaine manière. Il n'y a là aucun cercle, puisque nous expliquons un phénomène à partir d'un autre. Le fait que nous soyons conscients *de* quelque chose est une chose – c'est ce que nous pouvons appeler la *conscience transitive* –, le fait qu'un état soit un état conscient en est une autre – c'est ce que j'appelle la conscience d'état. Et nous comprenons la conscience transitive – le fait que nous soyons conscients *de* certaines choses – indépendamment de la compréhension de ce que c'est, pour des états mentaux, d'être des états conscients. Nous sommes transitivement conscients de quelque chose en vertu du fait que nous sommes dans un état intentionnel ou sensoriel dont le contenu est dirigé sur cette chose. Et le fait d'avoir un certain contenu est une propriété de l'état qui est distincte de son caractère conscient [1]

Il semble relativement peu problématique de dire qu'un état dont on n'est nullement conscient de manière transitive pourrait ne pas être un état conscient. Même l'usage que fait Descartes, qui influence encore fortement le nôtre, se conforme à cette observation du sens commun, puisqu'il décrit invariablement les états que nous appelons « conscients »

1. Même si toutes les sensations étaient conscientes, ce que c'est pour une sensation d'être une sensation *de* quelque chose serait une fonction, non du fait qu'elle est consciente, mais plutôt des manières qu'elle a de ressembler et de différer qualitativement d'autres sensations comparables. À proprement parler, les états mentaux ne sont pas conscients des choses ; ce sont plutôt les créatures qui sont conscientes des choses en vertu du fait qu'elles sont dans des états mentaux.

comme des états dont nous sommes immédiatement conscients. Néanmoins, Fred Dretske a récemment remis en question l'observation d'après laquelle nous sommes conscients de tous nos états conscients. Selon Dretske, le fait qu'un état soit conscient ne consiste pas en ceci que l'on est conscient de l'état en question ; plutôt, un état est conscient si, en vertu du fait d'être dans cet état, on est conscient de quelque chose ou conscient que quelque chose est le cas. Mais tout état mental satisfait cette condition. Aussi Dretske doit-il soutenir que tous les états mentaux sont des états conscients. Conformément à cette conception, il suggère que les cas allégués d'états mentaux non conscients ne sont pas convaincants. On dit souvent qu'un conducteur qui roule sur une longue distance, et dont l'attention diminue, perçoit la route de façon inconsciente [1], mais Dretske remarque, à juste titre, que la perception peut être inattentive sans cesser d'être consciente [2].

Beaucoup d'autres exemples d'états mentaux non conscients, cependant, sont bien plus décisifs. Nous éprouvons souvent, de façon consciente, de la perplexité sur une question concernant ce que nous devons faire ou comment il convient de résoudre un problème, et la réponse ne nous vient que plus tard, sans que la question, dans l'intervalle, se soit trouvée consciemment devant notre esprit d'une quelconque façon. Bien qu'il ne semble pas, du point de vue de la première personne, que nous soyons en train de penser au problème, il est clair que nous devons avoir été en train d'y penser. Et contrairement au cas du conducteur qui roule sur une longue distance, aucun déplacement de l'attention ne changerait les choses. Nous absorbons aussi souvent des informations sensorielles sans être conscients le moins du monde de le faire – peu importe, encore une fois, à quoi nous prêtons attention. Puisque, dans la perspective en première personne, nous semblons ne pas être dans de quelconques états sensoriels pertinents, ces états ne sont pas des états conscients.

| Dretske soutient aussi, cependant, qu'il y a de réels contre-exemples à 408
l'idée que nous sommes transitivement conscients de tous nos états conscients. Pour adapter légèrement son argument, considérez deux scènes, l'une de dix arbres et l'autre exactement comme la première, mais avec un arbre en moins. Maintenant, supposez que je voie consciemment

1. La version la mieux connue de l'exemple est due à D. Armstrong, « What Is Consciousness ? », dans *id.*, *The Nature of Mind*, St. Lucia, Queensland, University of Queensland Press, 1980, p. 55-67, ici p. 59. Voir F. Dretske, *Naturalizing the Mind*, Cambridge (Mass.), MIT Press, 1995, p. 104-105.

2. F. Dretske, « Conscious Experience », *Mind* 102/406, 1993, p. 263-283. Réimprimé dans *id.*, *Perception, Knowledge, and Belief. Selected Essays*, Cambridge, Cambridge University Press, 2000, p. 113-137, ici p. 123 ; *id.*, *Naturalizing the Mind*, *op. cit.*, chap. IV.

les deux scènes et, de fait, que je voie consciemment tous les arbres dans chaque scène. Mais supposez, finalement, que malgré tout cela, je ne remarque pas la moindre différence entre les deux scènes.

Dretske suppose judicieusement que, dans ce cas, j'ai des expériences conscientes des deux scènes, incluant tous les arbres dans chacune. De plus, il y a une certaine partie de l'expérience consciente des dix arbres qui ne fait pas partie de l'expérience consciente des neuf arbres. Cette partie est elle-même une expérience consciente – l'expérience consciente d'un arbre [1]. Mais, parce que je ne suis pas transitivement conscient de la différence entre les deux scènes, Dretske conclut que je ne serai pas transitivement conscient de l'expérience de cet arbre supplémentaire. Si c'est le cas, l'expérience de l'arbre supplémentaire est une expérience consciente dont je ne suis pas transitivement conscient [2].

Un cas de cette sorte peut difficilement être considéré comme une occurrence ésotérique. En fait, une telle situation se produit tout le temps. Il suffit qu'une scène soit une version légèrement plus tardive de l'autre, de sorte qu'elle soit modifiée de façon infime, non remarquée. Ainsi, si l'argument de Dretske est valable, il arrive souvent que nous ne soyons pas conscients de nos expériences conscientes [3].

Mais l'argument n'est pas valable. On peut être conscient d'une expérience à un certain égard mais non à un autre. Par exemple, on peut être

1. Sur la question de savoir si nos expériences conscientes sont composées de parties qui sont elles-mêmes des expériences, voir notamment les remarques (en sens opposé) de M. Tye dans le chapitre précédent, développées dans *Consciousness and Persons. Unity and Identity*, Cambridge (Mass.), MIT Press, 2003 (NDT).

2. F. Dretske, « Conscious Experience », art. cit., p. 125-128 ; cf. *id.*, *Naturalizing the Mind*, *op. cit.*, p. 112-113.

3. On pourrait objecter que nous sommes, en tout cas, conscients de nos états conscients lorsque nous nous apercevons introspectivement de ces états. Pour anticiper cette objection, Dretske a récemment soutenu que l'introspection ressemblait à ce qu'il appelle la perception déplacée [*displaced perception*]. De même que nous en venons à savoir jusqu'à quel point le réservoir est plein en regardant la jauge, nous en venons à savoir dans quels états mentaux nous nous trouvons en remarquant ce que nous voyons. Nous en venons ainsi à être conscients *que* nous sommes dans un état mental particulier sans être conscients *de* cet état (F. Dretske, « Introspection », *Proceedings of the Aristotelian Society* 115, 1994-95, p. 263-278, et *id.*, *Naturalizing the Mind*, *op. cit.*, chap. II). D'après cette proposition ingénieuse, l'introspection concerne la manière dont nous en venons à savoir comment on représente les choses (*ibid.*, p. 274-275). Mais l'introspection est mieux conçue comme le fait de savoir dans quel état mental on se trouve, indépendamment de la manière dont cet état représente la réalité non mentale. Mais même si Dretske a raison à propos de ce qu'est l'introspection, le simple fait de voir que je représente les choses comme étant d'une certaine manière n'entraînera pas d'introspection, à moins que je le voie consciemment. Donc, soit l'argument repose sur la supposition de Dretske d'après laquelle tous les états mentaux sont conscients, soit il doit donner une explication [*account*] différente de ce que c'est, pour les états, qu'être conscients.

conscient d'une expérience visuelle en tant qu'expérience d'une tache floue, mais non en tant qu'expérience d'un genre particulier d'objet. De façon similaire, on pourrait être conscient de l'expérience de l'arbre supplémentaire en tant qu'expérience d'un arbre, ou même seulement en tant que partie de l'expérience totale, sans en être conscient le moins du monde en tant que la chose qui fait la différence entre les expériences des deux scènes. On peut présumer que c'est justement ce qui se produit dans le cas imaginé par Dretske. Dretske n'a pas décrit un état conscient dont on n'est pas transitivement conscient.

Il convient de noter une complication dans la discussion proposée par Dretske. Dretske souligne que le fait d'être conscient d'une différence, contrairement au fait d'être conscient d'objets et d'événements concrets, équivaut toujours à être conscient « qu'une telle différence existe »[1]. Il pourrait donc suggérer qu'être conscient d'une différence revient toujours à en être conscient en tant que différence. Mais cela ne nous avancerait pas. L'expérience de l'arbre supplémentaire est celle en vertu de laquelle les deux expériences totales diffèrent l'une de l'autre. Il reste que l'on peut être conscient de la chose en vertu de laquelle elles en viennent à différer l'une de l'autre sans être conscient qu'elles diffèrent l'une de l'autre. Comme le dirait Dretske, on peut être conscient de ce en vertu de quoi elles diffèrent l'une de l'autre mais non de la différence entre elles[2]. En fait, il reconnaît explicitement que cette situation peut se produire[3]. L'argument de Dretske ne sape dont pas les fondements de l'observation commune selon laquelle nous sommes transitivement conscients de tous nos états conscients[4].

1. F. Dretske, « Conscious Experience », art. cit., p. 128 ; *cf.* p. 117-118.

2. Dans son précieux article intitulé « Dretske on HOT Theories of Consciousness », William Seager rend compte indépendamment, de façon similaire, de la manière dont l'argument de Dretske échoue à saper les bases de l'hypothèse de la pensée d'ordre supérieur (*Analysis* 54/1, 1994, p. 270-276, en particulier p. 275-276).

3. « Mais les lecteurs qui ne s'apercevaient de la différence entre Alpha et Bêta [les deux tableaux dans l'exemple de Dretske] qu'au sens de l'aperception d'une chose [*thing-aware*] n'étaient pas conscients de la différence entre Alpha et Bêta au sens de la conscience d'un fait [*fact-conscious*] » (F. Dretske, « Conscious Experience », art. cit., p. 128).

4. John Searle nie aussi que nous soyons conscients de nos états mentaux conscients, bien que pour des raisons différentes de celles de Dretske. « Là où il est question de subjectivité consciente, il n'y a aucune distinction entre l'observation et la chose observée » (*The Rediscovery of the Mind*, *op. cit.*, p. 97, trad. fr., p. 142). Compte tenu du contexte, il est clair que Searle ne nie pas seulement que nous pouvons observer nos états conscients, mais que nous en sommes conscients, de la même manière dont nous sommes conscients d'autres choses : « Nous ne pouvons parvenir à la réalité de la conscience à la manière dont, en utilisant la conscience, nous pouvons parvenir à la réalité d'autres phénomènes » (*ibid.*, p. 96-97, trad. fr., p. 142). Et cela, car « là où il est question de subjectivité consciente, il n'y a aucune

NOTRE HYPOTHÈSE

Considérons donc maintenant la question de savoir ce qu'a de si particulier la manière dont nous sommes transitivement conscients de nos états mentaux lorsque ces états sont des états conscients. Peut-être la chose la plus évidente est-elle que, lorsqu'un état est conscient, nous en sommes conscients d'une manière qui semble immédiate. Descartes a insisté sur cette immédiateté intuitive [1] qui, comme le pensent beaucoup, pointe vers une théorie cartésienne de l'esprit d'après laquelle le fait d'être conscient, pour un état mental, est une propriété intrinsèque de cet état. Si rien n'effectue de médiation entre un état et le fait d'en être transitivement conscient, peut-être que la conscience transitive est quelque chose d'interne à l'état lui-même.

Mais l'intuition relative à l'immédiateté ne montre pas que le fait d'être conscient, pour un état mental, est interne à cet état. Il semble bien, du point de vue de la première personne, que rien n'effectue la médiation entre les états conscients dont nous sommes conscients et la conscience transitive que nous en avons. Mais tout ce que cela montre, c'est que, si quelque chose effectue la médiation entre un état conscient et la conscience transitive que nous en avons, le facteur médiateur n'est pas un facteur dont nous sommes conscients. Et l'absence de médiation consciente n'est pas une raison de penser qu'une médiation non consciente ne se produit pas [2]. Échouant à se rendre compte de cela, certains ont été conduits à affirmer que nous sommes conscients de nos états conscients d'une manière totalement différente de celle dont nous sommes conscients de tout le reste.

distinction entre l'observation et la chose observée » (*ibid.*). Searle étaie cette conception en faisant appel à l'idée que nous ne pouvons décrire la conscience que dans les termes de *ce dont* il y a conscience (*ibid.*, p. 96). Mais même si c'est le cas, il y aura des états en vertu desquels nous sommes conscients des choses. Il ne s'ensuit donc pas qu'il n'y a pas d'états en vertu desquels nous sommes conscients de nos états conscients.

1. « Le terme "pensée" s'applique à tout ce qui existe en nous d'une manière telle que nous en sommes immédiatement conscients » [*Cogitationis nomine complector illud omne quod sic in nobis est, ut ejus immediate conscii simus*] (exposition géométrique des « Deuxièmes réponses », *Œuvres de Descartes*, C. Adam et P. Tannery éd., Paris, Vrin, 1964-1965, VII, p. 160).

2. Il se pourrait bien, en outre, qu'une médiation non consciente se produise ; des facteurs dont nous ne sommes nullement conscients opèrent souvent une médiation causale parmi différents états mentaux, même lorsque nous sommes conscients de ces états d'un point de vue en première personne. Notre impression intuitive d'après laquelle nous ne sommes pas conscients de nos états conscients d'une manière qui est médiate est peut-être ce qui conduit Searle à affirmer que nous ne sommes en aucune manière conscients *de* nos états conscients (voir note *supra*). Notre impression distingue aussi ce cas de la manière dont nous sommes conscients de choses de manière perceptive, un cas dans lequel nous sommes parfois conscients du *medium* qui intervient.

Même lorsque quelque chose effectue une médiation entre un état mental conscient et le fait que nous soyons conscients de lui, nous pouvons être conscients du facteur médiateur ; simplement, nous ne pouvons pas être conscients de lui en tant qu'effectuant la médiation. Comparons avec ce qui se produit dans la perception. Lorsque nous percevons des choses consciemment, nos états sensoriels conscients effectuent une médiation entre nos perceptions et les objets que nous percevons, et puisque ces états sont conscients, nous en sommes conscients. Il reste que rien, dans ces cas, ne semble intuitivement effectuer une médiation. Et ce, parce que nous ne sommes pas conscients | de quoi que ce soit en tant qu'effectuant la **409** médiation. Et la meilleure explication de cela est que les états sensoriels conscients qui opèrent en fait la médiation ne figurent pas dans quelque inférence consciente que ce soit, sur laquelle notre perception serait basée. Il en va de même avec la manière dont nous sommes conscients de nos états mentaux conscients. Le fait que nous soyons conscients d'eux ne semble inclure aucune médiation, car nous sommes conscients d'eux d'une manière qui ne repose sur aucune inférence consciente – aucune inférence, autrement dit, dont nous sommes conscients [1].

Considérons un cas donné. Je suis contrarié, mais je n'en suis pas conscient. Bien que ma contrariété ne soit pas consciente, vous observez mon comportement contrarié et me dites que je suis contrarié. Il y a deux manières dont je pourrais réagir. Je pourrais accepter ce que vous me dites, mais toujours sans éprouver de contrariété consciente. Ma croyance que je suis contrarié serait le résultat d'une inférence consciente basée sur votre

1. Il faut opérer ici un léger ajustement. On pourrait défendre une théorie d'après laquelle une inférence effectue une médiation entre le fait que nous sommes conscients de nos états conscients et ces états eux-mêmes, bien que nous ne soyons conscients de cette inférence que par une autre inférence basée sur la théorie (merci à Eric Lormand pour avoir indiqué cette possibilité). Nous considérerions toujours comme conscients les mêmes états, même si la théorie nous fait prendre conscience des médiations inférentielles. Nous pouvons prévoir cela en stipulant que, si un état est conscient, nous sommes conscients de lui d'une manière qui ne requiert pas que nous soyons conscients d'une quelconque inférence qui peut se produire. Le fait que nous soyons conscients de l'état peut s'appuyer sur une inférence, mais non sur le fait que nous en soyons conscients. Une possibilité analogue est également envisageable. Supposons que les inférences dont nous ne sommes pas conscients opèrent normalement la médiation entre le fait que nous soyons conscients de nos états conscients et ces états. Même si nous prenons parfois conscience de certaines de ces inférences sans théorie, nous considérerions les mêmes états comme conscients. La stipulation ajustée prévoit cela. Puisque rien dans ce qui suit ne dépend de cette sorte de chose, j'omettrai cette précision. Si la manière dont nous sommes conscients de nos états conscients était parfois basée sur une inférence consciente, nous saurions alors comment nous en venons à être conscients de ces états. Bien que nous soyons conscients de nos états conscients, nous n'avons généralement pas, d'un point de vue en première personne, la moindre idée de la manière dont nous en venons à en être conscients. Cette ignorance contribue à expliquer l'air de mystère qui entoure la conscience d'état.

remarque, et peut-être aussi une inférence consciente découlant du fait que j'en suis venu à remarquer mon propre comportement correspondant[1]. Mais il y a une autre possibilité. Votre remarque pourrait avoir pour effet de me faire prendre conscience de ma contrariété indépendamment de toute inférence consciente de ce genre. Dans ce cas, ma contrariété serait devenue un état conscient.

Le fait qu'un état soit conscient inclut le fait que l'on est conscient de cet état de façon non inférentielle. Pouvons-nous cerner de façon plus précise la manière dont nous sommes transitivement conscients de nos états conscients ? Il y a deux grandes manières d'être transitivement conscient de certaines choses. Nous sommes conscients d'une chose lorsque nous la voyons ou l'entendons, ou encore lorsque nous la percevons d'une autre manière. Et nous sommes conscients d'une chose lorsque nous avons une pensée [*thought*] à propos de cette chose. Quel genre de conscience transitive est pertinent ici ? Lorsque nos états mentaux sont conscients, est-ce que nous sentons ces états d'une certaine manière ou est-ce que nous avons des pensées à propos d'eux ?

Le modèle perceptif peut sembler attrayant. Lorsque nous percevons des choses, nous semblons intuitivement être directement conscients de ces choses ; rien ne semble opérer de médiation entre nos perceptions et les objets que nous percevons[2]. Il se pourrait donc que le modèle perceptif puisse expliquer l'immédiateté apparente de la manière dont nous sommes conscients de nos états conscients. Mais cet avantage du modèle perceptif ne nous aidera pas à décider entre ce modèle et la conception alternative d'après laquelle nous sommes conscients de nos états conscients en ayant des pensées à propos d'eux. Même si nos pensées reposent souvent sur des

1. L'inférence qui opère consciemment la médiation entre les états mentaux et le fait que l'on est conscient de ceux-ci ne doit pas nécessairement commencer par l'état mental et aboutir au fait que l'on en est conscient ; typiquement, l'inférence consciente commencerait plutôt par le fait de remarquer notre comportement ou par les remarques formulées par d'autres. Et dans la mesure où ces choses sont causalement dues à notre état mental, on peut considérer qu'une telle inférence opère la médiation entre un état mental et le fait que l'on est conscient de celui-ci. Il n'est pas nécessaire que nous excluions indépendamment le fait de reposer sur l'observation. Intuitivement, le fait que l'on est conscient d'un état mental peut être immédiat même s'il repose sur l'observation, aussi longtemps que l'on ne s'aperçoit pas du fait que c'est le cas. Et il en sera ainsi si l'on ne s'appuie pas sur une quelconque inférence consciente. Par exemple, si nous observons notre démarche joyeuse et ainsi, sans aucune inférence dont nous nous apercevrions, considérons que nous sommes joyeux, la manière dont nous sommes conscients d'être joyeux est intuitivement immédiate.

2. Bien que nous reconnaissions à la réflexion qu'une médiation se produit *de facto*, aucune inférence consciente n'opère normalement la médiation et, comme nous l'avons vu, c'est tout ce qui compte pour l'intuition d'immédiateté.

inférences conscientes incluant des perceptions ou d'autres pensées, il arrive aussi souvent que ce ne soit pas le cas.

Il y a, cependant, une autre considération qui semble plaider en faveur du modèle perceptif. Une théorie de la conscience doit expliquer la dimension qualitative de nos états sensoriels conscients. Et sentir inclut toujours une certaine qualité sensible. Donc, si nous sommes conscients de nos états conscients en les sentant, peut-être que nous pouvons expliquer la dimension qualitative de la conscience comme résultant de ce sentir d'ordre supérieur. Une telle explication, cependant, ne ferait au mieux que déplacer le problème, puisque l'aspect qualitatif de cette perception d'ordre supérieur devrait lui-même être expliqué à son tour.

Non seulement les considérations en faveur du modèle perceptif ne tiennent pas debout, mais il y a aussi une bonne raison de rejeter ce modèle. Le sentir d'ordre supérieur devrait présenter des qualités mentales caractéristiques. De quelles qualités pourrait-il s'agit ? Une possibilité est que la perception d'ordre supérieur et l'état que nous percevons présenteraient tous deux la même qualité sensorielle. Mais cette idée est dépourvue de motivation théorique. Lorsque nous percevons quelque chose, la qualité de notre état perceptif est distincte de n'importe quelle propriété de l'objet que nous percevons. Lorsque nous voyons une tomate, par exemple, le rouge [*redness*] de notre sensation n'est pas la même propriété que le rouge de la tomate [1]. Nous n'avons donc aucune raison de penser que les qualités d'ordre supérieur seraient les mêmes que celles de nos états d'ordre inférieur.

Cependant, si les qualités d'ordre supérieur et d'ordre inférieur étaient distinctes, ce que pourraient être ces qualités d'ordre supérieur serait un mystère. Quelles qualités mentales y a-t-il dans nos vies mentales, sinon celles qui caractérisent nos états sensoriels de premier ordre ? Et si les qualités d'ordre supérieur ne sont ni les mêmes que nos qualités de premier ordre ni distinctes d'elles, les états d'ordre supérieur en vertu desquels nous sommes conscients de nos états conscients ne peuvent tout simplement pas avoir de qualités. Mais si ces états d'ordre supérieur n'ont pas de propriétés qualitatives, ils peuvent seulement être des états intentionnels d'ordre supérieur d'une certaine sorte [2].

1. Sur ce point, voir D. Rosenthal, « The Colors and Shapes of Visual Experiences », dans D. Fisette (ed.), *Consciousness and Intentionality. Models and Modalities of Attribution*, Dordrecht, Kluwer, 1998, p. 137-169 ; et *id.*, « The Independence of Consciousness and Sensory Quality », dans E. Villanueva (ed.), *Consciousness. Philosophical Issues*, t. I, Atascadero, Ridgeview Publishing Company, 1991, p. 15-36, réimprimé dans *Consciousness and Mind*, Oxford, Clarendon Press, 2005, p. 135-158.

2. Ces considérations rappellent un argument d'Aristote dans le *De Anima*, III, 2, 425b 12-14, bien qu'Aristote soutienne aussi que le rouge [*redness*] de nos perceptions est

Nous devons donc rejeter le modèle perceptif lorsqu'il s'agit de rendre compte de la manière dont nous sommes transitivement conscients de nos états conscients. La seule alternative est la suivante : nous sommes conscients de nos états conscients en vertu du fait que nous avons des pensées à propos d'eux. Puisque ces pensées sont des pensées à propos d'autres états mentaux, je les appellerai des *pensées d'ordre supérieur* [higher-order thoughts (*HOTs*)].

Cela restreint quelque peu la manière dont nous sommes transitivement conscients de nos états mentaux lorsque ces états sont conscients. Mais nous pouvons encore restreindre les choses davantage. Lorsqu'un état mental est conscient, nous sommes conscients d'être dans cet état ; le contenu de notre pensée d'ordre supérieur [*HOT*][1] doit donc être, *grosso modo*, le fait qu'on est dans cet état-là[2]. Et, puisque le simple fait d'être disposé à avoir une pensée à propos de quelque chose ne nous rend pas
410 conscient de cette | chose, la pensée d'ordre supérieur doit être une pensée occurrente plutôt qu'une simple disposition à penser que l'on est dans l'état visé. De plus, lorsque nous sommes conscients de quelque chose en étant dans un état intentionnel qui est à propos de cette chose, l'état intentionnel est normalement assertorique. De fait, il est probable qu'être dans un état intentionnel dont l'attitude mentale n'est pas assertorique n'entraîne pas le fait d'être conscient de la chose à propos de laquelle est l'état intentionnel[3].

exactement la même qualité que le rouge des objets physiques (*e.g.*, *De Anima*, II, 5, 418a 4 ; II, 11, 423b 31 ; II, 12, 424a 18 ; III, 2, 425b 23). Peut-être que les qualités des états d'ordre supérieur sont celles que nos états sensoriels semblent avoir, et que les qualités d'ordre inférieur ne figurent pas dans l'effet que cela fait pour nous d'être dans des états sensoriels. Mais localiser les qualités qui figurent dans l'effet que cela fait d'être dans des états sensoriels au niveau supérieur ne contribue pas à expliquer la dimension qualitative de ces états.

1. À partir d'ici, l'acronyme HOT est partout remplacé par « pensée d'ordre supérieure » (NDT).

2. L'idée que des créatures non linguistiques ne peuvent pas être dans des états intentionnels avec un contenu aussi sophistiqué peut aussi motiver une préférence pour le modèle perceptif, puisque la perception est un phénomène mental moins sophistiqué. Mais on n'a pas besoin d'une grande richesse conceptuelle pour être dans de tels états intentionnels. Le concept de soi, par exemple, ne doit pas inclure plus que la distinction entre soi-même et tout le reste. Et l'état lui-même peut être conceptualisé d'une manière relativement minimale, disons, simplement comme une manière d'être de la créature.

3. Les pensées d'ordre supérieur ne sont pas simplement à propos de contenus intentionnels, mais à propos d'états intentionnels au sens plein du terme : des contenus plus des attitudes mentales. Si je doute ou me demande si un objet physique particulier est rouge, je suis conscient de cet objet ; il en va de même si je m'attends à ce qu'il soit rouge, si je l'espère ou si je le désire. Mais ce n'est pas le doute, l'interrogation, l'espoir ou le désir qui me fait prendre conscience de l'objet. Au contraire, si je doute quant à la question de savoir si l'objet est rouge, si je désire ou suspecte qu'il l'est, je dois donc penser de manière assertorique que l'objet est là, ou existe, et je suis conscient de l'objet en vertu du fait que j'ai cette pensée assertorique.

Nous devrions donc exiger que la pensée d'ordre supérieur ait une attitude mentale assertorique [1]. Enfin, pour intégrer l'intuition à propos de l'immédiateté, nous avons vu que nos pensées d'ordre supérieur doivent être indépendantes de toute inférence dont nous sommes conscients. Notre hypothèse, par conséquent, est qu'un état mental est conscient dans le cas seulement où il est accompagné par une pensée assertorique, non dispositionnelle et non inférentielle, d'après laquelle on se trouve dans cet état-là [2].

C'est évident car, dans un tel cas, je ne serais pas conscient de l'objet en tant que rouge, mais seulement en tant que quelque chose qui existe. Le contenu de ma conscience est déterminé, non pas par le contenu de mon état intentionnel non assertorique, mais par l'état assertorique. Il en va de même avec les états intentionnels à propos de nos propres états mentaux ; être dans des états intentionnels non assertoriques à propos de nos états mentaux ne nous fait prendre conscience d'être dans ces états que s'ils requièrent que nous ayons aussi la pensée assertorique que nous sommes dans cet état. Il faut noter ici un argument de Robert Gordon, d'après lequel beaucoup d'émotions doivent être accompagnées par des croyances correspondantes ; être en colère à propos de p, par exemple, requiert que l'on croie que p (*The Structure of Emotions. Investigations in Cognitive Philosophy*, Cambridge, Cambridge University Press, 1987, p. 47 *sq.*). Si c'est le cas, la croyance requise expliquerait pourquoi, lorsque l'on est en colère à propos de p, on est conscient de ce à propos de quoi <*p*> est. En tout cas, ce résultat dépend de la description de l'émotion dans les termes de son contenu intentionnel. Donc, si l'on décrit une personne, non pas comme étant en colère à propos de p, par exemple, mais comme étant en colère à cause de p, aucune croyance correspondante n'est impliquée.

1. Cela aide à répondre à une objection intéressante. La théorie freudienne peut sembler poser des états qui sont non conscients malgré le fait qu'ils sont accompagnés par des pensées d'ordre supérieur adéquates (cette idée a été imposée par Georges Rey et Stephen Schiffer). Mais il n'est pas facile d'illustrer cela au moyen d'exemples convaincants. Le plaisir ou la culpabilité à propos des états refoulés ne pourront pas être invoqués ici, car le plaisir et la culpabilité ne sont pas assertoriques ; aussi arrive-t-il souvent que nous ne soyons pas conscients des objets de notre plaisir ou de notre culpabilité – même lorsque ces états sont conscients. De plus, même si nous pouvions fournir des exemples plausibles, il est loin d'être évident que la théorie freudienne exige que nous décrivions la situation comme incluant des états non conscients accompagnés de pensées d'ordre supérieur, puisqu'il y a typiquement plusieurs explications tout aussi bonnes pour tout phénomène de cette sorte. Il est aussi important de noter que des états refoulés sont rarement des états non conscients. Au contraire, ce sont typiquement des états que nous travestissons en représentant leur contenu de façon radicalement erronée, ou dont nous nous détournons en créant un bruit mental élaboré. Voir l'« effet de la soirée-cocktail » mentionné en note *infra*, p. 154, n. 2.

2. Selon Searle, le contenu intentionnel des états perceptifs réfère toujours à ces mêmes états. Si je vois un break jaune, le contenu de ma perception visuelle est « qu'il y a là un break jaune et que la présence effective d'un break jaune est cause de cette expérience visuelle » (*Intentionality*, Cambridge, Cambridge University Press, 1983, p. 48, trad. fr. C. Pichevin, *L'Intentionalité. Essai de philosophie des états mentaux*, Paris, Minuit, 1985, p. 68). Si le contenu de tout état perceptif était pour partie que l'on est dans cet état, alors, d'après l'hypothèse de la pensée d'ordre supérieur, le simple fait d'être dans l'état nous en ferait prendre conscience, et les perceptions non conscientes seraient impossibles (je suis redevable à Gilbert Harman pour m'avoir indiqué ce point). En outre, on peut présumer que percevoir quelque chose nous fait prendre conscience de cette chose, vraisemblablement parce que

Un problème auquel cette hypothèse semble se heurter est que, même lorsque nous sommes dans plusieurs états conscients, nous ne nous apercevons généralement pas que nous avons de telles pensées d'ordre supérieur. Mais ce n'est pas une difficulté. Nous sommes conscients de nos pensées d'ordre supérieur seulement lorsque ces pensées sont elles-mêmes conscientes, et il est rare qu'elles le soient. De plus, l'hypothèse explique aisément pourquoi ce devrait être ainsi. Les pensées d'ordre supérieur qu'elle pose ne sont des pensées conscientes que lorsqu'elles sont accompagnées à leur tour par des pensées d'un ordre encore supérieur à propos d'elles, et cela se produit rarement. Le fait de ne pas avoir des pensées d'ordre supérieur conscientes, de plus, ne permet nullement de montrer que nous n'avons pas de pensées d'ordre supérieur qui ne sont pas conscientes.

Il y a une autre raison pour laquelle il est utile de distinguer les cas où les pensées d'ordre supérieur sont conscientes de ceux où elles ne le sont pas. La manière dont nous sommes ordinairement conscients de nos états conscients diffère de la manière dont nous sommes conscients d'états mentaux dont nous sommes introspectivement conscients. Être introspectivement conscient d'un état mental inclut, *grosso modo*, le fait de se focaliser délibérément sur cet état, et très peu de nos états mentaux font l'objet d'un tel examen introspectif attentif. Si le fait d'être conscient d'un état mental et le fait d'en être introspectivement conscient étaient la même chose, il serait rare que nous soyons conscients de nos états conscients, et nous serions incapables d'expliquer la conscience d'état au moyen de la conscience transitive. De plus, ne pas distinguer les deux conduirait à tort à voir dans l'hypothèse de la pensée d'ordre supérieur une hypothèse qui ne fournirait une théorie que pour la conscience introspective, et non pour la conscience d'état en général[1]. Mais l'hypothèse faite ici nous permet

l'attitude mentale consistant à percevoir est assertorique. L'argument de Searle en faveur de cette thèse fait appel aux conditions de vérité des perceptions. Le contenu intentionnel d'un état « détermine à quelles conditions il est satisfait » (*ibid.*, p. 48, trad. fr., p. 69), et nous ne percevons une chose que si elle cause notre perception. Mais les conditions sous lesquelles la perception est satisfaite sont simplement qu'il y a un break jaune là-bas, non que la perception soit causée par le fait qu'il y a un break jaune là-bas. La condition causale est pertinente, non pas pour la vérité de ce que je perçois, mais pour la question de savoir si je le perçois. Ces considérations pointent, cependant, vers une explication du nombre d'états perceptifs qui en viennent à être conscients. Nous supposons, en tant que croyance générale à propos du monde, que les états-de-choses que nous percevons normalement causent les états perceptifs correspondants. Lorsque l'on a la pensée (qui est, typiquement, non consciente) qu'un état-de-choses perçu a causé l'état perceptif, cette pensée a pour résultat une pensée d'ordre supérieur d'après laquelle on est dans l'état perceptif, et donc a pour résultat que l'état est conscient.

1. Voir, *e.g.*, F. Dretske, « Conscious Experience », art. cit., en particulier section 4 ; voir aussi Ned Block, recension de Daniel C. Dennett, *Consciousness Explained*, *The Journal of*

effectivement d'expliquer ce qui est caractéristique de la conscience introspective. Un état est introspectivement conscient lorsque la pensée d'ordre supérieur qui l'accompagne est une pensée consciente. D'ordinaire, la conscience d'état non introspective, par contre, se produit lorsque la pensée d'ordre supérieur n'est pas elle-même consciente.

Le modèle de la pensée d'ordre supérieur est une hypothèse à propos de la conscience d'état, non une analyse de ce concept. On ne peut donc pas simplement avancer contre cette hypothèse qu'on peut imaginer qu'elle soit fausse ; on peut toujours imaginer que les choses sont différentes qu'elles ne sont.

Il y a un argument particulièrement intéressant qui plaide pour que l'on fasse appel à des pensées d'ordre supérieur. Lorsqu'un état mental est conscient, on peut rapporter de manière non inférentielle que l'on est dans cet état, tandis qu'on ne peut pas rapporter des états mentaux non conscients. De plus, tout acte de langage exprime un état intentionnel avec le même contenu que celui de l'acte de langage et une attitude mentale qui correspond à sa force illocutoire. Rapporter de manière non inférentielle qu'on est dans un état mental exprimera une pensée non inférentielle d'après laquelle on se trouve dans cet état, c'est-à-dire : une pensée d'ordre supérieur à propos de l'état en question. La meilleure façon d'expliquer cette capacité à rapporter nos états conscients de manière non inférentielle est de supposer que c'est la pensée d'ordre supérieur correspondante qu'il faut exprimer. De la même façon, la meilleure explication de notre incapacité à rapporter des états non conscients est qu'aucune pensée d'ordre supérieur ne les accompagne [1].

Philosophy 90/4, 1993, p. 181-193, qui fait allusion à l'hypothèse de la pensée d'ordre supérieur, p. 182.

1. Cet argument est développé en détail dans mon article, « Thinking That One Thinks », dans M. Davies et G. W. Humphreys (eds.), *Consciousness* : *Psychological and Philosophical Essays*, Oxford, Blackwell, 1993, p. 197-223. Sur la connexion entre pensée et discours véritable, voir mon article, « Intentionality », *Midwest Studies in Philosophy* 10, 1986, p. 151-184. Les deux ont été réimprimés dans *Consciousness and Mind*, *op. cit.* L'argument repose sur le cas des créatures qui peuvent décrire leurs états mentaux. Mais la capacité à rapporter de façon non inférentielle les états mentaux dans lesquels on se trouve contribue simplement à fixer l'extension de l'expression « état mental » ; beaucoup de créatures non linguistiques se trouvent aussi dans des états mentaux. Des problèmes spéciaux se posent à propos des états qualitatifs, puisqu'il n'existe pas d'expression verbale d'une sensation perceptive. Nous pouvons exprimer des perceptions, mais seulement parce que les perceptions, contrairement aux sensations, ont un aspect intentionnel, et c'est cette composante intentionnelle que nous pouvons exprimer verbalement. La même chose peut aussi valoir pour les sensations corporelles. Bien que nous puissions exprimer une douleur en criant « aïe », on ne voit pas clairement si « aïe » doit être considéré comme une forme d'expression verbale, par opposition à une forme d'expression non verbale. Et, bien que le fait de dire « ça fait mal » soit linguistique, dire cela revient à rapporter la douleur plutôt qu'à l'exprimer.

On pourrait répondre que la capacité à rapporter des états conscients démontre seulement que ces états ont une disposition à être accompagnés par des pensées d'ordre supérieur, non que des pensées d'ordre supérieur les accompagnent effectivement [1]. En effet, Peter Carruthers a développé en détail et défendu la conception d'après laquelle les états conscients sont simplement ceux qui sont disposés à être accompagnés par des pensées d'ordre supérieur. D'après cette conception, aucune pensée d'ordre supérieur effective ne doit se produire. Il soutient que cette approche nous évite d'avoir à poser la capacité computationnelle et l'espace cognitif énormes qu'exigeraient des pensées d'ordre supérieur effectives [2].

Mais ce souci n'est pas contraignant. L'implémentation neuronale n'est pas un problème, puisque d'amples ressources corticales existent pour stocker les pensées d'ordre supérieur effectives. Et, bien que l'introspection semble suggérer que l'esprit ne peut pas stocker un très grand nombre de pensées d'ordre supérieur effectives en même temps, cette inquiétude est donc sans fondement. L'introspection ne peut nous renseigner que sur nos états conscients et, par hypothèse, les pensées d'ordre supérieur sont rarement conscientes.

En tout cas, le modèle dispositionnel ne peut pas expliquer ce que cela signifie, pour des états, d'être conscients. Le fait qu'un état mental soit conscient consiste en ceci qu'on est conscient de cet état d'une manière appropriée, et le fait d'être simplement disposé à avoir une pensée à propos de quelque chose ne peut pas faire en sorte que l'on en soit conscient.
411 Carruthers nous enjoint à considérer qu'on peut contourner | cette difficulté

Il reste que des créatures dotées d'une capacité linguistique adéquate peuvent rapporter de façon non inférentielle leurs états conscients, que ces états soient intentionnels ou sensoriels. Ces considérations ne sont pas sans conséquences sur le modèle perceptif. Lorsqu'un état est conscient, les créatures dotées d'une capacité linguistique pertinente peuvent exprimer leur conscience transitive de l'état. S'il y avait une perception d'ordre supérieur de l'état, notre rapport verbal n'exprimerait que la composante intentionnelle de cette perception d'ordre supérieur. Mais c'est en fait seulement pour exprimer une pensée d'ordre supérieur. L'argument du rapport verbal et de l'expression montre donc que, si la conscience transitive d'un état conscient avait bel et bien un aspect sensoriel, cet aspect sensoriel ne serait pas pertinent eu égard au fait que l'état est transitivement conscient.

1. Dennett et Harman ont avancé cette réponse indépendamment dans des conversations, et elle a été exprimée tacitement dans la conception de Dennett, d'après laquelle « la conscience est la célébrité cérébrale » (« The Message Is : There is no *Medium* », *Philosophy and Phenomenological Research* 52/5, 1993, p. 919-931, ici p. 929). Voir aussi D. Dennett, *Consciousness Explained*, Boston, Little, Brown and Company, 1991, chap. X et, en particulier, p. 315, trad. fr. P. Engel, *La Conscience expliquée*, Paris, Odile Jacob, 1993.

2. P. Carruthers, *Language, Thought, and Consciousness. An Essay in Philosophical Psychology*, Cambridge, Cambridge University Press, 1996, et *Phenomenal Consciousness. A Naturalistic Theory*, Cambridge, Cambridge University Press, 2000 [voir aussi la traduction du texte de Carruthers publiée dans ce volume, p. 171-197 (NDT)].

en comprenant le contenu intentionnel d'un état à partir des autres états intentionnels qu'il est disposé à causer. Le fait qu'un état soit disposé à causer une pensée d'ordre supérieur pourrait donc conférer un contenu d'ordre supérieur approprié à cet état lui-même. Mais, si le fait qu'un état soit disposé à causer une pensée d'ordre supérieur était une fonction de son contenu intentionnel, nous ne pourrions plus expliquer comment un état avec un contenu particulier est parfois conscient et parfois pas.

LA CONSCIENCE SENSORIELLE

D'après l'argument avancé ici, la conscience sensorielle est simplement un cas spécial de la conscience d'état – le cas spécial où l'état qui est conscient est un état sensoriel. Les états sensoriels sont des états avec une qualité sensorielle. Un état sensoriel se produit donc lorsqu'un état mental a deux propriétés : une qualité sensible et la propriété de la conscience d'état.

De plus, ces deux propriétés sont distinctes et peuvent se produire indépendamment l'une de l'autre, puisque les états intentionnels, non sensoriels, sont souvent conscients. Mais l'inverse est possible également ; les qualités sensorielles peuvent survenir sans conscience d'état. Les qualités sensorielles sont simplement n'importe quelles propriétés que possèdent les états sensoriels, sur la base desquelles nous les distinguons les uns des autres et les répartissons en types. Dans la mesure où la conscience d'état consiste en ceci que nous sommes conscients d'un état mental d'une manière appropriée, ces propriétés sont indépendantes de la conscience d'état. Il faudrait une raison particulière pour penser que les propriétés sur la base desquelles nous distinguons les sensations les unes des autres ne peuvent pas se produire à moins que nous soyons conscients des états qui ont ces propriétés. Il est difficile de voir quelle raison particulière il pourrait y avoir.

Cette conclusion entre en conflit avec l'opinion familière d'après laquelle une qualité sensorielle ne peut pas survenir de façon non consciente. D'après cette conception, la conscience d'état est intrinsèque ou essentielle à la qualité sensorielle. Mais le fait que cette conception soit correcte est loin d'être clair. La perception subliminale et la vision périphérique incluent toutes deux des sensations perceptives dont nous ne nous apercevons pas du tout, et la même chose vaut aussi très probablement pour des phénomènes de dissociation tels que la vision aveugle [1]. Les sensations

1. Voir L. Weiskranz, *Blindsight*, Oxford, Oxford University Press, 1986, et *Consciousness Lost and Found. A Neuropsychological Exploration*, Oxford, Oxford

corporelles telles que les douleurs peuvent aussi survenir sans être conscientes. Par exemple, nous avons souvent un mal de tête ou une autre douleur durant une période relativement étendue, même si les distractions nous rendent, par intermittence, totalement inconscients de la douleur.

Bien sûr, on pourrait s'entêter et soutenir que ces phénomènes sont simplement des occurrences physiologiques qui n'instancient aucune qualité sensorielle, et donc qu'elles ne sont pas du tout des phénomènes mentaux. Mais en l'absence d'un argument indépendant, cette manœuvre revient simplement à sauver une conception au moyen d'un *fiat* verbal.

En tout cas, il y a une bonne raison de s'opposer à cette affirmation. Les phénomènes non conscients correspondants surviennent en tant que parties essentielles de processus qui sont clairement mentaux, et cela suggère qu'ils sont eux-mêmes des phénomènes mentaux [1]. Plus spécifiquement, les états sensoriels conscients jouent les mêmes rôles dans le traitement mental de l'information lorsque leurs qualités sensorielles sont les mêmes, et différents rôles lorsque les qualités sont différentes. Et les états non conscients dans la perception subliminale, la vision périphérique, et la vision aveugle, jouent des rôles qui, à certains égards au moins, suivent les rôles joués par les états sensoriels conscients.

Lorsque des sensations corporelles et perceptives surviennent consciemment, nous réalisons une taxinomie de celles-ci au moyen des qualités sensorielles dont nous sommes conscients. En vertu de quoi réalisons-nous donc une taxonomie des états non conscients qui se produisent dans ces cas ? Puisqu'une grande partie des mêmes distinctions qualitatives figurent dans les cas non conscients aussi bien que dans le fait de ressentir consciemment, nous devons supposer que les cas non conscients ont les mêmes propriétés qualitatives [2]. Les qualités sensorielles sont les

University Press, 1997. Il est raisonnable de penser que la discrimination de stimuli avec différentes formes peut être due à la discrimination de l'orientation, plutôt qu'à celle de la forme elle-même (*Blindsight*, *op. cit.*, p. 84). Selon Van Gulick, cela montre que la vision aveugle n'inclut pas d'états dotés de propriétés phénoménales comme celles des sensations visuelles conscientes (« Deficit Studies and the Function of Phenomenal Consciousness », dans G. Graham et G. L. Stephens (eds.), *Philosophical Psychopathology*, Cambridge (Mass.), MIT Press, 1994). Mais cette conclusion ne découle de ce qui précède que si l'on suppose que les qualités sensorielles doivent être intégrées de la manière exacte dont elles le sont dans les cas conscients normaux.

1. Un exemple classique est ce que l'on appelle l'effet de la soirée-cocktail. Typiquement, nous occultons les sons des conversations autres que ceux de notre propre conversation, bien que la mention de notre nom dans une conversation occultée ait normalement pour effet de tourner soudainement notre attention vers cette conversation.

2. Comparez cela aux arguments parallèles d'après lesquels certains états non conscients ont des propriétés mentales en raison du rôle qu'ils jouent dans les processus mentaux. Voir,

propriétés distinctives des états sensoriels, les propriétés en vertu desquelles nous classons ces états. Nous utilisons les propriétés dont nous sommes conscients pour réaliser une taxonomie des états sensoriels en général, qu'ils soient conscients ou non. Simplement, dans les cas non conscients, nous ne sommes pas conscients de ces propriétés. Et, puisqu'il n'y a rien de problématique concernant ces propriétés distinctives lorsque les états qui les ont ne sont pas conscients, il ne peut y avoir aucune raison de trouver ces propriétés énigmatiques lorsque nous en sommes conscients. Les qualités sensorielles ne sembleront mystérieuses que si nous supposons qu'elles ne peuvent pas se produire sans être conscientes. Ces considérations font apparaître la thèse d'après laquelle la qualité sensorielle doit être consciente, non pas comme une intuition contraignante provenant du sens commun, mais plutôt comme une doctrine théorique discutable.

Il n'y a bien sûr aucun effet que cela fait d'avoir une douleur ou une sensation de rouge à moins que la sensation en question ne soit consciente. Et certains en ont conclu de façon argumentée que la qualité sensorielle ne pouvait simplement pas exister à moins que cela fasse un certain effet d'avoir cette qualité [1]. Mais l'effet que cela fait pour quelqu'un d'avoir une douleur, au sens pertinent de cette expression, | est simplement l'effet que cela fait 412
pour quelqu'un d'être conscient d'avoir cette douleur. Il n'y aura donc aucun effet que cela fait d'avoir une douleur à moins que la douleur soit consciente. Bien sûr, si les douleurs non conscientes étaient impossibles, il n'y aurait aucune différence entre le fait qu'une douleur existe et le fait qu'elle soit consciente, et sa qualité sensorielle existerait alors seulement lorsque cela fait un certain effet de l'avoir. Mais le simple fait de supposer que les douleurs, ou d'autres sensations, ne peuvent pas exister de façon non consciente, pose question en soi. En outre, l'intuition d'après laquelle les états sensoriels ne peuvent pas exister de façon non consciente tire toute sa force – quelle qu'elle soit – de notre point de vue en première personne. Et il n'est pas raisonnable de s'appuyer sur la conscience pour nous dire si certains phénomènes peuvent exister en dehors de la conscience.

Dans une intéressante série d'articles, Ned Block a suggéré qu'il y avait deux propriétés différentes des états mentaux qui étaient toutes deux appelées « conscience ». L'une est appréhendée par la notion d'effet que

e.g., J. Fodor, « Methodological Solipsism Considered as a Research Strategy in Cognitive Psychology », *Behavioral and Brain Sciences* 3/1, 1980, p. 63-73.

1. Voir T. Nagel, « What is it Like to be a Bat ? », *The Philosophical Review* 83/4, 1974, p. 435-450, trad. fr. P. Engel et C. Tiercelin, « Quel effet cela fait d'être une chauve-souris ? », dans *id.*, *Questions mortelles*, Paris, P.U.F., 1983 ; « Panpsychism », dans *id.*, *Mortal Questions*, Cambridge, Cambridge University Press, 1979, p. 181-195 ; et *id.*, *The View from Nowhere*, New York, Oxford University Press, 1986, chap. I-IV, trad. fr. S. Kronlund, *Le Point de vue de nulle part*, Combas, L'Éclat, 1993, chap. I-IV.

cela fait, pour quelqu'un, d'être dans un état mental particulier ; Block appelle cette propriété la *conscience phénoménale*. Un état a l'autre propriété lorsque son contenu est « approprié pour être utilisé comme prémisse dans un raisonnement », ainsi que « pour le contrôle *rationnel* de l'action » et « du discours »[1]. Block appelle cette seconde propriété la *conscience d'accès*. Et il soutient que les deux propriétés sont indépendantes, au moins sur le plan conceptuel. Si Block a raison, il n'y a pas une seule propriété correspondant à la conscience d'état, et le genre de conscience qui est caractéristique des états sensoriels est, au moins conceptuellement, distinct du genre de conscience que présentent de nombreux états non sensoriels.

L'idée qui se trouve derrière la manière dont Block rend compte de la conscience d'accès est la suivante : le fait qu'un état joue différents rôles – exécutifs, inférentiels et notificationnels [*reporting*] – implique que l'on ait accès à cet état, et le fait d'avoir accès à un état le rend conscient. Mais ce n'est pas toujours le cas. Les états jouent souvent un rôle exécutif et inférentiel, voire certains rôles notificationnels[2], sans être conscients en quelque sens intuitif que ce soit. Donc, pour qu'un état soit conscient au sens de la conscience d'accès, on doit avoir accès à cet état, et on peut présumer que cela se produit lorsque nous sommes transitivement conscients de cet état d'une manière intuitivement immédiate[3].

Le fait que Block fasse appel aux rôles joués par les états reflète sans aucun doute le désir de rendre compte de ce genre de conscience en des termes fonctionnels inspirés de l'approche computationnelle, en fournissant un genre d'organigramme qui retrace les connections d'un état avec différents systèmes concernés. Mais pour qu'une telle tentative réussisse, elle doit refléter l'explication initiale d'une telle conscience dans les

1. N. Block, « On a Confusion about a Function of Consciousness », *Behavioral and Brain Sciences* 18/2, 1995, p. 227-247, ici p. 231 (c'est Block qui souligne). Voir aussi N. Block, recension de D. Dennett, *Consciousness Explained*, art. cit., p. 184 ; « Begging the Question against Phenomenal Consciousness », dans *Behavioral and Brain Sciences* 15/2, 1992, p. 205-206 ; « Consciousness and Accessibility », *Behavioral and Brain Sciences* 13/4, 1990, p. 596-598.

2. Ce n'est pas que les états que nous rapportons sont non conscients. Mais les états non conscients influencent ce que nous rapportons et la manière dont nous le faisons.

3. La définition de la conscience d'accès fournie par Block en termes d'état « calibré » [*poised*] pour certaines choses donne une marque dispositionnelle d'une telle conscience (dans la recension du livre de Dennett, il utilise l'expression « librement accessible », art. cit., p. 182). Ce point est compatible avec le fait que la conscience d'accès consiste en ceci qu'un sujet est transitivement conscient d'un état mental, plutôt que simplement disposé à en être conscient. Les états dont nous sommes transitivement conscients ont beaucoup de propriétés dispositionnelles, parmi lesquelles le fait de pouvoir être rapportés et d'être accessibles à l'introspection.

termes de la psychologie populaire ordinaire. Aller droit à une explication subpersonnelle a peu de chance de donner ne serait-ce qu'une explication adéquate sur le plan extensionnel.

Block a sans aucun doute raison lorsqu'il affirme que la conscience d'accès se produit souvent sans conscience phénoménale. Il arrive fréquemment que nous ayons accès à nos états mentaux de façon pertinente sans ressentir l'effet que cela fait pour nous d'être dans ces états. En fait, c'est typiquement le cas avec nos pensées et nos autres états intentionnels. Mais l'inverse est beaucoup moins clair. Un état est conscient au sens de la conscience d'accès seulement si l'on est transitivement conscient de cet état. Et si l'on n'est nullement transitivement conscient d'un état mental, il n'y a aucun effet que cela fait d'être dans cet état. Il ne suffit pas que l'état ait simplement les propriétés distinctives caractéristiques d'un certain type d'état sensoriel. Pour qu'il y ait un effet que cela fait d'être dans cet état, on doit être conscient de ces propriétés distinctives. La conscience phénoménale ne peut donc pas se produire sans conscience d'accès. La distinction établie par Block, après tout, ne montre pas que les états sensoriels sont conscients d'une manière différente des autres types d'états mentaux, ni que les états sensoriels sont invariablement conscients d'une manière spéciale[1].

LES PENSÉES D'ORDRE SUPÉRIEUR ET L'EFFET QUE CELA FAIT

Néanmoins, il semble y avoir un sérieux problème concernant ce que c'est, pour les états sensoriels, d'être conscients. Lorsqu'un état sensoriel est conscient, il y a un effet que cela fait pour nous d'être dans cet état. Lorsqu'il n'est pas conscient, nous ne faisons consciemment l'expérience d'aucune de ses propriétés qualitatives ; il n'y a donc alors aucun effet que

1. Block distingue un troisième concept de conscience, qu'il appelle la conscience réflexive [*reflective consciousness*] (recension de Dennett, art. cit., p. 182) ou conscience supervisante [*monitoring consciousness*] (« On a Confusion… », art. cit., p. 235). Selon Block, un état est conscient de cette manière si l'on a une pensée d'ordre supérieur à propos de lui. Mais les états qu'il considère comme conscients au sens de la conscience réflexive ou supervisante sont des états dont nous sommes conscients dans l'introspection : des états dont nous sommes conscients d'être conscients. C'est une notion différente de conscience, mais Block a tort de la définir à partir de la possession de pensées d'ordre supérieur. Au contraire, un état a une conscience supervisante, dans ses termes, seulement si l'on a une pensée d'ordre supérieur *consciente* à propos de lui. Voir *supra*. Pour plus de précisions sur la position de Block, voir D. Rosenthal, « Phenomenal Consciousness and What It's Like », *Behavioral and Brain Sciences* 20/1, 1997, p. 64-65 ; « The Kinds of Consciousness », Manuscrit, et « How Many Kinds of Consciousness », Manuscrit.

cela fait pour nous d'être dans cet état. Comment pouvons-nous expliquer cette différence ? Le fait qu'un état sensoriel soit conscient signifie que nous sommes transitivement conscients de cet état d'une manière adéquate. Être transitivement conscient d'un état sensoriel, de cette manière particulière, doit donc avoir pour résultat l'existence d'un effet que cela fait d'être dans cet état. Mais comment le fait d'être transitivement conscient d'un état sensoriel peut-il avoir ce résultat ? Quelle manière d'être transitivement conscients de nos états mentaux pourrait, par elle-même, donner naissance à l'effet que cela fait pour nous d'être dans ces états ? Après tout, peut-être Block a-t-il raison en soutenant que le fait d'être conscient, pour un état sensoriel, n'est pas une affaire d'accès adéquat à cet état.

La difficulté semble particulièrement pressante pour quelqu'un qui défend l'hypothèse de la pensée d'ordre supérieur. L'un des aspects les plus attractifs du modèle perceptif est qu'il pourrait aider à expliquer la dimension qualitative de nos états sensoriels conscients. Puisque la perception inclut des qualités sensorielles, si le fait qu'un état soit
413 conscient consistait en ceci que nous | le percevons, peut-être que nous pourrions expliquer la manière dont nous sommes conscients des qualités de nos sensations conscientes. Comme nous l'avons vu, cette explication échoue, puisque les qualités d'ordre supérieur auxquelles elle fait appel auraient elles-mêmes besoin d'être expliquées. Mais l'hypothèse de la pensée d'ordre supérieur peut sembler encore moins à même de faire face à ce problème. Comment le fait que l'on soit dans un état intentionnel, quel que soit son genre, peut-il avoir pour résultat l'effet que cela fait d'être dans un état sensoriel conscient ?

Le partisan de la théorie de la pensée d'ordre supérieur pourrait essayer de montrer qu'être dans un état intentionnel adéquat peut avoir ce résultat – et il pourrait essayer de montrer cela de deux manières. L'une serait de montrer qu'il est évident, d'un point de vue en première personne, que l'on a une pensée d'ordre supérieur adéquate lorsque, et seulement lorsque, il y a un effet que cela fait d'être dans un état sensoriel. Nous pourrions alors soutenir que le fait d'avoir cette pensée d'ordre supérieur est responsable de l'effet que cela fait d'être dans cet état.

Mais si l'hypothèse de la pensée d'ordre supérieur est correcte, nous ne pouvons pas nous attendre à trouver de quelconques corrélations en première personne de ce genre, et cela parce que, d'après cette hypothèse, les pensées d'ordre supérieur en vertu desquelles nos états sensoriels sont conscients sont rarement des pensées conscientes. Et lorsqu'une pensée n'est pas consciente, il semblera, d'un point de vue en première personne, qu'on ne l'a pas.

Si l'hypothèse de la pensée d'ordre supérieur est correcte, donc, il semblera rarement, d'un point de vue en première personne, que des pensées d'ordre supérieur accompagnent nos états sensoriels conscients. Notre accès en première personne ne révèle des corrélation qu'avec des pensées d'ordre supérieur conscientes, non avec des pensées d'ordre supérieur en général. Et les pensées d'ordre supérieur ne sont conscientes que dans les rares cas où l'on a une pensée de troisième ordre à propos de la pensée d'ordre supérieur. Mais d'après l'hypothèse de la pensée d'ordre supérieur, il n'est pas nécessaire que les pensées d'ordre supérieur soient conscientes pour qu'il y ait un effet que cela fait d'être dans les états sensoriels visés. Nous ne pouvons donc pas espérer tester l'hypothèse en établissant une corrélation en première personne entre l'occurrence des pensées d'ordre supérieur et l'effet que cela fait d'être dans des états sensoriels conscients.

Mais il n'est pas nécessaire que nous nous appuyions uniquement sur des considérations en première personne ; il y a d'autres facteurs qui contribuent à établir la corrélation entre le fait d'avoir des pensées d'ordre supérieur et le fait qu'il y ait un effet que cela fait d'être dans des états sensoriels conscients. En particulier, il y a une connexion frappante entre les pensées d'ordre supérieur que nous sommes capables d'avoir et les qualités sensorielles dont nous sommes capables de nous apercevoir. Et la meilleure explication de cette connexion est que des pensées d'ordre supérieur concomitantes ont pour résultat l'existence d'un effet que cela fait d'être dans des états avec ces qualités sensorielles.

Considérons le fait de goûter du vin. Le fait d'apprendre de nouveaux concepts correspondant à nos expériences des propriétés gustatives et olfactives des vins nous amène typiquement à être conscients d'un plus grand nombre de différences fines au sein des qualités de nos états sensoriels. Il en va de même avec d'autres modalités sensorielles ; acquérir de nouveaux concepts correspondant à des expériences musicales et artistiques spécifiques, par exemple, nous rend capables d'avoir des expériences conscientes avec des qualités sensorielles plus finement différenciées. D'une certaine manière, les nouveaux concepts paraissent générer de nouvelles qualités sensorielles.

Cela pourrait se produire de deux manières. Premièrement, en venir à avoir de nouveaux concepts aurait pour résultat que nos états sensoriels en viennent à avoir des propriétés distinctives qu'ils n'avaient pas auparavant. C'est là quelque chose de très peu vraisemblable. Comment le simple fait d'avoir de nouveaux concepts pourrait-il avoir pour conséquence le fait que nos états sensoriels possèdent de nouvelles propriétés ? D'après une conception courante, les concepts sont des capacités à penser certaines choses ; comment le fait d'avoir une nouvelle capacité pourrait-il modifier les propriétés des états sensoriels qui résultent du même type de stimulus ?

Mais il y a une autre possibilité. Les nouveaux concepts pourraient avoir pour résultat de nouvelles qualités conscientes, non pas en générant ces propriétés, mais en nous faisant prendre conscience de propriétés qui étaient déjà là. Les nouveaux concepts nous permettraient d'être conscients de qualités sensorielles que nous avions déjà, mais dont nous n'avions pas été conscients [1].

Posséder un concept nous permet de former des états intentionnels qui ont une certaine variété de contenus. Le genre de contenus que nos états intentionnels peuvent avoir doit donc affecter d'une certaine manière le genre de qualités sensorielles qui peuvent se produire consciemment. De plus, les nouveaux concepts, qui rendent possibles les expériences conscientes avec des qualités qui nous semblent nouvelles, sont les concepts correspondant à ces même qualités [2]. Donc, être capables de former des états intentionnels à propos de certains qualités sensorielles doit, d'une certaine manière, nous rendre capables de faire l'expérience de ces qualités de façon consciente. Autrement dit, cela doit avoir pour résultat l'existence d'un effet spécifique que cela fait pour nous d'être dans les états sensoriels correspondants.

Comment cela pourrait-il se produire ? La seule explication plausible est la suivante: le fait qu'une qualité sensible soit consciente consiste effectivement en ceci que nous avons une pensée d'ordre supérieur à propos de cette qualité. Cela n'est pas seulement vrai des qualités différenciées de façon relativement fine que nous venons juste de considérer. Nous pouvons étendre cette idée à toute qualité sensorielle, aussi grossièrement individuée soit-elle, et l'étendre même à la question de savoir si nous sommes tout simplement conscients d'une quelconque qualité ou non.

1. Bien sûr, les états sensoriels pertinents auront souvent été conscients avant que l'on ait acquis les concepts à grain plus fin, mais ils ne sont conscients qu'eu égard aux qualités individuées avec un grain plus gros. Par exemple, on pourrait initialement être conscient d'un type particulier de sensation olfactive seulement comme étant comparable au vin, et ensuite en prendre conscience dans les termes de qualités sensorielles à grain plus fin.

2. On pourrait soutenir que les nouveaux concepts n'appartiennent pas aux propriétés distinctives de nos expériences sensorielles conscientes, mais plutôt aux propriétés perceptibles des objets et processus physiques perçus, par exemple, le vin ou le spectacle musical (voir G. Harman, « The Intrinsic Quality of Experience », *Philosophical Perspectives* 4, 1990, p. 31-52). Mais il est clair que, dans les cas que l'on vient d'imaginer, nous focalisons aussi notre attention de façon introspective sur les propriétés distinctives de nos états sensoriels conscients. Ces cas incluent donc de nouveaux concepts des propriétés distinctives des états sensoriels.

Prenons l'expérience consciente d'entendre le son d'un hautbois. Si nos pensées d'ordre supérieur ne pouvaient pas classer nos sensations dans les termes du son d'un hautbois, mais seulement dans les termes d'un instrument en bois indifférencié, le fait d'avoir cette sensation ne pourrait
pas être | pour nous l'audition d'un hautbois. Et si l'on ne possédait pas non 414
plus un concept correspondant au son d'un instrument en bois, ce que c'est pour nous d'avoir cette sensation serait en conséquence quelque chose de plus générique. Si l'on ne possédait pas même le concept en vertu duquel nous appréhendons une sensation comme un son et non comme une sensation provenant d'un autre type de stimulus, le fait d'avoir la sensation consisterait pour nous à avoir simplement une expérience sensorielle indifférenciée ou une autre. Ce raisonnement rend plausible l'idée suivante : ôter tout ce qui recouvre cette pensée d'ordre supérieur la plus faible, cela aurait finalement pour résultat qu'il n'y aurait plus du tout d'effet que cela fait d'avoir cette sensation. Même si les pensées d'ordre supérieur sont seulement des états intentionnels et n'ont donc pas de propriétés qualitatives, avoir des pensées d'ordre supérieur fait bel et bien la différence entre l'existence ou non d'un effet que cela fait pour quelqu'un d'avoir des sensations particulières.

Dans la mesure où les pensées d'ordre supérieur se produisent rarement de façon consciente, nous ne pouvons pas, d'un point de vue en première personne, noter l'occurrence de pensées d'ordres supérieurs lorsque, et seulement lorsque, nous sommes dans des états sensoriels. Il reste tout de même que l'argument de la dégustation de vin s'appuie sur des considérations en première personne. Nous savons, en première personne, qu'apprendre de nouveaux concepts pour désigner des qualités sensorielles nous suffit à prendre conscience de nos états sensoriels comme ayant ces qualités. Et sur cette base, nous pouvons inférer que des pensées d'ordre supérieur non conscientes sont responsables du fait qu'il y a un effet que cela fait d'être conscient de nos états sensoriels de cette manière. Simplement, la corrélation directe entre les pensées d'ordre supérieur non conscientes et les états sensoriels conscients n'est pas disponible d'un point de vue en première personne.

Est-il suffisant d'avoir des corrélations inférées à partir de considérations en première personne ? Ou devons nous travailler intégralement à l'intérieur d'un point de vue en première personne pour montrer que les pensées d'ordre supérieur sont responsables du fait qu'il y a un effet que cela fait, pour quelqu'un, d'être dans des états sensoriels conscients ?

Une théorie de la conscience doit expliquer les aspects de nos états conscients qui se manifestent à la première personne. Mais l'explication elle-même ne doit pas s'appuyer seulement sur les aspects qui se manifestent à la première personne. En effet, exiger le contraire revient à transformer une telle explication en un cercle vicieux. Le facteur responsable de l'existence d'un effet que cela fait d'être dans un état sensoriel ne doit donc pas lui-même être un aspect de cet état qui se manifeste en première personne, ni même quelque chose qui est disponible d'un point de vue en première personne. Les pensées d'ordre supérieur en vertu desquelles nos états mentaux sont conscients n'ont pas besoin, elles-mêmes, d'être des pensées conscientes.

Comparons cela avec les relations causales que les états sensoriels conscients ont aux stimuli, au comportement, et à d'autres états mentaux. Ces relations, typiquement, ne sont pas disponibles d'un point de vue en première personne ; nous devons les inférer à partir d'autres considérations, à la première et à la troisième personne. Pareillement, nous pouvons nous attendre à ce que ce qui est responsable de l'existence d'un effet que cela fait, pour quelqu'un, d'être dans des états sensoriels conscients, ne soit pas directement accessible d'un point de vue à la première personne, mais doive plutôt être appris au moyen d'une inférence théorique.

Certains théoriciens ont soutenu qu'aucune corrélation ni aucun développement théorique ne pourraient jamais nous permettre de comprendre parfaitement comment des occurrences physiologiques donnent naissance à l'existence d'un effet que cela fait pour quelqu'un d'être dans des états qualitatifs conscients. S'il en est ainsi, peut-être ne pouvons-nous pas non plus comprendre parfaitement comment des pensées d'ordre supérieur peuvent donner naissance à des qualités conscientes.

Joseph Levine appelle cette difficulté le « fossé explicatif » [« *explanatory gap* »] et soutient qu'elle résulte du fait que nous sommes capables de concevoir des occurrences physiologiques sans qualités conscientes. Par contraste, affirme-t-il, il est inconcevable que l'eau puisse bouillir a une température différente, du moins si le reste de la chimie demeure inchangé[1]. Mais notre capacité à comprendre des choses et les limites

1. J. Levine, « On Leaving Out What It's Like », dans *id.*, M. Davies et G. W. Humphreys (eds.), *Consciousness : Psychological and Philosophical Essays*, *op. cit.*, p. 121-136, ici p. 134, trad. fr. P. Poirier, « Omettre l'effet que cela fait », dans D. Fisette et P. Poirier (éd.), *Philosophie de l'esprit*, t. II : *Problèmes et perspectives*, Paris, Vrin, 2003, p. 195-221, et *id.*, *Purple Haze. The Puzzle of Consciousness*, New York, Oxford University Press, 2001, p. 79. Voir aussi *id.*, « Materialism and Qualia : The Explanatory Gap », *Pacific Philosophical Quarterly* 64/4, 1983, p. 354-361. Pour des arguments similaires, voir D. Chalmers, *The Conscious Mind. In Search of a Fundamental Theory*, New York, Oxford University

apparentes qui s'appliquent à ce que nous pouvons concevoir sont toujours relatives à une théorie qui prévaut, que ce soit une théorie scientifique ou une théorie populaire, comme le montre l'exemple de Levine (conserver la chimie inchangée).

Puisque l'apparence d'un fossé explicatif atteste simplement du fait que nous manquons actuellement d'une théorie adéquate et convenablement développée, les avancées théoriques relatives aux états qualitatifs conscients devraient réduire substantiellement le fossé, aussi large semble-t-il actuellement. Et, bien que nous ne puissions peut-être jamais éliminer complètement ce fossé, il est rare que nous ayons une compréhension parfaite – si tant est que nous en ayons une – de la manière dont survient tout phénomène macroscopique auquel se réfère le sens commun [1].

Le modèle de la pensée d'ordre supérieur procède indépendamment de la physiologie, mais un fossé explicatif similaire semble apparaître dès lors que nous avons besoin de comprendre comment des pensées d'ordre supérieur non conscientes peuvent avoir pour résultat des qualités conscientes. Les connexions causales n'entrent pas ici en ligne de compte, puisqu'il n'est pas nécessaire qu'il y ait un lien causal entre une pensée d'ordre supérieur et sa cible. Les pensées d'ordre supérieur ont plutôt pour résultat des qualités conscientes parce qu'elles nous font prendre *conscience de nous-mêmes comme étant dans certains états qualitatifs*, ce qui entraîne l'impression subjective de qualités mentales conscientes. Et les considérations avancées précédemment dans cette section nous fournissent une raison d'affirmer que les pensées d'ordre supérieur peuvent effectivement faire cela.

Press, 1996, trad. fr. S. Dunand, *L'Esprit conscient. À la recherche d'une théorie fondamentale*, Paris, Ithaque, 2010. Pareillement, Nagel affirme que nous avons une compréhension purement rationnelle de la raison pour laquelle « la chaleur a pour effet de faire bouillir l'eau, les rochers ont pour effet de briser le verre, les aimants induisent un courant électrique, [et] le vent produit des vagues » (« Panpsychisme », art. cit., p. 186), mais nous manquons actuellement d'une compréhension de la manière dont la chaleur physique, par exemple, ou un processus cérébral, pourraient rendre causalement nécessaire une douleur ou une autre sensation (*ibid.*, p. 187).

1. Voir mon article, « Reductionism and Knowledge », dans L. S. Cauman *et alii* (eds.), *How Many Questions* ?, Indianapolis, Hackett Publishing Co., 1983, p. 276-300.

CONSCIENCE, CONFABULATION ET FONCTION

Pour clore cet article, je voudrais considérer brièvement deux implications inattendues de l'hypothèse de la pensée d'ordre supérieur et, en fait, de toute théorie d'après laquelle le fait qu'un état mental soit conscient
415 | consiste, comme j'ai affirmé que cela devait être le cas, en ceci que l'on est transitivement conscient de cet état.

Comme nous l'avons vu, les pensées d'ordre supérieur en vertu desquelles les états mentaux sont conscients représentent ces états de manière plus ou moins fine. Et la manière dont nos pensées d'ordre supérieur représentent les états à propos desquels elles sont influence l'effet que font ces états d'un point de vue en première personne. L'effet que cela fait pour moi d'avoir une sensation gustative de vin particulière dépend du degré de détail et de différentiation qui constitue la pensée d'ordre supérieur en vertu de laquelle cette sensation est consciente. Pour tout état sensoriel particulier donné, différentes pensées d'ordre supérieur engendreront différents effets que cela fait pour quelqu'un d'être dans cet état.

Puisque la pensée d'ordre supérieur qui accompagne tout état sensoriel particulier peut avoir un grain plus ou moins fin, ce n'est pas l'état sensoriel seul qui détermine quelle pensée d'ordre supérieur on aura. Cela dépendra aussi de facteurs additionnels tels que la taille de notre répertoire de concepts, nos intérêts actuels, notre degré d'attention et l'expérience que nous possédons lorsqu'il s'agit d'accomplir les discriminations sensorielles correspondantes.

Cela soulève une question intéressante. Puisque la sensation elle-même ne détermine pas quelle pensée d'ordre supérieur on a, pourquoi la pensée d'ordre supérieur ne pourrait-elle pas représenter eronnément l'état sensoriel dans lequel on se trouve ? Pourquoi ne peut-on pas être dans un état sensoriel d'un certain type, mais avoir une pensée d'ordre supérieur qui nous représente comme étant dans un état sensoriel d'un genre différent ? La pensée d'ordre supérieur que nous avons, en outre, détermine l'effet que cela fait pour nous d'être dans l'état sensoriel correspondant. Pourquoi donc une pensée d'ordre supérieur erronée ne ferait-elle pas en sorte que tout se passe, du point de vue de la première personne, comme si nous étions dans un état sensoriel dans lequel nous ne sommes pas en fait ?

Il est raisonnable de croire que cela se produit effectivement. Les patients qui reçoivent des soins dentaires semblent parfois, d'un point de vue en première personne, avoir l'expérience de la douleur, et ce, même lorsqu'une lésion du nerf ou une anesthésie locale rend indiscutable le fait qu'aucune douleur de cet ordre ne peut se produire. L'hypothèse habituelle est que le patient a l'expérience de la crainte ou de l'anxiété en même temps qu'il ressent les vibrations de la fraise, et qu'il réagit consciemment comme s'il éprouvait une douleur. Expliquer cela au patient entraîne généralement un changement correspondant dans l'effet que cela fait pour le patient lorsque le fraisage reprend, mais son appréhension de l'effet que faisait l'expérience un peu plus tôt reste généralement inaltérée. L'apparence première et non véridique de la douleur est impossible à distinguer, subjectivement, de la chose réelle.

D'autres exemples frappants apparaissent en relation à nos sensations perceptives. Comme le note Daniel Dennet dans *La Conscience expliquée*, la vision parafovéale ne peut produire que des sensations basse résolution de la plupart des Marilyn dans la célèbre peinture de Warhol [1], mais nous nous apercevons d'elles toutes comme étant claires et nettes. L'effet que cela fait pour nous est une fonction, non du caractère de nos sensations, mais de la manière dont nous sommes conscients de ces sensations.

Il y a aussi une tendance bien connue des gens à s'imaginer ensemble [*confabulate*] être dans différents états intentionnels, souvent de manières qui semblent donner un sens *ex post facto* à leur comportement [2] ; ici, il est clair que les pensées d'ordre supérieur échouent à représenter correctement les états dans lesquels se trouvent les sujets. De façon similaire, il est très probable que les croyances et les désirs refoulés sont souvent des croyances et des désirs effectivement conscients dont le contenu est représenté de façon radicalement incorrecte. Nous pourrions donc avoir l'expérience de notre désir pour une chose inacceptable comme d'un désir qui porterait plutôt sur quelque chose d'autre. Dans un tel cas, le désir n'est pas littéralement inconscient; c'est un désir conscient dont le caractère est déformé par des pensées d'ordre supérieur inexactes. L'effet que cela fait d'avoir ce désir échoue à refléter son contenu effectif de manière exacte [3].

1. D. Dennett, *Consciousness Explained*, Boston, Little, Brown and Company, 1991, p. 354, trad. fr., p. 437-438. Voir p. 53-54 pour l'illustration frappante de ces limites en tentant de discerner la couleur de cartes à jouer vues de manière parafovéale et tenues à bout de bras.

2. Pour une étude classique, voir R. Nisbett et T. DeCamp Wilson, « Telling More Than We Can Know : Verbal Reports on Mental Processes », *Psychological Review* 84/3, 1977, p. 231-259. L'influente étude de Nisbett et Wilson ne s'est pas seulement focalisée sur des cas où des sujets confabulent des histoires sur les causes qui ont eu pour effet de les mettre dans des états cognitifs particuliers, mais aussi sur des cas où ils confabulent des explications à propos des états dans lesquels ils se trouvent effectivement.

3. Peut-être de telles pensées d'ordre supérieur erronées pourraient-elles figurer aussi dans l'auto-déception apparente. Il peut parfois être difficile de dire si une pensée d'ordre supérieur échoue à représenter une cible effective ou si la pensée d'ordre supérieur a seulement une cible notionelle, et qu'il y a un état effectif qui n'est simplement pas conscient. En effet, la manière dont nous décrivons un cas peut bien être arbitraire dans un certain nombre de cas.

L'hypothèse de la pensée d'ordre supérieur n'est pas la seule théorie à faire droit à ces choses. Prenez n'importe quelle théorie d'après laquelle le fait qu'un état mental soit conscient consiste en ceci qu'on est transitivement conscient de cet état, et elle fera de même. Aussi longtemps qu'un état conscient est distinct de la conscience transitive que l'on en a, le contenu de cette conscience transitive peut échouer à représenter correctement l'état en question. Les états conscients sont des états pour lesquels *nous sommes conscients de nous-mêmes en tant qu'étant dans ces états*, que nous soyons ou non effectivement dans ces états.

L'idée d'après laquelle l'effet que cela fait pour nous d'être dans un état est déterminé, non pas par les propriétés intrinsèques de cet état, mais par la manière dont notre pensée d'ordre supérieur le représente, cette idée, donc, nous permet de comprendre certains cas qui, sans cela, semblent inexplicables. Supposez que vous soyez en train de marcher à travers bois et d'enjamber les branches comme il se doit, mais en étant si profondément absorbé dans une conversation que vous n'accordez aucune attention (de quelque sorte que ce soit) aux branches. D'un point de vue en première personne, vous paraissez n'avoir aucune pensée à propos des branches ; toute pensée que vous avez à propos d'elles est une pensée inconsciente.

Pour négocier votre progression à travers les branches, cependant, il vous faut – peut-on présumer – plus que de simples pensées à propos d'elles ; vous devez aussi avoir des sensations relatives aux branches. Mais, d'un point de vue en première personne, tout peut aussi tout à fait se passer comme si vous n'aviez pas de sensations de ce genre. Cependant, il est raisonnable de douter que, contrairement à vos pensées, vos sensations relatives aux branches échouent littéralement à être conscientes. Ce n'est pas qu'il n'y a aucune sensation consciente là où l'on attendrait que des sensations relatives aux branches se produisent dans notre champ visuel ;
416 le | champ visuel ne semble pas avoir de blancs là où les sensations correspondantes devraient se trouver. Les sensations qui vous semblent être là sont plutôt, pour le dire à gros traits, de simples sensations de l'environnement indifférencié du sous-bois.

Pourquoi, donc, ne vous apercevez-vous pas de vos sensations relatives aux branches ? Clairement, vous avez de telles sensations ; c'est ainsi que vous parvenez à négocier votre progression à travers les branches. Et les sensations que vous avez de la partie correspondante de l'environnement sont toutes conscientes ; c'est pourquoi votre champ visuel ne semble pas contenir de blancs. Il faut donc que les sensations soient conscientes, non pas en tant que sensations des branches, mais seulement en tant que sensations de l'environnement indifférencié. Nous ne pouvons expliquer ce genre d'occurrence que si la manière dont nous sommes transitivement conscients de nos sensations détermine l'effet que cela fait pour nous d'avoir ces sensations. Comparons cela à l'exemple frappant de Dennett [1] : nous regardons droit vers un tampon mais échouons à le voir comme un tampon. Il est clair que notre sensation du tampon est consciente, mais nous en sommes conscients, non pas comme d'une sensation d'un tampon, mais seulement, disons, comme d'une sensation relative à une partie du désordre qui règne sur une étagère [2].

Dans les cas du tampon et des branches, l'effet que cela fait pour nous d'être dans des états sensoriels particuliers est moins riche en informations que les états eux-mêmes. Mais l'inverse se produit aussi, comme lorsque nous faisons l'expérience de nos sensations basse-résolution des Marylin parafovéales comme si elles étaient claires et nettes. La meilleure explication est que nos pensées d'ordre supérieur à propos de nos sensations parafovéales floues les représentent comme ayant une haute résolution ; la manière dont nous sommes conscients de nos sensations les corrige

1. L'exemple de Dennett fait référence au jeu de cache-tampon, qui consiste à cacher un petit objet dans une pièce et à le faire trouver par les joueurs en disant « tu brûles » ou « tu gèles ». Dans la version du jeu qui intéresse Dennett, l'objet est exposé à la vue de tous ; simplement, perdu au milieu du reste, il n'est pas d'emblée perçu comme l'objet à découvrir (NDT).

2. D. Dennett, *Consciousness Explained*, *op. cit.*, p. 336, trad. fr., p. 417. Pareillement, dans l'effet de la soirée-cocktail, notre attention passe à une conversation dans laquelle notre nom a été mentionné et à laquelle nous ne prêtions pas attention auparavant. Nous devions donc avoir écouté les mots inarticulés qui forment cette conversation, bien que, pour la conscience, cela ne semble avoir été qu'un arrière-plan. Des découvertes expérimentales robustes – comme, par exemple, celles incluant l'amorçage masqué [*masked priming*] – montrent aussi de manière contraignante que l'effet que cela fait d'avoir une sensation diffère parfois des propriétés de la sensation elle-même. Dans l'amorçage masqué, les sujets rapportent ne pas s'apercevoir d'un *input* qualitatif dont la présence est évidente si l'on tient compte de son effet sur le comportement cognitif subséquent. Pour une étude classique, voir A. Marcel, « Conscious and Unconscious Perception : Experiments on Visual Masking and Word Recognition », *Cognitive Psychology* 15, 1983, p. 197-237. Les travaux expérimentaux sur l'aveuglement au changement [*change blindness*] fournissent aussi des témoignages probants en faveur de différences concernant la manière dont nous sommes conscients de nos sensations et leurs propriétés effectives. Les sujets échouent ici à enregistrer consciemment des changements visibles qui sont si saillants qu'il est extrêmement probable que des changements correspondants se produisent dans leurs sensations visuelles. Les sensations des sujets diffèrent donc de la manière dont ils s'en aperçoivent. En outre, l'impression contraignante que nous avons tous d'être continuellement conscients de détails qualitatifs saillants est évidemment erronée. Voir J. Grimes, « On The Failure to Detect Changes in Scenes across Saccades », dans K. Akins (ed.), *Perception*, New York, Oxford University Press, 1996, p. 89-110 ; D. J. Simons, « Current Approaches to Change Blindness », *Visual Cognition* 7, 2000, p. 1-16 ; et R. Rensink, « The Dynamic Representation of Scenes », *Visual Cognition* 7, 2000, p. 17-42, et « Seeing, Sensing, and Scrutinizing », *Vision Research* 40/10-12, 2000, p. 1469-1487.

effectivement, pour ainsi dire, en réalisant leur mise au point et en les retouchant[1]. En fait, cela met en lumière la nécessité de poser des états d'ordre supérieur occurrents, puisque l'information haute-résolution doit être incarnée dans un état occurrent.

Cette disparité entre les propriétés de nos sensations et la manière dont nous sommes conscients d'elles a d'importantes implications. En guise d'exemple, considérons l'argument bien connu de Wilfrid Sellars, d'après lequel les qualités sensorielles des sensations présentent une « homogénéité absolue » qui les distingue du caractère particulaire des propriétés physiques ordinaires[2]. Sellars affirme que cette homogénéité absolue dérive de la manière dont nous concevons, dans les termes du sens commun, les propriétés perceptibles des objets physiques. Quoi qu'il en soit, il est probable que ces qualités sensorielles des sensations soient elles-mêmes particulaires. Possédant une base neuronale, l'information sensorielle pertinente se produira sous la forme de pixels particuliers qui représentent la couleur, la forme, le mouvement, et d'autres choses semblables. Nous avons l'expérience d'une telle information, cependant, comme étant absolument homogène, et ce simplement parce que c'est notre manière d'être conscients des états informationnels correspondants. La manière dont nous sommes conscients de nos sensations les aplanit, pour ainsi dire, et élude les détails liés à leur nature *bitmat* particulaire.

1. Dans l'expérience esthétique, donc, on peut présumer que la manière dont nous sommes conscients d'une sensation dépasse le caractère qualitatif de la sensation. Sur l'idée que les sensations divergent de la manière dont nous en sommes conscients, et la manière dont les pensées d'ordre supérieur fonctionnent à cet égard, voir mon article, « Sensory qualities, Consciousness, and Perception », dans *Consciousness and Mind*, *op. cit.*, et « Consciousness and Metacognition », dans D. Sperber (ed.), *Metarepresentation*: *Proceedings of the Tenth Vancouver Cognitive Science Conference*, New York, Oxford University Press, 2000, p. 265-295.

2. Cet argument est généralement appelé l'« argument du grain » de Sellars. *Cf.* W. Sellars, « Philosophy and the Scientific Image of Man », dans R. G. Colodny (ed.), *Frontiers of Science and Philosophy*, Pittsburg, University of Pittsburg Press, 1962, p. 35-78 ; rééd. dans *Science, Perception and Reality*, *op. cit.*, p. 1-40, ici p. 36, trad. fr. Y. Bouchard et D. Boucher, « La philosophie et l'image scientifique de l'homme », dans D. Fisette et P. Poirier (éd.), *La Philosophie de l'esprit*, t. I : *Psychologie du sens commun et science de l'esprit*, Paris, Vrin, 2002, p. 55-115, voir aussi p. 35, et « Phenomenalism », dans *ibid.*, p. 103-105. *Cf.* la thèse de Peter Carruthers d'après laquelle « l'information perceptive est *analogue* (c'est-à-dire "remplie" et continue) », et « l'aspect subjectif d'une expérience *est* simplement une information analogue à propos du rouge [physique], présenté à un appareil cognitif ayant le pouvoir de classer les états comme porteurs d'information, ainsi que de classer l'information portée » (P. Carruthers, *Language, Thought, and Consciousness. An Essay in Philosophical Psychology*, Cambridge, Cambridge University Press, 1996, p. 167, 214).

Comme l'a noté Dretske, les théories d'après lesquelles le fait qu'un état soit conscient consiste en ceci qu'on est transitivement conscient de l'état en question, semblent incapables d'expliquer comment le fait qu'un état mental soit conscient pourrait avoir une quelconque fonction [1]. Être transitivement conscient d'un état, d'après ces théories, ne fait aucune différence en ce qui concerne les propriétés non relationnelles de l'état. Le fait que l'état soit conscient ne fera donc aucune différence en ce qui concerne son rôle causal ni, par conséquent, sa fonction.

Il est facile de surestimer le degré auquel le fait qu'un état soit conscient joue effectivement un rôle quelconque. Il est attrayant de penser, par exemple, que le fait qu'un état soit conscient augmente d'une certaine manière toute planification ou tout raisonnement dans lesquels figure cet état. Mais le rôle que joue un état dans la planification et le raisonnement est dû au contenu que possède l'état en question, et ce contenu sera invariant que l'état soit conscient ou non. Donc, le fait que l'état soit conscient ou non n'affectera pas le rôle de l'état dans la planification et le raisonnement. Nous trouvons tentant de soutenir que le fait qu'un état soit conscient affecte la planification et le raisonnement lorsque nous considérons des cas effectifs dans lesquels la planification et le raisonnement sont conscients. Mais ces cas ne nous disent rien à moins que l'on ne les compare à des cas non conscients, auxquels nous n'avons aucun accès en première personne. Les intuitions ne peuvent pas nous aider ici.

Quoi qu'il en soit, Dretske a échoué à décrire correctement la situation. D'après l'hypothèse de la pensée d'ordre supérieur, un état conscient est un état composé qui consiste en l'état dont on est conscient, pris conjointement avec une pensée d'ordre supérieur. Le rôle causal que joue un état conscient est donc en réalité l'interaction de deux rôles causaux : celui joué par l'état lui-même et celui joué par la pensée d'ordre supérieur [2]. Cela explique comment le fait qu'un état soit conscient peut compter, dans une certaine mesure, lorsqu'il s'agit d'expliquer son rôle causal. En outre, la manière dont on est conscient d'un état conscient peut ne pas correspondre complètement à l'état visé dans lequel on se trouve effectivement. Dans ces cas, le rôle causal joué par la pensée d'ordre supérieur comptera encore

1. F. Dretske, *Naturalizing the Mind*, *op. cit.*, p. 117.

2. Les deux rôles n'interagissent pas forcément de telle sorte que quelque chose est ajouté ; les propriétés causales de la pensée d'ordre supérieur peuvent interagir avec celles de l'état de telle manière que les propriétés causales originales de l'état soient modifiées ou même complètement bloquées.

plus. La conscience d'état, après tout, ne fait qu'une petite différence en ce qui concerne la fonction qu'ont les états mentaux [1].

Mais qu'en est-il donc de l'intuition contraignante d'après laquelle le fait qu'un état mental soit conscient fait une différence large et signifi-
417 cative en ce qui concerne son | fonctionnement mental ? Cette intuition est très probablement due à l'impression que nous avons que nos pensées conscientes, nos désirs conscients et nos intentions conscientes se produisent librement, et que cette liberté apparente augmente notre capacité à raisonner et à faire des choix rationnels. Mais notre impression que ces états se produisent librement résulte elle-même vraisemblablement de la manière dont nous sommes conscients de ces états. C'est parce que nous sommes rarement conscients de quelque chose comme causant nos pensées et nos désirs conscients – si tant est que nous le soyons jamais – que nous avons l'impression subjective que nos pensées et nos désirs n'ont pas de cause, donc sont libres. Il semble donc que le simple fait d'être conscient de ces états fasse une différence significative en ce qui concerne le rôle qu'ils peuvent jouer dans nos vies. C'est parce que la manière dont nous sommes conscients de nos états intentionnels les présente comme libres et dépourvus de cause que le fait qu'ils soient conscients semble compter lorsqu'il s'agit de déterminer notre capacité à raisonner et à faire des choix rationnels.

J'ai soutenu que l'hypothèse de la pensée d'ordre supérieur explique comment les états conscients diffèrent des états mentaux non conscients, et pourquoi la conscience d'état a une fonction, dans la mesure où c'est le cas. De plus, l'hypothèse cadre bien avec l'existence d'un effet que cela fait d'être dans des états sensoriels conscients. Nous pouvons provisoirement conclure que l'hypothèse offre une approche satisfaisante des phénomènes de conscience d'état, y compris pour le cas spécial des états sensoriels.

Traduit de l'anglais par Arnaud DEWALQUE

1. L'inessentialisme conscient, d'après lequel toute activité intelligente que nous accomplissons consciemment pourrait être accomplie sans qu'elle soit consciente, est donc une conception erronée. L'étiquette est due à Owen Flanagan, qui rejette la thèse en question (*Consciousness Reconsidered*, Cambridge (Mass.), MIT Press/Bradford Books, 1992, p. 5, p. 129 *sq.*).

PETER CARRUTHERS

| POUR UNE THÉORIE DISPOSITIONNELLE DE LA PENSÉE D'ORDRE SUPÉRIEUR * 61

Après une courte introduction, ce chapitre commence par opposer deux versions différentes de la théorie qui envisage la conscience comme une expérience d'ordre supérieur [*higher-order experience*] (*HOE*) ou une perception d'ordre supérieur [*higher-order perception*] (*HOP*) [1]. Il s'agit de la théorie du sens interne, d'une part, et d'une version dispositionnelle de la théorie de la pensée d'ordre supérieur [*higher-order thought*] (*HOT*), d'autre part. J'expose ensuite brièvement la supériorité de la seconde. Dans la suite du chapitre, j'examine certains arguments en faveur des théories de la perception d'ordre supérieur en général. Je développe deux objections parallèles dirigées à la fois contre les théories représentationnelles de premier ordre (*FOR*) et les formes actualistes de théorie de la pensée d'ordre supérieur. Premièrement, ces théories ne peuvent pas rendre compte adéquatement des caractéristiques distinctives de nos concepts d'expérience recognitionnels. Et deuxièmement, elles ne peuvent pas expliquer pourquoi certains états du genre de ceux qui sont pertinents sont phénoménaux et d'autres non. Le chapitre montre brièvement comment les

* « HOP over FOR, HOT theory », chap. IV de *Consciousness. Essays from a higher-order perspective*, Oxford, Oxford University Press, 2005, p. 61-78.

1. Dans cette perspective, je considère la différence entre *expérience* d'ordre supérieur (*HOE*) et *perception* d'ordre supérieur (*HOP*) comme purement terminologique. Certes, aux oreilles de certains, l'idée même d'*expérience* implique la conscience phénoménale, si bien que la notion d'une expérience *non* consciente est, en un sens, incohérente (notez que, pour un partisan de la théorie de l'expérience d'ordre supérieur, les états analogiques d'ordre supérieur qui rendent nos états perceptifs de premier ordre phénoménalement conscients, d'habitude, *ne sont pas* eux-mêmes conscients). Mes oreilles n'ont pas la même sensibilité. Mais dans ce chapitre, je m'en remets à ceux dont les oreilles sont plus sensibles. On devrait noter, cependant, que le fait de parler d'une *perception* d'ordre supérieur a des connotations malheureuses en soi-même, car cela suggère l'existence d'*organes* relatifs à une telle perception. Mais dans la version de la théorie de l'expérience d'ordre supérieur ou de la perception d'ordre supérieur que je défends (et par contraste avec la théorie du « sens interne »), il n'y a pas d'organes de ce genre. Voir la discussion qui suit dans ce chapitre.

théories de la perception d'ordre supérieur parviennent à remplir la première tâche[1]. Il relève alors (avec succès) le défi de montrer que les théories de la perception d'ordre supérieur échappent aussi à la seconde accusation. À la fin, donc, le grand vainqueur est une certaine version de la théorie de la perception d'ordre supérieur, à savoir la version dispositionnelle de la théorie de la pensée d'ordre supérieur : elle seule peut nous fournir une explication réductive de la conscience phénoménale qui, tout à la fois, fonctionne par elle-même et est plausible sur d'autres bases.

Introduction

Je devrais commencer par expliquer la mauvaise plaisanterie que forme la version originale de mon titre en langue anglaise[2] (elle est mauvaise parce qu'elle requiert une explication, malheureusement). D'une part, j'argumenterai, dans ce chapitre, en faveur de la supériorité des théories de la perception d'ordre supérieur (*HOP*) à la fois sur les théories représentationnelles de premier ordre (*FOR*) et sur les théories actualistes de la pensée
62 d'ordre supérieur (*HOT*) | (autrement dit, je soutiendrai que les théories de la perception d'ordre supérieur l'emportent à la fois *sur* la théorie représentationnelle de premier ordre et sur la théorie actualiste de la pensée d'ordre supérieur). Mais d'autre part, je soutiendrai que la théorie vers laquelle nous devrions tous converger (la théorie *en faveur de* laquelle nous devrions tous *faire un saut* [*hop over for*]) est en réalité une forme dispositionnelle de *théorie de la pensée d'ordre supérieur* (une forme de théorie de la pensée d'ordre supérieur qui, combinée avec la sémantique de la consommation[3], peut aussi être considérée comme un genre de théorie de la perception d'ordre supérieur, comme nous le verrons).

Le thème de ce chapitre est la conscience phénoménale : la sorte d'état conscient que *cela fait un effet* d'avoir, qui s'accompagne d'un *ressenti* ou qui a une *phénoménologie subjective*. Plus spécialement, ce chapitre porte sur la question de savoir si (et comment) la conscience phénoménale peut être expliquée de façon réductive, ce qui veut dire : en l'intégrant dans

1. Voir P. Carruthers, *Consciousness*, *op. cit.*, chap. V, p. 79 *sq.*

2. « HOP over FOR, HOT theory », jeux intraduisibles sur « sauter au-dessus » (*to hop over*) et « perception d'ordre supérieur » (*higher-order perception*, dont l'acronyme est *HOP*), ainsi que sur « théorie brûlante » (*hot theory*) et « pensée d'ordre supérieur » (*higher-order thought*, dont l'acronyme est *HOT*) (NDT).

3. La sémantique de la consommation repose sur l'idée que la signification du contenu intentionnel d'un état mental est déterminée par la manière dont ce contenu est utilisé ou *consommé* par d'autres systèmes faisant partie de notre architecture cognitive. Voir *infra* (NDT).

notre compréhension du reste du monde naturel. Je ne m'attarderai pas ici à distinguer la conscience phénoménale d'autres formes de conscience propres à un *état* mental (spécifiquement, de diverses formes de conscience *d'accès*), ni des espèces de conscience propres à une *créature*, car ces distinctions ont été adéquatement esquissées ailleurs et devraient à présent être familières [1]. Je ne m'attarderai pas non plus à considérer les arguments « mystérianistes » d'après lesquels la conscience phénoménale se trouve hors de portée de toute explication réductive [2]. De même, les descriptions qui tentent d'expliquer la conscience phénoménale directement en termes de neurologie ou de fonction du cerveau [3] sont exclues de la discussion [4]. De façon un peu plus ciblée, donc, ce chapitre s'intéresse aux tentatives visant à fournir une explication réductive de la conscience phénoménale en termes de combinaison de *contenu intentionnel* (ou représentationnel) et de *rôle causal* (ou fonctionnel).

Les théories représentationnelles de la conscience phénoménale peuvent être divisées en deux grandes catégories, chacune admettant plusieurs subdivisions supplémentaires. D'une part, il y a les théories de premier ordre du genre de celles qui sont défendues, de différentes manières, par Kirk, Dretske et Tye [5]. De telles théories réduisent la conscience phénoménale à une certaine sorte de contenu intentionnel

1. D. Rosenthal, « Two concepts of consciousness », *Philosophical Studies*, 49, 1986, p. 329-359, trad. fr. D. Ipperciel, « Deux concepts de conscience », dans D. Fisette et P. Poirier (éd.), *Philosophie de l'esprit*, t. II : *Problèmes et perspectives*, Paris, Vrin, 2003, p. 151-194 ; N. Block, « On a confusion about a function of consciousness », *Behavioral and Brain Sciences* 18, 1995, p. 227-247 ; W. Lycan, *Consciousness and Experience*, Cambridge (Mass.), MIT Press, 1996 ; P. Carruthers, *Phenomenal Consciousness. A naturalistic theory*, Cambridge, Cambridge University Press, 2000, chap. premier [voir aussi l'introduction au présent volume, *supra*, p. 21 (NDT)].

2. C. McGinn, *The Problem of Consciousness*, Oxford, Blackwell, 1991 ; D. Chalmers, *The Conscious Mind*, Oxford, Oxford University Press, 1996, trad. fr. S. Dunand, *L'Esprit conscient*, Paris, Ithaque, 2010 ; J. Levine, *Purple Haze*, Cambridge (Mass.), MIT Press, 2000.

3. Par exemple, F. Crick et C. Koch, « Towards a neurobiological theory of consciousness », *Seminars in the Neurosciences* 2 [1990], p. 263-275.

4. Pour des critiques directes adressées à la fois aux approches mystérianistes et neurologiques de la conscience, voir P. Carruthers, *Phenomenal Consciousness*, *op. cit.*, chap. II-IV.

5. R. Kirk, *Raw Feels*, Oxford, Oxford University Press, 1994 ; F. Dretske, *Naturalizing the Mind*, Cambridge (Mass.), MIT Press, 1995 ; M. Tye, *Ten Problems of Consciousness*, Cambridge (Mass.), MIT Press, 1995 ; *Consciousness, Color and Content*, Cambridge (Mass.), MIT Press, 2000. Pour la discussion d'un certain nombre de variations sur le thème du premier ordre, voir P. Carruthers, *Phenomenal Consciousness*, *op. cit.*, chap. V.

(*analogique* ou *à grain fin* [1], peut-être – à moins qu'on ne l'appelle *non conceptuel*, mais ces différences ne nous concerneront pas ici) qui occupe une place distinctive dans l'architecture causale de la cognition (peut-être comme l'*output* de nos facultés perceptives, *calibré* [poised] pour avoir un impact sur la pensée conceptuelle et le contrôle comportemental). Ensuite, d'autre part, il y a une variété de théories d'ordre supérieur qui réduisent la conscience phénoménale à une sorte de conscience [*awareness*] d'ordre supérieur de ces états intentionnels analogiques ou non conceptuels.

Voici une manière de départager les différentes théories qui envisagent la conscience phénoménale comme une représentation d'ordre supérieur.
63 Le contraste fondamental est celui qui oppose | les théories qui affirment que les états d'ordre supérieur en question sont eux-mêmes perceptifs ou quasi-perceptifs, d'une part, et celles qui affirment que ces états sont des pensées conceptualisées, d'autre part. Les théories de la perception d'ordre supérieur (*HOP*) proposent une réduction de la conscience phénoménale à un contenu intentionnel analogique ou non conceptuel qui est lui-même la cible de contenus intentionnels (d'ordre supérieur) analogiques ou non conceptuels [2]. La théorie actualiste de la pensée d'ordre supérieur (*HOT*), d'autre part, réduit la conscience phénoménale à des contenus analogiques ou non conceptuels qui sont la cible effective, sur le moment même, d'une croyance ou d'une pensée d'ordre supérieur. Ou encore, pour le dire autrement, la théorie actualiste de la pensée d'ordre supérieur réduit la conscience phénoménale à des contenus analogiques ou non conceptuels dont le sujet est conceptuellement conscient [*aware*] [3].

Une thèse quelque peu surprenante qui sera avancée dans ce chapitre est que les théories représentationnelles de premier ordre (*FOR*) comme les théories actualistes de la pensée d'ordre supérieur (qui, en surface, paraissent très différentes les unes des autres) s'avèrent soulever des difficultés d'un genre tout à fait similaire. En fait, les arguments qui peuvent être utilisés pour vaincre les unes sont essentiellement les mêmes que ceux qui peuvent être utilisés pour vaincre les autres. Cela nous laisse donc avec la théorie de la perception d'ordre supérieur comme la seule approche

1. Allusion aux formulations employées par Fred Dretske et Gareth Evans, qui parlent respectivement de caractère « analogique » (*versus* digital) et de « finesse de grain » pour caractériser les contenus de perception par opposition aux contenus de pensée (NDT).

2. D. M. Armstrong, *A Materialist Theory of the Mind*, London, Routledge, 1968 ; W. Lycan, *Consciousness and Experience*, *op. cit.* ; P. Carruthers, *Phenomenal Consciousness*, *op. cit.*

3. D. Rosenthal, « Two concepts of consciousness », art. cit. ; « Thinking that one thinks », dans M. Davies et G. Humphreys (eds.), *Consciousness*, Oxford, Blackwell, 1993 ; « A theory of consciousness », dans N. Block, O. Flanagan et G. Güzeldere (eds.), *The Nature of Consciousness*, Cambridge (Mass.), MIT Press, 1997, p. 729-755.

représentationnelle encore viable. Mais la théorie de la perception d'ordre supérieur, elle aussi, admet deux sous-variétés, dont l'une s'avère être, simultanément, une forme (dispositionnelle) de théorie de la pensée d'ordre supérieur. C'est par là que nous commençons dans la deuxième section. Mais l'ensemble des différentes alternatives représentationnelles peut être exposé dans la *Figure 1*.

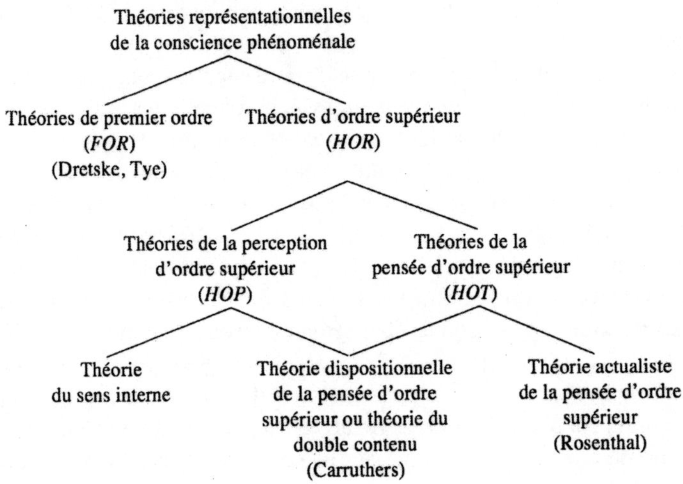

Figure 1

DEUX SORTES DE THÉORIES DE LA PERCEPTION D'ORDRE SUPÉRIEUR

| La forme de théorie de la perception d'ordre supérieur (*HOP*) qui sera 64
familière à la plupart des gens est la théorie dite du « sens interne », généralement attribuée à John Locke[1]. Elle a été réintroduite à notre époque par Armstrong et a été défendue plus récemment par Lycan[2]. D'après cette manière de voir, nous n'avons pas seulement un ensemble de sens de premier ordre chargés de générer des représentations analogiques ou non conceptuelles de notre environnement et des états de nos propres corps, mais nous avons aussi une faculté du sens *interne*, qui scanne les

1. J. Locke, *An Essay Concerning Human Understanding*, *op. cit.*

2. D. M. Armstrong, *A Materialist Theory…*, *op. cit.*; W. Lycan, *Consciousness*, Cambridge (Mass.), MIT Press, 1987; *Consciousness and Experience*, *op. cit.*

outputs de ces sens de premier ordre et génère des représentations analogiques ou non conceptuelles d'ordre supérieur de certains d'entre eux au moins. Et bien que la terminologie diffère, il semblerait que ce soient ces représentations d'ordre supérieur qui soient responsables du *ressenti* [feel] qui caractérise nos états phénoménalement conscients [1]. En d'autres termes, nos états perceptifs de premier ordre sont phénoménalement conscients en vertu du fait qu'ils sont pris pour cible par des perceptions d'ordre supérieur, produites par les opérations de notre faculté de sens interne.

La forme de théorie de perception d'ordre supérieur qui, par contraste, est moins familière, est une version dispositionnelle de la théorie de la pensée d'ordre supérieur (*HOT*) [2], bien qu'elle puisse également être appelée « théorie du double contenu ». Selon cette manière de voir, certains de nos états perceptifs de premier ordre acquièrent, simultanément, un contenu analogique ou non conceptuel d'ordre supérieur en vertu du fait qu'ils sont disponibles pour une faculté de pensée d'ordre supérieur, combinée avec la vérité d'une version ou d'une autre de sémantique de la consommation – que ce soit la téléo-sémantique ou la sémantique des rôles fonctionnels ou conceptuels [3] (c'est parce qu'elle propose un ensemble d'états analogiques – ou « expérientiels » – d'ordre supérieur, qui représentent l'existence et le contenu de nos états perceptifs de premier ordre, que la théorie mérite le titre de théorie « de la *perception* d'ordre supérieur », bien qu'elle ne postule aucun *organe* de perception d'ordre supérieur).

1. Lycan (*Consciousness*, *op. cit.*) décrit les états perceptifs de premier ordre comme possédant des *qualia*, indépendamment du fait qu'ils sont pris pour cible par une perception d'ordre supérieur ; et la terminologie des « qualia » est normalement réservée aux états qui sont phénoménalement conscients. Mais je pense que l'idée qu'il a à l'esprit est simplement que les états perceptifs de premier ordre représentent des couleurs à grain fin, des textures à grain fin, etc. ; et ces états n'acquièrent une dimension de *ressenti* subjectif (donc ne deviennent phénoménalement conscients) que lorsqu'ils sont perçus par une perception d'ordre supérieur. C'est, en tout cas, ce que je supposerai dans ce qui suit (dans le cas contraire, la théorie du sens interne me semble dépourvue de tout intérêt).

2. P. Carruthers, *Phenomenal Consciousness*, *op. cit.*

3. Sur la téléosémantique, voir R. Millikan, *Language, Thought, and Other Biological Categories*, Cambridge (Mass.), MIT Press, 1984 ; « Biosemantics », *Journal of Philosophy* 86, 1989, p. 281-297 ; D. Papineau, *Reality and Representation*, Oxford, Blackwell, 1987 ; *Philosophical Naturalism*, Oxford, Blackwell, 1993. Sur la sémantique du rôle fonctionnel ou inférentiel, voir B. Loar, *Mind and Meaning*, Cambridge, Cambridge University Press, 1981 ; N. Block, « Advertisement for a semantics for psychology », *Midwest Studies on Philosophy* 10, 1986, p. 615-678 ; C. McGinn, *Mental Content*, Oxford, Blackwell, 1989 ; C. Peacocke, *A Study of Concepts*, Cambridge (Mass.), MIT Press, 1992.

Selon cette manière de voir, il n'y a pas de faculté du « sens interne », et ce sont des états appartenant à un seul et même ensemble qui ont *à la fois* des contenus analogiques ou non conceptuels de premier ordre *et* d'ordre supérieur. Il y a ainsi un ensemble d'états perceptifs de premier ordre qui sont mis à la disposition de plusieurs « systèmes de consommation » situés en aval [1]. Certains systèmes sont dévolus à la conceptualisation de premier ordre et à la planification en relation à l'environnement perçu. Un autre système a pour mission de générer des pensées d'ordre supérieur, y compris des pensées à propos de ces états perceptifs de premier ordre eux-mêmes. Et c'est en vertu du fait qu'ils sont mis à la disposition de ce dernier système de consommation que les | états perceptifs en question acquièrent 65
un double contenu. En plus d'être des représentations analogiques ou non conceptuelles de premier ordre du rouge, de la douceur, etc., ce sont donc maintenant des représentations analogiques ou non conceptuelles de second ordre du fait-de-sembler-rouge, de la douceur-vécue, et ainsi de suite; ils acquièrent donc une dimension de *subjectivité*. Et c'est cette dimension qui constitue ces états comme phénoménalement conscients, selon cette manière de voir.

Comment trancher entre ces deux versions très différentes de la théorie de la perception d'ordre supérieur ? Il y a deux problèmes significatifs avec la théorie du sens interne. L'un est qu'il est très difficile de voir une quelconque raison liée à la théorie de l'évolution qui expliquerait le développement d'un organe du sens interne. Mais une telle faculté ne serait nullement triviale sur le plan computationnel. Étant donné qu'elle serait coûteuse à construire et à maintenir, nous avons besoin d'une bonne histoire concernant les bénéfices adaptatifs qu'elle nous conférerait en retour. Mais en réalité, il n'y a aucune histoire de ce genre à proposer. Toutes les fonctions envisagées du sens interne, aussi variées soient-elles, s'avèrent soit ne pas du tout exiger un sens interne, soit présupposer une faculté pour la perception d'ordre supérieur (*HOT*), soit les deux [2]. En revanche, il n'est pas difficile, pour la théorie dispositionaliste de la pensée d'ordre supérieur, d'expliquer pourquoi une faculté de pensée d'ordre supérieur devrait avoir évolué, ni pourquoi elle devrait avoir accès à des contenus perceptifs. Ici, les explications standard concernant les bénéfices adaptatifs de la pensée sociale sophistiquée – et peut-être « machiavélienne » – suffisent certainement [3].

1. R. Millikan, *Language, Thought, and Other Biological Categories*, *op. cit.*

2. P. Carruthers, *Phenomenal Consciousness*, *op. cit.*, chap. VIII.

3. A. Byrne et A. Whiten (eds.), *Machiavellian Intelligence*, Oxford, Oxford University Press, 1988; *Machiavellian Intelligence II*, Oxford, Oxford University Press, 1998; P. Carruthers, *Phenomenal Consciousness*, *op. cit.*

L'autre problème majeur avec la théorie du sens interne est qu'il devrait être possible, pour un organe sensoriel de ce genre, de dysfonctionner, exactement comme le font parfois nos autres sens [1]. Je peux être face à une surface qui est actuellement rouge et la percevoir comme orange (en raison de conditions d'éclairage inhabituelles, ou de n'importe quoi d'autre). Ainsi, donc, il devrait aussi être possible pour moi d'avoir une expérience avec le contenu analogique ou non conceptuel de premier ordre *rouge* alors que la faculté de sens interne produit le contenu analogique ou non conceptuel d'ordre supérieur *semble orange* ou *vécu comme orange*. Dans de telles circonstances, je serais disposé à porter le jugement recognitionnel de premier ordre « c'est rouge » (spontanément, sans en inférer que la surface est rouge à partir d'une connaissance d'arrière-plan ou de croyances relatives aux circonstances de ma perception), alors que je serais en même temps enclin à dire que mon expérience de l'objet *me semble orange*. Mais il semble que rien de semblable ne se produise jamais [2].

Par contraste, encore une fois, aucune difficulté parallèle ne survient pour la théorie dispositionnelle de la pensée d'ordre supérieur, car c'est un
66 seul et même état qui a à la fois un | contenu analogique ou non conceptuel de premier ordre et d'ordre supérieur, selon cette description (il ne peut donc être question d'un contenu d'ordre supérieur qui existerait en l'absence de contenu de premier ordre). Et le contenu d'ordre supérieur est entièrement parasitaire à l'égard du contenu de premier ordre, étant produit à partir de lui en vertu de la disponibilité de ce dernier pour une faculté de pensée d'ordre supérieur. Il semble par conséquent n'y avoir aucune possibilité, pour ces contenus, de « sortir du rang » qu'ils forment l'un avec l'autre. Au contraire, l'état analogique ou non conceptuel d'ordre supérieur sera toujours *le fait qu'il semble* y avoir tel contenu analogique ou non conceptuel, quel qu'il soit.

1. S. Sturgeon, *Matters of Mind*, London, Routledge, 2000.

2. Une autre variante sur ce thème consiste à dire que, selon la théorie du sens interne, il devrait être possible pour moi d'avoir une perception d'ordre supérieur avec le contenu analogique ou non conceptuel *semble orange*, alors que je ne vis aucun état perceptif de premier ordre qui soit pertinent (exactement comme, dans le cas d'une hallucination, mes sens de premier ordre peuvent parfois produire un état avec le contenu analogique ou non conceptuel *rouge*, alors qu'il n'y a rien de coloré dans mon environnement). Dans de telles circonstances, je serais enclin à porter le jugement de premier ordre selon lequel je ne vois *rien* de coloré (spontanément, sans en inférer l'absence de couleur à partir de la connaissance des circonstances, etc.), alors qu'en même temps je dirais que j'ai une expérience qui me semble orange. Cette combinaison de jugements ne semble guère cohérente. Notez également que des problèmes similaires peuvent surgir pour la théorie actualiste de la pensée d'ordre supérieur. Voir J. Levine, *Purple Haze*, *op. cit.*

Il y a donc des difficultés auxquelles se heurte la théorie du sens interne et auxquelles ne se heurte pas la théorie dispositionnelle de la pensée d'ordre supérieur. Doit-on s'attendre à payer un prix comparable pour la théorie dispositionnelle de la pensée d'ordre supérieur, qui est une version de la théorie de la perception d'ordre supérieur ? Deux prix à payer sont parfois invoqués, mais aucun ne me semble vraiment réel ni vraiment important. En faveur de la théorie du sens interne, on avance parfois que cette approche rend plus vraisemblable l'extension de la conscience phénoménale au règne animal [1], alors que l'on dit – à juste titre – que la théorie dispositionnelle de la pensée d'ordre supérieur restreint une telle conscience aux créatures capables de pensée d'ordre supérieur (les êtres humains, et peut-être aussi les autres grands singes). Mais cet avantage invoqué est fallacieux aussi longtemps qu'on n'a pas rendu compte de la fonction évolutive du sens interne qui pourrait justifier sa vaste distribution. Et notre tentation d'attribuer très largement la conscience phénoménale aux animaux non humains est aisément expliquée comme un simple produit dérivé de nos capacités imaginatives [2], et/ou par notre manque de clarté suffisante concernant ce qui porte vraiment la charge explicative lorsque nous expliquons le comportement d'autres personnes en leur attribuant des états phénoménalement conscients [3].

L'autre « prix à payer » pour préférer la théorie dispositionnelle de la pensée d'ordre supérieur à la théorie du sens interne est que nous sommes alors obligés d'adopter une forme de sémantique de la consommation et que nous devons abandonner toute sémantique de la pure co-variance causale ou toute sémantique informationnelle, basée sur le simple versant des *inputs*. Mais cela ne me semble pas être un prix à payer du tout, car je soutiens que toute personne qui pense de façon correcte devrait adopter la sémantique de la consommation comme étant au moins un facteur déterminant du contenu intentionnel, indépendamment de toutes considérations touchant la conscience phénoménale [4].

1. W. Lycan, *Consciousness and Experience*, *op. cit.*

2. Voir P. Carruthers, *Consciousness*, *op. cit.*, chap. IX, p. 157 *sq.*

3. Voir *ibid.*, chap. XI, p. 195 *sq.*

4. G. Botterill et P. Carruthers, *The Philosophy of Psychology*, Cambridge, Cambridge University Press, 1999 [voir p. 169 : « En développant sa version de la téléo-sémantique, Millikan (*Language, Thought...*, *op. cit.*) trace une importante distinction entre les *producteurs* et les *consommateurs* de représentations mentales. Et elle affirme que ce sont les consommateurs qui sont premiers lorsqu'il s'agit de déterminer les contenus intentionnels. Dans le cas d'un percept visuel, par exemple, le système producteur sera le module visuel qui construit la représentation à partir des informations frappant la rétine. Et le système consommateur sera constitué par les différents systèmes de raisonnement pratique et de contrôle de l'action qui *utilisent* (ou peuvent utiliser) ce percept lors de leur fonctionnement normal [...].

Ma conclusion est donc celle-ci : une fois que l'on a clairement vu le contraste entre la théorie du sens interne, d'une part, et les théories dispositionnelles de la pensée d'ordre supérieur (ou théories du double contenu) – qui sont des versions de la théorie qui considère la conscience phénoménale comme une perception d'ordre supérieur (*HOP*) –, d'autre part, alors ce sont les théories dispositionnelles qui en sortent victorieuses, car il y a de puissants arguments contre la théorie du sens interne, alors qu'il n'existe pas d'arguments de poids contre la théorie dispositionnelle de la pensée d'ordre supérieur (il n'y a pas d'autres arguments que ceux dirigés contre le fait que cette manière de voir fait appel à la notion d'ordre supérieur – un aspect qui est bien sûr partagé par les deux approches).

Ce résultat est important, car nombreux sont ceux qui sont enclins à rejeter, sans autre forme de procès, les théories qui cherchent à rendre compte de la conscience phénoménale en la comprenant comme une perception d'ordre supérieur. En fait, les détracteurs de ces théories voient
67 les | faiblesses de la théorie du sens interne sans réaliser qu'il y a une forme alternative de théorie de la perception d'ordre supérieur (la théorie dispositionnelle de la pensée d'ordre supérieur, adjointe à la sémantique de la consommation), qui ne se heurte pas vraiment à ces problèmes. Dans le reste de ce chapitre, je développerai une argumentation en faveur des théories de la perception d'ordre supérieur en général, aussi bien contre les théories représentationnelles de premier ordre (*FOR*) que les théories actualistes de la pensée d'ordre supérieur. Combiner ces arguments avec ce qui a été établi brièvement dans cette section reviendra alors à fournir un argument général en faveur de la théorie dispositionnelle de la pensée d'ordre supérieur, qui est une forme de la théorie de la perception d'ordre supérieur.

EXPLIQUER LES JUGEMENTS RECOGNITIONNELS D'ORDRE SUPÉRIEUR

Il y a quelque chose comme un consensus parmi les philosophes opposés aux approches « mystérianistes » de la conscience phénoménale : la manière correcte de saper les bases des diverses expériences de pensée (zombies, expériences inversées, etc.) qui sont censées montrer que les propriétés phénoménales ne surviennent pas logiquement sur des faits

Il nous semble que l'observation de Millikan est juste et importante [...]. Il est juste de dire que la signification d'un signe, *pour un système*, peut seulement être la signification qu'il a pour les processus internes au système qui consomment ce signe ou en font usage » (NDT)].

physiques, fonctionnels ou intentionnels, est de se référer au fait que nous possédons un ensemble de *concepts* d'expérience *purement recognitionnels*[1].

L'idée est que nous avons ou pouvons former des concepts recognitionnels pour nos expériences phénoménalement conscientes qui sont dépourvus de toutes connexions conceptuelles avec nos autres concepts, qu'ils soient physiques, fonctionnels ou intentionnels. Je peux, pour ainsi dire, simplement reconnaître un type d'expérience donné comme étant *ceci* chaque fois qu'il se produit, étant admis que mon concept de *ceci* est dépourvu de toutes connexions conceptuelles avec les autres concepts que j'ai en ma possession – y compris même le concept d'*expérience*. Le fait que je possède le concept de *ceci* consiste, ni plus ni moins, à avoir la capacité de reconnaître un type d'état phénoménal donné lorsqu'il se produit[2].

Étant donné que je possède de tels concepts d'expérience purement recognitionnels, il est facile d'expliquer comment les expériences de pensée philosophiques deviennent possibles. Je peux penser, sans incohérence conceptuelle ni contradiction : « *Ce* type d'état [une expérience vécue *comme* une expérience *de* rouge] pourrait s'être produit en moi, ou pourrait normalement se produire en d'autres, en l'absence de ses causes et de ses effets réels ; donc, d'après toute conception du contenu intentionnel qui voit le contenu comme lié à des causes normales (*i.e.*, à de l'information portée) et/ou à des effets normaux (*i.e.*, à un rôle téléologique ou inférentiel), *ce* type d'état pourrait se produire sans que l'on se représente du rouge ». De la même façon, je peux penser : « *Ce* type d'état [une expérience] pourrait ne pas avoir été une expérience du tout, ou ne pas être une expérience chez les autres. Au contraire, il pourrait avoir été ou être chez les autres un état d'une | sorte tout à fait différente, qui occupe une **68**

1. B. Loar, « Phenomenal states », dans J. Tomberlin (ed.), *Philosophical Perspectives : Action theory and philosophy of mind*, Atascadero, Ridgeview, 1990 ; « Phenomenal states », dans N. Block, O. Flanagan et G. Güzeldere (eds.), *The Nature of Consciousness*, *op. cit.*, p. 597-616 ; D. Papineau, *Philosophical Naturalism*, *op. cit.* ; *Thinking about Consciousness*, Oxford, Oxford University Press, 2002 ; S. Sturgeon, « The epistemic view of subjectivity », *Journal of Philosophy* 91, 1994, p. 221-235 ; *Matters of Mind*, *op. cit.* ; M. Tye, *Ten Problems…*, *op. cit.* ; *Consciousness, Color and Content*, *op. cit.* ; P. Carruthers, *Phenomenal Consciousness*, *op. cit.*

2. Ceux qui défendent l'existence de tels concepts sont donc obligés, naturellement, de rejeter les arguments (tout à fait différents) avancés par L. Wittgenstein (*Philosophical Investigations*, Oxford, Blackwell, 1953, trad. fr. É. Rigal (dir.), *Recherches philosophiques*, Paris, Gallimard, 2004) et J. Fodor (« There are no recognitional concepts, not even RED », dans *id.*, *In Critical Condition*, Cambridge (Mass.), MIT Press, 1998, chap. IV) contre la possibilité même de concepts purement recognitionnels. Heureusement, aucun des deux ensembles d'arguments n'est absolument contraignant, même si je ne tenterai pas de le démontrer ici.

position différente dans l'architecture causale de la cognition». Plus radicalement encore, je peux penser: «Il pourrait y avoir un être (un zombie) qui avait toutes mes propriétés internes physiques, fonctionnelles et intentionnelles, mais qui était dépourvu de *ceci* et de *cela* – qui était, en fait, dépourvu de *ces* états».

Maintenant, du fait que nous avons des *concepts* d'états phénoménalement conscients qui sont dépourvus de toutes connexions conceptuelles avec des concepts physiques, fonctionnels ou intentionnels, il ne s'ensuit pas, évidemment, que les *propriétés* désignées par nos concepts purement recognitionnels ne sont pas des propriétés physiques, fonctionnelles ou intentionnelles. Nous pouvons donc expliquer les expériences de pensée philosophiques tout en affirmant que la conscience phénoménale est explicable de manière réductive en des termes physiques, fonctionnels ou intentionnels. En effet, il me semble de plus en plus – à moi et à d'autres – que toute personne voulant naturaliser la conscience phénoménale doit souscrire à l'existence de concepts d'expérience purement recognitionnels.

Les partisans de la théorie qui envisage la conscience phénoménale comme une perception d'ordre supérieur (*HOP*) sont bien placés pour expliquer l'existence de concepts d'expérience purement recognitionnels. Nous pouvons dire ceci. De même que nos contenus perceptifs analogiques de premier ordre peuvent fonder des concepts purement recognitionnels pour des qualités secondaires dans nos environnements (et nos corps), nos contenus perceptifs analogiques d'ordre supérieur peuvent fonder des concepts purement recognitionnels pour nos expériences de premier ordre elles-mêmes. Les contenus perceptifs de premier ordre *vert analogique*, *doux analogique*, et ainsi de suite, peuvent servir à fonder les concepts recognitionnels *vert*, *doux*, etc. De façon similaire, donc, les contenus perceptifs d'ordre supérieur *vert vécu analogique* et *doux vécu analogique* peuvent servir à fonder les concepts d'expérience purement recognitionnels *cet* état-*ci* et *cet* état-*là*. Et de tels concepts sont fondés dans la conscience [*awareness*] (d'ordre supérieur) de leurs objets, exactement comme nos concepts recognitionnels *vert* et *doux* sont fondés dans la conscience (de premier ordre) des propriétés secondaires concernées.

Cependant, ni les théories de premier ordre (*FOR*) du genre de celles défendues par Dretske et Tye[1], ni les théories actualistes de la pensée d'ordre supérieur (*HOT*) du genre de celle proposée par Rosenthal[2] ne

1. F. Dretske, *Naturalizing the Mind*, *op. cit.*; M. Tye, *Ten Problems...*, *op. cit.*; *Consciousness, Color and Content*, *op. cit.*

2. D. Rosenthal, «Thinking that one thinks», art. cit.; «A theory of consciousness», art. cit.

peuvent rendre compte adéquatement de notre possession de concepts d'expérience purement recognitionnels. C'est du moins ce que je vais brièvement soutenir[1].

Selon les théories représentationnelles de premier ordre, la conscience phénoménale consiste en un genre distinctif de contenu (analogique ou non conceptuel) figurant en position distinctive dans la cognition (calibrés pour avoir un impact sur la pensée et le centre de décision, disons). De tels contenus sont appropriés pour fonder des applications recognitionnelles de premier ordre de concepts de qualités secondaires, tels que *vert*, *doux*, etc. Mais quelle base peuvent-ils fournir pour la recognition d'ordre supérieur de ces expériences de premier ordre elles-mêmes ? Le contenu perceptif *vert analogique* peut fonder une application recognitionnelle du concept *vert*. Mais comment un tel contenu pourrait-il fonder une application recognitionnelle du | concept *ceci* (*cette* expérience de vert) ? Ce n'est pas le 69
bon genre de contenu pour fonder l'application d'un concept recognitionnel d'ordre supérieur, car si de tels concepts doivent être appliqués de façon recognitionnelle, alors cela signifie qu'ils doivent être associés à une présentation analogique ou non conceptuelle des propriétés auxquelles ils s'appliquent. Et cela signifie, assurément, un contenu analogique d'ordre supérieur ou une perception d'ordre supérieur.

Une option pour un partisan de la théorie représentationnelle de premier ordre serait alors de dire, comme le fait Dretske[2], que le concept d'ordre supérieur s'applique à l'expérience indirectement, via la recognition de la propriété, pour l'expérience, d'être une expérience *de*. D'après une telle manière de voir, le concept recognitionnel putatif *ceci* (*cette* expérience vécue *comme* une expérience *de* vert) est réellement un concept de la forme *mon expérience de ceci* (*ce vert*). Mais cela signifie alors que le concept n'est pas, après tout, un concept purement recognitionnel. Au contraire, il est lié de manière définitionnelle au concept d'*expérience*, et donc à la présence de vert [*greenness*]. Et par conséquent, nous ne pouvons plus expliquer la cohérence apparente des pensées : « *Ceci* (*cette* expérience vécue *comme* une expérience *de* vert) pourrait ne pas avoir été une expérience, et pourrait ne pas avoir été une expérience *de ceci* (*ce* vert) ».

Une autre option pour un partisan des théories représentationnelles de premier ordre serait de défendre une forme d'explication *brute-causale*,

1. Pour une plus ample élaboration de certains de ces arguments, spécialement en ce qui concerne les théories représentationnelles de premier ordre, voir P. Carruthers, *Consciousness*, *op. cit.*, chap. V, p. 79 *sq.*

2. F. Dretske, *Naturalizing the Mind*, *op. cit.*

comme Loar semble tenté de le faire [1]. D'après cette conception, le concept recognitionnel d'ordre supérieur *ceci* (cette expérience *comme* expérience *de* vert) n'aurait pas le contenu quasi-descriptif supposé par Dretske. Bien plutôt, les applications de ce concept seraient causées par la présence du genre d'expérience approprié (*comme* expérience *de* vert) sans la médiation de quelque état mental que ce soit et, plus spécifiquement, sans la médiation d'un quelconque état perceptif d'ordre supérieur. Mais cette conception mécomprend totalement la phénoménologie du jugement recognitionnel d'ordre supérieur. Lorsque je juge de façon recognitionnelle que « voici encore *ce* type d'expérience », je le fais sur la base de la *conscience de* ce que mon jugement concerne – un type donné d'expérience. Je ne juge pas, pour ainsi dire, *aveuglément*, comme le voudrait l'explication brutale-causale.

Finalement, un partisan des théories représentationnelles de premier ordre pourrait admettre que nous avons bel et bien des perceptions d'ordre supérieur (*HOP*) pour fonder nos concepts recognitionnels de l'expérience, tout en niant que c'est ce qui constitue ces expériences en tant qu'expériences phénoménalement conscientes (Tye semble parfois tenté d'adopter une position de cette sorte) [2]. Au contraire, on pourrait dire que tous les contenus perceptifs analogiques de premier ordre sont phénoménalement conscients, mais seuls certains d'entre eux sont visés par des contenus perceptifs d'ordre supérieur de manière à fonder des concepts d'expérience purement recognitionnels.

Un problème avec cette proposition, cependant, est qu'elle nous oblige à accepter l'existence d'états phénoménalement conscients qui sont inaccessibles à leurs sujets. Autrement dit, elle exige de nous que nous croyions qu'il peut y avoir des états phénoménalement conscients dont les sujets ne peuvent pas être conscients [*aware*]. Car, comme je le remarquerai brièvement ci-dessous dans la section 4, il y a maintenant une preuve robuste en faveur de l'existence de systèmes perceptifs dont les *outputs* sont inaccessibles à la conscience, au sens où ils ne sont pas disponibles pour la conscience d'ordre supérieure ou pour un compte rendu verbal. Et
70 c'est une chose d'affirmer qu'il | peut y avoir des états phénoménalement conscients dont nous nous avérons ne pas être conscients à cause d'autres choses qui requièrent notre attention (certains ont voulu décrire les exemples du type du « conducteur qui a l'esprit absent » en ces termes), mais c'est tout autre chose d'affirmer qu'il y a en nous des états phénoménalement conscients dont nous ne *pouvons pas* être conscients, ou auxquels nous sommes *aveugles*. Ce serait très difficile à accepter.

1. B. Loar, « Phenomenal states », art. cit.
2. M. Tye, *Ten Problems…*, *op. cit.*

Une autre difficulté liée à la proposition évoquée ci-dessus est qu'elle paraît confondre deux formes distinctes de subjectivité. Tout état perceptif de premier ordre sera, en un sens, subjectif. Autrement dit, il offrira un regard subjectif sur l'environnement de l'organisme, présentant cet environnement d'une manière plutôt que d'une autre en fonction de la perspective de l'organisme et de ses capacités discriminatoires. Toute forme de perception inclura donc un genre de subjectivité dans la manière dont le monde est présenté à l'organisme. Mais la conscience phénoménale inclut sûrement une forme de subjectivité beaucoup plus riche que celle-là. Elle inclut, non seulement une manière distinctive dont le monde se présente à nous dans la perception, mais aussi une manière distinctive dont nos états perceptifs eux-mêmes se présentent à nous. Ce n'est pas seulement le monde qui nous semble être d'une certaine manière, mais nos expériences du monde, elles aussi, nous apparaissent d'une certaine manière, et ont un *ressenti* distinctif ou une phénoménologie. Et cela requiert la présence d'une forme de conscience d'ordre supérieur qui ferait défaut dans la proposition représentationnelle de premier ordre (*FOR*) avancée ci-dessus.

Ainsi, donc, les théories représentationnelles de premier ordre se heurtent à de sérieuses difficultés lorsqu'il s'agit de rendre compte de notre possession de concepts d'expérience purement recognitionnels. Des difficultés similaires surgissent pour la théorie actualiste de la pensée d'ordre supérieur (*HOT*), du genre de celle défendue par Rosenthal [1]. D'après cette explication, une expérience devient phénoménalement consciente en vertu de la conscience conceptuelle que le sujet possède de l'occurrence de cette expérience – ce qui veut dire : étant donné que l'expérience cause (et cause immédiatement, sans auto-interprétation) une pensée d'ordre supérieur, à savoir la pensée qu'une telle expérience a lieu. Mais en l'absence de tout contenu perceptif d'ordre supérieur pour fonder de telles pensées d'ordre supérieur, cette approche revient seulement à adopter une autre version de l'explication « brute-causale » discutée ci-dessus, et souffre des mêmes difficultés qu'elle [2].

1. D. Rosenthal, « Thinking that one thinks », art. cit. ; « A theory of consciousness », art. cit. [voir aussi le présent volume, p. 138-170].

2. Cela fait-il la moindre différence ici si, au lieu d'identifier une expérience phénoménalement consciente à une expérience qui est visée par une pensée d'ordre supérieur, le partisan des théories d'ordre supérieur identifie l'expérience phénoménalement consciente à un état *complexe* qui englobe à la fois l'expérience de premier ordre et la pensée d'ordre supérieur, éventuellement avec les contenus des deux états qui le composent adéquatement intégrés l'un à l'autre (voir U. Kriegel, « Consciousness as intransitive self-consciousness », *Canadian Journal of Philosophy* 33, 2003, p. 103-132) ? Cela ne fait aucune différence. La pensée d'ordre supérieur qui compose l'état est toujours *aveugle* à l'égard de l'expérience

Spécifiquement, la théorie actualiste de la pensée d'ordre supérieur ne peut pas rendre compte de la manière dont nos pensées d'ordre supérieur à propos de nos expériences paraissent être fondées dans une sorte de conscience non conceptuelle de ces expériences. Par conséquent, elle ne
71 peut pas non plus | expliquer comment sont possibles des concepts d'expérience (d'ordre supérieur) purement recognitionnels qui demeurent similaires à des concepts de couleur recognitionnels (de premier ordre). De même que mes jugements sur du « vert » sont fondés dans la conscience perceptive du vert (guidés, dans leur application, par le contenu *vert analogique*), mes jugements sur « cet état » sont fondés dans la conscience de l'état en question, ce qui requiert qu'ils soient guidés par un contenu perceptif d'ordre supérieur tel que *vert vécu analogique*.

Selon la théorie actualiste de la pensée d'ordre supérieur, il y a un sens dans lequel on peut dire que mes jugements d'expérience recognitionnels sont portés *aveuglément*[1]. Je me trouve moi-même en train de porter des jugements d'ordre supérieur sur l'occurrence de l'expérience, mais sans que ces jugements soient fondés dans quelque autre conscience que ce soit de ces expériences elles-mêmes. C'est plutôt comme si je me trouvais moi-même en train de porter des jugements de couleur (par exemple, « Rouge ici encore ») en l'absence de toute conscience perceptive de couleur. Mais un jugement d'ordre supérieur ne paraît pas du tout être comme cela. Lorsque je pense : « Voici encore *cette* expérience », je pense comme je le fais parce que je suis conscient de l'expérience en question. Je peux réfléchir sur le caractère approprié de mon jugement, étant donné les propriétés de l'expérience, par exemple. Cela requiert la présence de perceptions d'ordre supérieur (*HOP*) de cette expérience.

qu'elle vise (voir la discussion qui suit cette note dans le corps de texte). Et il n'y a toujours aucune explication de la raison pour laquelle l'expérience de premier ordre qui est « liée » dans un état complexe contenant une pensée d'ordre supérieur à propos d'elle-même devrait acquérir les propriétés de subjectivité et de *ressenti* qui sont la marque de la conscience phénoménale (voir la discussion dans la section 4 de ce chapitre). En outre, il reste toujours le problème parallèle à l'une des principales objections contre la théorie du sens interne, à savoir qu'il devrait être possible de trouver des cas où les contenus des deux états qui composent l'état total sont en inadéquation l'un avec l'autre, ou des cas où le composant d'ordre supérieur se présente en l'absence du composant de premier ordre.

1. Je ne veux *pas* dire par là que mes jugements d'ordre supérieur sont *non conscients*, car ce point n'est pas problématique. Il est communément admis que les représentations d'ordre supérieur qui rendent nos percepts de premier ordre conscients ne sont pas elles-mêmes des représentations conscientes, en général. Je veux plutôt dire que, pour la théorie actualiste de la pensée d'ordre supérieur, les jugements d'expérience d'ordre supérieur ne sont pas fondés dans la conscience de leurs objets, ce qui exclut qu'on puisse les considérer comme authentiquement *recognitionnels*.

POURQUOI CERTAINS ÉTATS SONT PHÉNOMÉNAUX ET D'AUTRES NON

Comme on l'a vu, une difficulté à la fois pour les théories de premier ordre (*FOR*) et les théories actualistes de la pensée d'ordre supérieur (*HOT*) qui cherchent à rendre compte de la conscience phénoménale, est que ni les unes ni les autres ne peuvent rendre compte adéquatement de l'existence de jugements d'expérience purement recognitionnels. Une autre objection, tout aussi puissante, est que ni les unes ni les autres ne peuvent expliquer pourquoi certains états perceptifs sont phénoménaux et d'autres non. Autrement dit, aucune d'entre elles ne peut rendre compte adéquatement de ce en vertu de quoi certains états analogiques ou non conceptuels ont les propriétés distinctives de la conscience phénoménale et d'autres non. Mais pour établir ce point, je dois d'abord dire quelques mots de la distinction conscient/inconscient, telle qu'elle s'applique aux états perceptifs.

La preuve de l'existence d'états perceptifs inconscients dans toutes les modalités sensorielles est aujourd'hui tout à fait bien établie[1]. Je me concentrerai ici sur le cas de la vision. Pour établir ce point, Armstrong utilise l'exemple du conducteur dont l'esprit est absent[2]. La plupart d'entre nous, a un moment ou un autre, avons eu l'expérience plutôt déconcertante d'« arriver à destination » après avoir conduit en « pilote automatique » pendant que notre attention était dirigée ailleurs – peut-être par rêverie ou parce que nous étions engagés dans une intense | conversation avec un 72
passager. Nous ne nous sommes apparemment pas aperçu consciemment [*consciously aware*] de la portion de route que nous venions de prendre ni des obstacles que nous avions évités en chemin. Mais nous devons assurément les avoir *vus*, sans quoi nous aurions eu un accident. D'autres ont utilisé l'exemple de la vision aveugle[3]. La vision aveugle désigne une condition dans laquelle les sujets ont subi la destruction d'une partie de leur cortex visuel primaire et sont apparemment, suite à cela, devenus aveugles dans une région de leur champ visuel. Mais on sait aujourd'hui depuis un certain temps que, si l'on demande aux sujets de *deviner* les propriétés de leur champ « aveugle » (par exemple, d'indiquer s'il contient une grille horizontale ou verticale, ou s'il contient un « X » ou un « O »), ils s'avèrent deviner de façon remarquablement exacte. Les sujets peuvent donc atteindre et saisir des objets dans leur champ « aveugle » avec une

1. B. Baars, *In the Theatre of Consciousness*, Oxford, Oxford University Press, 1997 ; L. Weiskranz, *Consciousness Lost and Found*, Oxford, Oxford University Press, 1997.

2. D. M. Armstrong, *A Materialist Theory...*, *op. cit.*

3. L. Weiskrantz, *Blindsight*, Oxford, Oxford University Press, 1986 ; P. Carruthers, *Language, Thought and Consciousness*, Cambridge, Cambridge University Press, 1996.

exactitude d'environ quatre-vingt pourcents par rapport à la normale, et peuvent attraper une balle lancée depuis leur zone « aveugle », tout cela sans aperception consciente [*conscious awareness*] [1].

Plus récemment, un argument encore plus convaincant pour l'existence d'une expérience visuelle non consciente a été généré par la *théorie des deux systèmes visuels* proposée et défendue par Milner et Goodale [2] (voir *Fig. 2*). Ils ont passé en revue de nombreux genres de preuve neurologique et neuro-psychologique en faveur de l'indépendance substantielle de deux systèmes visuels distincts, instanciés respectivement dans les lobes temporaux et les lobes pariétaux. Ils en ont conclut que les lobes pariétaux fournissaient un ensemble de modules spécialisés semi-indépendants pour le contrôle visuel de l'action en ligne, tandis que les lobes temporaux sont primairement concernés par plus de fonctions hors-ligne telles que l'apprentissage visuel, la recognition d'objets, et la planification d'actions en relation à l'environnement perçu. Et seules les expériences générées par le système des lobes temporaux sont phénoménalement conscientes, d'après eux [3].

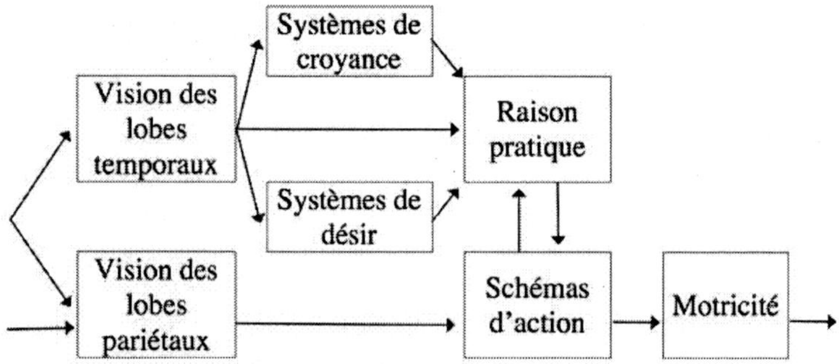

Figure 2

1. Voir L. Weiskrantz (*Consciousness Lost…, op. cit.*) pour les détails et la discussion.

2. D. Milner et M. Goodale, *The Visual Brain in Action*, Oxford, Oxford University Press, 1995.

3. Notez que ce n'est pas là l'ancienne distinction familière entre le *quoi* et le *où* des systèmes visuels, mais plutôt une distinction qui en prend la relève, car le système des lobes temporaux est censé avoir accès à la fois à de l'information sur les propriétés du perçu et à de l'information spatiale. Il s'agit au contraire d'une distinction entre un système combiné *quoi-où*, localisé dans les lobes temporaux, et un système *comment faire-pour* ou un système de guidage de l'action localisé dans les lobes pariétaux. Notez aussi que l'hypothèse des deux systèmes visuels dispose des ressources nécessaires pour expliquer les données de vision aveugle, en vertu des *inputs* qui sont disponibles pour le système pariétal indépendamment du cortex visuel primaire (zone V1).

| Pour saisir la teneur de l'hypothèse de Milner et Goodale, considérez 73
seulement une donnée parmi toutes celles qu'ils fournissent[1]. Il y a un syndrome neurologique appelé *agnosie visuelle des formes*, qui résulte de lésions localisées dans les deux lobes temporaux, laissant le cortex visuel primaire et les lobes pariétaux intacts (l'agnosie visuelle des formes est normalement causée par un empoisonnement au monoxyde de carbone, pour des raisons que l'on a du mal à comprendre). De tels patients ne peuvent pas reconnaître les objets ou les formes, et peuvent être peu aptes à avoir une expérience visuelle consciente; mais leurs capacités sensorimotrices demeurent largement intactes.

Un patient particulier (D.F.) a été examiné de façon extrêmement détaillée. Bien que D.F. soit sérieusement agnosique, il n'est pas complètement dépourvu d'expérience visuelle consciente. Ses capacités à percevoir les couleurs et les textures sont presque complètement préservées (quant à savoir pourquoi ce sont justement ces modules inférieurs qui ont été épargnés dans son cortex temporal, c'est quelque chose que l'on ignore). En conséquence, il peut parfois deviner l'identité d'un objet présenté – reconnaître une banane, disons, à partir de sa couleur jaune et de la texture distinctive de sa surface. Mais il est incapable de percevoir la forme de la banane (d'indiquer si elle est droite ou courbe), ni son orientation (droite ou horizontale, pointant vers lui ou disposée de travers). Mais la plupart de ses capacités sensorimotrices sont proches de la normale – il serait capable de toucher et de prendre la banane, de l'orienter, d'orienter sa main et son poignet de façon appropriée pour sa position et son orientation, et de réaliser une préhension normale et appropriée avec ses doigts.

Dans des conditions expérimentales, on constate que, bien qu'identifier l'orientation d'une ligne épaisse ou d'une boîte aux lettres soit une question de chance pour D.F., ce dernier se comporte presque normalement lorsqu'il poste une lettre à travers une fente de forme similaire orientée selon un angle aléatoire. De la même façon, bien que ses tentatives pour distinguer des blocs rectangulaires de tailles très différentes soit aussi une question de chance, ses comportements tactiles et préhensiles, lorsqu'on lui demande de prendre tel bloc, sont virtuellement impossibles à distinguer des comportements de contrôle normaux. Il est très difficile de donner un sens à ces données sans supposer que le système perceptif senso-

1. Pour une discussion philosophique plus détaillée, voir P. Carruthers, *Phenomenal Consciousness*, *op. cit.*; A. Clark, « Visual experience and motor action : Are the bonds too tight ? », *Philosophical Review* 110, 2002, p. 495-520; P. Jacob et M. Jeannerod, *Ways of Seeing*, Oxford, Oxford University Press, 2003.

rimoteur est fonctionnellement et anatomiquement distinct de la recognition d'objets et du système conscient[1].

Il y a donc un argument puissant qui nous incite à penser qu'il y a aussi bien des percepts visuels non conscients que des percepts visuels conscients. Tandis que les perceptions qui fondent vos pensées lorsque vous concevez des projets en relation à l'environnement perçu (« Je vais prendre *celui-là* ») peuvent être conscientes, et tandis que vous continuerez à avoir des perceptions conscientes de ce que vous faites lorsque vous agissez, les états perceptifs qui guident effectivement le détail de vos mouvements lorsque vous touchez et saisissez l'objet ne seront *pas* des états conscients, si du moins les travaux de Milner et Goodale sont corrects.

74 | Mais qu'est-ce que cela implique pour la conscience *phénoménale*, par opposition à la conscience d'*accès*[2] ? Ces percepts non conscients doivent-ils aussi manquer de propriétés *phénoménales* ? C'est ce que pensent la plupart des gens. Tandis qu'on peut être amené à croire que les perceptions du conducteur dont l'esprit est absent peuvent rester phénoménalement conscientes (peut-être en dehors du focus de l'attention, ou instantanément oubliées), il est très difficile de croire que les percepts de vision aveugle des états perceptifs sensorimoteurs de D. F. pourraient être des états phénoménalement conscients, car ce sont des perceptions auxquelles les sujets de ces états sont *aveugles*, et dont il ne *peuvent pas* être conscients. La question, donc, est la suivante : en quoi consiste la différence pertinente ? Qu'est-ce qui, dans une perception qui tombe dans notre conscience d'accès, rend cette perception *phénoménale*, et qui inversement fait défaut dans un état perceptif de vision aveugle ? Les partisans de la théorie de la perception d'ordre supérieur (*HOP*) pensent unanimement que la différence pertinente consiste en un contenu perceptif d'ordre supérieur qui serait présent dans le premier cas et absent dans le second, un contenu perceptif en vertu de la présence duquel l'état serait un état *dont le sujet est perceptivement conscient*.

Les théories de premier ordre (*FOR*), par contraste, rencontrent des difficultés considérables sur ce point. À moins que les défenseurs de telles théories choisissent de répondre en rejetant les données, ou en soutenant que même les percepts sensorimoteurs de vision aveugle sont des percepts phénoménalement conscients, il ne reste en fait qu'une seule option

1. Il y a aussi des syndromes dans lesquels le système de recognition d'objet associé aux lobes temporaux est laissé intact, mais dans lesquels le système *comment faire-pour* des lobes pariétaux est endommagé. Nous avons donc ici une *double* dissociation. À partir de sujets normaux, on a aussi prouvé expérimentalement que les deux systèmes pouvaient être doublement dissociés. Voir D. Milner et M. Goodale, *The Visual Brain in Action*, *op. cit.*

2. N. Block, « On a confusion about a function of consciousness », art. cit.

viable : faire appel aux différences fonctionnelles entre les percepts des différents genres pour expliquer pourquoi un ensemble est phénoménalement conscient tandis que les autres ne le sont pas. Car il faut remarquer que les percepts construits par le système des lobes temporaux sont disponibles pour la pensée conceptuelle et la formation de projets, mais pas pour guider des mouvements fins en ligne [*on-line*], tandis que l'inverse est vrai des percepts produits par le système pariétal. Un partisan des théories représentationnelles de premier ordre pourrait donc dire que c'est la *disponibilité pour la pensée conceptuelle* qui fait d'un état perceptif – qui, autrement, est non conscient – un état phénoménalement conscient [1].

Si la théorie proposée consistait en une thèse d'identité brute, alors une telle position pourrait être acceptable (ou, du moins, aussi acceptable que l'ont jamais été de telles thèses, si ce qu'on cherche vraiment est une *explication*) [2]. Mais les défenseurs des théories représentationnelles de premier ordre sont censés être engagés dans l'entreprise consistant à *expliquer* la conscience phénoménale de façon réductive. Et | la raison pour laquelle la 75
présence de pensée conceptuelle et/ou projective devrait faire une telle différence, est complètement laissée dans l'ombre. Pourquoi un état perceptif avec le contenu *vert analogique*, par exemple, devrait-il rester inconscient s'il n'est disponible que pour guider les mouvements, mais devrait devenir phénoménalement conscient s'il est utilisé pour informer des pensées conceptualisées (telles que « Celui-là est vert » ou « Je prendrai le vert ») ? Certes, il y a une grande différence entre penser et agir. Mais

1. R. Kirk, *op. cit.* ; M. Tye, *Ten Problems...*, *op. cit.*

2. N. Block et R. Stalnaker (« Conceptual analysis, dualism and the explanatory gap », *The Philosophical Review* 108, 1999, p. 1-46) soutiennent que des identités ne sont pas les genres de faits qui *admettent* une plus ample explication. Considérez, par exemple, l'identité de l'eau et de H_2O. Si quelqu'un demande « *Pourquoi* l'eau est-elle H_2O ? », il semble que nous puissions seulement répondre (de façon vide) « Parce qu'elle l'est ». On ne peut pas *expliquer* l'identité de l'eau et de H_2O. Au contraire, les faits d'identité sont des faits *bruts* (non explicables davantage). Maintenant, il est vrai que les identités ne peuvent pas être expliquées en tant que telles. Mais il est aussi vrai que, si l'identité doit être considérée comme une réduction réussie de la propriété de niveau supérieur qui est en question, alors il doit être possible de déployer des caractéristiques de la propriété qui figurent du côté réducteur de la thèse d'identité, de façon à expliquer les caractéristiques distinctives de la propriété qui figure de l'autre côté (la propriété réduite). Considérez à nouveau l'identité de l'eau et de H_2O. Ne pensons-nous pas qu'il doit être possible de déployer des faits à propos de H_2O, en tant que tel, afin d'expliquer les propriétés distinctives de l'eau – pourquoi elle est incolore et inodore, pourquoi elle est liquide à températures ambiantes, pourquoi elle bout à 100° centigrades, et ainsi de suite ? Il en va de même, alors, de la conscience phénoménale. Une identité postulée, ici, ne peut être acceptable que si nous pouvons déployer les propriétés en question de façon à expliquer certaines des caractéristiques distinctives de la phénoménalité.

quelle raison y a-t-il de croire que cette différence peut expliquer la différence entre la phénoménalité et l'absence de phénoménalité ?

La théorie actualiste de la pensée d'ordre supérieur (*HOT*) se heurte essentiellement à la même difficulté. En expliquant pourquoi les percepts sensorimoteurs ne sont pas phénoménalement conscients, un partisan des théories de la pensée d'ordre supérieur peut indiquer que, alors que de tels percepts guident le mouvement, ils ne donnent pas lieu à des pensées ni à des jugements d'ordre supérieur. Par contraste, les percepts produits par le système visuel des lobes temporaux sont disponibles pour la pensée conceptuelle et le raisonnement en général, et pour la pensée d'ordre supérieur en particulier. Et la thèse peut alors être avancée que les états perceptifs phénoménalement conscients produits par le système des lobes temporaux sont ceux qui sont effectivement la cible d'une pensée d'ordre supérieur portant sur eux-mêmes.

Mais pourquoi la présence d'une croyance d'ordre supérieur à propos de l'existence d'un état perceptif de premier ordre devrait-elle rendre cet état phénoménalement conscient ? Pourquoi la conscience *d'accès* d'ordre supérieur devrait-elle générer de la conscience *phénoménale* ? L'état de premier ordre demeure le même, identique à ce qu'il était en l'absence de la pensée d'ordre supérieur (ou s'il change, ce sera seulement via un déplacement des espaces perceptifs de similarité du genre de celui qui est souvent causé par l'application d'un concept – comme lorsque je peux faire changer l'aspect d'une figure de canard-lapin en y appliquant différents concepts –, non un changement conduisant de l'absence d'un *ressenti* subjectif à sa présence). Et la pensée d'ordre supérieur en question, de façon caractéristique, ne serait pas une pensée consciente. Il semble que les partisans de la théorie actualiste de la pensée d'ordre supérieur n'aient d'autre option que d'avancer une thèse d'identité brute en disant qu'être un état phénoménalement conscient n'*est* rien d'autre qu'être un état perceptif visé par une pensée d'ordre supérieur (*HOT*). Mais cela revient à abandonner la tentative d'une *explication* réductive des phénomènes [1].

1. Pour une discussion des exigences qui pèsent sur une explication réductive réussie en général, et sur les explications réductives de la conscience phénoménale en particulier, voir P. Carruthers, *Consciousness*, *op. cit.*, chap. II (p. 18 *sq.*) et chap. VI (p. 98 *sq.*).

LA THÉORIE DE LA PERCEPTION D'ORDRE SUPÉRIEUR TOMBE-T-ELLE SOUS LE COUP DE LA MÊME OBJECTION ?

J'ai défendu l'idée (dans la section 3) que les théories de premier ordre (*FOR*) et les théories actualistes de la pensée d'ordre supérieur rencontrent essentiellement le même problème lorsqu'il s'agit d'expliquer comment nous pouvons avoir des concepts d'expérience purement recognitionnels, tandis que | les théories de la perception d'ordre supérieur (*HOP*) sont bien **76**
placées pour fournir une telle explication. J'ai aussi soutenu (dans la section 4) que ni les théories représentationnelles de premier ordre ni la théorie actualiste de la pensée d'ordre supérieur ne peuvent rendre compte adéquatement de la distinction conscient/non conscient, en expliquant pourquoi certains états perceptifs sont phénoménalement conscients alors que d'autres ne le sont pas. Mais les théories de la perception d'ordre supérieur procèdent-elles de façon satisfaisante à ce dernier égard, et si oui comment ? Par commodité, je reformulerai maintenant la discussion dans les termes qui sont ceux de la théorie de la perception d'ordre supérieur que je défends effectivement, à savoir la théorie dispositionnelle de la pensée d'ordre supérieur. D'après cette approche, la conscience phénoménale réside dans le double contenu perceptif (à la fois de premier ordre et d'ordre supérieur) possédé par ces états perceptifs qui sont mis à la disposition de la pensée d'ordre supérieur (*HOT*) (étant donné la vérité d'une forme ou d'une autre de sémantique de la consommation).

Initialement, l'explication de la différence entre les états produits par les systèmes visuels des lobes pariétaux et des lobes temporaux est simple et directe. Les *outputs* du système sensorimoteur sont des contenus analogiques de premier ordre qui sont utilisés à la simple fin de guider le mouvement et, en tant que tels, ils ne sont pas phénoménalement conscients. Les *outputs* du système des lobes temporaux, par contraste, sont disponibles pour une variété de systèmes de consommation à courant descendant (tels que la planification des actions), parmi lesquels se trouve une faculté pour la pensée d'ordre supérieur (*HOT*). Et c'est en vertu du fait qu'ils sont mis à la disposition de cette faculté de pensée d'ordre supérieur que les états analogiques de premier ordre produits par le système des lobes temporaux en viennent à acquérir, en même temps, des contenus analogiques d'ordre supérieur (étant donné la vérité de la sémantique de la consommation). Et c'est en vertu de la possession d'un double contenu de ce genre que les états perceptifs en question sont phénoménalement conscients[1].

1. Suis-je ici en train de prendre la théorie dispositionnelle de la pensée d'ordre supérieur pour un standard moins exigeant que celui que l'on vient d'imposer aux théories actualistes de

Voici toutefois une objection que l'on pourrait soulever[1]. Même si nous n'avons pas d'exemples effectifs sous la main, il *pourrait* assurément arriver que des états perceptifs à double contenu se produisent sans être accessibles aux sujets de ces états (*e.g.*, sans être mis à la disposition de la pensée consciente et/ou sans pouvoir être rapportés dans le discours). Par exemple, il se pourrait qu'il y ait une faculté séparée de pensée d'ordre supérieur qui gère les *outputs* du système visuel sensorimoteur pour une certaine raison, faisant aussi de ces états des états à double contenu. Donc, si je veux soutenir que de tels états ne sont pas vraiment des états phénoménalement conscients, ne dois-je pas faire appel à des considérations relatives aux rôles fonctionnels, exactement comme c'était le cas pour la théorie représentationnelle de premier ordre ci-dessus ? Ne dois-je pas dire que les états phénoménalement conscients sont des états perceptifs à double contenu *qui peuvent être rapportés dans le discours*, ou quelque chose de ce genre ? Et dans ce cas, ne puis-je pas, aussi, être accusé de postuler ici une identité brute, et d'abandonner l'explication réductive ?

Une première réponse est qu'il est extrêmement peu probable qu'il doive *effectivement* y avoir des doubles contenus de ce genre qui ne soient pas disponibles pour nous, et ce parce que la pensée d'ordre supérieur a un coût. Pour autant que nous le sachons, la capacité d'avoir une pensée
77 d'ordre supérieur n'est apparue qu'une | seule fois dans l'histoire de la vie sur terre, quelque part dans la lignée des grands singes et des hominidés (peut-être seulement avec l'apparition de l'*Homo*)[2]. L'idée qu'il pourrait y avoir une capacité de pensée d'ordre supérieur attachée aux *outputs* du système sensorimoteur, ou intégrée quelque part dans notre module de discrimination chromatique ou n'importe où ailleurs, est extrêmement peu vraisemblable. Je ne pense donc pas qu'il y ait des exemples *réels* d'états analogiques possédant un double contenu dont nous n'aurions aucune conscience d'accès (à la manière où il y *a bel et bien* quantité d'exemples réels d'états perceptifs de premier ordre dont nous n'avons aucune conscience d'accès).

la pensée d'ordre supérieur et aux théories représentationnelles de premier ordre ? Non, car l'idée de contenu double *peut* expliquer de façon réductive les différentes caractéristiques de la conscience phénoménale, particulièrement l'*aspect subjectif* de cette dernière et la manière dont cet aspect subjectif peut fonder des concepts d'expérience purement recognitionnels. Voir P. Carruthers, *Consciousness*, *op. cit.*, chap. VI, p. 98 *sq*.

1. A. Byrne, « Review of *Phenomenal Consciousness* by Peter Carruthers », *Mind* 110, 2001, p. 440-442.

2. Pour un regard sceptique sur les capacités mentalisantes des chimpanzés, voir D. Povinelli, *Folk Physics for Apes*, Oxford, Oxford University Press, 2000.

Je concède, cependant, qu'il est logiquement possible qu'il puisse y avoir des événements à double contenu qui ne sont pas conscients (en un sens). Mais ici, il est vraiment important de souligner la distinction entre la conscience *phénoménale* et différentes formes de conscience d'*accès*. Arrêtons de tergiverser : j'endosse moi-même la conception selon laquelle il est logiquement possible qu'il y ait des événements phénoménalement conscients (des états perceptifs analogiques avec un double contenu, donc des états perceptifs avec une dimension subjective) dont nous n'avons aucune conscience d'accès (qui ne sont pas mis à la disposition des capacités qui nous permettent de les rapporter dans un discours ou de prendre des décisions). Et je pense que les intuitions qui suggèrent le contraire peuvent être aisément évacuées. Je ne vois absolument pas pourquoi on devrait *définir* la conscience phénoménale de manière à ce qu'elle implique (toutes les formes de) la conscience d'accès [1].

C'est là que devient important le fait qu'il n'y ait pas de véritables exemples d'états perceptifs à double contenu qui ne sont pas aussi largement conscients au sens de la conscience d'accès, car d'après notre expérience et nos croyances les plus fiables, ces deux propriétés sont toujours co-instanciées. Il pourrait être naturel pour nous de supposer, donc, qu'elles sont toutes deux essentiellement connectées l'une à l'autre – en particulier du fait que l'imagination, lorsqu'elle est guidée consciemment et réflexivement, déploie toujours des états qui sont conscients au sens de la conscience d'accès. Il est difficile pour nous d'imaginer un état phénoménalement conscient qui n'est pas conscient au sens de la conscience d'accès. Mais c'est peut-être seulement parce que toute image que nous formons réflexivement est *de facto* consciente au sens de la conscience d'accès, étant donnée la manière dont notre système cognitif est effectivement structuré.

Ce qui compte, ce n'est pas ce que nous pouvons ou ne pouvons pas imaginer, mais ce que nous pouvons ou ne pouvons pas expliquer. Et mon opinion est que la théorie dispositionnelle de la pensée d'ordre supérieur peut expliquer de façon réductive les caractéristiques distinctives de la conscience phénoménale. En particulier, en vertu de leur double contenu analogique, les états perceptifs qui sont mis à la disposition de la pensée d'ordre supérieur acquerront une dimension subjective. Ils seront à la fois des représentations du monde (ou des représentations du corps – dans le cas de la douleur et du toucher) et, simultanément, des représentations de l'expérience. Dans de tels cas, ce n'est pas seulement le monde qui se présente à nous d'une certaine manière, mais c'est notre propre expérience

1. Bien sûr, la théorie du double contenu entraîne *une* variété de conscience d'accès, où l'*accès* en question est l'accès à une faculté de pensée d'ordre supérieur.

de ce monde qui se présentera aussi à nous d'une certaine manière. Et en vertu de telles présentations d'ordre supérieur, nous pouvons former des concepts purement recognitionnels centrés sur ces mêmes états expérientiels.

78 | Ce n'est pas ici le lieu d'exposer et d'expliquer en détail la manière dont la théorie dispositionnelle de la pensée d'ordre supérieur ou la théorie du double contenu peut fournir une explication réductive réussie des multiples caractéristiques distinctives de la conscience phénoménale[1]. Mais en plus d'expliquer comment les états phénoménalement conscients possèdent une dimension subjective, cette approche peut aussi bien sûr expliquer comment de tels états possèdent des propriétés qui sont disponibles pour la recognition introspective, et comment ils peuvent fonder des concepts purement recognitionnels, comme nous l'avons vu dans la section 3. Nous pouvons donc expliquer pourquoi, pour quiconque emploie de tels concepts, le soi-disant « fossé dans l'explication » semblera être impossible à combler, car une telle personne sera toujours capable de combiner, sans incohérence, n'importe quelle théorie proposée (y compris la théorie du double contenu elle-même) avec la pensée que « quelqu'un pourrait néanmoins satisfaire les conditions de la théorie sans posséder *ce* genre d'état » (en déployant ainsi son concept purement recognitionnel : *ce*).

Notre approche peut donc aussi expliquer comment des propriétés phénoménalement conscientes ont une « finesse de grain » qui leur donne une richesse qui va bien au-delà de nos pouvoirs de description et de catégorisation. Et on peut montrer comment les gens seront alors fortement enclins à penser que les états phénoménalement conscients possèdent des propriétés intrinsèques – c'est-à-dire, non relationnelles et non intentionnelles ; on peut montrer qu'ils seront enclins à penser ces propriétés comme ineffables et privées, et que nous serons enclins à penser que nous avons d'elles une connaissance incorrigible ou, au moins, privilégiée.

Bien que l'espace disponible ne m'ait pas permis de développer ces points en détail, il devrait néanmoins être clair que c'est l'aspect « double contenu » de la théorie, plutôt que des caractéristiques plus larges liées au rôle fonctionnel (disponibilité pour la planification et la parole, par

1. Voir P. Carruthers, *Consciousness*, *op. cit.*, chap. VI [« Les avantages explicatifs de la théorie du double contenu »], p. 98 *sq*. [Six aspects de la conscience phénoménale y sont expliqués de manière réductive au moyen de la théorie du double contenu : l'existence d'un ressenti subjectif, l'existence d'un fossé explicatif, l'illusion d'après laquelle les propriétés des états phénoménalement conscients semblent intrinsèques (non relationnelles), l'apparence d'ineffabilité, l'apparence de caractère privé, l'apparence d'infaillibilité. Cf. *ibid.*, p. 100-102 et p. 106 *sq*. (NDT)].

exemple), qui fait tout le travail dans ces explications. Cela me semble être une motivation adéquate pour affirmer que la conscience phénoménale est constituée par des états perceptifs à double contenu, où qu'ils puissent se produire. Pour autant que nous le sachions, de tels états sont aussi toujours effectivement accessibles aux sujets qui les possèdent pour les processus de raisonnement et les systèmes qui rapportent leur existence. Mais il n'y a rien dans ma manière de rendre compte de la conscience phénoménale en tant que telle qui le requiert logiquement.

CONCLUSION

J'ai soutenu que, parmi les théories qui envisagent la conscience phénoménale comme une perception d'ordre supérieur (*HOP*), la théorie dispositionnelle de la pensée d'ordre supérieur (*HOT*) ou la théorie du double contenu est préférable à la théorie du sens interne. J'ai aussi soutenu que les théories de la perception d'ordre supérieur sont préférables à la fois aux théories de premier ordre et à la théorie actualiste de la pensée d'ordre supérieur. Aucune de celles-ci ne peut rendre compte adéquatement des concepts d'expérience purement recognitionnels ni de la distinction entre les états perceptifs conscients et non conscients, tandis que les théories de la perception d'ordre supérieur sont bien placées à ces deux égards. En définitive, donc, tout le monde devrait adopter la théorie du double contenu.

Traduit de l'anglais par Arnaud DEWALQUE

TROISIÈME PARTIE

L'AUTO-REPRÉSENTATIONALISME ET L'INTENTIONNALITÉ PHÉNOMÉNALE

URIAH KRIEGEL

| LA THÉORIE AUTOREPRÉSENTATIONNELLE 1
DE LA CONSCIENCE *

UNE THÉORIE DE LA CONSCIENCE : PREMIER SURVOL

Cet ouvrage [1] présente une théorie de la conscience [2]. Je me livre dans cette toute première section à un premier survol de la théorie, dans la suite du chapitre à un deuxième survol, et dans le reste du livre à un troisième survol.

Quand j'ai une expérience consciente du ciel bleu, il y a un certain effet que ça me fait d'avoir cette expérience. Dans ce cas particulier, il y a un effet bleuique que ça me fait d'avoir cette expérience. Cet « effet bleuique que ça me fait » constitue le caractère phénoménal de mon expérience. Le caractère phénoménal est la propriété qui fait d'un état phénoménalement conscient (i) l'état phénoménalement conscient qu'il est et (ii) un état phénoménalement conscient en général.

On peut distinguer deux composantes de l'effet bleuique que ça fait pour moi : (i) la composante *bleuique* et (ii) la composante *pour-moi*. J'appelle la première « caractère qualitatif », la seconde « caractère subjectif ». En première approximation, le caractère phénoménal est juste la présence conjointe du caractère qualitatif et du caractère subjectif. En seconde approximation, il y a une division plus spéciale du travail conceptuel entre caractère qualitatif et caractère subjectif : le caractère qualitatif d'un état phénoménalement conscient est ce qui fait de lui l'état phénoménalement conscient qu'il est, tandis que son caractère subjectif est ce qui fait de lui un état phénoménalement conscient en général. Ainsi,

* « The Self-Representational Theory of Consciousness », premier chapitre de *Subjective Consciousness. A Self-Representational Theory*, Oxford, Oxford University Press, 2009, p. 1-21.

1. U. Kriegel, *Subjective Consciousness*, *op. cit.* (NDT).

2. Je traduis toujours *consciousness* par « conscience » et, faute de mieux, les termes *awareness* et *to be aware of* par « aperception » et « apercevoir » (NDT).

mon expérience consciente du ciel bleu est l'expérience consciente qu'elle est en vertu de sa bleuicité, mais elle est une expérience consciente en général du fait d'être pour moi.

Une théorie complète de la conscience phénoménale rendrait compte des deux caractères qualitatif et subjectif. Mais l'explication du caractère subjectif est plus importante philosophiquement. Car le caractère subjectif est ce qui fait que quelque chose est un état phénoménalement conscient *en*
2 *général*, et le | mystère de la conscience est avant tout de comprendre
pourquoi il y a *en général* de la conscience phénoménale.

La théorie de la conscience que je vais présenter tourne autour de l'idée que les états phénoménalement conscients ont un caractère qualitatif en vertu du fait qu'ils représentent des caractères environnementaux, et un caractère subjectif en vertu du fait qu'ils se représentent eux-mêmes. Plus spécialement, le caractère qualitatif d'un état conscient consiste à représenter certaines propriétés responsives [*response-dependent properties*] que possèdent les objets externes ; son caractère subjectif consiste à se représenter lui-même de manière appropriée. Aussi mon expérience du ciel bleu représente-t-elle à la fois le ciel et elle-même. Elle tire son caractère qualitatif (bleuicité) du fait qu'elle représente la propriété qu'a le ciel d'être disposé à obtenir une certaine réponse chez des répondants appropriés ; elle tire son caractère subjectif (son être-pour-moi) du fait qu'elle se représente elle-même de manière appropriée.

Il s'ensuit que ce qui fait de quelque chose un état phénoménalement conscient (en général) est l'autoreprésentation appropriée. Le raisonnement est celui-ci : le caractère subjectif d'un état phénoménalement conscient est ce qui fait de lui un état phénoménalement conscient (en général) ; un tel état a un caractère subjectif en vertu du fait qu'il se représente lui-même de façon appropriée ; donc, il est un état phénoménalement conscient (en général) en vertu du fait qu'il se représente lui-même de façon appropriée. Dès lors, l'existence de la conscience phénoménale en général s'explique par le fait que certains états mentaux se représentent eux-mêmes de la bonne manière. Voilà ce que j'appelle « théorie autoreprésentationnelle de la conscience », ou plus brièvement « autoreprésentationalisme ».

LE CONCEPT DE CONSCIENCE PHÉNOMÉNALE

On a souvent l'impression que, sous le titre de « conscience phénoménale », des théories de la conscience différentes ont eu tendance à viser des phénomènes différents. Pour certains, cela suggère que beaucoup de controverses entre théories de la conscience sont purement verbales, reposant sur des sens différents des termes employés. D'après cette conception « pluraliste », un authentique progrès réclamerait, avant toutes choses, que la pluralité de phénomènes connus sous le nom de « conscience » soient soigneusement distingués et catalogués de façon systématique [1].

| Je souhaite marquer mon accord sur l'idée que des théories de la 3
conscience différentes ont visé des phénomènes différents, et pourtant insister sur le fait que l'attitude pluraliste est quelque peu fallacieuse. Ainsi, il est naturel de penser que ceux qu'on appelle les représentationalistes ont effectivement produit une théorie de quelque chose comme ce que j'ai appelé le caractère qualitatif, tandis que les partisans des théories d'ordre supérieur ont eu en vue quelque chose comme ce que j'ai appelé le caractère subjectif [2]. En même temps, bien qu'à un certain niveau

1. Le terme « pluralisme » est employé par N. Block (« On a confusion about the function of consciousness », *Behavioral and Brain Sciences* 18, 1995, p. 227-247) en référence à sa propre distinction entre quatre différents phénomènes parfois ciblés par la théorie de la conscience, et qu'il appelle « conscience phénoménale », « conscience d'accès », « conscience de *monitoring* » et « conscience de soi ».

2. Les théories représentationnelles affirment que le caractère phénoménal d'un état conscient est constitué par (un aspect de) son contenu représentationnel. Pour les théories représentationnelles, voir principalement F. Dretske, *Naturalizing the Mind*, Cambridge (Mass.), MIT Press, 1995 ; M. Tye, « Visual Qualia and Visual Content », dans T. Crane (ed.), *The Contents of Experience*, Cambridge, Cambridge University Press, 1992 ; *id.*, *Ten Problems of Consciousness*, Cambridge (Mass.), MIT Press, 1995 ; *id.*, *Consciousness, Color and Content*, Cambridge (Mass.), MIT Press, 2000 ; *id.*, « Visual Qualia and Visual Content Revisited », dans D. J. Chalmers (ed.), *Philosophy of Mind*, Oxford, Oxford University Press, 2002. Une version plus complexe est développée dans S. Shoemaker, « Phenomenal character », *Noûs* 28, 1994, p. 21-38 ; *id.*, « Self-Knowledge and "Inner Sense". Lecture III : The Phenomenal Character of Experience », *Philosophy and Phenomenological Research* 54, 1994, p. 291-314 ; *id.*, « Introspection and Phenomenal Character », dans D. J. Chalmers (ed.), *Philosophy of Mind*, *op. cit.* Toutes les versions modernes trouvent dans une certaine mesure leur inspiration dans ce qu'on appelle la transparence de l'expérience : les seules propriétés introspectivement accessibles des expériences conscientes sont leurs propriétés représentationnelles (voir G. Harman, « The intrinsic quality of experience », *Philosophical Perspectives* 4, 1990, p. 31-52). Les théories d'ordre supérieur affirment que le caractère phénoménal d'un état conscient est constitué par la présence dans le contenu représentationnel d'un état d'ordre supérieur numériquement distinct. La version la plus élaborée de la théorie d'ordre supérieur est sans doute celle de David Rosenthal (« Two Concepts of Consciousness », *Philosophical Studies* 94, 1986), p. 329-359 ; « A Theory of Consciousness », *Technical Report 40*, ZIF Report Zentrum für Interdisziplinäre Forschung,

les philosophes aient peut-être poursuivi des phénomènes différents, à un autre niveau ils se préoccupent d'un seul et unique phénomène : une propriété, quelle qu'elle soit, génère en eux un sentiment de mystère quand ils considèrent la nature de la conscience et sa place dans le monde. L'expression « conscience phénoménale » est maintenant largement utilisée comme une étiquette pour désigner cette propriété.

En gardant cela à l'esprit, je propose le régime terminologique suivant. Le terme « conscience » est, bien entendu, un terme courant de la vie quotidienne qu'on peut comprendre intuitivement. Nous pouvons dès lors utiliser cette compréhension intuitive en fixant la référence de l'expression technique « conscience *phénoménale* » au moyen de la description définie rigidifiée suivante : « La propriété *F*, qui est telle que, dans le monde réel, *F* est responsable du mystère de la conscience ». Cette description peut être précisée de plusieurs manières. Supposons par exemple que nous lisions « responsable » en un sens causal, et que nous interprétions « mystère » au sens où les faits de conscience ne sont pas déductibles des faits physiques. Nous pourrions alors proposer la formulation plus précise suivante : « La conscience phénoménale est la propriété *F* qui est telle que, dans le

Bielefeld, 1990 ; « Thinking That One Thinks », dans M. Davies et G. W. Humphreys (eds.), *Consciousness. Psychological and Philosophical Essays*, Oxford, Blackwell, 1993 ; « Explaining consciousness », dans D. J. Chalmers (ed.), *Philosophy of Mind*, *op. cit.* ; *Consciousness and the Mind*, Oxford, Oxford University Press, 2005). Pour d'autres versions, voir principalement D. Armstrong, *A Materialist Theory of the Mind*, New York, Humanities Press, 1968 ; W. Lycan, *Consciousness and Experience*, Cambridge (Mass.), MIT Press, 1996 ; *id.*, « The Superiority of HOP to HOT », dans R. Gennaro (ed.), *Higher-Order Theories of Consciousness*, Philadelphia-Amsterdam, John Benjamins, 2004 ; P. Carruthers, « Natural Theories of Consciousness », *European Journal of Philosophy* 6, 1998, p. 203-222 ; *id.*, *Phenomenal Consciousness*, Cambridge, Cambridge University Press, 2000 ; R. Van Gulick, « Inward and Upward – Reflection, Introspection, and Self-Awareness », *Philosophical Topics* 28, 2001, p. 275-305 ; *id.*, « Higher-Order Global States (HOGS) : An Alternative Higher-Order Model of Consciousness », dans R. J. Gennaro (ed.), *Higher-Order Theories of Consciousness*, *op. cit.* ; *id.*, « Mirror Mirror – Is That All ? », dans U. Kriegel et K.W. Williford (eds.), *Self-Representational Approaches to Consciousness*, Cambridge (Mass.), MIT Press, 2006. Toutes ces théories, ou la plupart d'entre elles, sont inspirées par ce qu'on appelle le principe de transitivité : les états conscients sont des états dont nous sommes conscients (ou que nous apercevons [*we are aware of*]) (voir D. Rosenthal, « Two Concepts of Consciousness », art. cit.). Fait intéressant, l'œuvre de certains critiques acharnés des théories représentationnelles et d'ordre supérieur révèle un éloge (implicite ou explicite) de ces théories pour avoir au moins ciblé le bon phénomène. On peut le voir, par exemple, dans la critique par Block des théories représentationnelles (« Inverted Earth », *Philosophical Perspectives* 4, 1990, p. 52-79 ; « Mental Paint and Mental Latex », *Philosophical Issues* 7, 1996, p. 19-50) et dans la critique par Levine des théories d'ordre supérieur (*Purple Haze. The Puzzle of Consciousness*, Oxford, Oxford University Press, 2001). Dans notre présente terminologie, Block semble estimer que le phénomène à cibler est le caractère qualitatif, alors que Levine croit que c'est le caractère subjectif.

monde réel, *F* produit causalement (mettons dans un sujet convenablement
réflexif) le sentiment que les faits de | conscience ne peuvent être déduits de 4
faits physiques ». D'autres reformulations plus précises s'attacheront à des compréhensions différentes de certaines composantes de la description définie rigidifiée d'où nous sommes partis. Mais toutes interpréteront la conscience phénoménale comme cette propriété, quelle qu'elle soit, qui est la source du mystère entourant la conscience.

Je soutiens que c'est là la manière la plus précise et profitable d'avoir les idées claires sur la notion de conscience phénoménale. C'est la plus précise parce qu'elle capture la raison pour laquelle la notion est devenue largement employée dans les cercles philosophiques, et c'est la plus profitable parce qu'elle nous permet d'extraire le noyau essentiel de nombreux débats sur la conscience qui semblent mêler obscurément ce qui est essentiel et ce qui est simplement verbal.

Par exemple, quand des théoriciens représentationalistes de la conscience débattent avec des partisans de la théorie d'ordre supérieur, on a le sentiment qu'à un certain niveau ils se préoccupent de propriétés différentes, mais aussi qu'à un autre niveau il existe entre eux un authentique désaccord. La caractérisation de la conscience phénoménale proposée ici confirme et explique ce sentiment. Bien que les explications des représentationalistes et des partisans de la théorie d'ordre supérieur puissent avoir pour objets des propriétés différentes, en ceci que les premiers ont en vue le caractère qualitatif et les seconds le caractère subjectif, il y a aussi entre eux un désaccord essentiel – à savoir sur la question de savoir laquelle de ces propriétés est responsable du mystère de la conscience. Les représentationalistes semblent attachés à l'idée que le caractère qualitatif est la propriété qui, dans le monde réel, est la source de mystère. Les défenseurs de la théorie d'ordre supérieur pensent que cette propriété est le caractère subjectif.

La notion de conscience phénoménale est parfois introduite en référence à la locution « l'effet que ça fait ». Bien qu'elle renferme quelque chose d'évocateur, il est sans doute peu probable qu'elle soit d'une grande aide pour le non-initié, et elle n'éclaire pas la fonction de l'expression « conscience phénoménale » dans le discours concerné. Plus important, elle n'est d'aucune aide pour extraire le noyau essentiel de controverses partiellement confuses, puisque les parties opposées sont typiquement en désaccord sur la question de savoir quels sont les types d'états dans lesquels cela fait un certain effet de se trouver. Ainsi, les partisans des théories d'ordre supérieur maintiennent typiquement qu'il n'y a aucun effet que ça fait de se trouver dans un état mental pourvu d'un caractère qualitatif et non d'un caractère subjectif, alors que les représentationalistes pensent qu'il y en a un. À ce niveau de nuance, les intuitions sur la manière appropriée d'appliquer la terminologie de l'effet que ça fait semblent résider en aval de la théorisation philosophique. Ce que je soutiens, c'est que le mieux est d'introduire la notion de conscience phénoménale dans les termes de la description définie rigidifiée mentionnée plus haut, | ou plus généralement en termes de propriété responsable du sentiment de mystère entourant la conscience.

Il faut bien noter ceci : le terme « mystère », dans la description définie, doit être compris comme dénotant un mystère *prima facie* plutôt qu'un mystère *ultima facie*. En parlant du mystère de la conscience, je n'entends pas insinuer que la conscience serait un mystère *ultime* – c'est-à-dire un mystère qu'une démystification finale ne pourra jamais dissiper [1]. Ce que j'entends suggérer, en revanche, c'est qu'elle est un *authentique* mystère – c'est-à-dire que notre sentiment de mystère devant la nature de la conscience est rationnel et approprié, et qu'il n'est pas dû à la simple confusion. L'existence de cet authentique mystère *prima facie* peut être reconnue autant par des dualistes que par des physicalistes. David Chalmers, un dualiste, l'expose en se servant de ce qu'il appelle le « problème difficile » de la conscience, par opposition aux « problèmes faciles » [2]. Joseph Levine, un physicaliste, use de l'expression « fossé explicatif » pour désigner un problème voisin [3]. Je discuterai la nature de ce mystère, et les relations entre ces intitulés, au chapitre VIII du livre. Pour l'instant, je souhaite seulement souligner qu'abstraction faite de motivations plus larges, de nombreux philosophes ont le sentiment que la conscience renferme un certain mystère qu'on ne trouve pas dans d'autres aspects de la nature, et qu'ils emploient l'expression « conscience phénoménale » en référence à ce qui produit ce mystère.

Le fond de vérité dans l'attitude pluraliste est que, dans la théorie de la conscience plus que partout ailleurs, des édifices explicatifs différents sont souvent associés à des conceptions différentes du phénomène en attente

1. L'idée que la conscience est un mystère ultime a été défendue, notoirement, par Colin McGinn (« Can We Solve the Mind-Body Problem ? », *Mind* 98, 1989, p. 349-366 ; *id.*, « Consciousness and Space », *Journal of Consciousness Studies* 2, 1995, p. 220-30 ; *id.*, *The Mysterious Flame*, Cambridge (Mass.), MIT Press, 1999 ; *id.*, *Consciousness and its Objects*, Oxford, Oxford University Press, 2004).

2. D. J. Chalmers, « Facing up to the Problem of Consciousness », *Journal of Consciousness Studies* 2, 1995, p. 200-219 ; *id.*, « The Puzzle of Conscious Experience », *Scientific American*, 1995, p. 62-68 ; *id.*, *The Conscious Mind*, Oxford, Oxford University Press, 1996, trad. fr. S. Dunand, *L'Esprit conscient. À la recherche d'une théorie fondamentale*, Paris, Ithaque, 2010.

3. J. Levine, « Materialism and Qualia : The Explanatory Gap », *Pacific Philosophical Quarterly* 64, 1983, p. 354-361.

d'explication. Mais il ne s'ensuit pas – et c'est une erreur de supposer – que toutes les conceptions du phénomène à expliquer sont également bonnes. Au contraire, certaines identifient mal la source du mystère de la conscience, alors que d'autres l'identifient correctement. Aussi la théorie de la conscience est-elle essentiellement un programme d'ensemble comprenant à la fois une analyse de l'*explanans* et une analyse de l'*explanandum* [1]. Les deux sont censées *présenter les choses correctement*. L'analyse de l'*explanandum* est censée présenter les choses correctement du fait d'identifier correctement la source du mystère *prima facie* entourant la conscience ; l'analyse de l'*explanans* est censée | présenter correctement 6
ce qui, ultimement, démystifie cette source. Cette manière de voir les choses, contrairement à l'approche pluraliste, implique que s'attarder sur l'*explanandum* n'est pas simplement une question de stipulation judicieuse, mais que cela engage des thèses essentielles. Corrélativement, il est rare que les débats sur la nature de la conscience soient purement verbaux, à supposer même qu'ils le soient jamais. Quand nous sommes tentés de dire qu'ils le sont, c'est parce que nous oublions que les controverses non verbales en théorie de la conscience peuvent avoir trait non seulement à la nature de l'*explanans*, mais aussi à la nature de l'*explanandum* – c'est-à-dire qu'elles peuvent porter sur la question de savoir quelle propriété est responsable du mystère de la conscience.

Si nous choisissons de caractériser la conscience phénoménale sur la base de la description définie rigidifiée mentionnée plus haut, le résultat sera probablement qu'il n'y a qu'une propriété dénotée par « conscience phénoménale ». Cette conception doit être distinguée (a) de la conception selon laquelle il y a *plus* d'une propriété de cette sorte, et (b) de la conception selon laquelle il y a *moins* d'une propriété de cette sorte (c'est-à-dire aucune).

Pour qu'il y ait *moins* d'une propriété dénotée par « conscience phénoménale », il devrait n'y avoir aucune propriété systématiquement responsable de notre sentiment de mystère. Le sentiment de mystère devrait être provoqué en des occasions différentes par des propriétés sans rapports les unes avec les autres, ou bien être entièrement fondé sur un tissu de confusions. Bien que cohérente, cette position n'est *a priori* pas plausible : il conviendrait d'apporter un argument très fort si nous venions à la prendre au sérieux. Et en un sens, même ce scénario ne montrerait pas qu'il y a

1. Bien sûr, l'*explanandum* de toutes les théories de la conscience est par définition le caractère phénoménal, la propriété qui fait d'une expérience consciente (i) l'expérience consciente qu'elle est et (ii) une expérience consciente en général. Mais déjà au niveau suivant de la description, les analyses divergent sur la nature de cette propriété.

moins d'une propriété dénotée par « conscience phénoménale », mais seulement que la propriété, unique, est *disjonctive*.

Pour qu'il y ait *plus* d'une propriété dénotée par « conscience phénoménale », il devrait y avoir de multiples propriétés dont chacune est indépendamment responsable du sentiment de mystère qui s'abat sur nous quand nous considérons la manière dont la conscience s'intègre au monde naturel. Cela, une fois encore, n'est *a priori* pas plausible. Il est peut-être plausible que des propriétés multiples concourent à engendrer ce sentiment de mystère. Cependant cela ne signifierait pas que « conscience phénoménale » a plusieurs *denotata*, mais seulement qu'il a un *denotatum* conjonctif. Si, par exemple, le caractère qualitatif et le caractère subjectif doivent concourir à nous mystifier, alors le *denotatum* de « conscience phénoménale » est la propriété conjonctive d'être à la fois qualitatif et subjectif. Ce qu'il faudrait pour que « conscience phénoménale » ait plusieurs *denotata* (par exemple pour que l'expression soit ambiguë en référence au caractère qualitatif et au caractère subjectif), c'est que
7 plusieurs propriétés distinctes suffisent | individuellement pour engendrer le mystère de façon surdéterminée (par exemple que les caractères qualitatif et subjectif nous mystifient séparément et indépendamment)[1]. Ce n'est pas absolument impossible, mais ce n'est pas non plus plausible *prima facie*. Et c'est seulement à ces conditions que l'attitude pluraliste décrite au début serait fondée.

Le point principal est qu'il est meilleur de concevoir les affirmations sur ce qu'il faut expliquer en théorie de la conscience comme des thèses essentielles sur ce qui engendre le mystère de la conscience, plutôt que comme de simples stipulations. En les prenant comme des stipulations, on ne fait qu'esquiver la source de l'angoisse philosophique entourant la conscience. On peut multiplier à l'infini les explications de notions stipulées différentes de la conscience, mais les seules à être dotées de sens pour cette angoisse philosophique seraient celles qui ciblent ce qui engendre en premier lieu le mystère de la conscience.

1. Même dans ces conditions, on pourrait arguer que la conscience phénoménale devrait être identifiée à une unique propriété – à savoir à la propriété disjonctive qui est telle que chacun des termes de la disjonction soit une de ces sources surdéterminantes de mystère. Cette manière de voir, peut-on penser, est prescrite par l'emploi de l'article défini dans la description rigidifiée.

La structure du caractère phénoménal

En nous tournant maintenant vers la nature de l'*explanandum*, considérons mon expérience consciente alors que je regarde le ciel bleu par la fenêtre. Mon expérience a de nombreuses propriétés. La grande majorité d'entre elles sont complètement inintéressantes : elle se produit un mardi, 648 ans après la mort de l'homme le plus grand du quatorzième siècle, etc. Mon expérience possède ces propriétés, mais nous ne nous y intéressons pas, en partie parce que nous les comprenons déjà parfaitement bien.

Certaines des propriétés de mon expérience sont plus intéressantes. Ainsi, l'expérience a un fort impact sur la mémoire de travail ; elle induit une activation neuronale en V4 ; elle transmet de l'information sur le ciel [1]. Ces propriétés largement psychologiques sont plus intéressantes, en partie parce que pour l'instant nous les comprenons imparfaitement. En même temps, nous avons une bonne idée de ce que devrait – ou devra – être une explication d'ensemble de ces propriétés. Nous ne sommes pas mystifiés par elles.

| L'existence d'un effet que ça me fait d'avoir mon expérience est plus 8
proche de quelque chose qui peut véritablement nous mystifier [2]. En l'occurrence, il y a un effet bleuique que ça me fait d'avoir cette expérience. Comme je l'ai dit au début, nous pouvons distinguer deux *aspects* ou *composantes* de cet « effet bleuique que ça me fait ». Il y a d'une part la composante *bleuique*, que j'appelle le caractère qualitatif de l'expérience, et d'autre part la composante *pour-moi*, que j'appelle le caractère subjectif de l'expérience [3].

1. Bien entendu, certains philosophes peuvent nier n'importe laquelle de ces affirmations, mais il est prématuré, à ce stade, de discuter de doctrines philosophiques particulières du genre impliqué ici. J'énumère ces propriétés à titre de propriétés raisonnables qu'on peut s'attendre à trouver dans les états conscients, au moins dans une attitude pré-philosophique.

2. La locution, dans son usage actuel, est due à B. A. Farrell (« Experience », *Mind* 59, 1950, p. 170-198), mais on doit à T. Nagel (« What is it Like to be a Bat ? », dans *Philosophical Review* 83, 1974, p. 435-450, trad. fr. cit.) de l'avoir largement popularisée. Comme je l'ai dit dans la section précédente, l'expression n'est peut-être pas d'une grande utilité pour introduire la notion de conscience phénoménale auprès du non-initié. Mais je m'adresse ici à l'initié, et de toute façon je ne suis pas (encore) en train d'affirmer que l'effet que ça me fait est la même chose que la conscience phénoménale.

3. On peut se demander si le qualitatif et le subjectif sont réellement séparables. Même s'ils ne sont pas séparables dans la réalité, cependant, ils sont certainement séparables « en pensée ». C'est-à-dire qu'il y a ici à tracer une distinction conceptuelle même s'il n'y correspond aucune distinction entre propriétés. J'en dirai davantage sur ce point au chap. II du présent ouvrage.

Quand un daltonien regarde le même ciel dans les mêmes conditions, il y a une différence psychologiquement réelle entre son expérience et la mienne. La dimension psychologiquement réelle sur laquelle nos expériences diffèrent est ce que j'appelle le caractère qualitatif. Nous n'avons pas besoin, à ce stade, de nous engager en faveur d'une conception déterminée du caractère qualitatif. Sans prétendre fournir par là une explication, disons seulement ceci : les propriétés qualitatives « correspondent » aux caractères sensibles de l'environnement [1]. Pour toute propriété dans l'environnement d'une créature donnée dont celle-ci peut avoir une expérience sensible, il y a une propriété qualitative potentielle d'une expérience consciente de cette créature. Le caractère qualitatif d'une expérience à un instant donné peut être conçu comme l'ensemble ou la somme de toutes les propriétés qualitatives que l'expérience instancie à cet instant.

En ce qui concerne le caractère subjectif, dire que mon expérience possède un caractère subjectif revient à pointer du doigt une certaine *aperception* [*awareness*] que j'ai de mon expérience. Les expériences conscientes ne sont pas des états qui peuvent, pour ainsi dire, passer inaperçus quand nous les *abritons*. Les états refoulés de Freud, les états sub-personnels et quantité d'autres états inconscients peuvent survenir en nous sans que nous en ayons le moins du monde connaissance, mais notre intuition est que les expériences conscientes sont différentes. Un état mental complètement inaperçu n'est pas une expérience consciente. En ce sens, mon expérience consciente n'est pas seulement *en moi*, elle est aussi *pour moi* [2].

9 | Une raison pour laquelle il est utile de distinguer entre caractères qualitatif et subjectif est que, comme on l'a déjà noté, les théories philosophiques de la conscience ont eu tendance à se répartir en deux groupes, l'un ciblant le caractère qualitatif, l'autre le caractère subjectif [3].

1. Nous pouvons ici interpréter l'environnement de manière à y inclure le corps du sujet.

2. Il y aurait beaucoup plus à dire de la nature du caractère subjectif, ou sur ce point du caractère qualitatif. Et on en dira davantage au chap. II du présent ouvrage. D'autre part, je trouve que quoi qu'on dise dans ce domaine, c'est toujours contestable et cela se ramène, dans cette mesure, à une thèse essentielle. Pour cette raison, je ne souhaite pas m'étendre sur la nature des caractères subjectif et qualitatif dans les présents développements, qui visent seulement à introduire les deux notions. J'en dis juste assez pour donner au lecteur une idée de ce dont je parle.

3. Ainsi, les théories représentationnelles semblent cibler le caractère qualitatif, alors que les théories d'ordre supérieur semblent cibler le caractère subjectif. Comme je l'ai dit dans la section précédente, on ne doit pas voir dans ce gouffre entre les deux approches une simple controverse verbale, mais une controverse essentielle portant sur la source du mystère de la conscience.

Plusieurs conceptions sont possibles au sujet des interrelations entre caractères phénoménal, qualitatif et subjectif[1]. Pour l'instant, il suffit de dire que quatre positions se détachent plus centralement. L'une est de dire que le caractère phénoménal est identique au caractère qualitatif; ce semble être la conception, par exemple, des représentationalistes typiques. D'après une autre conception, le caractère phénoménal est identique au caractère subjectif; ce semble être la conception, par exemple, des partisans des théories d'ordre supérieur. Une autre conception encore consiste à dire que le caractère phénoménal est identique à quelque chose comme la comprésence ou la conjonction des caractères qualitatif et subjectif. Enfin, il y a aussi la conception suivant laquelle la conscience phénoménale n'entretient pas de relations constitutives avec le caractère qualitatif ou subjectif.

Deux conceptions me paraissent séduisantes. La première est moins plausible mais elle est très claire : le caractère phénoménal est identique au caractère subjectif (c'est-à-dire que le caractère subjectif est la source du mystère de la conscience). La seconde est plus plausible mais aussi plus compliquée : le caractère phénoménal est une sorte de propriété complexe incluant et le caractère subjectif et le caractère qualitatif. Il est difficile d'argumenter sur ces sujets, bien que je projette de les discuter plus en détail au chapitre II et dans l'Appendice. Pour le moment, et simplement pour marquer les différences de sensibilité qui se cachent derrière les conceptions qui me paraissent séduisantes, nous pouvons considérer ceci.

S'agissant de la première conception, on peut soutenir que l' (authentique) perplexité suscitée par le fait qu'une grappe de neurones vibrant à l'intérieur du crâne s'associe à un caractère qualitatif jaunique n'est pas différente de la perplexité entourant le fait qu'une grappe d'atomes allant et venant dans le vide s'associe à une couleur jaune. Que des neurones puissent être au fondement de la jaunicité, cela n'est pas plus étonnant que le fait que des atomes puissent être au fondement de la couleur jaune[2].
Et pourtant le second n'est pas profondément | mystérieux. Par contre, le 10
mystère entourant le fait qu'une grappe de neurones vibrant à l'intérieur du crâne s'associe à un être-pour-moi [*for-me-ness*] n'a pas de parallèle dans le domaine non mental. Il est surprenant que des neurones puissent être au

1. Ce point sera discuté en détail au chapitre II du présent ouvrage.

2. Cette observation est due à S. Shoemaker (« Self-Knowledge and "Inner Sense". Lecture II : The Broad Perceptual Model », *Philosophy and Phenomenological Research* 5, 1994, p. 271-290). Il faut noter, cependant, que certains philosophes ont fait la même observation en vue de soutenir la thèse inverse : le fossé explicatif entre conscience et matière neuronale n'est rien d'autre que le fossé explicatif entre l'image manifeste des objets externes et leur image scientifique (A. Byrne, « Color and the Mind–Body Problem », *Dialectica* 60, 2006, p. 223-244).

fondement de l'être-pour-moi, et il n'y a pas de surprise analogue du côté de ce au fondement de quoi peuvent être les atomes. Aussi ce phénomène est-il plus adapté si l'on veut capturer le mystère distinctif que présente la conscience [1].

Quant à la deuxième conception, elle m'attire si je considère que, quand nous disons qu'un état mental est phénoménalement conscient, il doit y avoir (a) quelque chose qui fait de lui l'état phénoménalement conscient *qu'il est*, et (b) quelque chose qui fait de lui un état phénoménalement conscient *en général*. Pour la raison invoquée au paragraphe précédent et pour d'autres raisons encore, je pense que le caractère subjectif est ce qui rend un état mental phénoménalement conscient *en général*. Mais cela laisse quelque peu dans l'obscurité ce qui fait de lui l'état phénoménalement conscient *qu'il est*, une fois admis qu'il est phénoménalement conscient en général. Assez naturellement, on pensera que c'est le caractère qualitatif de l'état qui fait de lui l'état phénoménalement conscient qu'il est. Le résultat est l'idée que le caractère qualitatif fournit les conditions d'identité de la phénoménalité, tandis que le caractère subjectif en fournit les conditions d'existence : ce qui fait d'un état mental un état phénoménalement conscient en général (plutôt qu'un état non phénoménal), c'est son caractère subjectif ; ce qui fait de lui l'état phénoménalement conscient qu'il est (plutôt qu'un autre), c'est son caractère qualitatif.

D'après cette thèse sur la division du travail conceptuel, le caractère qualitatif de mon expérience (sa bleuicité) détermine *quel* état phénoménalement conscient il est, cependant que son caractère subjectif (son être-pour-moi) détermine *qu*'il est un état phénoménalement conscient. Ainsi, pour qu'un état mental *devienne* phénoménalement conscient, il lui faut acquérir un caractère subjectif ; une fois qu'il *est*, pour ainsi dire, devenu phénoménalement conscient, c'est son caractère qualitatif qui fait de lui le type spécifique d'état phénoménalement conscient qu'il est [2].

11 | Comme je l'ai indiqué, une particularité assez curieuse de cette position est qu'elle dissocie complètement les conditions d'identité et les

1. Cette remarque est hâtive et peu soignée, et je n'entends pas m'y apesantir à ce stade. C'est simplement une manière d'exprimer ce à quoi je tends en ce domaine. Une approche plus systématique des difficultés apparaissant ici sera mise en avant à la fin du chap. II du présent ouvrage [U. Kriegel, *Subjective Consciousness*, *op. cit.* (NDT)].

2. J'emploie ici le langage du processus de manière purement métaphorique. Il n'y a pas réellement de processus au cours duquel un état mental deviendrait d'abord une expérience consciente en général et ensuite – avec un décalage temporel – deviendrait un type particulier d'expérience consciente. Naturellement, les deux surviennent simultanément. En fait, à suivre les acceptions les plus raisonnables du mot « occurrence », les deux occurrences n'en sont qu'une.

conditions d'existence. Typiquement, ce qui fait de quelque chose le *F* qu'il est et ce qui fait de lui un *F* en général ne sont pas complètement sans relation l'un avec l'autre, mais ils sont plutôt reliés comme un déterminé au déterminable. Ce qui fait de quelque chose une voiture en général est qu'il est une machine automobile (avec en plus quelques fioritures), tandis que ce qui fait de lui la voiture qu'il est est le fait qu'il est une machine automobile *de telle ou telle marque*. La propriété d'être une machine automobile de telle ou telle marque est le déterminé de la propriété d'être une machine automobile. De même, si le caractère qualitatif bleuique de mon expérience est ce qui fait d'elle l'état phénoménalement conscient qu'elle est, alors nous devrions nous attendre à ce que la possession de *tel ou tel* caractère qualitatif fasse d'elle un état phénoménalement conscient en général. Ici, le caractère subjectif ne joue absolument plus aucun rôle – ce qui n'est guère plausible.

La solution est de concevoir le caractère clé de mon expérience consciente comme étant l'*être-bleuique-pour-moi* [*bluish-for-me-ness*] (plutôt qu'un caractère factorisable en deux composantes, bleuicité et être-pour-moi). D'une certaine manière, cela revient à soutenir que le caractère subjectif et le caractère qualitatif ne sont pas des propriétés séparées, mais en un certain sens (problématique, je l'admets) des aspects d'une unique propriété [1]. En un sens assez séduisant, l'être-bleuique-pour-moi est un déterminé de l'être-pour-moi (ou de l' « être-quelque-chose-pour-moi », si vous préférez). Ce qui produit l'effet souhaité : les conditions d'existence et d'identité de la phénomenalité sont reliées comme l'est un déterminable à un déterminé.

Telle est la position que je favorise sur la structure de la conscience phénoménale, et je la développerai davantage au chapitre II de ce livre. Elle voit dans le caractère phénoménal une affaire de complexe comprésence du caractère qualitatif et du caractère subjectif, lesquels ne sont pas entièrement séparables. Partant, une théorie de la conscience phénoménale doit s'intéresser aux deux. Le chapitre III développe une analyse du caractère qualitatif et le chapitre IV du caractère subjectif. Les chapitres suivants se focalisent sur des aspects du caractère subjectif. La raison en est que le modèle finalement obtenu réserve encore une place plus centrale au caractère subjectif, puisqu'il constitue les conditions d'existence de la phénoménalité. C'est important parce que, bien que le profond mystère de la conscience doive avoir un rapport avec le pourquoi et le comment des différences entre épisodes conscients, il s'attache bien davantage à la

1. Après tout, même si mon expérience du ciel est *pour moi*, tout aspect de mon expérience n'est pas pour autant pour moi au sens pertinent. Plausiblement, le seul aspect qui est pour moi au sens pertinent est sa bleuicité.

question de savoir pourquoi et comment il y a *d'emblée* des épisodes conscients – c'est-à-dire pourquoi il existe quelque chose de tel que la conscience *en général*[1].

12 | UNE EXPLICATION REPRÉSENTATIONNELLE ÉTROITE DU CARACTÈRE QUALITATIF

Le but d'une théorie réductive de la conscience phénoménale est d'expliquer le caractère phénoménal en termes non phénoménaux. Si les termes non phénoménaux employés dans l'explication sont purement physiques, le résultat est une théorie *physicaliste* de la conscience. Mais toute théorie réductive n'est pas par définition physicaliste. Ce qui définit une théorie réductive est qu'elle explique le phénoménal en termes non phénoménaux.

Le but premier de cet ouvrage est de fournir une explication réductive et, espérons-le, physicaliste du caractère phénoménal. Une explication réductive du caractère phénoménal aurait deux parties : une explication réductive de ce qui fait d'un état phénoménalement conscient l'état phénoménalement conscient qu'il est, et une explication de ce qui fait d'un état phénoménalement conscient un état phénoménalement conscient en général. Compte tenu de la thèse sur la division du travail conceptuel qu'on a avancée dans la section précédente, la première partie serait constituée d'une explication réductive du caractère qualitatif, et la seconde d'une explication réductive du caractère subjectif.

Au chapitre III, je promeus une explication représentationaliste du caractère qualitatif : le caractère qualitatif d'une expérience consciente est constitué par (un aspect de) son contenu représentationnel. Selon une telle conception, quelles que soient les autres choses qu'elle représente par ailleurs, mon expérience du ciel bleu représente aussi des caractères du ciel. Naturellement, le ciel a beaucoup de caractères différents, et dès lors mon expérience instancie beaucoup de propriétés représentationnelles différentes en relation au ciel bleu. D'après l'analyse que je défends, seul un sous-ensemble très spécifique de ces propriétés représentationnelles est

1. Ce qui fait mystère, c'est avant tout le fait qu'il y a certains événements dans ce monde qui semblent catégoriquement différents des événements brutaux, aveugles, inanimés de la sphère inconsciente. Ainsi le mystère concerne d'abord ce qui fait de quelque chose un état conscient *en premier lieu*, et seulement de manière dérivée ce qui fait de lui l'état conscient qu'il est étant donné qu'il en est un. Cela suggère que le caractère subjectif doit être la cible centrale de la théorie de la conscience, dans la mesure où la démystification de la conscience réclamerait plus centralement la démystification du caractère subjectif.

constitutif de son caractère qualitatif. En particulier, seule la représentation de certaines propriétés responsives [*response-dependent properties*] du ciel peut être constitutive du caractère qualitatif de mon expérience.

Comment allons-nous comprendre les propriétés responsives pertinentes ? Répondre à la question est une manière d'étoffer sa version particulière de *représentationalisme responsif* (c'est ainsi que j'appellerai cette conception). | Une grosse part du chapitre III se concentrera sur les 13
propriétés responsives pertinentes. En tout cas, un résultat de cette variété de représentationalisme responsif est qu'il voit dans le contenu représentationnel constitutif du caractère qualitatif un *contenu étroit*[1]. Les expériences conscientes peuvent bien avoir des propriétés représentationnelles larges, mais celles-ci ne sont pas constitutives de leur caractère qualitatif.

Ma principale préoccupation dans cet ouvrage, cependant, portera sur l'explication réductive du caractère subjectif. Il y a deux séries de raisons à cela. Les raisons inessentielles sont (a) que la littérature m'apparaît de manière frappante beaucoup plus avancée quand il s'agit du caractère qualitatif que quand il s'agit du caractère subjectif, (b) qu'une conception représentationaliste très semblable à celle que je défendrai a déjà été défendue dans la littérature[2], et (c) que les idées nouvelles que j'ai à offrir portent pour la plupart sur le caractère subjectif. Les raisons essentielles ont à voir avec le fait que, d'après la conception défendue ici, le caractère subjectif est ce qui fait d'un état phénoménalement conscient un tel état en général, et que c'est là le facteur le plus profond du mystère philosophique entourant la conscience. C'est-à-dire que la condition d'existence de la phénoménalité (par opposition à sa condition d'identité) est l'aspect de la conscience qui réclame une explication de la manière la plus pressante, et le caractère subjectif est ce qu'on a besoin de comprendre si l'on veut fournir une telle explication.

1. J'ai recours ici à la distinction, due originellement à H. Putnam (« The Meaning of "Meaning" », dans *id.*, *Mind, Language, and Reality*, Cambridge, Cambridge University Press, 1975), entre contenu étroit et contenu large. Le contenu étroit est le contenu qui est complètement déterminé par les propriétés non relationnelles du sujet de l'état dont il est le contenu. Le contenu large est le contenu qui n'est pas déterminé de cette manière. C'est du moins une manière parmi d'autres de présenter cette distinction. Le représentationalisme étroit au sujet du caractère qualitatif, dès lors, est la conception suivant laquelle le caractère qualitatif d'une expérience consciente est constitué par des aspects du contenu de l'expérience qui sont complètement déterminés par les propriétés non relationnelles du sujet. J'ai pour la première fois défendu une version de cette conception (sous le titre de « représentationalisme internaliste ») dans « Phenomenal content », *Erkenntnis* 57, 2002, p. 175-198.

2. Par exemple par S. Shoemaker, « Phenomenal Character », art. cit.

UNE EXPLICATION AUTOREPRÉSENTATIONNELLE DU CARACTÈRE SUBJECTIF

La thèse centrale de ce livre est que ce qui fait de quelque chose un état phénoménalement conscient en général, ce qui constitue son caractère subjectif, est une certaine espèce d'autoreprésentation : un état mental a un caractère phénoménal en général quand, et seulement quand, il se représente lui-même de la bonne manière. Tous les états phénoménalement conscients, et eux seuls, sont convenablement autoreprésentants. Ainsi, quelles que soient les autres choses qu'un état conscient représente par
14 ailleurs, il se représente toujours lui-même, | et c'est en vertu du fait de se représenter lui-même qu'il est un état conscient. Voilà pour l'autoreprésentationalisme.

Bien qu'il ne soit pas sous les feux de la rampe dans les discussions modernes sur la conscience, l'autoreprésentationalisme a derrière lui une histoire vénérable. Un de ceux à l'avoir très tôt soutenu clairement et explicitement est Franz Brentano, qui écrit ceci dans sa *Psychologie d'un point de vue empirique* :

> [Tout acte conscient] inclut en lui une conscience de lui-même. Pour cette raison, tout acte psychique [conscient], aussi simple soit-il, a un double objet, un objet primaire et un objet secondaire. L'acte le plus simple, par exemple l'acte d'entendre, a pour objet primaire le son, mais pour objet secondaire lui-même, le phénomène psychique dans lequel le son est entendu [1].

Ainsi, l'expérience auditive consciente du son d'une cornemuse est dirigée intentionnellement à la fois vers la cornemuse et vers elle-même. Sur le fond d'une conception représentationnelle de l'intentionnalité, cela nous obligerait à soutenir la thèse suivant laquelle tous les états conscients sont autoreprésentants [2]. Il se peut que Brentano ait emprunté cette idée à

1. F. Brentano, *Psychologie vom empirischen Standpunkt*, Hamburg, Meiner, 1973, p. 218, trad. fr. M. de Gandillac, revue par J.-F. Courtine, *Psychologie du point de vue empirique*, Paris, Vrin, 2008, p. 166. Brentano introduit pour la première fois cette idée dans les sections 7 et 8 du chap. II (« Sur la conscience interne ») du livre 2. La section 8 porte le titre « Une représentation et une représentation de la représentation sont données dans un même et unique acte ». Dans cette section, Brentano expose sa conception des expériences conscientes comme autoreprésentationnelles.

2. On peut considérer une conception représentationnelle de l'intentionnalité soit comme une thèse tautologique, soit comme une thèse essentielle mais vraie, selon qu'on comprend ces termes dans un sens ou dans un autre. J'ai observé les deux dans la littérature. Dans la philosophie de l'esprit récente, il est plus courant de traiter une telle conception comme étant une tautologie, mais il y a des exceptions (par exemple R. Cummins, *Mental Representation*, Cambridge (Mass.), MIT Press, 1989).

Aristote. Bien qu'il soit loin d'être aussi explicite que Brentano, Aristote écrit en effet dans la *Métaphysique* que « le connaître, le croire et le penser [conscients] sont toujours un connaître, un croire et un penser de quelque chose d'autre, mais d'eux-mêmes sur le côté [*on the side*] »[1].

Mais qu'est-ce que cela veut dire, pour un état mental, se représenter soi-même ? Répondre à cette question est une manière d'étoffer l'auto-représentationalisme. Des versions différentes de cette conception produiront des réponses différentes. Je donnerai ma propre interprétation aux chapitres IV et VI. En tout cas, jusqu'à preuve | du contraire, il n'y a 15
aucune raison de suspecter qu'il y ait quelque chose de profondément inintelligible dans la notion d'état autoreprésentant.

Certaines expressions linguistiques révèlent des formes familières d'autoreprésentation[2]. L'exemple de phrase « cette phrase-ci est écrite en Garamond » est autoreprésentante. Le cas échéant, elle est une phrase vraie, et elle est elle-même une composante de son vérifacteur[3]. Si l'on suppose, de façon plausible, que pour être vraie une phrase doit être en contact sémantique avec son vérifacteur, et que le contact sémantique est réalisé – et peut-être même constitué – par la représentation des composantes du vérifacteur, alors cette phrase vraie doit représenter les composantes de son vérifacteur, y compris elle-même[4, 5]. Je ne cite pas cette

1. *Métaphysique*, Λ, 9, 1074b 35-36. J'utilise ici la traduction de V. Caston (« Aristotle on Consciousness », *Mind* 111, 2002, p. 751-815). Un spécialiste au moins m'a suggéré que « sur le côté » [*on the side*] n'était pas la meilleure traduction, et que « secondairement » [*as a byproduct*] serait plus approprié. Il n'est pas clair que cela fasse une vraie différence pour notre propos. Il y a aussi des passages du *De Anima* qui peuvent être lus comme auto-représentationalistes. Pour une interprétation autoreprésentationaliste approfondie d'Aristote, voir V. Caston, « Aristotle... », art. cit. Caston note qu'on trouve aussi une telle interprétation d'Aristote dans une dissertation sur l'unité de la vie mentale dans la philosophie aristotélicienne, écrite sous la supervision de Brentano par un certain J. Herman Schell.

2. Il existe aussi des modèles mathématiques plus rigoureux de l'autoreprésentation, en particulier dans la théorie des ensembles non bien fondés (voir K.W. Williford, « The Self-Representational Structure of Consciousness », dans U. Kriegel et K.W. Williford (eds.), *Self-Representational Approaches to Consciousness*, *op. cit.* ; G. Landini, « Consciousness and Non-Wellfoundedness », inédit).

3. Si l'on préfère concevoir les vérifacteurs comme des états-de-choses, on pourrait dire que le vérifacteur de cette phrase est l'état-de-choses consistant dans son instanciation de la propriété d'être écrit en Garamond.

4. J'emploie l'expression « lui-même » comme un réflexif indirect. J'en dirai beaucoup plus au sujet des particularités sémantiques des réflexifs indirects au chap. IV. Pour un travail précurseur sur ce sujet, voir H.-N. Castañeda, « "He" : A Study in the Logic of Self-Consciousness », *Ratio* 8, 1966, p. 130-157 ; *id.*, « On the phenomeno-logic of the I », *Proceedings of the 14th International Congress of Philosophy III*, 1969, réimpr. dans Q. Cassam (ed.), *Self-Knowledge*, Oxford, Oxford University Press, 1994.

5. J'insiste sur ce point.

forme d'autoréférence de phrase comme un modèle fidèle pour décrire comment une autoreprésentation est rendue consciente. Je l'invoque simplement en manière de réponse à qui s'inquiéterait du fait que la notion d'autoreprésentation serait, pour une raison ou une autre, profondément inintelligible.

L'autoreprésentationalisme peut utilement être vu comme résultant de deux thèses. La première est que tous les états phénoménalement conscients sont conscients en vertu du fait d'être *représentés* (de la bonne manière). La seconde est qu'aucun état phénoménalement conscient n'est conscient en vertu du fait d'être représenté par un état *numériquement distinct* – c'est-à-dire par un état autre que lui-même. Il suit de ces deux thèses que tous les états phénoménalement conscients sont phénoménalement conscients en vertu du fait d'être représentés (de la bonne manière) par un état mental qui n'est pas numériquement distinct d'eux – c'est-à-dire en vertu du fait de se représenter eux-mêmes (de la bonne manière). En termes plus formels, nous pourrions énoncer l'argument principal comme suit. Pour tout état phénoménalement conscient *C*,

(1) *C* est conscient en vertu du fait d'être représenté de manière appropriée ;

(2) ce n'est pas le cas que *C* est conscient en vertu du fait d'être représenté par un état numériquement distinct ; donc,

16 | (3) *C* est conscient en vertu du fait d'être représenté de manière appropriée par lui-même ; c'est-à-dire que

(4) *C* est conscient en vertu du fait de se représenter lui-même de manière appropriée [1].

L'argument est clairement valide, en sorte que les deux prémisses impliquent vraiment l'autoreprésentationalisme. La question est de savoir si elles sont vraies. Dans les deux sections suivantes j'esquisse pour chacune d'elles les principales raisons de la défendre.

1. Si je laisse ici et dans la suite le quantificateur en dehors de la présentation indentée de l'argument, c'est pour des motifs stylistiques. Mais il devrait être clair que la présentation dans le texte est équivalente à celle-ci :

(1) Pour tout état conscient *C*, *C* est conscient en vertu du fait d'être représenté de manière appropriée ;

(2) pour tout état conscient *C*, ce n'est pas le cas que *C* est conscient en vertu du fait d'être représenté par un état numériquement distinct ; donc

(3) pour tout état conscient *C*, *C* est conscient en vertu du fait d'être représenté de manière appropriée par lui-même ; c'est-à-dire que

(4) pour tout état conscient *C*, *C* est conscient en vertu du fait de se représenter lui-même de manière appropriée.

CONSCIENCE PHÉNOMÉNALE ET APERCEPTION INTERNE

La première prémisse de l'argument principal de l'autoreprésentationalisme est la thèse qu'un état conscient est conscient en vertu du fait d'être représenté de manière appropriée. En termes impressionnistes, le motif général pour défendre cette prémisse est l'idée que, d'une manière ou d'une autre, il est essentiel à un état conscient que son sujet l'aperçoive. Les états conscients ne sont pas des états qui ne font qu'avoir lieu *en* nous, que nous nous en apercevions ou non ; ils sont aussi *pour* nous, précisément au sens où il y a un effet que ça fait d'être dans ces états. Des états mentaux qui surviennent simplement *en* nous mais dont nous n'avons aucune aperception ne sont pas des expériences conscientes [1].

Appelons *aperception externe* l'aperception de caractères et d'objets externes situés dans l'environnement ou le corps du sujet, et *aperception interne* l'aperception d'événements et d'états internes situés dans la vie mentale propre du sujet. L'idée à examiner est que l'aperception interne est d'une manière ou d'une autre essentielle à la conscience phénoménale. Pour commencer, un état mental n'est phénoménalement conscient que si son sujet en a une aperception interne. Mais, en un sens plus fort, l'*espèce correcte* d'aperception interne n'est pas seulement une condition nécessaire, mais aussi une condition suffisante de la phénoménalité. C'est l'aperception interne qui, ultimement, rend l'état mental | phénoména- 17
lement conscient en général. Car c'est quand le sujet en a cette aperception interne que l'état acquiert un caractère subjectif, et le caractère subjectif est ce qui rend un état phénoménalement conscient en général.

On peut trouver douteuse l'idée qu'on apercevrait toujours ses expériences conscientes présentes. Au moment où j'ai mon expérience consciente du ciel bleu, je ne prête pas la moindre attention à moi-même ni à mon expérience. Mon aperception est focalisée sur le ciel bleu, non sur l'expérience que j'en ai. Cependant, le fait que mon aperception n'est pas focalisée sur mon expérience n'implique pas que je n'en ai pas du tout d'aperception. Alors que le focus de notre aperception est pour nous extrêmement manifeste, il y a toute une série d'objets et de caractères qui sont systématiquement rejetés à la *périphérie* de l'aperception. Ainsi, au moment où je regarde fixement l'ordinateur devant moi, l'ordinateur occupe le focus de mon aperception visuelle. Mais on trouve à la périphérie

1. Cette manière de voir engendre immédiatement un grand nombre de problèmes et d'objections potentielles. Cependant je ne la livre pas ici comme un argument officiel, mais comme un signe en direction d'une conception de nature à motiver l'idée que les états conscients sont nécessairement représentés. L'argumentation « officielle » sera présentée au chap. IV.

de mon aperception visuelle un grand nombre d'objets situés au côté opposé de mon bureau : un stylo à bille, une tasse de café, une copie du *Tractatus*[1]. Comme je le soutiendrai au chapitre V, la distinction entre focus et périphérie ne vaut pas seulement pour l'aperception visuelle, mais pour toute aperception, y compris l'aperception interne. Ma thèse est que dans le cas de mon expérience du ciel, bien que je n'aperçoive pas focalement mon expérience elle-même, mais le ciel, j'aperçois néanmoins l'expérience elle-même périphériquement. C'est-à-dire que l'expérience combine une aperception externe focale du ciel avec une aperception interne périphérique d'elle-même.

Plausiblement, apercevoir quelque chose, c'est simplement se le représenter de la bonne manière. Apercevoir un arc-en-ciel, pour un sujet, *c'est simplement* abriter en soi l'espèce correcte de représentation mentale de l'arc-en-ciel. Ce traitement représentationnel de l'aperception s'étend également à l'aperception interne. Ainsi, apercevoir, mettons, une anxiété croissante, *c'est simplement* abriter en soi une représentation mentale de son anxiété. Du traitement représentationnel de l'aperception et de la thèse selon laquelle l'aperception interne est essentielle à la conscience phénoménale, il suit que les états conscients sont essentiellement des états dont leur sujet a une représentation mentale.

En résumé, ce qui motive la thèse que les états conscients sont conscients en vertu du fait d'être représentés de la bonne manière vient de
18 | l'idée que les états conscients sont des états que nous apercevons, quoique périphériquement, et qu'une telle aperception est une forme de représentation. Nous pouvons ainsi présenter le sous-argument suivant en faveur de la première prémisse de l'argument principal. Pour tout état conscient *C* d'un sujet *S*,

(1) *C* est conscient en vertu du fait que *S* aperçoit *C* de manière appropriée ;

(2) que *S* aperçoive *C* de manière appropriée, cela veut dire que *C* est représenté par *S* de manière appropriée ; donc

(3) *C* est conscient en vertu du fait d'être représenté par *S* de manière appropriée ; donc

(4) *C* est conscient en vertu du fait d'être représenté de manière appropriée.

1. Ces objets se présentent de manière assez vague et imprécise dans mon expérience, mais ils se présentent néanmoins. Ainsi je ne pourrais jamais savoir, sur la base de ma seule expérience, que le livre est le *Tractatus*. Mais il serait évidemment erroné d'en inférer que je n'aperçois le livre en aucune manière. Bien plutôt, nous devrions dire que je l'aperçois, mais *périphériquement* et non *focalement*. Ces problèmes seront discutés plus en détail au chap. V.

La phase suivante de l'argument principal consiste à passer de « être représenté » à « être autoreprésenté ».

APERCEPTION INTERNE ET AUTOREPRÉSENTATION

Quand un état conscient est représenté, soit il est représenté par lui-même, soit il est représenté par un état autre que lui, par un état numériquement distinct. Dans la mesure où les états conscients sont conscients précisément en vertu du fait d'être représentés de la bonne manière, il y a trois possibilités : (a) tous les états conscients sont conscients en vertu du fait d'être représentés par eux-mêmes ; (b) tous les états conscients sont conscients en vertu du fait d'être représentés par des états numériquement distincts ; (c) certains états conscients sont conscients en vertu du fait d'être représentés par eux-mêmes et d'autres en vertu du fait d'être représentés par des états numériquement distincts. L'autoreprésentationalisme soutient que (a) est vrai. L'argumentation sera poursuivie au chapitre IV. Je me borne ici à une esquisse préliminaire d'une part centrale de la stratégie argumentative du même chapitre.

Une manière d'argumenter en faveur de (a) ci-dessus est de le faire par élimination – c'est-à-dire en argumentant contre (b) et (c). Il n'est guère plausible, à première vue, que certains états conscients soient conscients en vertu du fait d'être représentés d'une certaine manière alors que d'autres seraient conscients en vertu du fait d'être représentés d'une autre manière. On attendrait une certaine unité sous-jacente, à un degré raisonnable d'abstraction, entre les états conscients. En effet, si les états conscients forment une espèce naturelle, comme c'est probable, ils doivent alors se prévaloir d'une « nature sous-jacente » relativement concrète qui soit commune à eux tous. Ces considérations militent contre (c).

L'argument contre (b) procède par dilemme destructif. Quand un état mental est représenté par un état numériquement distinct, il faut que l'état numériquement | distinct soit ou bien *conscient*, ou bien *inconscient*. **19**
Considérons le dilemme suivant : tous les états conscients sont-ils conscients en vertu du fait d'être représentés par un état conscient numériquement distinct, ou non ? Si ce n'est pas le cas, alors (b1) tous les états conscients ou certains d'entre eux sont conscients en vertu du fait d'être représentés par des états *inconscients* numériquement distincts. (C'est là, en fait, la conception des théories d'ordre supérieur[1, 1].) Si c'est le cas, alors

1. Plus spécialement, les théories d'ordre supérieur contemporaines soutiennent que *la plupart* des états conscients sont conscients en vertu du fait d'être représentés de manière appropriée par des états inconscients, mais que *certains* sont conscients en vertu du fait d'être

(b2) tous les états conscients sont conscients en vertu du fait d'être représentés par des états conscients numériquement distincts. L'argument contre (b) consiste à montrer que ni (b1) ni (b2) n'est plausible.

L'argumentation contre (b2) est aisée : (b2) mène à une régression à l'infini. Si tout état conscient était nécessairement représenté par un état conscient numériquement distinct, alors l'occurrence d'un seul état conscient impliquerait une infinité d'états mentaux. Mais cela n'est pas plausible à un double titre : on échoue par là à expliquer ce qui rend conscient un état conscient, et ce n'est pas plausible (voire même possible) empiriquement[2].

Quant à (b1), le principal argument qu'on peut lui opposer est un peu plus délicat et je n'en donnerai ici qu'un aperçu[3]. J'ai dit dans la section précédente que les états conscients étaient des états que nous apercevons. Mais comment savons-nous que nous apercevons nos états conscients ? Autrement dit, sur quelle base en venons-nous à souscrire à la thèse suivant laquelle les états conscients sont des états que nous apercevons ? Il semble incorrect de dire que nous souscrivons à cette thèse sur la seule foi de l'évidence de troisième personne. Ce n'est pas comme si nous avions consulté des données expérimentales pointant vers l'existence d'une telle aperception. Bien plutôt, nous y souscrivons sur la foi d'une certaine espèce de connaissance de première main, de première personne, de notre aperception de nos états conscients. Cependant, nous n'aurions pas une telle connaissance de notre aperception si cette aperception était fondée dans des représentations inconscientes. Car notre connaissance des états inconscients est toujours une connaissance à la troisième personne. Ainsi, si notre aperception de nos états conscients était fondée dans des états

représentés de manière appropriée par des états conscients. Les seconds sont les états conscients en train d'être explicitement introspectés. Les premiers sont tous les autres états conscients, et ils constituent évidemment la grande majorité des états conscients.

1. Voir, dans le présent recueil, l'introduction ainsi que les textes de D. Rosenthal et P. Carruthers (NDT).

2. Comme le dit Leibniz, si tel devait être le cas, nous ne dépasserions jamais notre première pensée. Il écrit ainsi : « Il n'est pas possible que nous réfléchissions toujours expressément sur toutes nos pensées ; autrement l'esprit ferait réflexion sur chaque réflexion à l'infini. [...] Il faut bien [...] qu'il y ait enfin quelque pensée qu'on laisse passer sans y penser ; autrement on demeurerait toujours sur la même chose. » (G.W. Leibniz, *Nouveaux Essais*, II, I, cité dans R. J. Gennaro, « Leibniz on consciousness and self-consciousness », dans R. J. Gennaro et C. Huenemann (eds.), *New Essays on the Rationalists*, Oxford, Oxford University Press, 1999, p. 355-356).

3. Je le développerai plus en détail au chap. IV. J'ai d'abord proposé cet argument dans U. Kriegel, « Consciousness as Intransitive Self-Consciousness : Two Views and an Argument », *Canadian Journal of Philosophy* 33, 2003, p. 103-132.

inconscients, | la connaissance que nous en avons devrait être une sorte de 20
connaissance à la troisième personne qu'en fait elle ne semble pas être.

Encore une fois, ce n'est là que l'esquisse d'une ligne argumentative contre (b1) qui sera étoffée et défendue avec beaucoup plus de détails au chapitre IV du présent ouvrage. Il faut noter, cependant, que puisque (b1) est en fait la conception des théories d'ordre supérieur, un grand nombre des arguments de la littérature contre les théories d'ordre supérieur sont d'application. Ces arguments seront également répétés et/ou développés au chapitre IV. Peut-être le plus connu de ces arguments est-il l'argument des représentations d'ordre supérieur « qui manquent leur cible » [*targetless*]. D'après (b1), ce qui rend conscient un état conscient est qu'il est ciblé par une représentation numériquement distincte, donc d'ordre supérieur. Mais qu'arrive-t-il quand un sujet a une représentation d'ordre supérieur qui représente trompeusement non seulement les *propriétés* d'une cible d'ordre inférieur, mais jusqu'à son *existence* ? La théorie d'ordre supérieur semble obligée de dire que le sujet n'a pas d'expérience consciente, même si ce qu'il traverse est subjectivement indiscernable de l'accomplissement d'une expérience consciente. Cela veut dire, de façon absurde, qu'il n'y aurait pas d'état conscient où serait le sujet, mais qu'il y aurait un effet que ça fait pour lui d'être dans l'état conscient où il n'est pas [1].

Si les réflexions qui précèdent sont correctes, alors ni (b2) ni (b1) ne peut fonctionner, ce qui, sachant que (c) n'est pas viable, implique que (a) est la seule position viable : tous les états conscients sont conscients en vertu du fait d'être représentés par eux-mêmes. Pour récapituler, l'argument présenté en ce sens gravite autour de deux idées de base. D'abord, il n'est pas plausible qu'un état conscient soit conscient en vertu du fait d'être représenté par un *état inconscient*. Mais s'il est conscient en vertu du fait d'être représenté par un état conscient, l'état conscient représentant ne peut être numériquement distinct de l'état conscient représenté, sous peine de régression ou dc manquer d'unité. Il s'ensuit que les états conscients représentant et représenté sont un seul et même état – c'est-à-dire que les états conscients sont autoreprésentants. Nous pouvons ainsi présenter le sous-argument suivant en faveur de la seconde prémisse de l'argument principal. Pour tout état conscient *C*,

(1) ce n'est pas le cas que *C* est conscient en vertu du fait d'être représenté inconsciemment ; et
(2) ce n'est pas le cas que *C* est conscient en vertu du fait d'être consciemment représenté par un état numériquement distinct ; donc

1. Une fois encore, je développerai ce point, ainsi que d'autres problèmes liés aux théories d'ordre supérieur, au chap. IV.

21 | (3) ce n'est pas le cas que *C* est conscient en vertu du fait d'être représenté par un état numériquement distinct.

Si nous relions l'argument de cette section à l'argument de la section précédente, nous obtenons une version partiellement plus étoffée de l'argument principal. Pour tout état conscient *C* d'un sujet *S*,

(1) *C* est conscient en vertu du fait que *S* aperçoit *C* de manière appropriée ;
(2) que *S* aperçoive *C* de manière appropriée, cela veut dire que *C* est représenté par *S* de manière appropriée ; donc
(3) *C* est conscient en vertu du fait d'être représenté par *S* de manière appropriée ; donc
(4) *C* est conscient en vertu du fait d'être représenté de manière appropriée ;
(5) ce n'est pas le cas que *C* est conscient en vertu du fait d'être représenté inconsciemment ; et
(6) ce n'est pas le cas que *C* est conscient en vertu du fait d'être représenté consciemment par un état numériquement distinct ; donc
(7) ce n'est pas le cas que *C* est conscient en vertu du fait d'être représenté par un état numériquement distinct ; donc
(8) *C* est conscient en vertu du fait d'être représenté par lui-même de manière appropriée ; c'est-à-dire que
(9) *C* est conscient en vertu du fait de se représenter lui-même de manière appropriée.

L'argument principal peut encore être étoffé, bien entendu. La présente formulation visait principalement à donner une idée de l'attrait de l'approche autoreprésentationnelle de la conscience phénoménale au niveau le plus fondamental.

Traduit de l'anglais par Denis SERON

GEORGE GRAHAM, TERENCE HORGAN ET JOHN TIENSON

| CONSCIENCE ET INTENTIONNALITÉ * 468

INTRODUCTION

Le mental commence et finit avec la conscience et l'intentionnalité. La conscience et l'intentionnalité contribuent à définir le mental *en tant que* mental.

La conscience, au sens où nous l'entendons dans ce chapitre, est la propriété d'un état mental en vertu de laquelle il y a un effet que cela fait pour le sujet ou la personne d'être dans cet état. Il y a un effet que cela fait, par exemple, de voir une certaine nuance de rouge ou de sentir une certaine douleur cuisante. L'intentionnalité est la propriété d'un état mental en vertu de laquelle l'état est dirigé vers, est à propos de, ou représente quelque chose d'autre que lui-même. L'intentionnalité est instanciée lorsqu'une croyance perceptive est à propos d'une image tordue sur le mur, un désir est un désir de crème glacée, une peur est une peur de voler, et un souvenir est un souvenir de choses passées.

Quelle est la relation entre ces deux caractéristiques de la mentalité ? Quelle est la connexion – si tant est qu'il y en ait une – entre la conscience et l'intentionnalité ?

Conscience et intentionnalité, soutiennent certains philosophes, bien que se produisant peut-être souvent de façon concomitante, sont mutuellement indépendantes ou séparables. Elles se situent dans deux dimensions séparables de nos vies mentales. L'une de ces dimensions consiste en nos expériences subjectives, dans lesquelles il y a un effet que cela fait d'être nous. L'autre consiste en nos vies en tant qu'êtres intentionnels, dans lesquelles nous représentons ce qui se passe dans le monde extérieur ainsi que, à l'occasion, en nous-mêmes.

La conscience et l'intentionnalité, soutiennent d'autres, sont interdépendantes ou inséparables. Selon une forme forte et radicale

* « Consciousness and Intentionality », dans M. Velmans, S. Schneider (eds.), *The Blackwell Companion to Consciousness*, Oxford, Blackwell, 2007, p. 468-484.

d'inséparatisme (un terme défini juste ci-dessous), le fait qu'un état mental est conscient signifie ou implique [*entails*] qu'il est intentionnel. Le fait qu'un état mental est intentionnel signifie ou implique qu'il est conscient. Nos états mentaux conscients sont des états intentionnels : ils nous informent à propos du monde et de nous-mêmes. Nos états mentaux intentionnels sont des états conscients : il y a un effet que cela fait de représenter le monde et nous-mêmes.

Nous utilisons volontiers deux néologismes pour parler des deux façons de concevoir la relation entre conscience et intentionnalité que nous venons de mentionner. Le *séparatisme* stipule que la conscience et l'intentionnalité sont deux aspects mutuellement indépendants ou séparables de nos vies mentales. L'*inséparatisme* stipule que la conscience et l'intentionnalité sont interdépendantes ou inséparables.

Dans les travaux des philosophes de Descartes (1596-1650) et Locke (1632-1704) à Brentano (1838-1917) et Husserl (1859-1938), la conscience et l'intentionnalité étaient généralement traitées comme des aspects inséparables de nos vies mentales [1]. En 1690, Locke écrivait : « Il est tout aussi
469 intelligible de dire qu'un corps est étendu sans avoir de parties | que de dire que quelque chose *pense* sans en être conscient ou sans percevoir qu'il pense » [2]. Par contraste, dans la tradition de la philosophie anglo-américaine de la fin du vingtième siècle, la position séparatiste a été la conception dominante. Jaegwon Kim écrit : « Il a été coutumier de distinguer entre deux grandes catégories du mental, l'intentionnel et le phénoménal » [3] (le mot « phénoménal » est parfois utilisé pour identifier la caractéristique d'un état mental conscient qui rend cet état conscient, c'est-à-dire l'effet que cela fait d'être dans cet état [*its what-is-likeness*] ou sa phénoménologie. Nous observerons cette pratique dans ce qui suit). En acceptant la séparabilité catégorique, Kim ajoute : « Si quelqu'un devait nous demander de créer une machine dotée de conscience, [...] je ne pense pas que nous saurions par où commencer » [4]. Cependant, si l'on nous demandait de concevoir une structure dotée d'intentionnalité, remarque-t-il, « il me semble que nous pourrions commencer à concevoir » une telle chose [5].

1. Comme l'a noté D. Chalmers, « The Representational Character of Experience », dans B. Leiter (ed.), *The Future for Philosophy*, Oxford, Oxford University Press, 2004, p. 153-180.

2. J. Locke, *An Essay Concerning Human Understanding, op. cit.*, Livre 2, chap. premier, § 19, p. 115, trad. fr. J.-M. Vienne, *Essai sur l'entendement humain. Livres I-II*, Paris, Vrin, 2001, p. 180.

3. J. Kim, *Mind in a Physical World* : *An Essay on the Mind-Body Problem and Mental Causation*, Cambridge (Mass.), MIT Press, 1998, p. 101.

4. *Ibid.*, p. 102.

5. *Ibid.*, p. 103.

Si Kim a raison, alors Locke, Descartes et beaucoup d'autres ont tort. L'intentionnalité est indépendante de la conscience. Produire la première ne consiste pas à produire la seconde. De plus, de nombreux théoriciens soutiennent que la relation d'indépendance se déploie dans la direction opposée. L'état mental d'un sujet peut être conscient sans instancier une quelconque structure intentionnelle. Il y a des états mentaux conscients qui ne représentent rien du tout. John Searle donne comme exemples de tels états des formes d'exaltation, de dépression ou d'anxiété dans lesquelles nous ne sommes pas « exaltés, déprimés ou anxieux à propos de quoi que ce soit » [1]. « De nombreux états conscients, dit-il, ne sont pas Intentionels » [2].

Dans ce chapitre, notre stratégie ne sera pas seulement d'exposer les liens possibles entre conscience et intentionnalité, bien qu'il s'agisse en partie de cela. Notre objectif est engagé et vise à défendre une position. Nous soutenons qu'un bon argument peut être avancé en faveur de la sorte de position inséparatiste qui a notre préférence. Nous avons examiné et défendu des aspects de la même position inséparatiste que celle esquissée ici dans une série d'articles antérieurs [3]. Ce chapitre, bien que

1. J. Searle, *Intentionality*, Cambridge, Cambridge University Press, 1983, p. 2, trad. fr. (légèrement modifiée) par C. Pichevin, *L'Intentionalité. Essai de philosophie des états mentaux*, Paris, Minuit, 1985, p. 16.

2. *Ibid.*

3. Elle a d'abord été introduite en termes synoptiques dans T. Horgan et J. Tienson, « The Phenomenology of Intentionality and the Intentionality of Phenomenology », dans D. Chalmers (ed.), *Philosophy of Mind: Classical and Contemporary Readings*, Oxford, Oxford University Press, 2002, p. 520-533 ; elle a été élargie dans T. Horgan, J. Tienson et G. Graham, « The Phenomenology of First-Person Agency », dans S. Walter et H.-D. Heckmann (eds.), *Physicalism and Mental Causation. The Metaphysics of Mind and Action*, Exeter, Imprint Academic, 2003, p. 323-340, et affinée dans T. Horgan, J. Tienson et G. Graham, « Phenomenal Intentionality and the Brain in a Vat », dans R. Schantz (ed.), *The Externalist Challenge. New Studies in Cognition and Intentionality*, Berlin-New York, de Gruyter, 2005, p. 297-317 ; T. Horgan, J. Tienson et G. Graham, « Internal-World Skepticism and the Self-Presentational Nature of Phenomenology », dans U. Kriegel et K. Williford (eds.), *Consciousness and Self-Representation*, Cambridge (Mass.), MIT Press, 2006, p. 41-61 ; G. Graham, T. Horgan et J. Tienson, « Phenomenology, Intentionality and the Unity of Mind », dans A. Beckerman *et alii* (eds.), *The Oxford Handbook of the Philosophy of Mind*, New York, Oxford University Press, 2009, p. 512-537. Cette position inséparatiste a été distinguée du représentationalisme notamment dans G. Graham et T. Horgan, « Mary Mary, Quite Contrary », *Philosophical Studies* 99, 2000, p. 59-87. Elle a suscité, sur l'un ou l'autre aspect, des critiques provenant de D. Dennett (« What Robot Mary Knows », dans *id.*, *Sweet Dreams. Philosophical Obstacles to a Science of Consciousness*, Cambridge (Mass.), MIT Press, 2005, p. 103-129, trad. fr. C. Pichevin, *De beaux rêves. Obstacles philosophiques à une science de la conscience*, Paris, L'Éclat, 2008 ; rééd. Paris, Gallimard, « folio essais », 2012, p. 169-210), N. Georgalis (« The Fiction of Phenomenal Intentionality », *Consciousness and Emotion* 4, 2003, p. 243-256), D. Raffman (« Even Zombies Can Be Surprised : A Reply to Graham and Horgan », *Philosophical Studies* 122, 2005, p. 189-202) et R. Wilson

complémentaire de nos articles antérieurs, est autonome. Il construit la position d'une manière différente de ce que nous avons dit ailleurs, en explorant certaines critiques séparatistes de l'inséparatisme et en argumentant contre elles. Nous restreindrons notre attention, dans ce chapitre, à un aspect particulièrement important de l'inséparatisme : la relation entre caractère phénoménal et contenu intentionnel[1]. D'autres philosophes et théoriciens contemporains ont développé des thèses inséparatistes ou quasi-inséparatistes qui ressemblent aux nôtres à plusieurs égards. Nous mentionnerons certains de ces travaux et les philosophes qui en sont responsables, mais notre objectif prioritaire est d'introduire et d'essayer de rendre plausible la version spécifique d'inséparatisme qui a notre préférence[2].

470 | Après avoir précisé plus soigneusement ce que nous entendons par inséparatisme, nous parlerons de la raison pour laquelle on pourrait croire, comme c'est notre cas, que la position en question est vraie. Finalement, nous esquisserons brièvement deux questions ou deux défis pour l'inséparatisme et parlerons – encore une fois, brièvement – de la manière dont un partisan de l'inséparatisme pourrait relever chacun d'entre eux.

L'INSÉPARATISME : DESCRIPTION ET AFFINEMENT

L'inséparatisme est une thèse impliquant que le mental est un phénomène unifié plutôt que divisé [*bifurcated*] ; les caractéristiques de la conscience et de l'intentionnalité sont interdépendantes ou inséparables. Nous avons affirmé ailleurs qu'il y avait différentes composantes de la

(« Phenomenology and Intentionality », *Pacific Philosophical Quarterly* 84, 2003, p. 413-431). Le lecteur trouvera une réponse à Raffman dans G. Graham et T. Horgan, « Mary Mary au contraire : A Reply to Raffman », *Philosophical Studies* 122, 2005, p. 203-212, et une réponse à Dennett dans G. Graham et T. Horgan, « Qualia Realism : Phenomenal Contents and Discontents », dans E. Wright (ed.), *The Case for Qualia*, Cambridge (Mass.), MIT Press, 2008, p. 89-107.

1. Voir aussi G. Graham, T. Horgan et J. Tienson, « Phenomenology, Intentionality and the Unity of Mind », art. cit.

2. On peut trouver un aperçu et une discussion utiles de différents problèmes relatifs à la relation entre conscience et intentionnalité dans C. Siewert, « Consciousness and Intentionality », dans E. Zalta (ed.), *Stanford Encyclopedia of Philosophy*, 2003, URL = <http ://plato.stanford.edu/archives/fall2003/entries/consciousness-intentionality/>, et D. Chalmers, « The Representational Character of Experience », art. cit. Parmi les philosophes qui ont contribué de façon significative à l'étude de la conscience et de l'intentionnalité avec des sympathies ou des sensibilités plus ou moins inséparatistes, on peut mentionner – outre Siewert et Chalmers – Barry Dainton, Owen Flanagan, Alvin Goldman, Uriah Kriegel, Brian Loar, Colin McGinn, Nicholas Georgalis, David Pitt et Galen Strawson.

position inséparatiste. Ces composantes incluent différentes sous-thèses ainsi que des descriptions de différentes dimensions de connectivité entre conscience et intentionnalité[1]. Certaines dimensions de connectivité comprennent la phénoménologie de l'expérience perceptive, la phénoménologie de l'agentivité en première personne [*first-person agency*], la phénoménologie du type d'attitude, et celle du contenu intentionnel. Ici, nous limiterons notre attention à la relation entre contenu phénoménal et contenu intentionnel, tout en gardant à l'esprit que la perspective inséparatiste totale est plus large et complexe.

Même s'il nous faudra finalement signaler une ou deux restrictions, nous pouvons exprimer cet inséparatisme restreint comme suit (« C » renvoie au contenu et « Ins » à l'inséparatisme) :

(C-Ins) Tout état mental paradigmatique est *phénoménalement intentionnel* en son contenu.

Un état mental est phénoménalement intentionnel en son contenu dans le cas seulement où le contenu intentionnel de l'état (ce à propos de quoi il est, ce qu'il représente ou ce vers quoi il est dirigé) est déterminé ou constitué par son seul caractère conscient ou phénoménal, ou par le seul effet que cela fait d'être dans cet état. Rien de non phénoménal n'est une partie propre du contenu intentionnel d'un état mental.

Faisons deux commentaires sur (C-Ins). En premier lieu, la thèse est restreinte à des états mentaux paradigmatiques ou incontestables (*e.g.*, les croyances perceptives). Pour clarifier : à l'heure actuelle, des débats font rage, en philosophie et dans les sciences cognitives, à propos de la nature du mental. On peut contester que certains états de certaines sortes puissent être à bon droit classés comme « mentaux ». Cela dépend très largement de la manière dont on régente ou comprend le concept de mental, et de la manière ou de la mesure dans laquelle certains états mentaux potentiels s'écartent des instances exemplaires ou paradigmatiques de la mentalité. Considérons, par exemple, les états d'un sujet ou agent décrits comme *sub-doxiques*[2]. Les états sub-doxiques sont des états qui sont distingués des états mentaux paradigmatiques par ce que l'on appelle leur isolement inférentiel et leur inaccessibilité à la conscience. Une classe d'états de ce genre comprend ceux qui ont été prétendument identifiés par E. H. Hess comme des états informationnels qui comparent, de façon subconsciente,

1. T. Horgan et J. Tienson, « The Phenomenology of Intentionality and the Intentionality of Phenomenology », art. cit. ; T. Horgan, J. Tienson et G. Graham, « Internal-World Skepticism… », art. cit.

2. S. Stich, « Belief and Subdoxastic States », *Philosophy of Science* 45, 1978, p. 499-518.

les diamètres des pupilles dans les yeux d'autres personnes [1]. De tels états sont des mécanismes computationnels hautement spécialisés [2]. Sont-ils mentaux ? Approximativement mentaux ? Proto-mentaux ? Quasi-mentaux ? Et bien, certainement, ils ne sont pas mentaux de façon paradigmatique (pas plus que ne le sont les états de ce que l'on appelle la *cognition élargie*, les états qui contiennent des parties qui ne tombent pas dans les frontières épidermiques d'un corps humain ou animal – tel que l'arrangement des parties d'un vélo démonté indiquant l'ordre dans lequel les parties doivent être remontées) [3]. Les états mentaux paradigmatiques sont des états que tout locuteur compétent classerait comme mentaux. Les croyances perceptives, par exemple, sont des états mentaux paradigmatiques ; personne ne nierait qu'elles sont mentales. Les croyances
471 perceptives, telles que la croyance perceptive qu'un ballon de plage | en face de nous est rouge, sont connectées de façon inférentielle à d'autres croyances et attitudes, et se produisent dans la conscience. La meilleure manière de comprendre (C-Ins) est de considérer que (C-Ins) ne s'applique pas aux états sub-doxiques sur lesquels plane la menace d'une controverse théorique concernant leur caractère mental.

Deuxièmement, nous penserons le contenu *intentionnel phénoménal* comme suit. Un contenu intentionnel est conscient ou phénoménal seulement lorsque (i) il se présente lui-même immédiatement ou directement au sujet ou à la personne qui se trouve dans l'état en question, et (ii) un tel contenu est pleinement constitué par l'effet que cela fait de vivre cette présentation immédiate ou directe. Par conséquent, le sujet peut *exactement dire* [just say] ce qu'il pense. Cette capacité à exactement dire ce qui se passe dans notre phénoménologie est le produit dérivé du caractère distinctivement auto-présentationnel de la conscience phénoménale. Supposons, par exemple, que nous soyons en ce moment dans un état mental avec le caractère distinctif conscient ou phénoménal « une-image-est-accrochée-au-mur-devant-nous ». Selon (C-Ins), vivre cette expérience consciente détermine constitutivement le fait que le contenu intentionnel phénoménal de l'état est qu'une image est accrochée sur le mur devant nous.

1. E. H. Hess, « The Role of Pupil Size in Communication », [*Scientific American* 233, 1975, p. 110-119] dans Rita Atkinson et Richard Atkinson (eds.), *Mind and Behavior*, San Francisco (CA), Freeman, 1975.

2. *Cf.* J. Fodor, *Modularity of Mind*, Cambridge (Mass.), MIT Press, 1983, trad. fr. A. Gerschenfeld, *La Modularité de l'esprit*, Paris, Minuit, 1986.

3. A. Clark, *Being There. Putting Brain, Body, and World Together Again*, Cambridge (Mass.), MIT Press, 1997. Comparez avec R. Rupert, « Challenges to the Hypothesis of Extended Cognition », *Journal of Philosophy* 101, 2004, p. 389-428.

Cela ne signifie pas, bien sûr, qu'il soit *vrai* qu'une image est accrochée sur le mur devant nous. Pour que ce soit vrai, le monde doit satisfaire le contenu. Le contenu, en revanche, peut faire partie d'un rêve, d'une hallucination, ou d'une pensée qui représente le monde incorrectement d'une autre manière. En outre, puisque cette caractéristique d'« effet que cela fait » est entièrement constituée phénoménologiquement, le contenu lui-même pourrait se présenter à nous d'une manière directe ou immédiate même si le sujet n'avait jamais été en contact causal-perceptuel adéquat avec quelque image, quelque mur ou même quelque objet concret que ce soit. Le contenu « image-sur-le-mur » pourrait faire partie d'un rêve ou d'une hallucination aussi longs que notre vie, ou pourrait être induit par un ensemble extrêmement subtil de conducteurs sensoriels branchés à mon cerveau, qui serait enfermé de façon permanente dans une chambre dépourvue d'images comme dans une cuve.

Supposez que vous vous demandiez si Hillary Clinton aurait fait une meilleure candidate que John Kerry. Ce même contenu pourrait être instancié par l'état mental d'une créature consciente même si les constituants de la pensée exprimés par les termes singuliers « Clinton » et « Kerry » étaient utilisés par la créature pour désigner les individus différents (*e.g.*, dans un environnement comme la Terre Jumelle)[1] que ceux désignés par ces constituants lorsqu'ils sont employés par nous-mêmes – ou même si ces constituants de pensée étaient utilisés de telle manière qu'ils échouent à désigner quelques individus que ce soit (*e.g.*, dans un environnement correspondant au scénario du cerveau dans une cuve).

Nous avons utilisé ailleurs l'expression « intentionnalité phénoménale » pour désigner ce que nous appelons ici le contenu intentionnel phénoménal. D'après notre conception, l'intentionnalité phénoménale doit être distinguée de ce que nous appelons l'intentionnalité *externaliste* : certaines pensées – en particulier, celles qui déploient des constituants de pensée qui prétendent désigner des individus ou des genres naturels – ont à la fois une intentionnalité phénoménale et une intentionnalité externaliste. La dernière survient comme un produit conjoint de (i) l'intentionnalité phénoménale et (ii) certaines relations spécifiques (*e.g.*, des relations causales) entre un agent cognitif et des individus ou des genres naturels effectivement éligibles comme référents dans l'environnement de l'agent.

1. La célèbre expérience de pensée de la « Terre Jumelle » est due à H. Putnam, « The Meaning of "Meaning" », *Minnesota Studies in the Philosophy of Sciences* 7, 1975, p. 131-193 ; rééd. dans *id., Language, Mind, and Reality. Philosophical Papers*, vol. 2, Cambridge, Cambridge University Press, 1975, p. 215-271 ; trad. fr. (partielle) D. Boucher, « La signification de "signification" », dans D. Fisette et P. Poirier (éd.), *Philosophie de l'esprit. Problèmes et perspectives*, t. II, Paris, Vrin, 2003, p. 41-82 (NDT).

L'éligibilité référentielle pour un constituant de pensée – la question de savoir quelle sorte d'entité le constituant de pensée *pourrait* désigner – est déterminée par l'intentionnalité phénoménale et ce constituant de pensée. Le caractère conscient de la pensée seule détermine ce à propos de quoi la pensée est, au sens de l'intentionnalité phénoménale [1].

Supposez, pour prendre un autre exemple, que vous soyez dans l'état mental consistant à apparaître à vous-même comme levant la main à une réunion de l'association de quartier locale afin de voter pour son président. Nous classerons un tel état comme un exemple de « phénoménologie de
472 | l'agentivité à la première personne » qui, pour nous, est une sorte de connexion inséparatiste entre conscience et intentionnalité [2]. Selon (C-Ins), vivre cette expérience consciente détermine constitutivement que votre état mental est à propos du fait que vous levez la main a une réunion.

Au lieu de parler de l'immédiateté présentationnelle du contenu conscient ou phénoménal, certains théoriciens préfèrent déployer ce qui peut sembler être une description tout à fait différente du contenu qui est conscient. Certains disent que la seule manière d'identifier le contenu conscient d'un état mental (intentionnel ou autre) est de parler de ce que l'on appelle sa « qualité phénoménale ». Les exemples typiquement cités incluent la manière dont les choses nous apparaissent, leur goût ou leur odeur, ou la sensation propre à une démangeaison. Lorsque vous goûtez du chocolat amer, par exemple, il y a une manière immédiate dont le chocolat vous apparaît : il a un goût amer ou une qualité amère. On parle souvent des qualités phénoménales en les appelant les *qualia* (singulier : *quale*) de l'expérience conscience [3]. Les qualia sont considérés comme faisant partie de la définition du contenu conscient.

Nous ne voyons certainement aucune objection à parler du « caractère qualitatif » de l'expérience comme faisant partie de la définition de la conscience ou du contenu conscient. Nous avons parfois adopté nous-mêmes cette manière de parler [4]. Mais nous ne l'avons fait que dans la mesure où le concept pertinent de qualité n'est pas restreint aux qualia au sens étroit de sensations (disons, la sensation propre à une démangeaison) ou d'images sensorielles concrètes (disons, l'amertume du goût du

1. Voir la discussion de l'intentionnalité phénoménale et de la référence mentale dans T. Horgan et J. Tienson, « The Phenomenology of Intentionality... », art. cit., et la discussion connexe de l'intentionnalité phénoménale et de l'intentionnalité externaliste dans T. Horgan, J. Tienson et G. Graham, « Phenomenal Intentionality and the Brain in a Vat », art. cit.

2. T. Horgan, J. Tienson et G. Graham, « The Phenomenology of First-Person Agency », art. cit.

3. *Cf.* O. Flanagan, *Consciousness Reconsidered*, Cambridge (Mass.), MIT Press, 1992, p. 65.

4. G. Graham et T. Horgan, « Mary Mary, Quite Contrary », art. cit.

chocolat). Lorsque les philosophes restreignent la notion de qualia à un petit groupe de qualités, c'est généralement un premier pas en direction du séparatisme. Un argument séparatiste se présente approximativement comme suit: un contenu distinctement conscient est constitué par des sensations ou des images sensorielles conscientes ; des états dotés d'une structure intentionnelle ne sont pas constitués par des sensations ou des images sensorielles concrètes ; donc, le contenu intentionnel est séparable du contenu conscient et, plus généralement, l'intentionnalité est séparable de la conscience. Aucune sensation ne doit faire partie de la pensée d'une image tordue ; aucune image sensorielle ne doit intervenir lorsque l'on se demande si Hillary Clinton aurait été une candidate démocrate plus chanceuse que John Kerry aux élections présidentielles ou si la justice, comme disait John Rawls, est l'équité.

Qu'advient-il du contenu des états intentionnels conscients, selon certains séparatistes, si on entend par « contenu conscient » quelque chose qui ne s'applique qu'aux qualia au sens étroit et que les états intentionnels conscients sont dépourvus de tels qualia en tant qu'éléments propres et distinctifs ? Les partisans du séparatisme admettent généralement une distinction entre les états mentaux intentionnels qui sont conscients en leur contenu et ceux qui ne le sont pas, mais ils affirment généralement que la notion pertinente de conscience n'est pas phénoménale ou qualitative, mais est plutôt ce que Ned Block a appelé la *conscience d'accès*[1]. Un état est conscient au sens de la conscience d'accès, dit un séparatiste de ce genre, lorsque (*grosso modo*) il est accessible de manière introspective. Dans la perspective de la variété d'inséparatisme qui a notre préférence, cependant, l'accessibilité introspective des états mentaux intentionnels conscients n'est pas un genre de conscience différent de la conscience phénoménale. L'accessibilité introspective est une caractéristique des états qui sont phénoménalement conscients plutôt qu'une caractéristique définitionnelle d'un deuxième type de conscience distinct du premier. Une telle accessibilité est un produit dérivé qui découle du fait que les états phénoménalement conscients sont *auto-présentationnels* et que les états non phénoménaux ne sont pas auto-présentationnels de cette manière.

Pour revenir à l'exemple où l'on se demande si Clinton aurait été une candidate plus chanceuse que Kerry, nous affirmons qu'un tel contenu de pensée a une qualité – mais le terme « qualité » est ici entendu au sens large plutôt qu'au sens étroit. Le « quale » d'une telle pensée, d'après la conception œcuménique large qui a notre préférence plutôt que la conception étroite des qualia, consiste en (ce qu'on pourrait appeler)

1. N. Block, « On a Confusion About a Function of Consciousness », *Behavioral and Brain Sciences* 18, 1995, p. 227-247.

sa qualité cognitive – plutôt qu'en une qualité sensorielle ou une qualité concrète de nature sensorielle-imagée. [Il n'y a ici] aucune image concrète,
473 aucune sensation particulière, | juste l'effet que cela fait de vivre un état psychologique occurrent avec le contenu *que Clinton aurait été une candidate plus chanceuse que Kerry*. Barry Dainton note que « les pensées se produisent souvent sans aucun vêtement sensoriel distinctif », mais que « [leur] contenu ne pourrait pas être plus clair » [1] (il y a aussi l'effet spécifique que cela fait de se *demander* si *p*, par opposition à croire que *p*, douter que *p*, espérer que *p*, etc.).

On pourrait objecter que nous avons construit les qualités phénoménales de façon si œcuménique que l'inséparatisme devient simplement vrai par définition. « Phénoménal » est défini si largement que rien d'incontestablement conscient ne compte comme non phénoménal. Notre réponse est qu'il y a un effet que cela fait pour tout état incontestablement conscient et, conformément à une tendance actuelle, nous employons l'adjectif « phénoménal » pour désigner l'effet que cela fait. Ne trouvez-vous pas, dans votre propre cas, qu'il y a (par exemple) une différence entre l'effet que cela fait de penser que les lapins ont une queue et l'effet que cela fait de penser que des collections de parties non détachées de lapin ont une queue comme sous-ensemble, une différence phénoménale qui dépasse toute imagerie auditive ou syntactique-visuelle (puisque, par le dessin-signe [*sign-design*] « lapin », on pourrait avoir voulu dire « collection de parties non détachées de lapin » et, par le dessin-signe « a une queue », on pourrait avoir voulu dire « a une queue comme sous-ensemble »)? Le phénoménal *est* assez large pour inclure des pensées occurrentes. Ni les gens du peuple ordinaires ni les philosophes (Descartes inclus) ne sont sous l'emprise d'un scepticisme radical concernant la nature de leurs pensées actuelles; la seule explication adéquate du fait que le « scepticisme du monde intérieur » n'exerce aucune emprise est que les pensées occurrentes s'auto-présentent phénoménalement [2].

Pour un autre exemple de ce que nous avons à l'esprit lorsque nous parlons de « qualité », comparez l'effet que cela fait d'écouter une conversation dans votre langue maternelle (supposons que ce soit le français) et l'effet que cela fait d'écouter une conversation dans une langue que vous ne comprenez pas du tout (peut-être l'urdu). La conversation dans votre langue maternelle vous apparaît directement ou se présente elle-même à vous comme dotée de sens, tandis que ce n'est pas le cas de la conversation en langue étrangère. Vous pourriez inférer que la conversation étrangère

1. B. Dainton, *Stream of Consciousness. Unity and Continuity in Conscious Experience*, London, Routledge, 2000, p. 13.

2. T. Horgan, J. Tienson et G. Graham, « Internal-World Skepticism… », art. cit.

est dotée de sens, mais elle ne se présente pas elle-même directement à vous de cette manière. Le fait de signifier quelque chose, remarque Dainton, peut simplement être « tout autant une caractéristique phénoménale de ce que [vous] entendez que le timbre ou la hauteur d'[une] voix » [1].

DEUX IMPLICATIONS DE LA THÈSE INSÉPARATISTE

La thèse (C-Ins) a deux implications importantes. *Première implication* : puisque les états phénoménalement conscients sont mentaux (et nous supposons incontestablement que c'est le cas), tout état phénoménalement conscient est aussi intentionnel. Cette implication fait partie, bien sûr, de ce qui fait de l'inséparatisme un inséparatisme : le fait qu'un état soit conscient signifie aussi qu'il est intentionnel.

Deuxième implication : puisqu'un contenu phénoménalement intentionnel est déterminé par le caractère phénoménal *seul*, un tel contenu est entièrement constitué par des caractéristiques qui sont internes ou intrinsèques à la phénoménologie. Ce fait, pris conjointement avec le fait que la phénoménologie se présente elle-même au sujet qui vit l'expérience, explique pourquoi (comme nous l'avons noté ci-dessus) les sujets peuvent « exactement dire » ce qu'est le contenu de leur état mental. Les contenus conscients se présentent immédiatement eux-mêmes à leurs sujets. De plus, comme nous l'avons remarqué récemment, être capable de dire exactement ce à propos de quoi un état mental est, résiste aux sortes de doutes radicaux à propos du monde extérieur dont Descartes a offert une célèbre description dans la *Première Méditation*. Le scepticisme radical n'a pas d'emprise sur le contenu intentionnel phénoménal car la phénoménologie auto-présentationnelle exclut la | possibilité d'un fossé épisté- 474
mique entre la manière dont les états phénoménaux semblent au sujet et la manière dont ils sont réellement – bien que l'on puisse soutenir qu'un tel scepticisme devrait valoir pour les états mentaux intentionnels si et dans la mesure où leur intentionnalité n'est pas phénoménalement constituée [2].

1. B. Dainton, *Stream...*, *op. cit.* Voir aussi G. Strawson, *Mental Reality*, Cambridge (Mass.), MIT Press, 1994, p. 4. Parmi les autres philosophes qui adoptent une approche « à large spectre » des qualia, mentionnons O. Flanagan, *Consciousness Reconsidered*, *op. cit.*, et A. Goldman, « The Psychology of Folk Psychology », dans *id.* (ed.), *Readings in Philosophy and Cognitive Science*, Cambridge (Mass.), MIT Press, 1993, p. 347-380.

2. Pour une discussion détaillée, voir T. Horgan, J. Tienson et G. Graham, « Internal-World Skepticism... », art. cit.

Les doutes cartésiens radicaux peuvent certainement surgir concernant la question de savoir si mes états mentaux actuels possèdent tout simplement une intentionnalité *externaliste* (*cf.* la section ci-dessus) – ce qui n'est pas le cas si je suis trompé par un Malin Génie durant toute ma vie ou si je suis un cerveau dans une cuve – et concernant la question de savoir quel est leur contenu externaliste spécifique. De tels doutes peuvent aussi surgir à propos du contenu d'états mentaux passés, actuellement non occurrents. Unc bonne part de notre vie mentale consciente se produit dans des moments de rétrospection. Il peut me sembler à première vue que je me souviens de ma rage de dents d'hier, bien qu'en fait je n'aie pas eu de rage de dents hier. Le souvenir (l'apparence de souvenir) est auto-présenté, mais non ce dont ont se souvient (la rage de dents). Le genre de contenu dont nous dirions qu'il n'est pas susceptible d'être affecté par le scepticisme radical, d'autre part, est l'intentionnalité *phénoménale* de nos états cognitifs conscients *actuels*.

La première implication de (C-Ins) mentionnée plus haut est aussi admise par les défenseurs de ce que l'on appelle les « théories représentationnelles » de la conscience phénoménale [1]. D'après le représentationalisme, tout ce qui est paradigmatiquement conscient ou phénoménal est intentionnel ou dirigé vers quelque chose [2]. D'après le genre de conception représentationaliste exprimée par Dretske et Tye (voir la note ci-dessus), nos expériences sensorielles (*e.g.*, nos douleurs) nous informent sur notre corps ; nos expériences perceptives (*e.g.*, nos expériences visuelles) représentent l'environnement local. Les émotions ont des objets intentionnels (comme lorsque nous avons peur de voler). Même ce que Searle considère comme une simple allégresse, dépression ou anxiété, qui d'après lui ne possède pas de structure intentionnelle, possède une intentionnalité. L'anxiété soi-disant « sans objet », par exemple, est un genre de représentation par lequel nous nous représentons toute chose – et non une chose ou une situation particulière – en tant que source de peur ou d'anxiété.

Les partisans du représentationalisme rejettent généralement la seconde implication de (C-Ins). Ils soutiennent que le contenu intentionnel phénoménal est non intrinsèque et est constitué par certains genres de relations objectives (*e.g.*, des relations causales ou de co-variance) entre

1. Voir notamment F. Dretske, *Naturalizing the Mind*, Cambridge (Mass.), MIT Press, 1995 ; M. Tye, *Ten Problems of Consciousness. A Representational Theory of the Phenomenal Mind*, Cambridge (Mass.), MIT Press, 1995 ; *id.*, *Consciousness and Persons. Unity and Identity*, Cambridge (Mass.), MIT Press, 2003 [*cf.* les deux premiers textes de ce volume (NDT)].

2. Voir W. Seager et D. Bourget, « Representationalism About Consciousness », dans M. Velmans et S. Schneider (eds.), *The Blackwell Companion to Consciousness*, *op. cit.*, p. 261-276.

l'occurrence des états phénoménaux et certaines propriétés ou relations. Ils expriment parfois leur conception en disant que le contenu intentionnel phénoménal est externe ou n'est « pas dans la tête ». Pour des inséparatistes tels que nous, cependant, bien qu'il soit assurément pertinent sur le plan causal de faire appel au monde extérieur sur certaines questions centrales pour l'intégration intentionnelle consciente du sujet dans le monde, nous ne croyons pas que le genre principal ou fondamental d'intentionnalité est une relation externe de ce genre ni qu'une telle intentionnalité est partiellement constituée « en dehors de la tête » [1].

Supposez que je croie qu'une image sur le mur en face de moi est tordue. Bien que l'occurrence ou la présentation immédiate du contenu *une-image-sur-le-mur-en-face-de-moi-est-tordue* puisse être causée par quelque chose dans mon environnement (comme une image effectivement tordue sur le mur) et ainsi puisse aussi être rendue vraie par le monde, le contenu lui-même pourrait se présenter à moi d'une manière directe ou immédiate même si je n'ai jamais été en contact causal-perceptif adéquat avec quelque image, quelque mur ou même quelque objet concret que se soit. Comme nous l'avons dit, le contenu « image-tordue » pourrait faire partie d'un rêve ou d'une hallucination qui dureraient toute notre vie, ou pourrait être induit par un ensemble extrêmement subtil de conducteurs sensoriels branchés à mon cerveau.

|POURQUOI ADMETTRE LA THÈSE INSÉPARATISTE ? 475

Il n'y a pas de preuves en faveur de (C-Ins). Comme beaucoup d'autres thèses présentées dans ce livre [2], celle-ci ne peut pas être établie de façon décisive. C'est, cependant, une position qu'il est plausible d'adopter étant donné la plausibilité de certains autres ensembles de propositions à propos du mental. Nous allons à présent spécifier deux de ces ensembles de propositions et dire quelques mots sur chacun d'entre eux. Aucune défense grandeur nature ne peut être présentée dans le présent contexte.

1. D'après notre conception, l'intentionnalité *externaliste* est effectivement une relation externe. Ce n'est pas, cependant, le genre fondamental de contenu mental, puisqu'elle est déterminée conjointement par l'intentionnalité phénoménale et par certaines relations externalistes entre l'agent qui vit l'expérience et l'environnement plus large – voir la section *infra* intitulée « Un contre-argument contre (C-Ins) : l'argument du fossé épistémique ».

2. Le livre auquel il est fait allusion ici est M. Velmans et S. Schneider (eds.), *The Blackwell Companion to Consciousness*, *op. cit.* (NDT).

Premier ensemble : considérez votre propre cas

Commençons par un ensemble qui est aussi susceptible de contribuer à rendre plausible le représentationalisme à propos de la conscience, bien qu'il soit cohérent avec notre conviction inséparatiste et non représentationaliste d'après laquelle le contenu phénoménal est intrinsèque et n'est pas, comme c'est le cas dans les versions typiques de représentationalisme, quelque chose d'extrinsèque. Nous appelons cet ensemble de propositions : « Considérez votre propre cas ».

Si vous considérez le cas de votre propre expérience consciente, vous remarquerez, pensons-nous, qu'elle est représentationnelle ou intentionnelle, au sens où ce dont vous êtes conscient, fondamentalement, est *ce dont* vous avez l'expérience, non l'expérience comme telle. Par exemple, en ce moment, vous êtes en train de vous représenter consciemment des choses dans le monde comme étant d'une certaine manière. Votre phénoménologie visuelle ou perceptive, par exemple, pourrait inclure la représentation d'un livre sur un bureau en face de vous, avec plusieurs livres et articles éparpillés sur le bureau et, peut-être, une tasse de café ou un verre de jus de fruit sur la gauche.

Considérez, en particulier, vos expériences chromatiques actuelles. Contrairement à ce que les séparatistes affirment généralement, ces expériences ne sont pas des « ajouts » non intentionnels à nos états mentaux perceptifs intentionnels. Par exemple, elles ne sont pas ce que Block appelle une « peinture mentale » [*mental paint*] non intentionnelle [1]. Au contraire, vous avez l'expérience des couleurs en tant que propriétés instanciées sur les surfaces de différents objets apparents – des propriétés apparemment instanciées par les livres, les articles, la tasse ou le verre, et les autres objets. Les expériences chromatiques ne sont pas moins intentionnelles que les autres aspects de l'aperception perceptive [*perceptual awareness*].

En ce moment précis, aussi, peut-être que votre phénoménologie sensorielle-corporelle inclut le fait que votre coude gauche, qui repose sur la table, provoque une sensation d'inconfort. L'inconfort se manifeste dans l'expérience ou est représenté comme étant dans le coude, tandis que le coude lui-même se manifeste dans l'expérience comme étant sur le dessus de la table. De plus, vous pourriez avoir une phénoménologie relative au type d'attitude ; vous pourriez avoir l'expérience de vous-mêmes comme éprouvant une certaine émotion. Il se pourrait que vous vous décriviez vous-même comme déprimé sans que vous vous décriviez comme déprimé

1. N. Block, « Mental Paint », dans M. Hahn et B. Ramberg (eds.), *Reflections and Replies. Essays on the Philosophy of Tyler Burge*, Cambridge (Mass.), MIT Press, 2003, p. 165-200.

à propos de quoi que ce soit de spécifique. Votre expérience de la déprime affecte votre conscience des choses en général. Comme le dit un personnage déprimé dans un film d'Ingmar Bergman : « Tout devient plus médiocre et plus gris, sans dignité » [1]. Ce n'est pas une chose concrète qui est représentée de cette manière ; *tout* est représenté de cette manière.

Deuxième ensemble : l'identité du contenu

Ce second ensemble concerne la question de savoir ce qui constitue la similarité et la différence de contenu intentionnel. Lorsque deux contenus intentionnels sont les mêmes, qu'est-ce qui fait d'eux les mêmes ? Lorsqu'ils sont différents, qu'est-ce qui les rend différents ? Voici une réponse.

Chaque type de contenu intentionnel a sa propre identité. L'identité d'un contenu intentionnel le distingue des contenus différents (non identiques)[2]. | Ainsi, par exemple, si Lois Lane a une pensée qu'elle expri- 476
merait en disant « Je suis en train d'embrasser Clark Kent », ce n'est pas la même chose qu'avoir une pensée qu'elle exprimerait en disant « Je suis en train d'embrasser Superman », bien que Clark Kent soit Superman. Le contenu *Je-suis-en-train-d'embrasser-Clark-Kent* n'est pas identique au contenu *Je-suis-en-train-d'embrasser-Superman.* Or, en théorie, l'identité du contenu peut être fixée ou déterminée, soit par quelque chose de physique (ou de « physique/fonctionnel ») qui n'est pas phénoménologique (comme la relation causale physique d'un organisme à son environnement), soit par quelque chose de phénoménologique (comme son contenu phénoménal ou son caractère phénoménal). Physiquement et abstraction faite de la phénoménologie, cependant, il n'y a pas, pensons-nous, « une seule réponse correcte, déterminée », à la question de savoir quel est le contenu d'un état intentionnel [3]. Car, même si les différences de contenu correspondent toujours à des différences physiques – même si, par exemple, il n'y a pas de différence dans ce que visent deux états mentaux à moins qu'il y ait une différence correspondante dans les états physiques ou

1. Cité par J. Church, « Depression, Depth, and the Imagination », dans J. Phillips et J. Morley (eds.), *Imagination and Its Pathologies*, Cambridge (Mass.), MIT Press, 2003, p. 175-186, ici p. 175.

2. On peut exprimer la même idée en disant que l'identité d'un contenu intentionnel ou son caractère distinctif consiste en sa déterminité [*determinacy*].

3. D. Dennett, *The Intentional Stance*, Cambridge (Mass.), MIT Press, 1987, p. 319. Voir aussi W. Quine, *Word and Object*, Cambridge (Mass.), MIT Press, 1960, chap. II et [§ 45], p. 216-221, trad. fr. J. Dopp et P. Gochet, *Le Mot et la Chose*, Paris, Flammarion, 1977, p. 301-308. *Cf.* B. Keeley, « Fixing Content and Function in Neurobiological Systems : The Neuroethology of Electro-Reception », *Biology and Philosophy* 14, 1999, p. 395-430.

cérébraux du sujet –, le contenu de chaque état mental n'est pas fixé de façon déterminée une fois que ces faits physiques le sont (y compris peut-être les faits physiques à propos des liaisons qui constituent l'environnement interne). Heureusement, cependant, pour l'identité ou le caractère déterminé du contenu intentionnel, l'identité ou la déterminité du contenu est fixée phénoménalement. Par exemple, l'effet que cela fait de penser « Tiens, un lapin ! » est différent de l'effet que cela fait de penser « Tiens, une collection de parties non détachées de lapin ! ». La différence de contenu est une différence intentionnelle *phénoménale*.

Souvenez-vous qu'un sujet peut « exactement dire » ce qu'il pense, craint, souhaite, etc., lorsqu'il est dans un état mental consistant à penser, craindre ou souhaiter. Le contenu conscient est immédiatement ou directement présenté au sujet sous la forme de l'effet que cela fait d'être dans l'état mental avec tel contenu. Il sait que ses pensées ont tel et tel contenu.

Il y a beaucoup de choses à dire à propos de l'Ensemble Deux, si du moins on veut le défendre [1]. Une proposition-clé dans l'ensemble est que l'identité du contenu intentionnel n'est pas déterminée par des faits physiques. Cette proposition est violemment contestée dans la littérature. Beaucoup de philosophes, y compris des représentationalistes-type, soutiennent qu'elle est fausse. Pour défendre la proposition, donc, il faut montrer que, de fait, Daniel Dennett a raison lorsqu'il dit que, quand les faits physiques sont trop courts pour déterminer le contenu intentionnel, « comme ils doivent toujours l'être, il y aura toujours des lacunes impossibles à interpréter [...] telles qu'aucun [fait physique] supplémentaire ne pourrait trancher ce que le [penseur] en question [pense] réellement » [2]. Combinez la défense de cette proposition à la défense de la proposition additionnelle d'après laquelle le contenu intentionnel est fixé phénoménalement (une proposition que Dennett rejette vigoureusement), et la défense de l'Ensemble Deux devient un projet philosophique grandeur nature.

Le projet de défense peut être présenté sous la forme d'un dilemme dialectique. Supposons que, sur le plan théorique, le contenu intentionnel ne puisse être déterminé que de deux manières seulement : il pourrait être déterminé physiquement ou phénoménologiquement [3]. Maintenant, considérez la proposition suivante :

1. G. Graham, T. Horgan et J. Tienson, « Phenomenology, Intentionality and the Unity of Mind », art. cit.

2. D. Dennett, *The Intentional Stance*, *op. cit.*, p. 140.

3. Nous présupposons que, si d'autres modes de déterminations se présentent – comme lorsqu'un sujet instancie des interprétations mentalistes ou intentionalistes plausibles de son

(i) Le contenu intentionnel est un contenu déterminé. 477
(ii) La déterminité du contenu intentionnnel n'est pas physique.
(iii) La déterminité du contenu intentionnel n'est pas phénoménologique.

Voici le dilemme. Les trois propositions ne peuvent pas être vraies simultanément. Les propositions (ii) et (iii) impliquent que le contenu intentionnel n'est pas déterminé, réel ou authentique – ce qui rendrait fausse la proposition (i). La proposition (i) implique que quelque chose doit constituer la déterminité du contenu – ce qui rendrait fausse la proposition (ii), la proposition (iii), ou les deux.

Nier (i) revient, de façon évidente, à nier le *réalisme* à propos des états mentaux dotés d'intentionnalité ; à strictement parler, il n'y a pas de tels états. Dennett adopte cette stratégie [1], utilisant par conséquent l'absence de contenu intentionnel déterminé pour défendre une sorte d'image quasi-réaliste ou instrumentaliste des attributions d'états intentionnels (ce qu'il appelle la théorie des systèmes intentionnels). Nier (ii) est l'option choisie par les représentationalistes-type et d'autres. Nier (iii) est l'option choisie par Searle [2], qui défend effectivement l'individuation phénoménale du contenu comme base de la déterminité du contenu intentionnel – plus spécialement : Searle soutient qu'un état mental a un contenu intentionnel déterminé seulement s'il est conscient à un moment ou à un autre, au moins potentiellement. C'est la phénoménologie et non la physicalité qui est le fondement de tout contenu intentionnel déterminé (ou, comme l'appelle Searle, « aspectuel »).

Nos sympathies, bien sûr, vont au rejet de (iii), et à l'idée que l'intentionnalité phénoménale fonde la déterminité du contenu intentionnel. Cette idée fournit une motivation puissante pour la thèse (C-Ins), compte tenu des sombres perspectives qui planent sur les autres manières de fonder l'intentionnalité déterminée.

comportement –, alors de tels modes, qui constituent à première vue des alternatives, reposent ultimement sur une détermination soit physique soit phénoménologique. Dans la section *infra* intitulée « Les états mentaux intentionnels non conscients et leur intégration causale adéquate », nous discutons une manière dont la détermination du contenu intentionnel pourrait reposer sur une détermination phénoménologique alors même que le contenu intentionnel d'un certain état n'est pas lui-même phénoménal.

1. D. Dennett, *The Intentional Stance*, *op. cit.*

2. J. Searle, « Consciousness, Explanatory Inversion, and Cognitive Science », *Behavioral and Brain Sciences* 13, 1990, p. 585-596.

LES ÉTATS MENTAUX NON CONSCIENTS : TROIS POSITIONS ALTERNATIVES

Considérons maintenant deux questions concernant l'inséparatisme ou (C-Ins) en particulier. Voici la première.

Si, en effet, la déterminité ou l'identité du contenu intentionnel dépend essentiellement de la phénoménologie, alors un problème évident surgit quant à la question de savoir s'il peut y avoir des états mentaux non conscients dotés d'un contenu intentionnel déterminé. Le sens commun, ainsi qu'une bonne part de la psychologie théorique, posent différentes sortes d'états mentaux non conscients dotés d'un contenu intentionnel déterminé. Mais de tels états putatifs, étant non conscients, n'ont pas de phénoménologie – ils ne s'accompagnent pas d'un effet que cela fait, pour le sujet, de vivre ces états.

Considérez, par exemple, la rédaction de *Hamlet* par Shakespeare. De nombreux critiques proposent des interprétations relatives aux intentions qui étaient celles de Shakespeare lors de la rédaction de la pièce, et ces interprétations présupposent qu'au moins certaines de ses intentions ne lui étaient pas consciemment accessibles. Ce faisant, certains critiques font appel à la théorie de l'inconscient dynamique de Freud, et d'autres peuvent faire appel à l'inconscient de la psychologie cognitive, *i.e.*, l'inconscient en tant qu'instance qui traite de l'information. Certains utilisent les convictions du sens commun ou de la psychologie populaire des croyances et des désirs. La conviction que certains cas de croyance et de désir sont non conscients est un axiome virtuel de la psychologie populaire. Peu importe le véhicule théorique, cependant; si les intentions non conscientes de Shakespeare (ou ses croyances et ses désirs inconscients) ont réellement existé et expliquent certains aspects d'*Hamlet*, alors, bien que le concept d'états mentaux dotés d'une structure intentionnelle puisse inclure comme sous-ensemble des états dotés d'un contenu intentionnel phénoménal ou conscient, l'idée même d'un état intentionnel n'est pas attachée aux états dotés d'intentionnalité phénoménale ni épuisée par eux. Le contenu intentionnel non conscient peut être resté en retrait derrière l'écriture : « Être, ou ne pas être – telle est la question ».

La question concernant (C-Ins) est donc la suivante : la thèse (C-Ins)
478 fait-elle droit à la possibilité | d'états mentaux non conscients dotés d'un contenu intentionnel authentique [*genuine*], déterminé [*determinate*] ? Nous esquisserons trois positions alternatives sur la question, trois positions qui pourraient être adoptées par un partisan de (C-Ins). Nous resterons neutres et éviterons de nous prononcer en faveur de l'une d'entre

elles, car c'est là un point sur lequel nous ne sommes pas parvenus à une opinion commune tranchée.

Avant d'exposer ces options, clarifions encore un point. La question ou le problème en jeu ici ne concerne pas les états mentaux soi-disant « dispositionnels » – c'est-à-dire, les états mentaux non occurrents qui consistent seulement en la disposition du sujet à instancier les états mentaux occurrents correspondants. Le problème concerne plutôt la question de savoir si la thèse (C-Ins) peut faire droit à la possibilité d'états mentaux *occurrents* qui ont un contenu intentionnel déterminé et qui, pourtant, sont non conscients – et si oui, comment elle peut intégrer ces cas.

Si la distinction dispositionnel/occurrent est non exhaustive, alors le problème qui nous occupe peut également s'étendre aux états mentaux ou aux structures mentales qui ne sont ni occurrentes et épisodiques ni purement dispositionnelles. Horgan et Tienson soutiennent que certaines caractéristiques permanentes-structurelles du système cognitif humain – par opposition aux états ou événements occurrents, épisodiques – (i) figurent parfois de façon importante dans l'étiologie d'un état mental occurrent et, tout à la fois, (ii) sont un contenu intentionnel assigné de manière appropriée. Ils appellent ce contenu un contenu *morphologique*, puisqu'il est assigné à des aspects de la morphologie ou de la structure du système cognitif[1]. Ils soutiennent aussi que le contenu morphologique figure souvent dans le traitement psychologique de l'information sans devenir lui-même occurrent et, donc, sans devenir conscient[2]. Le problème qui nous intéresse ici, relatif à un contenu intentionnel prétendument déterminé qui serait non conscient, peut être étendu au contenu morphologique.

Les états intentionnels non conscients en tant qu'états impossibles

Cette position rejette simplement la possibilité d'états mentaux non conscients dotés d'un contenu intentionnel déterminé. Elle stipule que le contenu intentionnel authentique, déterminé, n'est possédé que par des états qui sont phénoménalement conscients : la seule intentionnalité authentiquement mentale est l'intentionnalité phénoménale, qui est toujours consciente.

Pour adopter cette position, il n'est pas nécessaire que les partisans de (C-Ins) remettent en question l'utilité pratique qu'il y a à attribuer des états

1. T. Horgan et J. Tienson, « Connectionism and the Commitments of Folk Psychology », *Philosophical Perspectives* 9, 1995, p. 127-152 ; *id.*, *Connectionism and the Philosophy of Psychology*, Cambridge (Mass.), MIT Press, 1996.

2. Ce thème a été développé par D. Henderson et T. Horgan, « Iceberg Epistemology », *Philosophy and Phenomenological Research* 61, 2000, p. 497-535.

mentaux intentionnels non conscients à soi-même ou aux autres. Ils peuvent admettre que de tels états ne sont pas des *prototypes* du mental (ne sont pas des croyances paradigmatiques, disons), et cela *parce qu'*ils manquent d'un contenu déterminé. Ils pourraient rester neutres sur la question de savoir de quelle sorte d'états il s'agit. Une possibilité est de les considérer comme des états qui portent de l'information mais qui ne sont simplement pas mentaux (*i.e.*, qui ne possèdent simplement pas d'intentionnalité déterminée). Peut-être que de tels états porteurs d'information fonctionnent de façon similaire aux états mentaux paradigmatiques, sur le plan comportemental. Cela ne veut pas dire qu'ils sont précisément les mêmes sur le plan dispositionnel, la précision étant mesurée en partie par la manière dont l'action que les sujets exercent sur ces états leur apparaît. Cependant, cela peut vouloir dire que, d'un point de vue en troisième personne, il n'y a pas de différences aisément discernables entre les comportements associés aux deux états.

Pour que les partisans de (C-Ins) puissent répliquer de la sorte, il faudrait qu'ils fassent au moins trois choses. D'abord, il faudrait qu'ils soutiennent que l'attribution d'états mentaux non conscients mais « intentionnels » *comme s'*ils possédaient un contenu déterminé puisse avoir une utilité prédictive ou explicative alors même que le sujet de l'attribution n'est pas dans de tels états. Ensuite, les partisans de (C-Ins) devraient soutenir que, si le sujet a réellement des états intentionnels dotés d'un contenu déterminé et que de tels états lui sont attribués, le contenu en question ne peut pas être spécifié indépendamment de la supposition qu'il
479 possède (pour le sujet) un mode phénoménal | d'individuation ou de déterminité. Finalement, ils devraient soutenir que, bien que le contenu phénoménal (ou immédiatement auto-présenté) des états intentionnels du sujet ne soit disponible que pour le sujet, les gens peuvent néanmoins souvent attribuer en troisième personne des états mentaux dotés d'un tel contenu intentionnel phénoménal, d'une façon qui est garantie par l'évidence. Nous ne sommes pas plongés dans les ténèbres en ce qui concerne les lumières phénoménales qui, pour ainsi dire, se produisent dans les esprits des autres.

Les états mentaux intentionnels non conscients en tant qu'états potentiellement conscients

Cette deuxième position fait droit à la possibilité d'états mentaux occurrents qui seraient non conscients et auraient pourtant un contenu intentionnel déterminé, mais elle consiste à souligner le fait que de tels états doivent être *potentiellement* conscients pour l'agent. Searle est le plus célèbre partisan de cette conception[1]. Un défi majeur pour une telle conception est de préciser en quoi les potentialités en question sont supposées consister au juste, étant donné qu'il y a plusieurs sortes différentes de dimensions selon la potentialité qui peut être décrite. Ensuite, même si l'identification ou la précision de la potentialité concernée peut être accomplie avec succès, un autre défi important est de motiver de façon plausible l'affirmation d'après laquelle la forme spécifiée de conscience potentielle – et *seulement* cette forme – transmet un contenu intentionnel déterminé à de tels états occurrents simplement-potentiellement-conscients.

Cette position a l'avantage de faire droit à *certains* des états mentaux prétendument non conscients qui sont posés par la psychologie du sens commun et par certaines branches de la psychologie théorique. Mais apparemment, elle ne peut pas faire droit à tous – par exemple, les états occurrents inconscients dont le contenu est si profondément refoulé et si abject que ces états ne peuvent pas être portés à la conscience (*e.g.*, les désirs qui constituent le complexe d'Œdipe identifié par Freud), ou les états occurrents inconscients qui traitent de l'information et que la structure de l'architecture cognitive humaine empêche de jamais se produire consciemment (*e.g.*, les états sub-doxiques qui traitent les premières informations visuelles d'après les théories computationnelles de la vision comme celle de Marr)[2].

Les états mentaux intentionnels non conscients en tant qu'états adéquatement intégrés sur le plan causal

Cette position fait droit à la possibilité de deux genres d'états mentaux non conscients et possédant une intentionnalité déterminée : non seulement ceux qui sont potentiellement conscients, mais aussi ceux qui ne peuvent se produire consciemment. L'idée est qu'un contenu intentionnel déterminé s'attache aux états non conscients en vertu de la forme structurelle totale des interconnections causales-dispositionnelles qui relient ces états – ainsi que les états phénoménalement conscients – les uns aux autres. Les états phénoménalement conscients servent de « points d'ancrage » pour l'intentionnalité déterminée. Les états qui ne sont pas phénoménalement conscients reçoivent leur intentionnalité déterminée de ces points d'ancrage, pris conjointement avec le profil causal-dispositionnel

1. Voir, *e.g.*, J. Searle, *Intentionality*, *op. cit.* ; « Consciousness, Explanatory Inversion », art. cit. ; *The Rediscovery of the Mind*, Cambridge (Mass.), MIT Press, 1992, trad. fr. C. Tiercelin, *La Redécouverte de l'esprit*, Paris, Gallimard, 1995.

2. D. Marr, *Vision. A Computational Investigation into the Human Representation and Processing of Visual Information*, San Francisco (CA), Freeman, 1982.

total *P* de tout le système *S* d'états occurrents (réels et potentiels), dont les états phénoménalement conscients sont un sous-ensemble propre. Le contenu déterminé des états non conscients dans ce système surgit à partir du fait putatif suivant. Il y a une unique assignation globale de contenu *I*, aux états occurrents réels et potentiels dans le système *S*, qui satisfait ces deux contraintes :

(i) *I* assigne à chaque état phénoménalement conscient dans *S* son contenu intentionnel phénoménal ;

(ii) sous *I*, les transitions entre états intentionnels conformes à la forme structurelle causale-dispositionnelle globale *P* ont systématiquement un contenu approprié.

480 | L'idée centrale est que, bien que les *seules* interconnexions causales-dispositionnelles ne peuvent pas conférer un contenu intentionnel déterminé aux états du système (même si l'on décompose les connexions causales-dispositionnelles en états de l'environnement du sujet et en états comportementaux), ces interconnexions, *combinées au contenu intentionnel déjà déterminé des états dans* S *qui sont dotés d'intentionnalité phénoménale*, peut conférer – et confère effectivement – un contenu intentionnel déterminé aux autres états dans *S* – les états non conscients. Compte tenu de la forme structurelle globale des interactions entre les états dans *S*, et compte tenu des contenus intentionnels des états conscients dans *S*, il n'y a qu'une seule manière d'assigner des contenus intentionnels aux états non conscients dans *S* parmi lesquels les transitions sont systématiquement appropriées sur le plan du contenu ; et les contenus intentionnels réels, déterminés, des états non conscients dans *S* sont ceux qui se conforment à cette assignation de contenu qui est la seule à « préserver la rationalité » [1].

Le principal défi qui devrait être relevé par les partisans de cette position consiste peut-être à démontrer de façon persuasive, eu égard à un système *S* qui inclut beaucoup d'états mentaux inconscients prétendument déterminés sur le plan du contenu (en plus des états intentionnels du sujet qui sont conscients), qu'il n'y a réellement qu'une assignation globale de contenu qui est convenablement appropriée sur le plan du contenu, qui préserve convenablement la rationalité. Ou, à tout le moins, il faudrait

1. L'expression « préserver la rationalité » doit ici être entendue, évidemment, de façon assez large pour embrasser des transitions cognitives entre états qui sont irrationnelles à certains égards, bien qu'elles soient, en un sens, appropriées sur le plan du contenu. Les processus cognitifs qui génèrent des illusions paranoïaques, par exemple, sont appropriés sur le plan du contenu au sens où on l'entend ici, et donc préservent la rationalité au sens large, bien qu'ils soient clairement irrationnels pour des standards de rationalité plus exigeants que ceux dont on a besoin pour servir de support à l'attribution d'états psychologiques.

soutenir qu'il y a une unique assignation globale de contenu *qui est quasiment suffisante* ; des degrés modérés d'indéterminité locale de contenu sont sans doute tolérables, dans un système total d'états internes dont la plupart ont un contenu intentionnel déterminé. Bien qu'il n'aille pas de soi que ce défi puisse être relevé, il ne va certainement pas de soi non plus qu'il ne puisse *pas* l'être. Lorsque la préservation de l'intentionnalité phénoménale et la préservation de la rationnalité sont *combinées*, en tant que contraintes pour une assignation globale correcte de contenus à la fois aux états conscients et aux états inconscients, le pouvoir de contrainte qu'elles possèdent conjointement est effectivement très puissant. Peut-être qu'il est assez puissant pour contrer les arguments d'indéterminité du genre de ceux avancés par Dennett et Quine – des arguments qui semblent si puissants lorsque l'intentionnalité phénoménale est laissée de côté.

UN ARGUMENT CONTRE L'INSÉPARATISME : L'ARGUMENT DU FOSSÉ ÉPISTÉMIQUE

On peut poser une deuxième question aux partisans de (C-Ins). Un critique pourrait demander si l'on doit faire droit à une divergence entre le contenu apparent d'un état intentionnel conscient et son contenu réel ou objectif. Il pourrait affirmer que nous n'avons aucune raison d'accepter l'idée qu'un contenu intentionnel conscient est effectivement le contenu d'un état intentionnel.

Avec cette question à l'esprit, notre critique est susceptible de soulever l'objection suivante. On peut alléguer contre (C-Ins) qu'il y a un fossé épistémique entre le contenu intentionnel subjectivement apparent d'un état mental et son contenu réel objectif. Le simple fait que je semble à moi-même croire qu'une image sur le mur en face de moi est tordue, ne signifie pas que (en croyant quelque chose) cette proposition est *ce que* je crois. Je pourrais être en train de penser à un miroir sur le mur en face de moi, croyant à tort à propos de mon état mental que je suis en train de penser à une image. Dès lors, le contenu intentionnel phénoménal n'est pas un aspect déterminant du contenu intentionnel (réel et objectif).

Notre réponse à cette allégation devrait être claire [1]. | (C-Ins) nie qu'il y 481
ait un fossé épistémique entre le contenu intentionnel apparent (ou qui s'auto-présente immédiatement) d'un état mental et le contenu *phénoménal* réel et objectif. Souvenez-vous qu'il n'y a (comme nous l'avons

1. *Cf.* T. Horgan et J. Tienson, « The Phenomenology of Intentionality... », art. cit. ; T. Horgan, J. Tienson et G. Graham, « Phenomenal Intentionality and the Brain in a Vat », art. cit.

supposé) que deux manières possibles de fixer un contenu. Par hypothèse, le contenu peut être fixé soit physiquement soit phénoménalement. Mais (toujours d'après notre supposition) il ne peut pas être fixé physiquement. Donc, à moins que le contenu (contrairement à notre conception) puisse être fixé ou déterminé physiquement, il n'y a pas d'espace conceptuel pour établir une distinction entre le contenu phénoménal ou subjectivement apparent et le contenu réel objectif. Il n'y a pas de détermination de l'identité du contenu qui soit non phénoménale. Le contenu apparent est le contenu réel. Cela dit, une distinction doit toutefois être faite, au sein de la théorie sur laquelle s'appuie (C-Ins), entre le contenu intentionnel (qui est phénoménal) et les entités objectives qui *satisfont* ce contenu (si tant est qu'il y en ait). S'il me semble immédiatement que je suis en train de penser à une image sur le mur en face de moi, alors c'est ce que je suis en train de penser. Cependant, s'il n'y a pas d'image sur le mur en face de moi mais, disons, un miroir, alors ma pensée est inexacte ou n'est pas véridique ; le contenu échoue à être satisfait par le monde. La satisfaction du contenu n'est pas elle-même le contenu, mais elle est objective et non apparente.

Il faut faire une distinction connexe (à celle que l'on vient tout juste de mentionner), au sein de la théorie qui supporte (C-Ins), entre les constituants du contenu et les propriétés ou les particuliers auxquels le contenu prétend faire référence. Par exemple, supposez que vous pensiez que Clinton aurait fait une candidate aux élections présidentielles américaines plus chanceuse que Kerry. Supposez que, en exprimant cette pensée, vous utilisiez certains noms propres tels que « Clinton » et « Kerry ». Le fait que votre pensée se réfère effectivement aux individus particuliers auxquels elle prétend se référer (Clinton et Kerry) dépend de l'existence de certaines relations externes adéquates établissant une connexion entre vous et les uniques référents éligibles (Clinton et Kerry).

Un cerveau dans une cuve qui serait votre double à la fois sur le plan physique et phénoménal aurait (d'après nous) des constituants de pensée qui cadreraient avec les vôtres et qui échoueraient à référer à quoi que ce soit, car le cerveau dans une cuve qui est votre double ne serait pas connecté causalement de façon adéquate à un quelconque individu éligible comme référent dans son propre monde extérieur.

La référence effective ou couronnée de succès (comme dans l'exemple de Clinton et Kerry) peut certainement dépendre de l'existence de relations externes adéquates entre le penseur et le monde. Mais se référer *prétendument* au monde ne requiert pas de telles connexions ; un penseur peut prétendument se référer à quelque chose sans se référer effectivement à quelque chose. Donc, pour résumer, il y a un espace épistémique entre la référence prétendue et la référence effective, ainsi qu'entre le contenu intentionnel et la satisfaction objective du contenu. Cependant, puisque le contenu intentionnel phénoménal est entièrement constitué phénoménologiquement et est intrinsèque plutôt qu'extrinsèque, il n'y a pas d'espace épistémique entre le contenu intentionnel phénoménal apparent et le contenu intentionnel phénoménal réel.

Les objections ou questions discutées jusqu'ici dans ce chapitre ne sont pas les seuls défis qui ont été ou pourraient être posés à (C-Ins). On pourrait se demander avec inquiétude si l'engagement de (C-Ins) en faveur de l'individuation phénoménale du contenu intentionnel, combiné au rejet de l'individuation physique, est synonyme de dualisme. Si c'est le cas, et si le dualisme est une mauvaise chose, alors (C-Ins) est une manière très peu attractive de concevoir l'interface entre conscience et intentionnalité. On pourrait aussi émettre des doutes quant aux capacités qu'ont les sujets d'« exactement dire » le contenu de leurs propres pensées ou de le faire d'une manière qui est immédiate ou directe. Une autre préoccupation concerne encore la question de savoir s'il pourrait y avoir des types de contenus intentionnels (tels que, peut-être, les référents des démonstratifs comme « ceci » ou « cela ») pour lesquels l'individuation phénoménale est inadéquate, et pour lesquels une sorte de relation physique entre le penseur et l'environnement doit être identifiée, si toutefois le contenu doit être compris comme un contenu déterminé. Ces questions ou ces défis n'épuisent pas non plus la liste. Il n'est donc pas surprenant que différents auteurs abordent le problème de la relation entre conscience et intentionnalité avec différentes convictions et différentes préoccupations derrière la tête. Pour certains, le problème du | contenu externaliste est le problème 482
suprême. Pour d'autres, c'est la question de l'attribution d'états inconscients dotés d'une structure intentionnelle qui est capitale. Pour d'autres encore, leurs réflexions sont dominées par la métaphysique de l'esprit matérialiste et anti-dualiste.

L'INSÉPARATISME ET L'IMPULSION VERS L'UNITÉ

Certaines théories substantielles en philosophie de l'esprit s'efforcent souvent de découvrir une unité ou de l'imposer aux concepts divers et variés que sont nos concepts mentaux, à la fois dans la vie ordinaire et dans les sciences psychologiques. Certains philosophes tentent de rendre compte d'un large ensemble de concepts mentaux à partir d'un petit nombre de concepts fondamentaux ou élémentaires. Souvent, l'impulsion vers l'unité est exprimée en essayant de produire un argument pour le monisme matérialiste, soit la conception d'après laquelle tous les phénomènes mentaux, quels qu'ils soient, sont, au fond, des phénomènes physiques. Le matérialisme a certaines caractéristiques saillantes qui le rendent attractif aux yeux de beaucoup de philosophes. Et il fournit un programme de recherche métaphysique qui est largement encouragé. Mais, d'après notre conception, un prélude important à la métaphysique de l'esprit, qu'elle soit matérialiste ou autre, est l'obligation que nous avons de commencer par concevoir correctement ce qui fait du mental quelque chose de « mental » ou, à tout le moins, de « mental au sens paradigmatique du terme ». Pour nous, c'est la présence interdépendante de la conscience et de l'intentionnalité. Le mental est mental car il est conscient et possède une structure intentionnelle. Non pas qu'un genre séparable de mentalité est conscient, qu'un autre est intentionnel, et que les deux se présentent souvent en tandem. Mais les deux sont, en un sens, inséparables. Ce chapitre a tenté de donner l'élan nécessaire pour établir un argument en faveur de l'inséparabilité. Il y a encore beaucoup d'autres problèmes concernant la relation entre conscience et intentionnalité qui attendent d'être explorés dans le détail [1].

Traduit de l'anglais par Arnaud DEWALQUE

1. Nous tenons à remercier les deux lecteurs anonymes pour leurs précieux commentaires et leurs précieuses suggestions sur l'avant-dernière version de ce chapitre. Pour de plus amples lectures sur le thème traité ici, nous renvoyons à D. Chalmers, « The Representational Character of Experience », art. cit. ; T. Horgan et J. Tienson, « The Phenomenology of Intentionality and the Intentionality of Phenomenology », art. cit. ; C. Siewert, « Consciousness and Intentionality », art. cit.

QUATRIÈME PARTIE

PERSPECTIVES CRITIQUES

BILL BREWER

PERCEPTION ET CONTENU *

Il relève presque de l'orthodoxie courante de soutenir que l'expérience perceptive doit être définie, au moins en partie, par son *contenu représentationnel*, soit, pour le dire sommairement, par la façon dont elle *représente* les choses comme étant dans le monde environnant de l'agent percevant. Appelons cette idée élémentaire la *théorie du contenu*. Il existe un débat parmi les partisans de cette théorie pour savoir dans quelle mesure un tel contenu peut capturer la *nature subjective* de l'expérience ; et, d'ailleurs, ce problème a toutes les allures d'un dilemme pour la théorie. Considérons en effet le contenu de n'importe quelle expérience perceptive particulière. Ce contenu est-il également le contenu d'une possible pensée ou croyance non expérientielle du sujet ? Le cas échéant, alors qu'est-ce qui s'y ajoute, dans la perception, pour produire la nature proprement consciente, subjective, de l'expérience ? Dans le cas contraire, alors comment pouvons-nous expliquer son statut en tant que contenu représentationnel *essentiellement expérientiel* – un authentique contenu, qui cependant ne peut être le contenu d'autre chose que d'une *expérience* perceptive ? Ce dilemme, à mes yeux, est en dernier ressort fatal, bien que je ne le prenne pas directement en considération ici. Mon objectif est plutôt de faire ressortir aussi clairement que possible ce qui me semble constituer les erreurs fondamentales de la théorie du contenu, sous-jacentes au dilemme.

Le paradigme évident du contenu représentationnel, à suivre les présentations classiques de cette théorie, est celui de la *pensée* d'un individu à propos du monde autour de lui, telle qu'elle est exprimée dans sa communication linguistique avec les autres, et attestée par les attitudes ordinaires que ces derniers lui imputent. Prenons donc le point de départ suivant : la pensée de *S* selon laquelle *a* est *F* – une pensée relative à un objet particulier de son environnement, *a*, par laquelle celui-ci est dit être *F*. Cette perspective sur le contenu, appelons-la le « modèle initial ».

* « Perception and Content », *European Journal of Philosophy* 14/2, 2006, p. 165-181.

En partie motivé par la nécessité de rendre compte de façon satisfaisante de la relation entre le contenu de la perception et son caractère conscient dans le contexte de la théorie du contenu, McDowell insiste à ce stade sur une application fondamentalement nuancée du modèle initial au cas de l'expérience perceptive, en soulignant que les composantes singulières des contenus authentiquement perceptifs sont des *unités de sens démonstratif dépendantes de l'objet*[1]. Nous passons par conséquent de la pensée de *S* selon laquelle *a* est *F* à sa pensée selon laquelle ceci (disons, cet homme) est *F*. McDowell ajoute une détermination supplémentaire, en vertu de laquelle un individu n'a aucun contrôle réel sur le choix des contenus qui viennent à sa perception : étant donné la façon dont les choses sont dans le monde qui l'environne, et les intérêts et préoccupations variés qui sont les siens en vertu des simples modalités de sa présence au monde, il doit simplement se « coltiner » de tels contenus déterminés[2]. D'un autre côté, la pensée est une opération de sa spontanéité : il est d'une certaine manière libre de conférer activement un sens au contenu <*a* est *F*>[3].

Je reprends à mon compte ces deux déterminations dans *Perception and Reason* (1999). Souhaitant cependant rendre justice aux propriétés que notre perception attribue aux choses qui nous environnent, par différence
166 avec les objets eux-mêmes que nous percevons | comme porteurs de ces propriétés, j'en ajoute une troisième. Les composantes générales des contenus authentiquement perceptifs sont des unités de sens démonstratif prédicatives et dépendantes de leur instanciation[4]. Nous aboutissons donc à une version spécifique de la théorie du contenu selon laquelle l'expérience perceptive est supposée être, ou du moins impliquer, la réception passive, ou la venue à l'esprit, de contenus démonstratifs doublement dépendants du monde, tels que « ceci (cet homme) est ainsi (mesure telle taille, a telle expression faciale, etc.) »[5].

1. Voir en particulier J. McDowell, « *De Re* Senses », dans *id.*, *Meaning, Knowledge and Reality*, Cambridge (Mass.), Harvard University Press, 1998 ; *id.*, « Having the World in View : Sellars, Kant and Intentionality », *Journal of Philosophy* 95, 1998, Lecture 3 ; *id.*, « Singular Thought and the Extent of Inner Space », dans *id.*, *Meaning, Knowledge…*, *op. cit.*

2. Voir en particulier J. McDowell, *Mind and World*, Cambridge (Mass.), Harvard University Press, 1994, trad. fr. C. Al-Saleh, *L'Esprit et le Monde*, Paris, Vrin, 2007.

3. La difficulté de conférer à ce sens un caractère à la fois précis et convaincant est cependant manifeste.

4. B. Brewer, *Perception and Reason*, Oxford, Oxford University Press, 1999, chap. VI, p. 186 *sq*.

5. Une manière alternative de modifier le modèle initial, afin de l'appliquer à l'expérience perceptive dans le contexte de la théorie du contenu, consiste bien entendu à élucider le sens dans lequel le contenu perceptif est supposé être *non conceptuel*. Voir par exemple, G. Evans, *The Varieties of Reference*, Oxford, Oxford University Press, 1982 ; C. Peacocke,

Je pense maintenant que tout ceci apporte pour ainsi dire « trop peu, trop tard » [*too little too late*] : c'est l'ensemble du cadre théorique de la théorie du contenu qui doit être rejeté. Même sa version la plus modifiée – selon laquelle l'expérience perceptive est assimilable au fait de se coltiner des contenus démonstratifs doublement dépendants du monde – conserve deux traits fondamentaux du modèle initial qui sont, à mes yeux, incompatibles avec la moindre description de l'expérience perceptive. D'une part, les contenus admettent la possibilité de la fausseté, et la perception authentique doit par conséquent être conçue comme un *succès*, en vertu duquel la façon dont les choses paraissent être au sujet dans l'expérience est déterminée comme *vraie* par la façon dont les choses sont effectivement dans le monde environnant. Elle aurait donc tout aussi bien pu être fausse. D'autre part, les contenus supposent un certain genre de *généralité* : ils représentent un objet, ou des objets, comme étant d'une certaine *manière* déterminée – manière d'être générale que des choses qualitativement distinctes appartenant à un même genre peuvent instancier. Ces deux traits inacceptables de la théorie du contenu se trouvent être intimement corrélés. Il n'est jamais évident de les identifier dans les diverses versions modifiées de la théorie, et presque tout ce qui touche à cette question est sujet à controverse ; mais mon objectif dans le reste de cet article consiste à remédier en détail à leurs conséquences inacceptables [1].

« Scenarios, Concepts and Perception », dans T. Crane (ed.), *The Contents of Experience*, Cambridge, Cambridge University Press, 1992 ; A. Cussins, « The Connectionist Construction of Concepts », dans M. Boden (ed.), *The Philosophy of Artificial Intelligence*, Oxford, Oxford University Press, 1990 ; T. Crane, « The Non-Conceptual Content of Experience », dans *id.* (ed.), *The Contents of Experience, op. cit.* Cette approche, à mes yeux, ne peut pas réussir, parce qu'elle partage les erreurs nodales de la théorie du contenu, que j'examine de façon critique dans le présent article, mais aussi parce qu'elle possède d'autres traits inacceptables qui lui sont propres.

1. Bien que quasi canonique, la théorie du contenu a été soumise à d'autres examens critiques probatoires récents. Par exemple, Martin (M. Martin, « The Transparency of Experience », *Mind and Language* 17, 2002, p. 376-425) lui objecte son caractère contradictoire eu égard à la notion correctement interprétée de transparence de l'expérience ; Campbell (J. Campbell, *Reference and Consciousness*, Oxford, Oxford University Press, 2002) lui objecte son échec à rendre justice au rôle intuitivement explicatif de l'expérience perceptive concernant la possibilité même de la pensée démonstrative à propos du monde perçu ; Travis lui objecte, entre autres choses, qu'il n'est pas possible, comme la théorie du contenu l'exige, de dégager un contenu représentationnel déterminé à partir des vérités relatives à l'air [*look*] qu'ont les choses, par exemple pour un individu, dans la perception, et Gupta (A. Gupta, « Experience and Knowledge », dans T. Szabo Gendler et J. Hawthorne (eds.), *Perceptual Experience*, Oxford, Oxford Univeristy Press, 2006) conteste son hypothèse de base selon laquelle la perception contribue catégoriquement, et non hypothétiquement, à la rationalité de la croyance. Un examen complet comparerait ces objections et exposerait les principes de leurs différences avec l'argument que je développe *infra* pour mon

LA POSSIBILITÉ DE LA FAUSSETÉ

Selon la théorie du contenu, l'expérience perceptive doit être (en partie) définie par son *contenu représentationnel*: la manière dont elle représente les choses comme étant dans le monde autour de l'agent percevant. De tels contenus sont déterminés comme vrais ou faux par la manière dont les choses sont effectivement au dehors. De l'hypothèse hautement plausible selon laquelle les contenus perceptifs ne sont normalement pas des vérités nécessaires, s'ensuit qu'ils admettent la possibilité de la fausseté. La perception authentique implique par conséquent une *coïncidence réussie* entre l'esprit et le monde, entre le contenu et le fait, laquelle aurait pu ne pas se produire, les cas d'échec correspondants lui étant substitués.

Si la lecture que j'en propose est correcte, la version de la théorie du contenu proposée par McDowell exhibe cette caractéristique de façon évidente. La perception a un contenu démonstratif dépendant de l'objet, par exemple « ceci (cet homme) est *F* ». Elle a pour constituant un homme particulier dans le monde; l'expérience dépend essentiellement de l'existence de cet homme particulier et du type de relation qu'il entretient avec le sujet. Le contenu est vrai si cet homme est en effet *F*, et faux s'il ne l'est pas. Ainsi que je comprends la position de McDowell, cette dernière possibilité est une possibilité authentique, qui se produit dans certains cas d'illusion; ou du moins dans des cas dans lesquels un individu continue à endosser le même contenu perceptif alors que l'objet en question cesse d'être *F*, par exemple en sortant de mon champ de vision.

La possibilité de la fausseté est moins évidente dans la version de la théorie du contenu que je défends dans *Perception and Reason*. J'y insiste
167 en effet sur le fait que | les contenus perceptifs authentiques impliquent l'intervention d'unités de sens démonstratif prédicatives et dépendantes de leur instanciation. L'expérience dépend donc, entre autres facteurs, à la fois de l'existence d'un objet particulier dans le monde, et de l'instanciation qu'il propose d'une propriété spécifique. Ces deux conditions de l'expérience, conjointes, suffisent pour assurer la vérité de ses contenus de la forme « ceci (cet homme) est ainsi (mesure telle taille, a telle expression faciale, etc.) ». La fausseté des contenus qui caractérisent de telles expériences est toujours possible, cependant, et on peut arguer de son effectivité dans un cas comme le suivant. *S* voit un homme avec une certaine expression faciale; son expérience a pour contenu « ceci (cet homme) est ainsi (a telle expression faciale) »; l'homme se retourne et change par là même d'expression faciale, mais *S* maintient la croyance précédemment

propre compte contre la théorie du contenu; mais les dimensions du présent article ne le permettent pas.

acquise en continuant simplement d'endosser le même contenu perceptif : ce contenu est désormais faux. On pourrait répondre que le contenu perceptif, à strictement parler, reste identifiable après le retournement par la phrase « ceci (cet homme) était ainsi (avait telle expression faciale) », ce qui est vrai. Étant donnée l'étroitesse arbitraire possible des intervalles de temps impliqués dans l'affaire, étant donné en outre le temps que prend l'adhésion à un contenu, il est probable que cette réponse mette en difficulté, d'un point de vue général, le théoricien de la théorie du contenu. De toute façon, des possibilités moins controversées suffisent à étayer l'argument. Le contenu perceptif initial consiste dans la rencontre d'un sens démonstratif singulier et dépendant de l'objet et d'un sens démonstratif prédicatif et dépendant de son instanciation. *S* doit disposer indépendamment de chacun de ces deux sens démonstratifs ; et chacun d'entre eux peut individuellement être impliqué dans un contenu faux. En l'occurrence, chacun est impliqué dans le contenu faux exprimé – après que l'homme, dans l'exemple ci-dessus, s'est retourné – par la phrase « cet homme est ainsi », que ce contenu soit ou non identique à celui de la perception immédiatement précédente de *S*. Plus encore, au moment où *S* perçoit que ceci (cet homme) est ainsi (a telle expression faciale), sa pensée selon laquelle il est possible que cet homme ne soit pas ainsi est clairement vraie.

La possibilité de la fausseté du contenu perceptif joue un rôle essentiel dans le traitement proposé par la théorie du contenu pour les cas d'illusion. En effet, on considère généralement comme une *force* de cette théorie sa capacité à thématiser les illusions comme des cas dans lesquels, précisément, l'expérience perceptive représente faussement la manière dont les choses sont dans le monde qui nous entoure. Dans cette perspective, le modèle initial ainsi que la position intermédiaire défendue par McDowell possèdent un avantage sur la version la plus modifiée de la théorie proposée plus haut. Cependant, une des raisons majeures qui ont présidé à l'application sous condition, par McDowell, du modèle initial à l'expérience perceptive – dont la lecture est responsable en grande partie de l'écriture de *Perception and Reason* – réside dans l'idée selon laquelle l'expérience perceptive nous met directement en présence des objets du monde environnant eux-mêmes. Il s'ensuit que la portée de la fausseté possible du contenu perceptif est réduite ; cette idée menace par conséquent de saper le traitement de l'illusion dans les termes d'une expérience dont le contenu serait faux.

Je pense désormais que le recours à la notion de contenu expérientiel faux n'est pas obligatoire, ni même satisfaisant, pour rendre compte de l'illusion. En outre, la réduction de la portée de la possibilité de la fausseté du contenu perceptif, telle qu'illustrée par la progression du modèle initial à la version la plus modifiée proposée dans *Perception and Reason*, ne constitue pas une tentative adéquate pour définir en quel sens l'expérience perceptive peut être considérée comme nous mettant simplement en présence des objets du monde environnant. Je vais maintenant examiner ces points l'un après l'autre.

168 | Le traitement par la théorie du contenu de l'illusion comme contenu perceptif-expérientiel faux peut sembler s'imposer. Car la seule alternative à la définition de l'expérience par son contenu représentationnel consiste à la définir comme une présentation directe au sujet de certains *objets*, qui constituent eux-mêmes la façon dont les choses sont pour lui en tant qu'il vit cette expérience. Appelons ces objets les *objets directs* de l'expérience : ce sont les objets qui constituent la teneur subjective de l'expérience perceptive. L'argument de l'illusion est supposé établir que, au moins dans les cas d'illusion, et par conséquent aussi dans tous les cas d'expériences subjectivement impossibles à distinguer d'une possible illusion – y compris les cas de perception authentique –, de tels objets doivent être des idées dépendantes de l'esprit, des *sense-data*, ou quoi que ce soit, plutôt que les choses elles-mêmes qui sont indépendantes de l'esprit. En effet, puisque les cas d'illusion sont précisément ceux dans lesquels les choses indépendantes de l'esprit semblent [*look*], disons, *différentes de* la manière dont elles sont effectivement, les objets directs des expériences illusoires, tels que définis ci-dessus, doivent bien posséder des propriétés que les objets indépendants de l'esprit ne possèdent pas eux-mêmes ; et ces deux entités doivent donc être distinctes. On tient légitimement pour indéfendable ce recours à des entités dépendantes de l'esprit comme objets directs de l'expérience. Ainsi, il semble incontournable de définir, conformément à la théorie du contenu, l'expérience perceptive par son contenu représentationnel, puisqu'une telle caractérisation permet seule de proposer une description satisfaisante de l'illusion, en tant que celle-ci implique un tel contenu – mais un contenu faux.

Il y aurait beaucoup à dire concernant cet argument ; et ce n'est pas le lieu pour une discussion en bonne et due forme de tous les problèmes soulevés par l'illusion [1]. Je dois me contenter ici d'esquisser les contours d'une approche alternative de l'illusion, laquelle est ignorée par l'argument, et de continuer à expliquer pourquoi selon moi l'approche de la théorie du contenu est insatisfaisante.

1. Voir B. Brewer, « How to Account for Illusion », dans F. Macpherson et A. Haddock (eds.), *Disjunctivism* : *Perception, Action, Knowledge*, Oxford, Oxford University Press, 2009 et *id.*, *Perception and its Objects*, Oxford, Oxford University Press, 2011 pour un traitement exhaustif de cette question.

L'approche alternative que j'ai en vue s'inspire de la conception de Berkeley[1] de l'illusion perceptive comme expérience des objets physiques eux-mêmes, propre à nous *tromper* quant à leur nature – bien qu'elle en diffère également de façon cruciale sur certains aspects décisifs. Je soutiens qu'une telle approche permet de déterminer la nature de l'expérience perceptive, dans les cas tant illusoires que non illusoires, en mobilisant ses objets directs *indépendants de l'esprit*, précisément au sens établi ci-dessus. L'erreur dans les cas illusoires réside dans le fait que de tels objets ont le pouvoir de nous tromper, en vertu de la saillance perceptive de leurs similarités avec d'autres choses[2]. Je voudrais montrer très brièvement comment une telle approche permet de traiter un cas paradigmatique : l'illusion de Müller-Lyer.

Deux segments qui sont en vérité de longueurs identiques sont dessinés de façon à paraître de longueurs différentes par l'adjonction de flèches trompeuses. Le partisan de la théorie du contenu rejette tout recours à deux entités dépendantes de l'esprit qui différeraient effectivement en longueur ; il décrit par conséquent cette expérience comme un cas dans lequel les deux segments sont faussement représentés, dans l'expérience perceptive, comme étant de longueurs inégales. Je soutiens que la teneur subjective de l'expérience perceptive d'un agent confronté au diagramme de Müller-Lyer est constituée, entre autres choses, par les deux segments eux-mêmes, en tant qu'indépendants de l'esprit, *distribués dans l'espace comme ils sont effectivement* – c'est-à-dire, d'étendues égales. Néanmoins, les flèches ajoutées aux segments ont le pouvoir de l'induire en erreur quant à leur longueur respective. L'explication adéquate de l'illusion de Müller-Lyer fait toujours débat ; mais quoi qu'il en soit, là où la théorie du contenu l'utilise pour expliquer comment le système perceptif du sujet est conduit, dans l'expérience, à une fausse représentation de leurs longueurs comme inégales, je l'utilise pour expliquer | comment ce diagramme, tel 169
qu'il se présente dans l'expérience, a le pouvoir évident de *la* tromper, que cette erreur soit ou non actualisée dans un quelconque jugement faux. Par exemple, une explication plausible de cette expérience mobilise les similarités visuellement discriminantes [*visually relevant similarities*] entre le diagramme de Müller-Lyer et une configuration dans laquelle deux segments inégaux, l'un plus long à l'arrière-plan, l'autre plus court au premier plan,

1. Voir G. Berkeley, *Three Dialogues Between Hylas and Philonous*, dans M. Ayers (ed.), *George Berkeley : Philosophical Works*, London, Everyman, 1975 et *id.*, *A Treatise Concerning the Principles of Human Knowledge*, dans M. Ayers (ed.), *George Berkeley…*, *op. cit.*

2. Voir aussi C. Travis, « The Silence of the Senses », *Mind* 113, 2004, p. 57-84, trad. fr. B. Ambroise, V. Aucouturier et L. Raïd, *Le Silence des sens*, Paris, Cerf, 2014, p. 101-152.

sont projetés de manière à paraître égaux dans le plan du diagramme lui-même. Ce sont là des similarités objectives entre l'objet direct de l'expérience visuelle de l'observateur et une configuration de deux segments inégaux, similarités visuellement discriminantes, pour le dire sommairement, en vertu de la similarité des projections lumineuses respectives sur le plan constitué par les yeux dudit observateur. Elles sont rendues saillantes par les flèches, qui convoquent à l'esprit le paradigme de segments inégaux. L'expérience dont le diagramme de Müller-Lyer est l'objet direct nous induit donc en erreur quant à la longueur respective de ses segments [1].

Dans ma perspective, le recours par la théorie du contenu au contenu expérientiel faux est en général inutile pour rendre compte de l'illusion. Certains développements de cette théorie tentent également de réduire la portée de la possibilité de la fausseté du contenu perceptif disponible, en insistant sur la dépendance à l'objet – et à l'instanciation – des unités de sens singulier et prédicatif impliquées.

La thèse essentielle, ici encore, est d'ascendance berkeleyenne [2] mais, une fois encore, sans aucune implication anti-réaliste. L'idée intuitive consiste à soutenir que, dans l'expérience perceptive, un agent est simplement mis en présence des constituants réels du monde physique lui-même. Toute erreur dans la vision du monde qui en résulte est le produit des réponses du sujet à cette expérience, quand bien même, avec le recul, ces réponses apparaîtraient comme automatiques, naturelles ou compréhensibles. Étant donnée la façon dont le monde est effectivement, l'*erreur*, à strictement parler, n'est jamais un aspect essentiel de l'expérience elle-même. Il est manifeste que cette idée, d'une part, selon laquelle l'expérience perceptive consiste dans l'accès conscient et direct aux constituants du monde physique lui-même, et, d'autre part, l'idée – caractéristique de toute déclinaison de la théorie du contenu – de la possibilité de la fausseté du contenu perceptif, sont incompatibles. Et cette incompatibilité, selon moi, fonctionne au détriment de la seconde, comme le montrent les considérations suivantes.

Un premier problème concerne la détermination de la prétendue représentation perceptive de l'inégalité dans le cas de Müller-Lyer et autres illusions similaires. Le segment dont les flèches sont disposées vers l'intérieur est-il représenté comme plus court qu'il n'est effectivement ; ou le segment dont les flèches sont disposées vers l'extérieur est-il représenté

1. Voir B. Brewer, « How to Account for Illusion », art. cit., pour un développement circonstancié et une défense de ce point de vue.

2. Voir en particulier G. Berkeley, *Three Dialogues...*, *op. cit.*, chap. III ; trad. fr. J.-M. Beyssade, « Trois dialogues entre Hylas et Philonous », dans G. Berkeley, *Œuvres*, t. II, Paris, P.U.F., 1999.

comme plus long qu'il n'est effectivement ; ou les deux ; et de combien dans chaque cas ? C'est-à-dire : comment *exactement* devrait être le monde pour que la prétendue représentation perceptive soit véridique [*veridical*] ? La discussion menée par la théorie du contenu autour du contenu perceptif exige une réponse spécifique à cette question[1]. Pourtant la manière dont un contenu perceptif est supposé être donné non arbitrairement est loin d'être claire. Une réponse possible consisterait à soutenir que la perception représente les segments de Müller-Lyer de façon simplement déterminable, comme l'un un peu plus long que l'autre. Une telle réponse, cependant, compromet l'explication que privilégie le théoricien du contenu pour rendre compte de la finesse de grain de la perception : celle-ci consiste dans le degré maximal de *détermination* du contenu perceptif, par opposition, souvent du moins, aux contenus plus déterminables qui figurent dans la croyance[2]. | Il y **170**
a là pourtant une tension, à tout le moins, entre l'explication par la théorie du contenu de l'erreur de Müller-Lyer comme représentation perceptive fausse selon laquelle deux segments sont de longueur différente, bien que cette différence ne soit pas déterminable selon un degré défini, et l'explication standard par cette même théorie de la finesse de grain de la discrimination perceptive comme relative à la détermination maximale du contenu perceptif. La théorie du contenu force clairement les choses en assimilant la présentation perceptive à la pensée dotée de contenu.

Deuxièmement, et corrélativement, on pourrait poser la question suivante : où exactement, dans l'espace, les extrémités des deux segments principaux sont-elles censées être situées par la représentation perceptive ? Placez-vous face au diagramme, dans de bonnes conditions d'éclairage, etc., et concentrez-vous sur l'une de ces quatre extrémités : où votre expérience la situe-t-elle ? Et bien, la mienne la situe là où elle est effectivement, ou du moins aucun obstacle évident ne s'y oppose. Il en va de même concernant les trois autres extrémités. On peut donc supposer que selon la théorie du contenu, ma perception représente les quatre extrémités comme étant là où elles sont effectivement, ce qui veut dire qu'elle représente les extrémités de chacun des deux segments principaux comme séparées par des intervalles égaux dans l'espace. En ce sens, donc, les segments sont représentés comme étant d'étendues égales. Pourtant, en même temps,

1. Ce que je veux dire ici, c'est qu'il doit exister une réponse spécifique à la question de savoir quel est le contenu d'une quelconque expérience donnée. Ce contenu lui-même doit pouvoir faire l'objet, dans une certaine mesure, d'une détermination et d'une quantification. Cf. *infra*.

2. Voir par exemple G. Evans, *The Varieties...*, *op. cit.*, p. 229 ; C. Peacocke, « Scenarios, Concepts... », art. cit. ; J. McDowell, *Mind and World*, *op. cit.*, chap. III et partie II de la « Postface », trad. fr. citée, p. 78 *sq.* ; B. Brewer, *Perception and Reason*, *op. cit.*, partie 5.3.1.

ma perception est censée les représenter comme étant de longueurs inégales : c'est là l'explication par la théorie du contenu de la nature illusoire de l'expérience. Au mieux, donc, cette théorie est conduite à considérer le contenu représentationnel de l'expérience de Müller-Lyer comme *impossible*. Il n'est pas possible que ce contenu soit véridique, même confronté au diagramme de Müller-Lyer lui-même, dans de parfaites conditions d'observation. Ce résultat me frappe par son caractère insatisfaisant. Il est tout à fait possible d'entretenir un contenu de pensée impossible : « Hesperus est distincte de Phosphorus » en est vraisemblablement un. La difficulté est que la théorie du contenu semble condamnée à la situation suivante : être mis subjectivement en présence du diagramme de Müller-Lyer dans l'expérience perceptive consiste à se représenter un état-de-choses impossible. Or on aimerait certainement pouvoir dire que ce qui est représenté dans un tel cas ne peut être impossible, puisque c'est réel. On voit précisément ce qu'il y a là – des segments, là où ils sont et nulle part ailleurs – quel que soit le caractère trompeur du diagramme en question. On peut éviter la conclusion selon laquelle le contenu est impossible en suggérant que le contenu de l'expérience de Müller-Lyer comprend, d'une part, une représentation indéterminée des positions des quatre extrémités comme situées, grossièrement, dans quatre régions comprenant leurs positions effectives, et, d'autre part, la représentation d'une inégalité indéterminée des longueurs respectives des segments. De nouveau cependant, la finesse de grain du contenu perceptif, supposément caractéristique de sa distinction avec le contenu de pensée non expérientiel, est perdue.

Troisièmement, supposez qu'on vous confronte au diagramme de Müller-Lyer. Progressivement, les pointes aux extrémités de chacun des deux segments principaux rétrécissent jusqu'à finalement disparaître. Si vous êtes comme moi, alors vous *n'*entretenez *pas* une séquence d'expériences représentant les deux segments comme *changeant* progressivement de longueur – l'une augmentant et/ou l'autre diminuant – jusqu'à coïncider, comme il est probable que le prétendrait la théorie du contenu. Au lieu de cela, à mesure que le pouvoir des flèches de vous tromper diminue, vous en venez progressivement à comprendre que la propension précédente à les prendre pour des segments de longueur inégale était erronée. Il est *évident* que l'expérience qui vous est présentée tout du long
171 est bien celle de la même paire de segments, également étendus | dans l'espace comme ils le sont réellement ; leur égalité inchangée de longueur vous apparaît progressivement toujours davantage, alors que leurs similarités avec des configurations alternatives de segments inégaux situés à des distances différentes devient moins saillante, toute suggestion de profondeur disparaissant avec les flèches.

Il est clair que le cas est médiocrement modélisé par le modèle initial qui l'assimile à l'expérience de la séquence suivante de pensées, « chauffant » progressivement, comme on dit dans les jeux d'enfants, à propos de la taille d'une personne d'1 mètre 67 que vous êtes sur le point de rencontrer : « Jane fait 1 mètre 83 », « Jane fait 1 mètre 80 », …, « Jane fait 1 mètre 70 », « Jane fait 1 mètre 67 ». Votre représentation fausse de sa taille « s'améliore » progressivement jusqu'à finalement devenir vraie. Sous réserve que vous compreniez son nom, vous pensez à Jane tout du long, et finissez par vous représenter sa taille correctement ; mais ceci n'a franchement rien à voir avec le fait de *l'*avoir *elle* en vue à chaque étape. Il n'est pas nécessairement question de se représenter quelque chose comme étant d'une certaine manière spécifique, laquelle peut ou non se trouver être le cas ; il s'agit plutôt que cette personne précise soit présente à l'expérience consciente. De même pour ce qui est de la vision du diagramme de Müller-Lyer.

L'insistance de McDowell sur le fait que les contenus de l'expérience perceptive impliquent des unités de sens démonstratif et singulier dépendantes de l'objet n'est d'aucune aide pour lever cette objection à la théorie du contenu, pour autant que je puisse en juger. Vous entretenez donc la série suivante de pensées : « Cette femme fait 1 mètre 83 », « Cette femme fait 1 mètre 80 »,…, « Cette femme fait 1 mètre 70 », « Cette femme fait 1 mètre 67 ». De nouveau, cela est très éloigné de la vision de cette femme devant nous. Insister sur le fait que vous vous trouvez simplement submergé passivement par la séquence de contenus en question ne fait rien non plus pour remédier à la situation. Cela peut très bien arriver dans la situation où vous ne pourriez pas détacher votre esprit d'elle après qu'elle vous a quitté.

Insister davantage, comme je le fais dans *Perception and Reason*, sur le fait que votre expérience n'est pas une authentique *perception* du diagramme de Müller-Lyer tant que vous ne vous représentez pas les longueurs des deux segments de façon précisément égale – « ces segments sont ainsi (de telle longueur) » constituant alors le contenu de votre expérience perceptive – et sur le fait que votre expérience précédente doit être assimilée à l'hallucination, causée par ce diagramme, de deux segments inégaux dont les longueurs tendent progressivement à se rapprocher, n'aide pas non plus, loin de là, à avancer sur la voie de la solution. Car les choses sont ainsi faites que vous faites l'expérience des segments du diagramme *depuis le départ*, même si les flèches qui y sont adjointes leur donnent le pouvoir de vous tromper quant à leur longueur respective. C'est ce pouvoir de tromperie qui est progressivement réduit avec la disparition des flèches, indépendamment du fait que vous soyez ou non effectivement trompé par celles-ci dans vos croyances. Les deux segments du diagramme, d'étendue réellement égale dans l'espace, et dont le pouvoir de tromperie diminue avec le retrait des flèches, sont présents à l'expérience *tout du long*, et la théorie du contenu, quelle que soit la déclinaison qui en est proposée, est bien en peine d'en rendre compte de façon satisfaisante [1].

Selon une généralisation quelque peu ambitieuse de cette discussion, je voudrais suggérer l'existence d'une tension entre l'approche par la théorie du contenu de l'illusion comme représentation perceptive fausse et l'idée que les objets physiques de l'illusion sont réellement présentés subjectivement dans l'expérience illusoire.

Je peux *penser*, d'une figure que vous cachez derrière un écran, qu'elle est carrée, alors qu'elle est en réalité circulaire ; mais si nous persistons à
172 définir mon *expérience* perceptive | comme une représentation de quelque chose comme carré devant moi, alors comment pouvons-nous soutenir que ce qui est *présenté subjectivement* est en réalité un cercle, quand bien même il y a bien un cercle là où je me représente qu'il y a un carré, lequel cercle entretient d'une certaine façon un rapport causal avec ma prétendue représentation perceptive ?

L'examen de l'illusion perceptive fait ressortir, selon moi, la nécessité de distinguer deux niveaux dans la teneur subjective de l'expérience. Je voudrais les présenter, pour mon compte, comme, d'une part, l'objet direct lui-même, indépendant de l'esprit, comme il est réellement, en tant qu'il est constitutif de cette teneur subjective, et, d'autre part, la propension de cet objet à être perçu de façon erronée : sa capacité évidente à nous *tromper*. J'ai suggéré que la théorie du contenu était déchirée entre deux perspectives : soit laisser l'objet lui-même, indépendant de l'esprit, comme il est réellement, totalement en dehors de la subjectivité – comme, ci-dessus, dans le cas du cercle vu comme un carré –, soit faire entrer de force ces deux dimensions dans un contenu représentationnel impossible – comme dans le cas des segments de Müller-Lyer simultanément représentés comme étendus entre des extrémités également distantes les unes des autres, et pourtant de longueurs inégales –, ce qui constitue le cas invraisemblable d'un contenu qui ne peut par conséquent jamais être vrai, y compris lorsqu'on est confronté au phénomène illusoire concerné.

1. Je comprends maintenant que cette série d'objections à ma propre version de la théorie du contenu, développée antérieurement (B. Brewer, *Perception and Reason*, *op. cit.*), est très étroitement apparentée à celles que Mike Martin (M. Martin, « Epistemic Openness and Perceptual Defeasibility », *Philosophy and Phenomenological Research* 63, 2001, p. 441-448) nous enjoignait à adopter.

Le problème fondamental, ici, est en vérité très simple. Que la valeur de vérité de notre *pensée* à propos du monde physique soit dépendante de l'existence d'un objet extérieur particulier est une chose; que ce même objet physique soit subjectivement présent dans l'*expérience perceptive* en est une autre, tout à fait différente. On est tenté, dans le contexte de la théorie du contenu, de singer l'idée berkeleyenne selon laquelle, dans l'expérience perceptive, nous sommes subjectivement mis en présence de constituants du monde physique en personne, en insistant sur le fait que de nombreux – ou l'ensemble des – éléments du contenu *perceptif* sont dépendants du monde ; mais cette tentative est vouée à l'échec. Percevoir ne consiste pas à se coltiner du contenu représentationnel, quelque dépendant du monde que celui-ci puisse être. Il s'agit plutôt d'une présentation consciente des constituants réels de la réalité physique elle-même, à savoir des choses particulières, exactement comme elles sont, qui sont ce qui rend ne serait-ce que possible toute représentation dotée de contenu de cette réalité dans la pensée.

LES CONSÉQUENCES DE LA GÉNÉRALITÉ

La théorie du contenu définit l'expérience perceptive par son *contenu représentationnel.* Par là même, elle reprend à son compte une thèse clé du modèle initial, à savoir que le contenu admet la possibilité de la fausseté : le monde pourrait en réalité ne pas être de la façon dont un contenu donné le *représente* comme étant. En effet, on porte souvent au crédit de la théorie du contenu la contribution possible de cette thèse à son explication de l'illusion perceptive. J'ai expliqué, dans la première section précédente, pour quelles raisons ce crédit était usurpé, la possibilité de la fausseté étant pour la théorie du contenu un coût net, et non un bénéfice. La présente section procède de la façon suivante. D'abord, j'explique en quel sens, selon moi, l'engagement de cette théorie dans l'idée problématique de la possibilité de la fausseté, est dû à l'intervention, dans l'idée même de contenu représentationnel, d'un certain type de généralité. En un second temps, je soutiens que c'est précisément la façon dont une telle généralité est impliquée dans la notion de contenu perceptif qui entrave | en dernier 173
ressort la possibilité, pour la théorie du contenu, d'évaluer adéquatement l'idée berkeleyenne selon laquelle la perception est fondamentalement la présentation à un sujet des constituants réels du monde physique lui-même.

L'affirmation selon laquelle le contenu implique la généralité est particulièrement évidente concernant le modèle initial : *S* pense que *a* est *F*. Ici un objet particulier, *a*, est pensé comme étant *d'une manière générale spécifique*, *F*, manière d'être que peuvent instancier de tels objets, et qu'instancient un nombre infini d'objets possibles qualitativement distincts[1]. « *F* » est associé à une condition générale spécifique ; et l'objet particulier, *a*, est pensé comme satisfaisant, précisément, cette condition. L'insistance de McDowell sur le fait que les contenus de l'expérience perceptive impliquent des unités de sens démonstratif et singulier dépendantes de l'objet ne fait aucune différence significative à ce stade. Penser que ceci (cet homme) est *F*, disons, est équivalent à penser, d'un homme particulier, qu'il satisfait une condition générale spécifique, condition qu'un grand nombre indéfini d'autres choses qualitativement distinctes les unes des autres pourraient – au moins en principe – satisfaire. De la même manière, les contenus doublement démonstratifs de *Perception and Reason* – comme « ceci (cet homme) est ainsi (mesure telle taille, a telle expression faciale, etc.) » – représentent une chose particulière comme étant d'une façon générale déterminée, laquelle, de nouveau, est instanciée par un nombre infini d'objets possibles qualitativement distincts.

Dans le premier cas – celui de la pensée – comme dans le second – celui du contenu perceptif selon McDowell –, la condition générale en question est identifiée de telle façon que la possibilité que la chose particulière représentée elle-même échoue à la satisfaire est laissée ouverte, auquel cas le contenu effectivement entretenu à cette occasion précise devient faux. Le résultat est censé être un certain type d'illusion perceptive. Dans le troisième cas, celui de ma propre explication du contenu perceptif dans *Perception and Reason*, la possibilité de la fausseté – ceci (cet homme) pourrait ne pas être ainsi (ne pas mesurer telle taille, ne pas avoir telle expression faciale, etc.) – existe toujours, en quelque sorte, bien que ce résultat soit incompatible avec l'expérience subjective du contenu particulier qui opère la représentation en question. Pourtant, même dans ce cas, la condition générale spécifique inscrite dans le contenu de l'expérience perceptive implique d'abstraire une manière d'être – parmi le nombre infini des manières d'être possibles – de l'objet particulier prétendument perçu comme étant précisément ainsi. Je soutiens que ceci est la source de l'échec de la théorie du contenu à rendre justice de façon satisfaisante à l'idée berkeleyenne selon laquelle l'expérience perceptive consiste

1. Je concentre ici mon attention sur le cas de la pensée prédicative, qui témoigne de la combinaison la plus explicite entre particularité et généralité. À mes yeux cette combinaison est constitutive du caractère évaluable, en termes de vérité ou de fausseté, de tout contenu. Les « particuliers » impliqués ne doivent pas nécessairement être des objets matériels persistants, ni même, d'ailleurs, des « objets » de quelque genre que ce soit. Même la plus abstraite formulation d'un contenu évaluable, du type « ces choses (ou le morceau adéquat de réalité) sont (est) comme ceci et comme cela (et non autrement) » satisfait la combinaison particulier/général.

fondamentalement dans la présentation à un individu des constituants réels du monde physique lui-même.

Supposons que vous voyiez un ballon rouge particulier – appelons le « Ballon ». Selon la théorie du contenu, votre expérience perceptive doit être définie par son contenu représentationnel. Tenons pour acquis que ce contenu fait référence singulière à Ballon. Votre expérience se représente donc Ballon comme étant d'une certaine manière générale, *F*, que de tels objets peuvent instancier. Quelle que soit la manière d'être en question, son identification exige de spécifier de façon déterminée l'une des nombreuses – et de nombre indéfini – généralisations possibles de Ballon lui-même. Ballon a une couleur, une forme, une taille, un poids, un âge, un coût, etc. La perception doit donc, selon la théorie du contenu, commencer par opérer une sélection parmi toutes ces propriétés. Plus encore – remarque beaucoup plus décisive pour le présent argument –, pour chacune de ces dimensions données (disons la couleur, ou la forme), la spécification dans l'expérience d'une propriété générale déterminée que Ballon est censée instancier – c'est ainsi que votre perception est supposée le représenter – requiert de façon cruciale une abstraction supplémentaire. À supposer que votre expérience soit véridique, elle doit déterminer dans quelle mesure, et selon quelles modalités, | la couleur ou la forme réelles de Ballon devraient 174
varier, selon une corrélation réglée, avec la valeur de vérité du contenu perceptif correspondant. Ceci simplement pour souligner le fait que la théorie du contenu ne peut échapper à l'idée selon laquelle votre expérience perceptive possède des *conditions* de vérité spécifiques, lesquelles ne se limitent pas à quoi que ce soit qui serait fixé uniquement par la nature effective du ballon rouge particulier – Ballon – que vous avez en vue.

Selon la théorie du contenu, donc, la perception – et même la perception parfaitement vraie [*veridical*], donc quel que soit son degré d'exactitude – ne consiste pas dans la simple présentation à un sujet des divers constituants du monde physique lui-même. Elle offre plutôt une spécification déterminée des manières d'être générales de tels constituants tels qu'ils sont représentés dans l'expérience : manières d'être que d'autres constituants, qui diffèrent à un certain degré, au sein du spectre spécifique pertinent, de ceux qui sont effectivement perçus, pourraient aussi adéquatement – c'est-à-dire véritablement [*truly*] – instancier. Toutes les alternatives possibles de ce type, d'après la théorie du contenu, sont parfaitement identiques à cet égard à l'objet supposément perçu. L'expérience perceptive troque donc l'ouverture directe aux éléments de la réalité physique elle-même au profit de quelque chose comme un acte intellectuel de classification ou de catégorisation. Résultat : cette théorie n'a plus la légitimité pour défendre l'idée selon laquelle ce sont les objets physiques réels offerts à notre expérience qui sont subjectivement présents à la perception d'un individu, et non pas n'importe lesquels de leurs possibles substituts également pourvoyeurs de propositions vraies. L'expérience perceptive réfère peut-être à une telle entité privilégiée *en pensée*, mais il est difficile de comprendre comment c'est bien cette chose, plutôt qu'une autre, qui en vérité se présente subjectivement à elle [1].

Quel que soit le caractère automatique ou naturel d'une telle classification générale, elle représente de toute façon une intrusion injustifiée de la pensée conceptuelle relative au monde perceptivement donné au sein de l'explication par le théoricien du contenu de la nature la plus fondamentale de la perception elle-même. Loin de constituer une dimension essentielle de la présentation subjective des objets dans la perception, la catégorisation sélective de constituants particuliers de la réalité physique n'entre dans la définition de la relation d'un individu avec le monde qui l'entoure que si – et seulement si – des questions concernant leurs diverses similarités et différences avec d'autres choses comparables deviennent d'une manière ou d'une autre saillantes dans la *pensée* que cet individu entretient à propos d'eux. La perception elle-même constitue le principe fondamental de la possibilité même de toute pensée générale abstraite appliquée au monde physique qui s'y présente subjectivement.

Les adeptes de la théorie du contenu peuvent certes espérer gommer l'impression que leur définition de l'expérience perceptive par son contenu importe de manière erronée de l'abstraction – ou de la catégorisation – intellectuelle sélective dans l'explication de la perception, selon l'argument suivant. La perception authentique – c'est-à-dire la perception véridique – présente à un individu divers constituants du monde physique lui-même ; mais il faut reconnaître que cette présentation n'implique jamais une acuité parfaite. Il existe un spectre déterminé de variations à l'intérieur duquel la façon dont les choses en question diffèrent n'est d'aucune incidence quant à l'impact de ces choses sur le sujet concerné. La perception est donc vouée à intégrer un certain degré de généralité. C'est précisément la manière générale dont l'expérience se représente l'être de ces choses qui détermine le contenu perceptif afférent comme vrai, si et

1. Une ligne de défense pourrait à ce stade recourir à la présentation directe, dans l'expérience, des propriétés des choses du monde, pour cerner la généralité inhérente à la perception. Il est possible de soutenir que ces propriétés sont des éléments de la réalité physique. Le fait qu'elles se présentent dans l'expérience ne constitue alors pas une menace pour la conception de la perception comme ouverture directe au monde. Évidemment, les objets physiques ont toutes les propriétés qu'ils ont. Je conteste cependant qu'il s'agisse là de dimensions du monde physique au même titre (au sens requis par cette ligne de défense) que les objets possédant ces propriétés eux-mêmes. Je remercie Tim Crane pour cette idée. Il faudrait beaucoup plus que ce que je peux ici suggérer pour y répondre adéquatement.

seulement si les constituants mondains concernés sont comme ils sont effectivement, ou différents seulement sans que ces différences ne soient perceptivement pertinentes.

| Un tel espoir est à mon avis vain. Car cette proposition doit affronter 175
un certain nombre de difficultés sérieuses.

Premièrement, tout cela a un fort parfum de circularité. On suggère que l'expérience perceptive doit être définie par son contenu représentationnel, lequel doit en retour être identifié par une certaine procédure qui prend pour point de départ un état du monde dans lequel ce même contenu est supposé être déterminé comme vrai. C'est-à-dire : les critères de vérité constitutifs du contenu expérientiel en question doivent être spécifiés par une généralisation dérivée d'un cas paradigmatique de vérité effective. Cependant, comment est-on censé déterminer ce qui compte pour un tel cas de vérité, en vue d'obtenir par généralisation ces critères de vérité, avant même toute spécification desdits critères ? La procédure proposée pour définir l'expérience perceptive ne peut pas même commencer à moins d'avoir été déjà achevée. Elle n'est par conséquent d'aucune utilité et d'aucune nécessité.

La première objection peut fournir un argument supplémentaire en faveur de l'idée selon laquelle le contenu perceptif est un contenu démonstratif à la fois dépendant de l'objet et dépendant de son instanciation. Dans ce cas en effet, l'état du monde, qui fournit le point de départ de la procédure de généralisation censée déterminer le contenu d'une expérience perceptive donnée, sera la situation réelle accessible au sujet à ce moment-là. Le problème est qu'une telle procédure ne produira le résultat correct que dans les cas dans lesquels l'expérience du sujet est réellement perceptive, par opposition aux cas d'illusion ou d'hallucination. Selon cette approche en effet, de tels phénomènes sont définis comme des sortes de tentatives ratées pour recevoir un contenu démonstratif de ce genre, doublement dépendant du monde (mais probablement non existant), accompagné par diverses représentations descriptives adéquates. De nouveau cependant, à la question de savoir comment nous sommes supposés déterminer si un cas donné est ou non un cas de perception réelle, et non un cas d'illusion ou d'hallucination au sens défini ci-dessus, il est loin d'y avoir une réponse claire, en l'absence de spécification préliminaire du contenu de l'expérience en question – une telle spécification n'est précisément pas à notre portée.

Deuxièmement, supposons que nous avons d'une manière ou d'une autre déterminé que le cas auquel nous sommes confrontés est bien un cas de perception authentique – c'est-à-dire vraie [*veridical*] –, et non un cas d'illusion ou d'hallucination ; et supposons, en outre, que nous disposons

d'une procédure pour fixer les constituants réels de l'environnement du sujet qui sont accessibles à son expérience. On propose alors la spécification suivante du contenu représentationnel de son expérience. Ses conditions de vérité sont satisfaites si et seulement si les choses sont précisément comme elles sont réellement, ou différentes seulement de l'une de ces diverses différences qui n'ont *aucun caractère discriminant quant à leur impact sur l'expérience du sujet.* Cela soulève immédiatement la question de savoir *quelles sont les différences discriminantes*, quant à leur impact sur le sujet. Toute variation au niveau des constituants mondains en question fait une différence *d'un certain type*, quand bien même une telle variation serait définie seulement dans les termes d'une immersion dans un environnement différent. Les variations *discriminantes*, cependant, transforment le monde en le faisant évoluer d'une situation dans laquelle le contenu initial visé par l'expérience perceptive doit être considéré comme vrai, à une situation dans laquelle il doit être considéré comme faux. À l'évidence, la question de savoir quelles différences mondaines sont discriminantes est donc cruciale. Je ne peux pas démontrer ici qu'aucune explication satisfaisante du principe de ces différences discriminantes
176 n'est possible. Cette série | d'arguments est donc vouée à demeurer une simple remise en cause, plutôt qu'une réfutation définitive, de la façon dont la théorie du contenu importe la généralité dans la définition de l'expérience perceptive. Malgré tout, les quatre hypothèses suivantes sont manifestement problématiques.

1. Une variation mondaine est discriminante si et seulement si elle provoque un changement physique *intrinsèque* dans le système perceptif du sujet. À suivre la théorie du contenu, il n'est probablement ni nécessaire ni suffisant que l'état du monde évolue, d'un état dans lequel le contenu perceptif initial du sujet est vrai à un autre dans lequel il est faux. Toute trace d'une telle forme d'externalisme dans les contenus offerts aux expériences perceptives – externalisme en vertu duquel ces contenus ne sauraient simplement survenir à partir d'un état physique constitutif du sujet – consiste tout simplement en un déni de leur nécessité ; et un tel externalisme est largement approuvé par les partisans de la théorie [1]. D'un autre côté, si l'on considère par exemple l'idée selon laquelle agir sur l'état physique intrinsèque des yeux du sujet serait suffisant pour transformer

1. Voir par exemple P. Pettit et J. McDowell, « Introduction », dans *id.* (eds.), *Subject, Thought and Context*, Oxford, Oxford University Press, 1986 ; T. Burge, « Cartesian Error and the Objectivity of Perception », dans J. Pettit et J. McDowell (eds.), *Subject, Thought, ..., op. cit.*, 1986 ; C. Peacocke, « Scenarios, concepts and... », art. cit. ; et M. Davies, « Externalism and Experience », dans N. Block, O. Flanagan et G. Guzeldere (eds.), *The Nature of Consciousness*, Cambridge (Mass.), MIT Press, 1997.

n'importe quel état du monde dans lequel un contenu expérientiel donné est vrai, en un état dans lequel ce contenu est faux, une telle idée confère sans aucun doute aux contenus perceptifs une individualité beaucoup trop fine. Il est en effet manifeste que nous sommes capables, dès notre plus jeune âge, de nous représenter les constances fondamentales de notre environnement, telles que la forme et la couleur, comme étant des *constances*, par-delà des variations souvent beaucoup plus significatives que celles mentionnées ci-dessus. La réponse que la théorie du contenu est forcée d'admettre, selon laquelle le contenu perceptif global varie d'une certaine manière dans *chaque* cas de ce type, me semble plutôt désespérée.

2. Une variation mondaine est discriminante si et seulement si elle modifie réellement les croyances du sujet relatives à l'existence des choses extérieures. De nouveau, pourtant, cela n'est sans doute ni nécessaire ni suffisant pour qu'une variation mondaine soit discriminante au sens requis par notre discussion. Supposons que le sujet prenne pour thème la couleur d'un objet qui lui fait face ; une variation, par exemple, de la forme de cet objet, telle, disons, qu'elle rendrait fausse la représentation perceptive de cette forme, peut cependant n'avoir pas le moindre impact sur les croyances effectives du sujet concernant l'objet. D'un autre côté, on peut supposer que la théorie du contenu doive laisser au moins ouverte la possibilité qu'un changement dans l'être des choses du monde qui l'environne fasse une différence quant aux croyances du sujet sur le monde, de telle manière qu'un tel effet soit entièrement indépendant de la façon dont *son expérience* se représente effectivement l'être des choses. En effet, les partisans de la version présente de la théorie du contenu n'ont pas d'autre alternative envisageable, pour expliquer par exemple les effets systématiques de divers stimuli masqués, que de recourir à l'idée même de variations mondaines affectant les croyances d'un individu sans influencer le contenu de ses représentations expérientielles.

3. Une variation mondaine est discriminante si et seulement si elle influence ou pourrait influencer, sans modifier ses effets physiques intrinsèques sur le sujet, | les croyances dudit sujet relatives à l'existence des 177
choses extérieures. Une condition nécessaire de toute variation mondaine possédant la propriété de rendre faux un contenu expérientiel précédemment vrai réside peut-être dans la possibilité d'un effet causal agissant sur les croyances du sujet relatives au monde, bien qu'une telle possibilité soit intuitivement et causalement fondée dans la variation expérientielle plutôt que constitutive et explicative de cette variation. Malgré tout, puisque ce critère de pertinence d'une différence mondaine est sans conteste plus faible que le précédent, dont j'ai montré qu'il était

insuffisant, à plus forte raison il doit l'être aussi : des stimuli rapidement masqués peuvent bien réellement (autant dire qu'il s'agit d'une « possibilité réelle ») affecter les croyances d'un sujet relatives au monde sans se manifester d'aucune façon dans l'expérience.

4. La nature de cette insuffisance suggère l'adoption d'une quatrième approche, qui ressemble sans doute à ce dont la théorie du contenu a précisément besoin à ce stade – mais il faudra montrer qu'elle est de toute façon soit circulaire soit, prise de façon indépendante, sujette à de lourdes objections, précisément pour des raisons mcdowello-wittgensteiniennes. La proposition est la suivante : une variation mondaine est discriminante, au sens requis par notre discussion, si et seulement si elle change quelque chose à l'*expérience* du monde vécue par le sujet. Une telle idée soulève cependant la question de savoir comment il faut caractériser la nature de telles différences dans l'expérience. Je vois deux possibilités seulement, aucune d'elles n'étant acceptable. Premièrement, ces différences peuvent intervenir au niveau du contenu représentationnel. Cette idée ressemblerait probablement à quelque chose comme ce qui suit : un individu a une expérience perceptive, et nous présumons à la fois, pour le bien de l'argument, que cette expérience est véridique, et que nous avons identifié les objets du monde concernés et leurs propriétés. Afin de déterminer son contenu représentationnel spécifique, nous devons prendre en considération les diverses façons dont ces objets auraient pu être différents eu égard à de telles propriétés. Le contenu sera vrai dans tous les cas où une telle variation ne change rien au contenu. En d'autres termes, la procédure de détermination du contenu perceptif suppose, pour être menée à bien, d'avoir déjà préalablement fixé ledit contenu. Cette procédure est donc clairement inacceptable, car circulaire. Deuxièmement, les différences dans l'expérience – c'est par référence à de telles différences que doit être défini ce que nous recherchons, à savoir la notion de variation mondaine discriminante – seraient des différences concernant la nature phénoménale intrinsèque de cette expérience, laquelle précède, logiquement et chronologiquement, son contenu représentationnel. L'hypothèse, ici, ressemble à quelque chose comme ce qui suit : l'expérience perceptive consiste en une présentation au sujet de certaines qualités phénoménales spécifiques. Afin de déterminer son contenu représentationnel caractéristique dans chaque cas donné, nous considérons les variations contrefactuelles du monde environnant le sujet, jusqu'aux divers seuils à partir desquels les qualités phénoménales elles-mêmes se mettent à changer. Le critère de vérité du contenu en question est que le monde se meuve à l'intérieur de ce spectre de possibilités. En résulte une forme familière de réalisme indirect, en vertu duquel les qualités phénoménales sont des *signes naturels* des divers états-

de-choses mondains [1]. | Le degré de généralité introduit dans le contenu 178
perceptif correspond au degré d'acuité du système symbolique. Ce n'est pas ici le lieu pour une discussion approfondie de cette hypothèse. Il suffit à nos objectifs présents de souligner deux points essentiels, qui doivent beaucoup au Wittgenstein de McDowell. D'une part, l'argument wittgensteinien du « langage privé » [2] ébranle sérieusement toute tentative pour conférer aux qualités subjectives une individuation qui précéderait et serait indépendante de l'individuation des choses du monde, auxquelles ces qualités constituent nos réponses expérientielles. Et pourtant une telle tentative est essentielle à ladite stratégie réaliste indirecte. D'autre part, même si elle s'avérait possible, de cette stratégie résulterait une explication de l'expérience perceptive dans laquelle le sujet ignore totalement comment son expérience peut bien lui offrir une représentation de l'être du monde [3].

Cette quatrième approche ressemble certes à ce dont la théorie du contenu a précisément besoin à ce stade, au moins en ce qu'elle reconnaît que les deuxième et troisième hypothèses présentées ci-dessus ne sont appropriées à la détermination du contenu de l'expérience qu'à condition que ce soit la nature de ladite expérience qui *fonde* les variations réelles et possibles de croyance mentionnées par ces hypothèses. Cependant, et malheureusement pour les théoriciens du contenu, cette approche est circulaire si elle tente de combiner cette idée avec une définition de l'expérience elle-même qui la caractérise exclusivement en termes de contenu représentationnel ; et elle s'effondre dans un intenable réalisme indirect si elle essaie d'ajouter à cette définition par le contenu un recours à des qualités expérientielles plus élémentaires, subjectives et dépendantes de l'esprit. La réponse adéquate à cette impasse, selon moi, consiste à rejeter la théorie du contenu en bloc. Le flux de l'expérience perceptive fournit certes au sujet les raisons de ses croyances effectives concernant le monde, et aussi des diverses autres croyances qu'il aurait pu entretenir s'il avait porté son attention sur des choses différentes, ou si son attention s'était laissée guider par d'autres projets ou objectifs. Elle les lui fournit, cependant, non pas en lui servant un contenu pleinement déterminé – au regard de ces modalités attentionnelles ou indépendamment d'elles –, mais plutôt en lui présentant directement les constituants réels du monde physique lui-même.

1. Voir M. Ayers, *Locke*, London, Routledge, 1993, vol. I, chap. VII.

2. L. Wittgenstein, *Philosophical Investigations*, Oxford, Blackwell, 1958, trad. fr. É. Rigal (dir.), *Recherches philosophiques*, Paris, Gallimard, 2004, § 243 *sq*.

3. Voir J. McDowell, *Mind and World*, *op. cit.*, chap. premier, trad. fr. citée, p. 35-56 ; *id.*, « Singular Thought », art. cit. et B. Brewer, *Perception and Reason*, *op. cit.*, chap. III.

Il existe évidemment bien d'autres hypothèses possibles, irréductibles aux quatre que j'ai examinées ici. Malgré tout, je pense qu'il serait parfaitement raisonnable de conclure, de cet échantillon exemplaire d'échecs, que si la théorie du contenu importe la généralité fondamentale du contenu représentationnel dans son explication de la nature de l'expérience perceptive, la tentative pour défendre cette théorie doit surmonter le très sérieux obstacle qui consiste à clarifier la notion, cruciale pour son argument, d'une variation mondaine discriminante, capable de faire passer du vrai au faux une expérience perceptive donnée.

Supposons pour finir, cependant, que nous pouvons d'une façon ou d'une autre surmonter ce second problème, qui consiste à expliquer quelles variations mondaines sont discriminantes au sens requis par notre discussion. La version de la théorie du contenu que j'ai en vue procède comme suit. L'expérience perceptive doit être définie par son contenu représentationnel. Les critères de vérité propres à l'un quelconque de ces contenus spécifiques sont obtenus par abstraction depuis un exemplaire,
179 pris dans le monde, | d'une telle vérité, régie de façon appropriée par la notion adéquate de variation mondaine discriminante : très grossièrement, admettons parmi les critères de vérité, aux côtés de l'exemplaire paradigmatique, toutes – mais elles seules – les possibilités alternatives qui ne font aucune différence discriminante en ce sens. Mais – troisième difficulté sérieuse – le résultat intuitif de cette procédure consiste dans la spécification suivante du contenu de l'expérience perceptive du sujet : les choses sont comme elles sont – nonobstant les variations ne faisant aucune différence discriminante – *quoi qu'il en soit*. En l'absence d'une présentation plus élémentaire des constituants réels du monde physique lui-même au sujet – qui est précisément ce que je recommande par opposition à la théorie du contenu – alors, bien qu'une spécification du contenu puisse permettre d'identifier certaines manières déterminées dont est représenté l'être des choses extérieures, le sujet lui-même ignore tout à fait, en un sens absolument fatal pour l'hypothèse en question, de quelle manière le monde est réellement. La perception nous met en position de distinguer intuitivement l'articulation du monde autour de nous, et ainsi d'actualiser en permanence notre vision du monde et les croyances que nous contractons en fonction de notre attention, de nos intérêts et de nos objectifs. L'idée selon laquelle elle dit simplement que les choses sont *comme elles sont*, aux variations ne faisant aucune différence discriminante près, est à l'évidence tout à fait inutile de ce point de vue.

Je conclus, par conséquent, que la quasi-canonique théorie du contenu doit être rejetée. Nous devrions, pour la remplacer, explorer la viabilité d'une explication du caractère subjectif le plus fondamental de l'expérience perceptive qui fasse fond sur la référence aux objets directs eux-mêmes, indépendants de l'esprit, qui en sont constitutifs : les éléments réels du monde physique qu'une telle expérience nous présente subjectivement. Le contenu intervient certes dans une explication complète de notre perception du monde environnant ; mais seulement comme le résultat d'une abstraction intellectuelle, ou d'une généralisation, qui opère, étant données les modalités de notre attention, depuis la nature fondamentale d'une telle expérience, jusqu'à ses objets directs constitutifs [1].

Traduit de l'anglais par Manuel LEVAL-DUCHÉ

1. Je remercie vivement Steve Butterfill, John Campbell, David Charles, Bill Child, Tim Crane, Imogen Dickie, Naomi Eilan, Anil Gupta, Christoph Hoerl, Hemdat Lerman, John McDowell, Jennifer Nagel, Johannes Roessler, Nick Shea, Paul Snowdon, Matt Soteriou, Helen Steward, Charles Travis, Ralph Wedgwood, Michael Williams et Tim Williamson pour leurs commentaires précieux sur des versions préliminaires de ce travail.

CHARLES TRAVIS

| LA VISION EST-ELLE INTENTIONNELLE ? [*] 198

PRENDRE LA VISÉE AU SÉRIEUX

L'intentionnalité, nous dit-on, est la marque du mental. C'est de peu d'utilité pour délimiter le mental tant que nous ne savons pas ce qu'est l'intentionnalité. Il est peut-être intéressant de trouver un sens d'« intentionnel » qui rende le slogan vrai. Mais peut-être aussi que ce slogan repose sur une mauvaise conception du mental. Ce texte explorera ces options.

Ce n'est pas l'intégralité du mental qui est caractérisé comme « intentionnel » au sens usuel du terme. Peut-être puis-je me placer intentionnellement de manière à voir ce qui se passe de l'autre côté de la rue. Mais quand je le fais, ce n'est pas quelque chose que je *vois intentionnellement* (ni même non intentionnellement). C'est précisément pour cette raison que la perception est traditionnellement classée comme une passion.

« Intentionnel » ne doit donc pas avoir son sens ordinaire. Lequel alors ? Plusieurs métaphores sont disponibles. L'une des principales est celle de la visée, de viser ou d'être dirigé vers un objet : en un sens, l'« objet » à l'accusatif ou l'objet en tant que le type de chose qui tombe sous des concepts mais sous lequel rien ne tombe, un porteur de propriétés (de premier ordre), ou peut-être encore ce que Frege[1] appelle « le cas particulier » – les choses (au sens catholique qui ne permet pas de demander lesquelles) telles qu'elles sont (ou une chose telle qu'elle est).

* « Is Seeing Intentional ? », chap. XII de *John L. Austin et la question du langage ordinaire*, C. Al-Saleh et S. Laugier (éd.), Hildesheim, Olms, 2011, p. 287-312, republié dans C. Travis, *Perception. Essays After Frege*, chap. VII, Oxford, Oxford University Press, 2013, p. 198-222.

1. G. Frege, « Kernsatz 4 », dans « 17 Kernsätze zur Logik » (1882), *Nachgelassene Schriften*, Hamburg, Felix Meiner, 1983.

Qu'appelle-t-on alors viser un objet ? Premièrement, y-a-t-il toujours un objet qui, *per se*, est visé ? (Il serait malhonnête de répondre : « oui mais il peut être non existant »). Si l'on considère « viser » d'un point de vue littéral, je peux viser un cerf dans le bosquet mais pas un cerf qui n'y est pas (même si je peux *penser* que je vise sans qu'il y ait de cerf à viser). Donc peut-être que « oui ». Mais il *semble* que je peux aussi vouloir rencontrer le vainqueur de la course même s'il a abandonné ou s'il a fini à égalité. Dans ce cas, répondre « oui » à la question initiale pourrait *sembler* rendre le fait de vouloir non intentionnel. Ce n'est pas ce que nous voulons. Donc, peut-être faut-il répondre « non » à la question.

Il existe un problème parallèle au sujet de la notion frégéenne de mode de présentation d'un objet (ou de porteur de propriétés). Certains soutiennent qu'une façon de présenter *A* (une contribution à l'expression d'une pensée *singulière* au sujet de *A*) requiert *A* pour qu'il y ait *cette* façon de présenter quoi que ce soit. D'autres soutiennent que, dans un monde bienveillant, on peut présenter *A* de la manière décrite (ci-dessus), mais que dans un monde plus malveillant, c'est une façon de présenter quelque chose qui ne présente rien. Il existe des raisons sérieuses (données par
199 | McDowell [1], présentes chez Russell) [2] pour invalider cette dernière hypothèse. Je ne le mentionne que pour signaler qu'interpréter la visée de la première ou de la deuxième façon et puis présupposer un grand nombre de conditions, d'épisodes ou de quelconques autres postures pour viser de cette façon, cela revient probablement à prendre position sur des questions importantes.

Il existe d'autres problèmes concernant ce que comprendre « viser » ou « diriger vers » présuppose. Viser, dans sa signification ordinaire, est intentionnel en ceci qu'une intention y est impliquée. Je peux tirer sur Bill de manière non intentionnelle en visant la pomme qui est sur sa tête, ou intentionnellement, en le visant. Si je vise, je fais au moins quelque chose intentionnellement. En interprétant « viser » de cette manière, voir ne vise rien. Voir n'est donc pas intentionnel si une visée de ce type est la marque de l'intentionnel. Mais viser, parfois, cela peut être simplement cultiver une ambition sans rien faire pour la réaliser.

1. J. McDowell, « *De Re* Senses », *Meaning, Knowledge and Reality*, Cambridge (Mass.), Harvard University Press, p. 214-227 ; *id.*, « Singular Thought and the Extent of Inner Space », *Subject, Thought, and Context*, J. McDowell et P. Pettit (eds.), Oxford, Oxford University Press, 1986 ; réédité dans *id.*, *Meaning, Knowledge and Reality*, *op. cit.*, p. 228-259 ; *id.*, « Intentionality *De Re* » (1991), *Meaning, Knowledge and Reality*, *op. cit.*, p. 260-274.

2. B. Russell, « Lecture on Logical Atomism » (1918), *Logic and Knowledge*, London, Allen and Unwin, 1988, p. 177-281.

Les postures à l'égard du monde, telles que juger (considérer que quelque chose est le cas) ou vouloir, peuvent être considérées comme le fait de cultiver des ambitions : pour juger, on ambitionne d'être dans un monde (convenablement) approprié pour cela – en conséquence, pour juger une chose telle ou telle, on ambitionne un monde d'une certaine sorte, à savoir un monde où les choses sont *ainsi* ; pour vouloir, on ambitionne que le monde devienne (ou reste) d'une certaine sorte – un monde dans lequel je veux un alambic (ou je veux toujours le mien), un monde dans lequel j'en ai un (ou j'ai celui-ci). Dans ces conditions, comprendre *intentionnel* comme ce qui vise un objet et comprendre viser comme le simple fait de cultiver des ambitions peut conduire à ranger les attitudes dans la sphère de l'intentionnalité.

Voir, cependant, reste encore en dehors de cette sphère. Au premier abord, voir ne cultive aucune ambition, n'a pas de prétention. En visant comme il le fait, un jugement requiert une condition pour sa réussite – à savoir cette condition qui est identifiée par (ou en identifiant) ce qui est jugé. Ainsi que Frege l'a noté, il est nécessaire à sa réussite qu'il y ait une série de cas dans lesquels cette condition soit satisfaite (où elle puisse être satisfaite). Si je juge qu'un *bísaro* est sous le *castanheiro* florissant, il y une multitude de façons d'avoir raison. Un autre *bísaro* peut remplacer celui qui est effectivement là, ou celui-ci peut dormir ou être réveillé, renifler des truffes ou gratter le sol ; pendant ce temps-là, Pia peut être captivée par son roman ou vernir ses ongles de pied. Juger, c'est porter le « cas particulier » sous une généralité donnée [1]. Par contraste, le fait de voir ce que je vois, c'est simplement le fait que *ce que je vois* est ce qui est devant mes yeux (et que j'y suis sensible de manière appropriée). Mon jugement qu'il y a un *bísaro* indique une série de cas dans lesquels les choses seraient comme je les ai jugées. En tant que telle, ma vision n'indique aucune série de cas dans lesquels les choses seraient ce que je vois. Si, telles qu'elles sont, les choses devant moi *étaient* telles qu'il y a un *bísaro* devant moi, alors je vois, *inter alia*, un *bísaro*. Il existe une série de cas dans lesquels on verrait un *bísaro*. Mais pour voir ce que *je vois*, vous devriez voir celui-*ci*, juste comme *il* est. Rien dans ma vision comme telle n'indique de séries de cas dans lesquels, en étant ce qu'elles sont, les choses sont le fait d'être ceci ou cela. Il n'y a pas de séries de ce type. Il n'y a, dans la vision, rien de comparable à ce que font ces ambitions qu'une attitude peut cultiver. Il n'y a donc rien, dans le voir, qui indique qu'il cultive de telles ambitions. | C'est du moins ce qu'il 200
semble à première vue.

1. G. Frege, « Kernsatz 4 », art. cit.

Juger, ainsi que Frege le suggère, c'est *intrinsèquement* prendre le risque de se tromper. De manière similaire, vouloir, c'est intrinsèquement prendre le risque d'être déçu. *Juger* ou vouloir que P, en ce qui les concerne, ne prévient pas de tels risques. Par contraste, voir le *bísaro* devant moi, ou savoir qu'il y en a un là, ne prend pas de tels risques. Il y a des risques dès lors qu'on *demande* quelque chose au monde. Mais *tous* les phénomènes mentaux ne font pas des demandes de ce type. Certains se contentent d'accepter ce qu'il a à offrir. Aussi, de telles demandes ne sont la marque ni du mental ni d'une notion d'intentionnalité qui le caractérise. À moins, peut-être, que des choses telles que voir ou savoir soient composées, d'une part, d'un élément « purement mental » qui fait certaines demandes et, d'autre part, du monde qui y répondrait. Mais ce n'est pas une hypothèse que l'on peut faire à la légère.

Aussi, il semble que le voir passe à travers les mailles du filet des métaphores de viser ou d'être dirigé vers. Supposons que, toujours attirés par ces métaphores et convaincus que voir *est* intentionnel, nous fassions l'hypothèse qu'il ne *doive* pas passer à travers. Alors nous devrions trouver quelque chose que le voir demande au monde ; et donc, en conséquence, quelque chose qu'il prétend être, ou qu'il vise à être. Naturellement, cela nous conduirait à faire entrer le voir dans le moule du jugement. En le forçant ainsi, nous soutiendrions peut-être que voir a des prétentions qui consistent premièrement à révéler comment les choses sont (visuellement, visiblement) dans la scène devant moi et à les révéler en conséquence comme étant telles ou telles (la manière dont peuvent être les scènes – visibles). Nombreux sont ceux qui ont suivi cette voie. Mais ils s'enfoncent dans les ténèbres [1]. Il vaut mieux abandonner chacune de ces métaphores qui sont utilisées comme des moyens de saisir ce qu'il conviendrait d'appeler « intentionnel » ou abandonner l'idée que voir *est* intentionnel.

Une notion linguistique semble offrir une nouvelle conception de l'intentionnalité. C'est la notion de *contexte* (ou *phrase ouverte*) *intensionnel* (ou *opaque*). Commençons avec une phrase d'un langage quelconque : « Sid a mangé toute la pizza de Pia », par exemple. Cherchons en elle des termes dont la fonction, pour un usage donné, est d'identifier un objet (ce qui tombe sous des concepts) dont la phrase, ainsi utilisée, pourrait ensuite dire qu'ils sont d'une manière donnée. Supprimons le terme en laissant un espace vide à remplir ultérieurement. Il en résulte un *contexte* (ou *phrase ouverte*). Par exemple : « Sid a mangé toute la pizza de ___ ». Procédez ainsi de manière répétée si vous le pouvez et, si cela

1. C. Travis, « The Silence of the Senses » (2004), *Mind*, 113, p. 54-94 ; réédité dans *id.*, *Perception. Essays After Frege*, *op. cit.*, p. 23-58, trad. fr. B. Ambroise, V. Aucouturier et L. Raïd, « Le silence des sens » dans *id.*, *Le Silence des sens*, Paris, Cerf, 2014, p. 101-152.

vous fait plaisir, en laissant de nombreux espaces (une phrase plusieurs fois ouverte). Pour qu'un contexte soit intensionnel (en regard d'un espace vide donné), il faut qu'il ait deux caractéristiques. Premièrement, il faut qu'on ait rempli chaque espace vide de telle sorte que si on le remplit avec deux moyens différents de référer à la même chose alors il est possible qu'on obtienne deux valeurs de vérité différentes. Appelons cela l'échec de substitution. Deuxièmement, alors que l'on obtient une vérité en remplissant un espace vide avec le nom d'un objet, ce n'est pas nécessairement le cas lorsqu'on le remplit avec une quantification existentielle. Donc, si « ___ grogne » a cette caractéristique, alors « Sid grogne » pourrait être vrai là où « il y a quelqu'un qui grogne » ne le serait pas. Appelons cela l'échec de la généralisation existentielle.

| Quand une phrase ouverte est intensionnelle, ce qui la remplit de telle 201
sorte qu'elle exprime une pensée détermine plus de choses quant à cette pensée que le simple objet (ou individu) dont elle est la pensée. La notion d'intensionnalité ne dit rien quant à la nature de ce surplus. Cette nature peut désigner des choses assez différentes selon les cas. S'il en est ainsi, la notion d'intensionnalité ne nous offre en tant que telle aucune taxinomie.

L'intensionnalité est une notion linguistique, l'*intentionnalité* non. Quel lien pourrait-on faire entre ces deux notions ? Voici une simple suggestion. On *pourrait* appeler intentionnel(le) une (sorte de) condition, ou un épisode, ou un quelconque autre processus intentionnel seulement si, premièrement, il existait un contexte qui parle de quelqu'un (tel et tel) comme étant dans (l'une ou l'autre version de) cette condition, ou engagé dans (l'une ou l'autre version de) cet épisode, etc., qui est intensionnel eu égard à un espace ; et deuxièmement, si ce contexte ne contenait pas lui-même de contexte approprié qui soit aussi intensionnel eu égard à ce même espace. (Cela nécessiterait un développement plus fin, mais cela fera l'affaire en guise d'approximation). Dès lors, penser quelque chose ainsi serait intentionnel, selon cette notion, si « Sid pense que ___ a mangé la dernière part » est intensionnel. (« ___ a mangé la dernière part » est une partie appropriée du tout, mais n'est vraisemblablement pas intensionnelle.)

Ce n'est pas la solution que je propose. C'est juste une tentative pour tisser un lien. En fait, formuler des questions au sujet de l'intentionnalité en des termes linguistiques peut facilement créer des illusions. Je les mentionnerai prochainement en discutant une hypothèse précise. Pour l'instant, j'ai fait comme si le fait de voir un *bísaro* requerrait, au moins, un *bísaro*. Selon certains, c'est le cas d'une notion de voir mais pas de toutes. Je vais soutenir qu'il n'y en a qu'une. Même s'il y en avait d'autres, cela rendrait intentionnelle, non pas la vision, mais au mieux une certaine idée qu'on peut s'en faire. Mais il n'y en a pas d'autres.

AYER ET ANSCOMBE

A. J. Ayer et G. E. M. Anscombe sont parmi ceux qui ont cru pouvoir distinguer deux notions de voir, dont l'une est intentionnelle. Ayer le formule franchement en terme de deux *sens* de « voir ». Selon le premier sens, nous dit-il, « il est nécessaire que ce que l'on voit doive réellement exister mais pas nécessaire qu'il doive avoir les qualités qu'il semble avoir » [1]. Selon le deuxième sens : « Il n'est pas possible que quoi que ce soit [de vu] doive sembler avoir les qualités qu'il n'a pas réellement, mais il n'est pas non plus nécessaire que ce qui est vu doive nécessairement exister » [2].

202 | Selon le second sens d'Ayer, on peut voir ce qui n'est pas là. La vision, ainsi comprise, pourrait être considérée comme visant ce qu'elle *manque* – ce qui nourrit l'espoir d'attraper cette notion dans le filet de l'intentionnalité. Qui plus est, ce que l'on voit, en ce sens, ne peut pas être différent, et peut-être pas outrepasser, ce qu'il semble être. Un usage de « sembler » est lié aux attitudes : « Il semble que je ne l'attraperai jamais ». C'est ce que les faits (me) suggèrent. Un autre usage est perceptif : il semble que ce *bísaro* sous le *castanheiro* soit tacheté (sous la lumière tamisée par les feuilles). On ajouterait quelque chose en disant « et le *bísaro* semble en fait *être* tacheté (reprenant ainsi le premier usage de « sembler »). Ayer n'est pas clair sur le sens de « sembler » qu'il utilise. S'il s'agit du « sembler » perceptif, alors la réserve qu'il exprime dans la citation crée une notion dont on peut douter de la cohérence. S'il s'agit du premier usage, la cohérence dépend de la question de savoir s'il est nécessaire qu'un sujet n'ait seulement que des attitudes cohérentes ou si ce sont les seules que l'on puisse lui attribuer. En tout cas, le second sens de « voir » d'Ayer est, *si* ce n'est cohérent, un candidat mûr pour le voir intentionnel, alors que ce n'est pas le cas du premier.

Anscombe identifie quant à elle deux notions qu'elle formule en termes de deux « usages » différents de « voir » : différentes manières de l'employer. Premièrement, il y a

> ce que j'appellerai l'usage matériel des verbes de sensation. [...] L'usage matériel de « voir » est un usage qui requiert que l'objet du verbe soit un objet matériel. « Vous ne pouvez pas avoir vu de licorne si les licornes

1. A. J. Ayer, *The Foundations of Empirical Knowledge*, London, Macmillan, 1940, p. 23.

2. *Ibid.*

> n'existent pas ». « Vous ne pouvez pas avoir vu de lion s'il n'y avait pas de lion à voir »[1].

Car, ces « verbes de perception sensible [...] sont intentionnels ou ont essentiellement un aspect intentionnel »[2]. Selon l'usage intentionnel,

> les compléments d'objet servent à donner des objets qui sont, en totalité ou en partie, simplement intentionnels. Ceci se manifeste à travers deux caractéristiques : ni la possible non-existence (dans une situation), ni l'indétermination de l'objet ne contrevient à la vérité de ce qui est dit[3].

> Les « philosophies du langage ordinaire » ou les théories des « sense-data » commettent la même erreur, celle de ne pas parvenir à reconnaître l'intentionnalité de la sensation. [...] Cet échec se manifeste clairement de la part du philosophe du langage ordinaire lorsqu'il soutient que ce que je dis que je vois doit réellement être là si je ne suis pas en train de mentir, de me tromper ou d'user du langage d'une manière « étrange », élargie (et par conséquent négligeable)[4].

Le second sens de « voir » d'Ayer et l'usage intentionnel de « voir » d'Anscombe sont donc très semblables. Tous deux admettent la non-existence de ce qui est vu ; ce qui leur permet d'introduire ce qui est, comme nous l'avons vu, une marque de l'intentionnalité selon quelques, mais peut-être pas toutes les conceptions de celle-ci. L' « indétermination » de l'objet selon l'usage intentionnel d'Anscombe correspond, chez Ayer, à l'impossibilité que l'objet diffère de ce qu'il semble être (ou, selon | Anscombe, qu'il l'outrepasse). C'est une indétermination qui est 203
semblable à celle de la fiction. Peut-être que Maigret était de taille moyenne. Mais, à moins que Simenon ne l'ait dit tel ou n'ait dit quoi que ce soit qui l'implique, il n'est pas le cas que Maigret faisait 1,80 mètre, ni 1,78 mètre, ni 1,77 mètre, et ainsi de suite. Si on ne l'admet pas, Simenon (s'il était encore vivant) serait encore en train de travailler son premier roman. De manière similaire, selon le second usage d'Anscombe, je peux avoir vu un rouge-gorge (non existant) sans qu'il soit nécessaire que j'en aie vu un à la gorge rouge, ou à la gorge orange (à supposer qu'il y en ait deux types), à moins que les choses ne m'aient donné cette impression. Car selon cet usage, je ne vois que ce à quoi je suis réceptif. De la même manière, à moins d'avoir perdu complètement le fil, ou de sombrer dans l'incohérence, il ne peut tout simplement pas *sembler* à Simenon que

1. G. E. M. Anscombe, « The Intentionality of Sensation : A Grammatical Feature » (1965), *The Collected Papers of G. E. M. Anscombe*, vol. 2 : *Metaphysics and the Philosophy of Mind*, Oxford, Blackwell, 1981, p. 2-20.

2. *Ibid.*, p. 11.

3. *Ibid.*, p. 13.

4. *Ibid.*

Maigret était de taille moyenne. Exactement de la même manière, à l'exception des cas de précipitation, ou de quelque chose de la sorte, on ne peut tout simplement pas *sembler* voir (selon le second usage d'Anscombe) un oiseau dans le nid (alors qu'il était en fait perché sur une branche).

Entre le moment où Ayer exprime sa théorie des deux sens et celui où Anscombe avance celle des deux usages, J. L. Austin exprime une conception opposée :

> Le fait qu'une situation exceptionnelle puisse m'induire de la sorte à employer des mots qui sont originairement adaptés à une situation différente et normale ne suffit absolument pas à établir qu'il y a, d'une manière générale, deux *sens* différents et normaux (« corrects et familiers ») des mots ou d'un seul d'entre les mots que j'utilise. [...] Ce n'est pas qu'il « n'y ait pas de problème aussi longtemps que l'on garde les deux usages distincts », comme Ayer le prétend. Il n'y a aucune raison de dire qu'*il y a* deux usages ; il n'y a « aucun problème » aussi longtemps que l'on est conscient des *circonstances spéciales*.
> Visitant le zoo, je pourrais dire « voilà un lion » en désignant du doigt un de ces animaux. Je pourrais dire aussi « voilà un lion », en montrant une photographie dans un album. Ceci prouve-t-il que le mot « lion » a *deux sens* et qu'il signifie dans le premier cas un animal et dans l'autre une image de l'animal ? Manifestement non [1].

Austin formule sa position en termes de sens, puisqu'elle vise directement Ayer. Mais l'essentiel de ce qu'il dit est qu'il n'y a aucune notion de *voir* qui soit intentionnelle au sens d'Anscombe ou d'après laquelle le second usage d'Anscombe ou le second sens d'Ayer sont des manières de dire de quelqu'un qu'il *voit* des choses. Ici, les différents usages de « voir » sont différents usages de *certains* mots ; des usages qui servent à décrire autre chose que ce que font normalement ces mots. La tentation de penser différemment tient à un malentendu sur l'intensionalité, et en conséquence sur l'intentionnalité. Je vais revenir sur ce malentendu.

LE NON-EXISTANT

L'intensionnalité est un phénomène *linguistique*. L'intentionnalité est une propriété d'états, d'épisodes, etc. Tenter de la saisir de manière
204 linguistique prête à confusions. | Nous venons d'en voir un exemple. Supposons que « voir » ait certaines propriétés linguistiques, disons qu'il

1. J. L. Austin, *Sense and Sensibilia*, Oxford, Oxford University Press, 1962, p. 91, trad. fr. P. Gochet, revue par B. Ambroise, *Le Langage de la perception*, Paris, Vrin, 2007, p. 180-181.

ait un second sens. Avant de montrer qu'un certain phénomène perceptif, voir, a parfois des propriétés correspondantes, il serait nécessaire de montrer que, selon ce second sens, « voir » parle encore de ce phénomène.

On dit parfois qu'une marque de l'intentionnalité est ce que l'on appelle l' « in-existence intentionnelle ». On l'interprète parfois ainsi : ce à quoi un phénomène intentionnel renvoie est là de toute façon dans la pensée (ou dans le phénomène) et n'a pas besoin d'être présent de surcroît. Donc un phénomène intentionnel qui renvoie à un objet (ce qui tombe sous des concepts) a, d'une manière ou d'une autre, le pouvoir de renvoyer à un objet non existant. Cela *peut* aussi être interprété de la manière suivante : ce à quoi un phénomène intentionnel renvoie, quoi que ce soit, est là (existe), point final. Il ne peut plus être question de son échec « à être réellement là » en quelque sens que ce soit. Mais le premier type d'interprétation – instanciée par l'idée que l'on peut voir ce qui n'est pas là – est alimentée par un malendu au sujet de l'*intensionnalité-avec-s*, ainsi que par une certaine idée de sa relation à l'intentionnalité-avec-t. Tentons donc de nous débarrasser de ce malentendu.

L'intensionnalité d'un contexte (pour un espace vide donné) consiste en deux caractéristiques : l'échec de substitution, l'échec de généralisation existentielle. Quine a correctement démontré que le premier implique le second. Le second échec se formule de la façon suivante : si « ___ *F* » est intensionnel, alors « *a F* » peut exprimer une vérité alors que ce n'est pas le cas de « il y a quelque chose qui est *F* ». C'est parfois compris ainsi : « *a F* » peut exprimer une vérité alors que « *a* », dans cette formule, ne réfère à rien. Mais cette lecture est fausse.

On peut *peut-être* voir *que* la vache contemple Hesperus sans voir *qu'*elle contemple Phosphorus, ou que Pia est avec Nick sans voir qu'elle est avec « L'introuvable » [1]. Nul n'en déduirait que l'on puisse voir que « le frère de Pia, Sol, était avec Nick » si Pia n'a pas de frère. On peut voir que Pia est avec Nick en la voyant avec Nick. On ne peut pas voir « Sol » avec Nick s'il n'y a pas de « Sol ». Dans *tous* ces cas de voir que, vous ne pouvez pas voir ce qui n'est pas le cas. Ce n'est pas le cas que le frère de Pia est avec Nick si elle n'a pas de frère.

Qu'a donc prouvé Quine en montrant que l'échec de substitution implique un échec de généralisation existentielle ? On peut s'en rendre compte si l'on se demande pourquoi l'intensionnalité est essentiellement linguistique. Essayons de le définir dans le cas d'un concept – disons celui d'être gras. Commençons avec la substitution : si ce *concept* est intensionnel, alors *a* pourrait le satisfaire sans que *b* ne le fasse, même si *a* est *b* ;

1. L'auteur fait référence à un film américain de 1934 dirigé par W. S. Van Dyke, *The Thin Man* [*L'homme introuvable*], dont le héros s'appelle Nick Charles (NDT).

ce qui violerait la loi de Leibniz. C'est donc impossible. Examinons maintenant le cas de la généralisation existentielle. Supposons que *a* satisfasse *gras*( ). La généralisation existentielle échouerait ici, si rien ne satisfaisait ce concept. Mais nous venons de supposer que quelque chose le satisfaisait, à savoir *a*. Ce qui implique que la généralisation existentielle n'échoue pas. Ainsi que Frege l'a montré, le quantificateur existentiel est un concept de second ordre qui prédique la satisfaction d'un concept de premier ordre. Nous avons supposé que *gras* était satisfait en supposant que *a* le satisfaisait. *Fertig*. (Un concept, Frege nous l'a aussi dit, est une
205 *fonction* | qui distribue des valeurs de vérité à des objets. Ce qui revient à dire qu'il ne peut pas distribuer deux valeurs différentes à un même objet (*a* alias *b*), ni aucune valeur à rien).

Une pensée est le contenu d'un jugement. Sa tâche est de fixer quand ce jugement est correct (vrai). On peut diviser cette tâche en plusieurs sous-tâches. Un concept correspond à (ou est identifiable par) ce qui accomplirait certains types de sous-tâches. Mais cette tâche ne peut être accomplie que dans le cadre de l'accomplissement des autres sous-tâches définies. Si l'on choisit un objet, alors c'est d'un concept que dépend le fait que la vérité résulte de ce que *cet* objet le satisfait ou pas. Si l'on ne choisit pas d'objet, il n'y a plus (si l'on met entre parenthèses la quantification) de travail qu'un concept puisse faire : aucune sous-tâche dans une pensée qui puisse être accomplie.

Un concept de premier-ordre à une seule place désigne juste un état possible d'un objet. Ce que nous venons juste de voir, c'est qu'un contexte intensionnel n'exprime pas (en tant que tel) un concept ; il ne parle, de lui-même, d'*aucun* état possible d'un objet. Nous pouvons maintenant nous souvenir que ce sont précisément les façons d'être d'un sujet que le filet de l'intentionnalité attrapait. Un contexte intensionnel ne parle d'aucun candidat de ce type. Considérons, par exemple, « ___ est appelé ainsi à cause de ses habitudes de consommation ». « John est appelé ainsi à cause de ses habitudes de consommation » [1] peut exprimer une vérité alors que « *Le gros* est appelé ainsi à cause de ses habitudes de consommation » n'en exprime pas, même si on appelle aussi John *le gros*. Mais cela reflète simplement le fait qu'il n'y a rien de tel que « s'appeler comme on s'appelle à cause de ses habitudes de consommation ». Donc « quelqu'un est appelé ainsi à cause de ses habitudes de consommation » (où « quelqu'un » est un quantificateur) ne dit rien. Ce n'est pas faux. Ce n'est pas même bien formé. C'est juste un non-sens.

1. L'auteur use ici d'un jeu de mots difficilement traduisible. En anglais, *a john* signifie en argot un « client de prostituées », littéralement un « consommateur de prostituées » (*customer of a prostitute*) (NDT).

Et c'est ce que Quine a prouvé. Là où la substitution échoue, vous ne pouvez tout simplement pas généraliser. Vous n'êtes plus en train de parler d'un quelconque état possible d'une chose ou des choses ; donc la généralisation ne peut produire que du non-sens (*non pas quelque chose de faux*). Un contexte intensionnel *n'*est *pas* la source de vérités au sujet de ce qui n'existe pas – une idée bizarre de toute façon quand on y pense. Un *contexte*, comme un contexte intensionnel, a, par définition, des espaces vides qui doivent être remplis en faisant référence à des *objets* (qui portent des propriétés). Sinon, parler d'erreur de substitution, etc., n'aurait aucun sens. Remplissez un espace avec ce qui *ne* fait *pas* réfèrence à un objet (un objet qui *est*, pour user d'un pléonasme) et vous échouez à dire de *quoi que soit* que c'est le cas, que ce soit de manière vraie ou fausse. *Le gros* est peut-être appelé John à cause de ses habitudes de consommation. Il ne peut pas en être de même du « frère de Pia » si elle n'en a pas.

« On appelle John ainsi à cause de ses habitudes de consommation » est vrai parce qu'on l'appelle *John* à cause de ses habitudes de consommation ; « On appelle *le gros* ainsi… » est faux parce qu'on ne l'appelle pas *le gros* à cause de ses habitudes de consommation. Cela indique un problème linguistique. Ce n'est que quand les espaces vides d'un contexte intensionnel sont remplis qu'il parle d'un état possible d'une chose dont on peut ensuite dire, de manière vraie ou fausse, que quelqu'un s'y trouve. Le problème est de déterminer comment ce qui remplit les espaces – ce dont normalement la seule contribution est d'identifier un objet – contribue à déterminer *quel* est l'état possible d'une chose dont on parle.

| Mais ce sont les états possibles des choses qui sont censés être *intentionnels* ou pas. Un contexte *intensionnel* ne parle d'aucun de ces états. Il faut qu'un *tel* contexte soit rempli avant que l'on puisse même détecter, dans ce qui en résulte, un quelconque état possible d'une chose, et donc quelque chose qui pourrait être intentionnel ou pas. Être appelé « John » à cause de ses habitudes de consommation est, peut-être, un état intentionnel (bien que probablement pas). « Être appelé ainsi à cause de ses habitudes de consommation » (sans référence anaphorique à ce que ce « appeler ainsi » épingle) est simplement un énoncé mal formé, ce n'est pas un état (ni une référence à un état) dans lequel quelqu'un peut être. 206

Bien que Nick Charles soit un personnage de fiction, l'affirmation qu'il fumait des Melachrino et pas des Murad ne peut-elle pas être vraie ? Il semble que si. Les questions suivantes se posent : de quel type d'affirmations s'agit-il ? De quel type de vérités ? Nick Charles ne prouve-t-il pas que fumer est quelque chose que l'on peut faire sans exister ? Jusqu'ici l'argument est : quoi qu'on réponde pour le cas de fumer, il n'y a pour l'instant pas de raison de dire quoi que ce soit de différent pour les phénomènes intentionnels, quoi qu'ils puissent être, certainement pas pour *voir*.

VOIR DES CHOSES

« Voir que » semble autant intensionnel que « penser que », aussi intensionnels soient-ils. Qu'en est-il de « voir une phrase nominale » pour des phrases nominales telles que « Sid », « le coucher du soleil », « l'état carbonisé du toast » ? Pour commencer, ce que vous voyez (à moins que vous ne le manquiez), c'est ce qui est là. Si je vois Sid tituber et que Sid est le représentant régional de Duvel, alors je vois le représentant régional de Duvel tituber, que je le sache ou pas ou même que je puisse y penser ou pas. Dès lors il semble qu'il n'y ait pas de problème de substituabilité *salva veritate* pour « voir une phrase nominale ». Ce qui signifie que cela ne forme pas de contextes intensionnels. Il n'y a jusqu'ici aucune raison de penser que vous pouvez voir ce qui n'est pas là.

Le second sens d'Ayer pour « voir » ou l'« usage matériel » d'Anscombe ne sont pas, à première vue, des usages pour lesquels la substituabilité échoue – bien qu'il y ait peut-être très peu de choses à substituer. Si, selon ces usages, je vois un oiseau dans un nid ou un oiseau avec une tête rouge, et *si* l'oiseau est une grouse ou si rouge est la couleur favorite d'Almodóvar, alors je vois une grouse dans le nid et un oiseau dont la tête est de la couleur favorite d'Almodóvar. Si cependant Ayer et Anscombe ont raison, alors, selon leurs usages, je peux voir ce qui n'est pas là. Il n'y a aucune raison que cette condition implique un échec de substituabilité et pas plus de raison que l'échec de substituabilité ne l'implique.

On pense couramment qu'il peut être vrai que Pia pense que Nick Charles fume des Melachrino ; que Nick Charles n'existe pas ne contrevient pas à la vérité de cette proposition (bien que cela *pourrait* avoir une importance si ce n'était même pas un personnage de fiction). Cela en a encouragé certains à considérer qu'il est possible de *penser* que quelque
207 chose | est le cas en pensant de *personne* qu'*il* fume des Melachrino. Nous avons vu qu'il n'en découlait aucune conséquence de ce type (je peux vous dire quel est le carré d'un nombre entier mais pas quel est le carré de rien). En procédant autrement, peut-être pouvons-nous voir pourquoi il ne faut pas les encourager ainsi. Il y a, à coup sûr, des occasions à propos desquelles on dirait vrai – d'une manière ou d'une autre – en disant « Pia pense que Nick Charles fume des Melachrino ». Mais ce sont très vraisemblablement des occasions dans lesquelles on pourrait continuer le monologue de manière véridique avec des phrases comme celles-ci : « Mais il n'en

fume pas, il fume des Murad », où « il fume des Murad » pourrait dire vrai en ne parlant de personne, comme le pourrait donc n'importe quoi d'autre. Cela signale quelque chose : dans ces occasions dans lesquelles on dirait ainsi vrai, un discours d'un type spécial est à l'œuvre (les occasions dans lesquelles on ne pourrait pas dire vrai signalent aussi quelque chose. La question est de savoir si, comme on le suppose couramment, seuls les anabaptistes fument des Melachrino. « Nick Charles fume des Melachrino et il n'est pas anabaptiste », suggère Zoë utilement. « Ce type de personne n'existe pas » est la réponse adéquate).

Si je vous dis comment se passent les histoires de *L'homme introuvable*, je suis libre de relater toute chose qui s'y trouve sous une forme strictement assertive – « Le maire a ouvert une huitre à minuit avec un couteau à cran d'arrêt » – si l'histoire se passe ainsi. Ce qui est requis pour la vérité, ce n'est pas que le maire ait ouvert, etc., mais que l'histoire (de *L'homme introuvable*) se passe ainsi. L'énonciation d'une phrase comme « Le maire a ouvert… » *peut* être une assertion à propos de la manière dont sont les choses autour de nous. Mais cela peut aussi être autre chose : en l'occurrence, un engagement à l'égard du déroulement de l'histoire et donc de la manière dont les choses s'*y* passent. « La maire a ouvert… » procure une description de l'état des choses. Mais cette phrase n'est pas nécessairement *utilisée* pour décrire comment sont les choses. Si elle a cet usage, elle en a inévitablement d'autres. Décrire comment les choses seraient si elles étaient conformes à l'histoire, ou juste comment elles sont dans l'histoire, en est un.

Ce n'est pas ainsi que l'on pense les choses si l'on ne pense de personne qu'il est tel ou tel. Ce n'est pas ce que l'on fait en pensant des choses d'un personnage d'une histoire. On mentionne simplement des manières pour les choses, ou pour quelque chose, d'être en tant que moyen de raconter l'histoire – de dire comment les choses *y* sont. Il y a quelque chose que l'on peut penser en pensant que l'histoire est celle dans laquelle un certain personnage, Nick Charles, a fumé des Melachrino. On peut parfois *dire* de quelqu'un qu'il pense ceci en ces termes : « Il pense que Nick Charles a fumé des Melachrino ». On ne pourrait rien penser en pensant que quelqu'un qui n'existe pas a fumé des Melachrino. Il n'y *a* pas de personnes qui n'existent pas. Il n'est pas possible qu'une personne qui n'existe pas puisse être dans un état dans lequel quelqu'un peut être : il n'y a pas de tel état pour une personne qui n'existe pas. On ne peut pas penser les choses de cette manière. Nommez quelqu'un, dites qu'il a fumé des Melachrino, et vous aurez décrit un état possible des choses. Vous pouvez *utiliser* une description de ce type pour dire comment sont les choses : en tant que décrites ainsi. Vous pouvez aussi l'utiliser pour d'innombrables

autres buts, par exemple pour dire comment se passe une histoire. Ces
208 autres usages ne suggèrent pas la thèse absurde que la description | « fumait des Melachrino » peut être vraie de quelqu'un qui n'est pas. Ce qui vaut ici pour fumer des Melachrino vaut aussi pour penser que quelqu'un l'a fait. Donc, cela vaut aussi pour voir une Murad dans le cendrier quand il n'y a aucune Murad à voir (même si, en un certain sens, il y en a une pour quelqu'un).

Jusqu'ici, donc (sans surprise), nous n'avons trouvé aucune raison de penser qu'un contexte avec un espace vacant pour une référence à *quelque chose* puisse être rendu vrai, ou même susceptible d'être vrai ou faux, en le remplissant par quelque chose qui ne réfère à rien ; ou, pour le dire en des termes non linguistiques, qu'il pourrait y avoir une pensée qui serait, *inter alia*, à propos d'un état possible d'un objet sans être à propos d'un objet ni d'aucune série d'objets qui *serait* dans cet état. Cela violerait ce que Frege a appelé le principe de contexte : les constituants d'une pensée (que l'on décompose) ne sont tels que pris comme un tout. Frege n'a cependant rien à redouter.

Mais on peut faire un autre usage des descriptions relatives aux états des choses. Pia est dans sa chaise longue et rêvasse qu'elle fait du tourisme en Espagne. « Que fais-tu maintenant ? » lui demande Sid. « Je cours avec les taureaux », répond-elle. Dans une chaise longue ? Mais non. Pia ne ment pas effrontément. Elle raconte simplement ce dont elle rêve, ce qu'elle imagine. Elle a raison si c'est *ce* qu'elle s'imagine quand Sid lui pose la question. Courir avec les taureaux, c'est ce qui se passe dans ses rêveries. Il n'est du reste pas nécessaire qu'il y ait de course à Pampelune.

Le vocabulaire utilisé *pour* décrire ce qui se passe à Pampelune est utilisé ici dans un autre but : pour décrire ce que Pia imagine se passer – comment les choses *seraient* si elles étaient comme elle les imagine. Ce type de discours a deux caractéristiques. Premièrement, Pia a une sorte d'autorité sur ce qui se passe dans ses rêveries qui ressemble à l'autorité que nous avons normalement au sujet de ce que nous signifions par nos mots. Si je pense que « ténu » signifie *tenable*, il se peut que je ne sache pas vraiment ce que je *signifie* quand j'appelle une position « ténue » ni même comment j'utilise mes mots. Ce type de confusions mis à part, il me revient, dans une large mesure, de dire ce que je signifie en les utilisant. Il faut qu'il y ait des circonstances spéciales pour que je me trompe quant à savoir si je signifiais par « lit » le fond de la rivière. De manière similaire, si Pia dit que, dans sa rêverie, elle court à Pampelune, et qu'ensuite la description de l'environnement (qu'elle imagine) correspond à une description parfaite de Burgos, alors elle rêve *peut-être* de Burgos. Cependant, de manière générale, quand quelqu'un qui décrit ses rêves dit qu'il court le long d'une plage, il est difficile de donner un sens à une réplique du type « non, ce n'est pas ce que tu fais, tu es en train de ta balancer dans un hamac ». Deuxièmement, comme Anscombe l'affirme au sujet de son « usage intentionnel » de « voir », la rêverie est aussi lacunaire que la fiction. Quand Pia passe devant la cathédrale (dans son rêve), il n'est pas nécessaire qu'on puisse répondre aux questions de savoir où portait son ombre, de quelle couleur était la pierre ou même si la cloche sonnait.

Tournons-nous maintenant vers « voir une phrase nominale ». Voici le type de cas qui a inspiré l'usage intentionnel de « voir » d'Anscombe : si je regarde la feuille de papier, fatigué et affecté, je vois deux feuilles [1]. Je sens quelque chose dans ma jambe (alors que j'ai été amputé). Je vois des rails
qui se rejoignent au loin. Le psychologue | fait opérer sa magie avec des 209
successions de lumière et je vois, tantôt dans le sens des aiguilles d'une montre, tantôt dans le sens inverse, du mouvement là où il n'y en a pas. En jouant avec la carte de l'oiseau et la carte du nid dans la machine de l'ophtalmologiste, je m'arrange pour voir l'oiseau dans le nid (c'est l'exemple d'Anscombe ; elle est impressionnée par le fait qu'il n'est pas nécessaire que l'ophtalmologiste m'apprenne d'abord un sens alternatif de « voir » et ne me pose qu'ensuite la question) [2].

Supposons que « *N* voit *O* » soit une forme de description de la relation d'un sujet à un objet (qui se passe, etc.) dans un environnement – selon le sens d'Anscombe d'« usage matériel » de « voir » qui est censé se distinguer de l'usage intentionnel. La description « *N* voit *O* » aurait-elle, *ipso facto*, ou du moins raisonnablement, acquis des sens additionnels sur le modèle de l'exemple de « Pia court avec les taureaux » utilisé, disons, pour décrire comment sont les choses dont on rêve, comment elles sont imaginées, etc. ? Pourrait-elle être utilisée pour décrire comment les choses apparaissent à *N*, comme si elles étaient telles ou telles ? Vraisemblablement oui. Si j'essaie de décrire mon état fatigué et affecté (ou encore hypoglycémique), il se pourrait qu'en regardant la feuille de papier je dise « je vois deux feuilles », utilisant cette description d'une relation à un *environnement* pour décrire comment les choses *m'*apparaissent. Si vous voulez savoir comment les choses m'apparaissent, elles m'apparaissent comme s'il y avait deux feuilles de papier. Il en est de même pour les rails qui se rejoignent ou pour les autres cas précédents. Il ne faut pas s'étonner qu'il ne soit pas nécessaire d'apprendre un sens alternatif de « voir » pour comprendre la question de l'ophtalmologiste. Je comprends, sans effort, qu'une description *d'*une sorte de chose peut être utilisée pour décrire une autre sorte de choses en raison du lien que l'on vient d'établir.

1. Voir aussi « combien vois-tu de doigts ? ».
2. Voir G. E. M. Anscombe, « The Intentionality of Sensation », art. cit., p. 12-13.

Dire « Je traverse Pampelune en courant », c'est parler de faire quelque chose avec ses jambes dans une ville espagnole donnée, quelque chose qui *ne* pourrait être fait nulle part ailleurs, quelque chose que l'on ne pourrait pas faire étendu sur une chaise longue. Mais si vous savez en quoi cela consiste, vous pouvez aussi savoir ce que serait rêver de le faire. Vous le sauriez en sachant ce qu'il adviendrait (dans des circonstances appropriées) si les choses étaient comme dans le rêve. De manière similaire, dire « Je vois deux feuilles de papier », c'est parler de la manière dont je me tiens devant *deux* feuilles de papier. Mais si vous comprenez ce que serait pour moi de le faire, vous pourriez aussi savoir comment les choses m'apparaissent ou sont pour moi visuellement, maintenant, sous le coup de mon hypoglycémie. Si vous avez déjà ressenti quelque chose dans la jambe, vous pouvez savoir ce que je ressens maintenant que je suis littéralement sans jambe, si vous comprenez que je ressens la même chose que lorsque je sens quelque chose dans la jambe. Vous pouvez savoir, comme vous le ressentiriez vous-même, *ce que* l'on sent.

Anscombe ne fait appel qu'à un *usage* intentionnel de « voir ». N'en a-t-on pas fourni un à l'instant ? N'est-il pas vrai que, quand « voir » fonctionne comme décrit précédemment, on peut voir deux feuilles de papier là où il n'y en a qu'une ? Notons, pour commencer, que si c'*est* là un usage intentionnel, alors il y a également un usage intentionnel de « courir avec les taureaux » selon lequel on peut le faire sans qu'il y ait de taureaux ni sans
210 qu'il y ait besoin de courir. | C'est également le cas de « est assis sur une chaise longue » ou potentiellement de tout autre contexte (ou phrase ouverte) que vous choisissez. Mais personne n'a jamais pensé que courir avec les taureaux ou s'asseoir sur une chaise longue est intentionnel. Et si cela l'est, la distinction disparaît.

Par ailleurs, cela souligne les dangers qu'il y a à passer subrepticement d'un phénomène linguistique à un phénomène que le langage peut décrire. « Sid voit deux feuilles » peut exprimer une vérité sans qu'il y ait deux feuilles. Puisqu'ici, « deux feuilles » n'est pas une expression référentielle, nous ne pouvons pas directement passer à un contexte *intensionnel* en l'effaçant. Pourtant, il *y* a bien un contexte, « Sid voit ___ », où l'espace vide doit être rempli par une référence à quelque chose – c'est-à-dire par ce qui fonctionne comme un nom. Je doute qu'il puisse être rempli par un (soi-disant) nom qui ne parviendrait pas à référer à quoi que ce soit, de telle sorte qu'il pourrait exprimer une vérité même dans l'usage spécial mentionné ci-dessus. Encore une fois, la fiction n'a rien à voir avec cela.

Mais la question n'est pas vraiment celle de savoir quelles sont les formes linguistiques qui peuvent ou non exprimer la vérité à propos de la situation de Sid. La question était de savoir s'il y a une notion de *voir* selon laquelle voir est intentionnel. Est-ce que *voir*, selon l'une des compréhensions que l'on peut en avoir, est quelque chose que l'on peut faire à propos de ce qui n'existe pas ou de ce qui n'est pas visible ? Lorsque l'on utilise « Pia court avec les taureaux » pour exprimer une vérité tandis que Pia est allongée dans sa chaise longue, loin de tout taureau, cet énoncé *n'*est précisément *pas* utilisé pour décrire ce que Pia est en train de faire, ou en tout cas pas pour la décrire comme courant avec des taureaux. Il est utilisé pour décrire ce qu'elle *s'imagine* faire. De telle sorte qu'il ne s'ensuit pas de la vérité de cet énoncé, ainsi utilisé, qu'on puisse courir avec des taureaux tout en restant allongé dans une chaise longue, sans taureau aux alentours. De manière similaire, quand, suivant l'exemple précédent, « Sid voit deux feuilles de papier » exprime une vérité alors qu'il n'y a pas deux feuilles de papier, l'énoncé n'est pas utilisé pour décrire ce que Sid fait, ou du moins pas comme voyant deux feuilles de papier. On l'utilise pour décrire ce que, selon Sid, il serait en train de faire. Par conséquent, du fait que la description ainsi utilisée est vraie, il ne s'ensuit nullement que voir une feuille de papier soit une chose que l'on puisse faire sans qu'il y ait du papier.

On ne peut pas expliquer de cette manière tous les usages de « voir » qui peuvent avoir l'apparence de l'intentionnalité au sens d'Anscombe. Austin indique des exemples de ce type : « Je vois un point argenté à l'horizon », alors qu'à l'horizon se trouve seulement le vol quotidien pour Rio. Il s'agit d'un Boeing 747, un très gros avion, qu'on peut difficilement confondre avec un point. L'idée serait alors que le point que je vois est un point qui n'est pas là. Mais, comme Austin le souligne, c'est là une erreur de raisonnement. On peut comprendre de différentes façons le fait qu'il y a un point à l'horizon. Une façon possible de le comprendre est qu'il y a quelque chose à l'horizon qui, vu d'ici, à cette distance, a l'apparence d'un point. Selon cette façon de le comprendre, un avion à l'horizon serait ce point qui se trouve à l'horizon. Le point que vous voyez, selon cette façon de le comprendre, *n'*est *que* l'avion. Ici, la vérité dépend d'une compréhension particulière de « point » et non pas de « voir ». Aucun usage particulier de ce verbe n'est ici en jeu.

| On peut en tirer au moins la conclusion suivante. Les exemples du type 211
que donne Anscombe ou du type illustré ci-dessus ne fournissent aucune raison de penser qu'il existe une quelconque notion intentionnelle de « voir ». Lorsqu'Anscombe insiste sur son usage intentionnel de « voir », elle s'intéresse essentiellement à des questions de non-existence – qui

recoupent, pour le moins, celles de l'*intensionnalité* – et peu, ou moins, à des questions de substituabilité, qui est une marque caractéristique de ce phénomène. Il n'y a pas de cas d'échec de la substituabilité dans les contextes formés à partir de « voir une phrase nominale », même selon le (soi-disant) usage d'Anscombe. De toute façon, l'impossibilité de l'échec n'a aucune incidence sur ces questions relatives à l'inexistence. Pas plus que les questions d'inexistence n'ont d'incidence claire sur la substituabilité. On ne sait toujours pas comment chaque question a un rapport avec une notion d'intentionnalité qui en ferait la marque du mental.

AU-DELÀ DU JUGEMENT

Un trait caractéristique du second sens de « voir » avancé par Ayer est qu' « il n'est pas possible que quoi que ce soit doive sembler avoir des qualités qu'il n'a pas réellement » [1]. L'exemple qu'il donne d'une chose que l'on peut « voir » en ce sens est « un point argenté pas plus grand qu'une pièce de *sixpence* ». C'est faire des objets de la vision comprise en ce sens des types de choses très particuliers – et notamment des choses qui *ne* sont *pas* objets de *vision* : la vision requiert des *yeux* ; et tout ce dont ils nous rendent conscients serait intrinsèquement susceptible d'être autre que cela semble être à travers eux. En réalité, une telle chose ne pourrait avoir aucune des propriétés visibles que les choses du monde environnant sont susceptibles d'avoir (ou du moins d'avoir ou ne pas avoir). Pas plus ne pourrait-elle avoir aucune autre propriété que la conscience visuelle peut révéler. Personne ne pourrait *juger* de manière intelligible qu'elle a ou n'a pas cette propriété, faisant ainsi dépendre la correction d'un jugement de l'état de *la chose*. Dès lors, si une telle chose semblait être, disons, rouge ou carrée, elle semblerait ainsi avoir des propriétés qu'elle ne pourrait pas avoir. Si elle ne pouvait pas sembler avoir des propriétés qu'elle n'a pas, cela voudrait simplement dire qu'elle ne pourrait même pas *sembler* être rouge ou carrée. Peu importe alors que, comme le suggère Ayer, ce qui est vu en ce sens puisse ne pas exister.

Ici, Frege définit le cadre adéquat [2]. Je résume son propos. Si la tomate dans mon assiette, ou ma serviette de plage, est rouge, cela les situe dans

1. A. J. Ayer, *The Foundations of Empirical Knowledge*, *op. cit.*, p. 23.

2. Voir G. Frege, « Der Gedanke », *Beiträge zur Philosophie des deutschen Idealismus*, 2, 1918-1919 p. 58-77, trad. fr. J. Benoist, « La pensée. Une recherche logique », *Signification, vérité et réalité. Textes clé de philosophie du langage*. Vol. I : B. Ambroise et S. Langier (éd.), Paris, Vrin, 2009, p. 87-124 et C. Travis, « Frege, Father of Disjunctivism », *Perception. Essays after Frege*, *op. cit.*

des réseaux de signification factive. Cela signifie que, par exemple, ma serviette fera enrager les taureaux ou les épinoches, qu'elle a certaines propriétés de réflexion de la lumière, que les autres seront impressionnés par mes goûts – ou par mon mauvais goût – en matière de couleur de serviette, ou qu'elle sera de la même couleur que d'autres serviettes. Cela signifie *ipso facto* que si, en une occasion donnée où je suis confronté à la serviette, je juge qu'elle est rouge, je suis nécessairement susceptible de me tromper : il est possible que ce qui se trouve aux autres points des réseaux dans lesquels se trouve ma serviette (si elle est rouge) *signifie* précisément que ma serviette n'est pas vraiment rouge. Cela ne peut pas arriver aux choses que je vois selon le second sens d'Ayer, quelle que soit la façon
dont, | en les voyant, elles semblent être. Dès lors, si une *telle* chose par- 212
venait à être rouge, elle ne s'inscrirait pas dans ce type de réseaux de signification. Ce qui revient simplement à dire que, quel que soit l'état dans lequel cette chose pourrait être, il ne consisterait pas à être *rouge*. Aussi, elle ne pourrait pas sembler rouge, car elle semblerait ainsi être ce qu'elle n'est pas, violant la maxime d'Ayer.

Nul besoin pour ces supposés objets de vision, au second sens d'Ayer, de faire partie de notre monde environnant. Dès lors, s'ils avaient des propriétés observables, elles seraient d'un genre très différent de celles qu'ont les objets qui font partie du monde environnant. Les objets d'Ayer appartiendraient à ce que Frege appelle « les contenus de conscience d'une personne » : il faudrait être quelqu'un pour être conscient d'eux ou en avoir connaissance [*to be acquainted*] ; ils co-existent avec la conscience que cette personne en a. Par conséquent, seule cette personne pourrait être consciente, par exemple visuellement, de ce qu'un tel objet a une telle propriété. Ce qui signifie, comme le soutient Frege, que seule cette personne serait capable d'avoir la pensée que n'importe lequel de ces objets a une de ces propriétés. Cela signifie pour Frege qu'en réalité de telles pensées – et donc de tels faits – n'existent pas du tout. Encore une fois, pour faire bref, une telle pensée, s'il y en avait une, ne pourrait être *vraie* qu'en raison d'un sens inédit de « vrai » – pas dans le sens où il est vrai que je viens de manger la dernière chips. C'est seulement à la personne qui est capable d'avoir cette pensée qu'il reviendrait de donner un tel sens inédit à « vrai » – ce qui s'avère être un projet inintelligible.

Frege écrivait :

> Avec le pas par lequel je conquiers un monde environnant, je prends moi-même le risque de me tromper [1].

1. G. Frege, « Der Gedanke », art. cit., p. 73, trad. fr., « La pensée », art. cit., p. 116.

Mais le monde environnant est tout ce dont on peut juger. Frege aurait pu dire : avec le pas par lequel je conquiers la possibilité même de juger, je prends moi-même le risque de me tromper. Il est impossible de juger de manière vraie (ou peut-être vraie, peut-être fausse) d'une chose qu'elle est *F*, si la façon dont apparaît cette chose équivaut à ce qu'elle serait. Il est impossible qu'existe une chose qui ne puisse être que ce qu'elle semble être. Dès lors, les objets (à l'accusatif) de « voir », dans le second sens d'Ayer, ne peuvent pas être des *objets*, c'est-à-dire des choses qui peuvent être dans de multiples états et dont on peut raisonnablement *penser* qu'elles sont dans un état plutôt que dans un autre.

Que peut-on donc bien « voir » dans le second sens d'Ayer ? Un point argenté, suggère-t-il. Mais la grammaire nous égarera peut-être moins si nous changeons d'exemple. Il se peut que Dick Cheney faisant le poirier soit le genre de choses que l'on puisse voir en ce sens. Hélas, Cheney existe. Mais il est possible que ce ne soit pas le cas de lui faisant le poirier. Ce qui fera l'affaire *ici.* Maintenant, « choses », dans « l'état des choses », peut avoir – et a généralement – un sens catholique, dont une marque est que l'on ne peut demander « Quelles choses ? ». L'état des choses, c'est ce qui correspond aux états dans lesquels les choses peuvent ou non être – tels, par exemple, le fait que les paresseux dorment ou que Cheney fait le
213 poirier. Cheney faisant le poirier est un état possible des choses. | Cheney faisant le poirier, c'est une chose qui (dans la perspective de l'espace logique) peut arriver, ou du moins peut ne pas arriver.

On ne peut pas voir un état des choses (même si on peut voir les choses dans cet état – si elles le sont – ou en être témoin). De la même façon, on ne peut pas voir la possibilité qu'une chose arrive ou pas, bien qu'on puisse voir son occurrence ou sa réalisation. Si Cheney fait le poirier, vous pourriez le voir le faire. Voir Cheney faire le poirier est également, peut-on supposer, une chose qu'on pourrait faire au second sens de « voir » d'Ayer. Il faudrait que Cheney fasse le poirier – il faudrait que les choses soient dans *cet* état – pour que vous en soyez témoin ou vous en rendiez compte. Mais, peut-on également supposer, vous pourriez le voir faire le poirier dans le second sens d'Ayer sans qu'il le fasse. *Ce que* vous verriez en ce sens ne ferait pas partie de l'état des choses (comme le ferait ce que vous *voyez*).

L'état des choses, dans le sens catholique normal de « choses », correspond à l'ensemble de ce dont on peut juger. C'est *précisément cela* qui consiste, pour les choses, à être dans un certain état possible – et qui peut rendre un jugement vrai ou faux. *Si* Cheney fait le poirier, cela fait partie de l'état des choses, mais ce que vous « voyez », dans le second sens d'Ayer, lorsque vous voyez Cheney faire le poirier, n'en fait pas partie. Si « voir » (au second sens) Cheney faire le poirier est une expérience visuelle, ce ne l'est pas (par contraste avec le fait de voir quelqu'un faisant vraiment le poirier) de ce qui, en étant comme c'est, *montre* à quelqu'un qu'il a fait l'expérience de telle ou telle chose (par exemple, d'un fac-similé d'homme faisant le poirier). Ce dont on fait l'expérience *ainsi* ne peut pas servir d'appui au jugement. Ce que *c*'est, cela ne pourrait pas être Cheney faisant le poirier – peu importe comment on comprend à quoi correspondent les choses dans cet état. Si Ayer « voit » (au second sens) Cheney faisant le poirier, il peut sembler *à Ayer* (il peut avoir l'impression) que Cheney se tient ainsi. Mais cela ne dépend pas de la conscience visuelle qu'a Ayer d'une chose qui instancie des éléments qui ont cet air [*look*] – comme pourrait l'être la vision qu'a Jack Black de Cheney se tenant dans cette position.

L'insistance d'Ayer sur le fait que ce que vous « voyez » (au second sens) ne peut pas être différent de ce qu'il semble être revient en fait à ce qui suit. Il ne peut pas *sembler* que vous « voyiez » ainsi Cheney faisant le poirier, alors que vous « voyez » en fait Rove faisant le poirier ou Bush sur ses pieds ; de même qu'il ne peut pas sembler que vous voyiez une étoile au-dessus d'Emerson Hall qui *semble* scintiller mais qui en réalité ne le fait pas. Il n'y a en ce sens rien de plus *à* voir que ce que vous êtes prêt à en dire – aucune possibilité que ce que vous voyez vous *semble* simplement être d'une façon plutôt que d'une autre. Arrivé à ce niveau, on pourrait émettre des objections. Mais supposons plutôt que nous soyons d'accord avec cette idée : c'est ce que doit être « voir » (au second sens).

L'argument de Frege peut alors s'appliquer à nouveau. Supposons qu'il me soit impossible d'avoir simplement l'impression que je vois (au second sens) *A* quand ce que je vois vraiment (au second sens) est en fait *B*. Dès lors, aucune posture conduisant à ce que mon expérience consiste à voir (au second sens) telle ou telle chose ne m'expose au risque de l'erreur. En conséquence, ce n'est pas un *jugement*. Dans l'état actuel des choses, se demander si je vois (au second sens) Cheney | faire le poirier, ce ne peut pas **214**
être un moyen pour faire en sorte que les résultats d'une posture dépendent de l'état des *choses*. Peut-être que si j'adoptais une telle posture, quelqu'un d'autre pourrait exercer un jugement suivant lequel j'ai vu (au second sens) Cheney faire le poirier. Peut-être y a-t-il alors dans ce cas *quelque chose* dont *quelqu'un* puisse juger. Peut-être que dans les circonstances adaptées, je pourrais être ce quelqu'un. Mais alors il existerait bien pour moi un risque d'erreur à propos de mon expérience – une possibilité, par exemple, que je confonde Cheney et Tamerlan. Et ce qui me donnerait tort ou raison – ou déciderait du destin de *cette* posture – ce ne serait pas simplement mon expérience de ce que j'ai vu (au second sens) être comme il était. Si je pense que je vois Cheney sourire d'un air narquois, j'ai tort ou raison selon que ce que j'ai en vue est ou n'est pas (une instance de) Cheney souriant d'un air

narquois. Que cela me semble être le cas pourrait difficilement rendre les choses telles. Cela dépend entièrement de l'état des *choses*. Il n'en serait pas de même si je considérais que ce que j'ai vu (au sens second d'Ayer), c'est Cheney souriant d'un air narquois.

L'idée d'intentionnalité qu'Ayer exprime de cette manière et qui, ainsi exprimée, fragilise le jugement, est ce qu'Anscombe exprime en termes de pauvreté des faits concernant les objets accusatifs des discours intentionnels – le type de pauvreté qui est celle de la fiction. Dans ce que je vois selon l'usage intentionnel d'Anscombe, il n'y a rien de *plus* que ce quc je *reconnais* comme étant vu, ou suis prêt à reconnaître. Ici également, les faits qui vont au-delà de ce que je vois n'entrent pas en considération. Le terme que je viens d'employer, « reconnaître », peut exprimer deux phénomènes assez différents, que la langue allemande distingue par « *anerkennen* » et « *erkennen* ». L'*Erkennung* est un pur accomplissement cognitif ; pas l'*Anerkennung*. Cette dernière consiste à admettre [*acknowledge*], à créditer, à compter comme ou, peut-être, à conférer un statut – comme par exemple le fait de certifier un plombier. Pour Frege, l'assertion est une *Anerkennung* de la vérité de ce qui est asserté – un engagement[1]. Il n'y a quelque chose à *erkennen* que lorsqu'il y a quelque chose à juger. Il peut cependant y avoir des choses à *anerkennen*. On peut en tout cas *anerkennen* ce qu'on voit (au second sens d'Ayer) comme étant Cheney faisant le poirier, même s'il est impossible d'en *juger*. De manière similaire, on peut *anerkennen* que l'on voit la poule dans son nid même si, en l'absence de telles postures, l'*Erkennung* n'est pas encore en jeu (ici seulement peut-on penser au cas où l'on voit des figures dans un Pollock). Selon Anscombe, lorsque l'on ne peut envisager aucune *Anerkennung* – par exemple, celle de la poule semblant avoir 1013 plumes – il ne peut pas non plus être question d'*erkennen*. Jusque là, sa position correspond à celle de Frege. L'erreur, si elle la fait, consiste seulement à penser que c'est *la vision* qui est en jeu à ce niveau. Alors qu'il s'agit essentiellement des choses à juger.

Pour que le jugement puisse intervenir, comme nous l'apprend Frege, on doit se donner un environnement. Il ne s'agit pas d'un *environnement* que l'on décrit en décrivant que ce dont on fait l'expérience visuelle est une poule dans son nid. Dans ce cas non plus, le jugement n'est pas encore en jeu. Ce qui n'est pas dire qu'il *ne* peut *pas* y être. Si j'admets (*anerkennen*) que la poule est dans son nid, *c*'est là un trait de *notre* environnement
215 partagé. | C'est donc un jugement possible, que je l'aie admis ou pas. Ce qui suffit à montrer qu'il *est possible* de dire vrai, ou faux, en disant que je vois

1. G. Frege, « Der Gedanke », art. cit., p. 65, trad. fr., « La pensée », art. cit., p. 96.

la poule dans son nid, ou deux feuilles de papier, selon un *certain* usage de « voir » – cet usage, peut-être, que j'ai suggéré plus haut. La question est alors celle de savoir de quelle type de vérité il s'agit. Qu'il en soit allé pour moi comme s'il y avait une poule dans un poulailler, cela peut faire partie de l'état des choses. Le fait que les choses aient visuellement tel ou tel air, quand je suis le seul à pouvoir en être le témoin, cela ne fait pas partie de l'état des choses. La correction de la posture me permettant de voir la poule dans son nid ne peut pas être déterminée par l'état de ce dont seul je *puis* être témoin. C'est la leçon de Frege.

Supposons que voir la poule dans son nid consiste à être dans un certain état neuronal. Alors il y a quelque chose que *l'on* peut faire – voir la poule dans son nid – *qu'on* peut accomplir en se mettant dans le bon état neuronal (mettons de côté les aspects pratiques de la question). La situation est comparable au fait de voir une poule dans son nid décomposée en un ensemble de points d'une peinture pointilliste : l'image est *là* et cela peut demander beaucoup d'effort de la voir distinctement. Quand, après avoir passé des jours à regarder la toile, j'identifie finalement la poule, on peut difficilement dire que ce que je fais correspond à l'usage intentionnel de « voir » selon Anscombe. Bien sûr, il n'y a pas vraiment de poule gloussant sur la toile et la couvant. Il n'y a pas non plus de véritable cheval dans la peinture de Rubens de Catherine de Médicis à cheval. Lorsqu'on dit que l'on voit de la fumée sortir des narines du cheval, nous parlons bien sûr du fait d'en voir une *image* – c'est là encore un autre usage de « voir ». Mais nous *ne* parlons assurément *pas* de quelque chose qu'il n'y a pas à voir. Il en va de même, suggérerais-je, lorsque voir *A* correspond au fait d'être dans un certain état neuronal. Il *y a* quelque chose qu'on peut voir en se mettant dans cet état. Non pas qu'il y ait des poules dans votre cerveau ; mais il n'y en n'a pas non plus sur la toile.

Jusqu'ici, donc, le sens donné par Ayer à « voir » et l'usage d'Anscombe correspondent bien au tableau que j'ai dressé. Considérons à nouveau la rêverie. Lorsque Sid demande, à propos du rêve de Pia, ce qu'elle est en train de faire et qu'elle répond « Je cours au milieu des taureaux », il serait assez peu naturel de penser que ce qui se passe, c'est que Pia observe quelque chose dans un certain état et le reconnait comme étant le fait qu'elle court au milieu des taureaux – ou même de penser qu'on peut observer une peinture, ou une photo, comme étant ce qu'elle est et y reconnaître *qu'il s'agit de* Pia courant au milieu des taureaux (c'en est une image, bien sûr). La rêverie est bien plutôt un rêve fantaisiste, une histoire, que Pia se raconte dans sa tête ; il faut que Pia raconte l'histoire, moyennant le fait, par exemple, de confondre Pampelune avec Burgos. Il n'est donc pas très naturel de considérer que la réponse que Pia donne à Sid est un *jugement* à propos de ce dont elle fait l'expérience en rêvant comme elle le fait. C'est quelque chose qui s'approche plus de l'*Anerkennung*. C'est en tout cas une manière de se raconter une histoire. Des énoncés tels que « Je vois deux feuilles de papier » (comme ci-dessus) sont en tout cas proches du récit : on y trouve cette pauvreté caractéristique des faits concernant le papier que je vois. Ce n'est pas un *pur* récit : je ne peux pas en dire ce que je veux. Mais l'*Anerkennung* y joue ce type de rôle.

Encore une fois, la question n'est pas de savoir si certaines formes verbales – par exemple, « Je vois une poule dans son nid » – peuvent dire cc qui est vrai lorsqu'aucune poule n'est dans aucun nid. Il ne fait aucun doute
216 que ce type de formes verbales | *peut* affirmer ce genre de vérités. La question est celle de savoir ce *que* sont ces vérités. S'agit-il de vérités concernant la *vision* – selon une certaine façon de *la* comprendre – d'un phénomène intentionnel ? Rien encore ne l'indique. Et on trouve des indices allant dans le sens contraire. La tâche principale de la vision, à côté d'autres modalités de perception – entendre, sentir (avec vos doigts), etc. –, dans la vie d'un être pensant, est de permettre au monde de peser sur ce qu'il va penser (et pense), selon la façon dont le monde pèse sur ce qui *est le cas* (*inter alia*, sur les choses à faire). Le monde étant ici : les choses étant comme elles sont, autrement dit l'environnement dans lequel nous habitons tous, dans l'état dans lequel il se trouve.

Si je dois accommoder ma vision *afin de* voir la poule dans son nid, cela peut signifier – et c'est ce que je peux apprendre de l'expérience – que je suis astigmate. Ce dont je fais ainsi l'expérience – la « vision » que j'ai *désormais* de la poule dans son nid – pèse sur ce qui est le cas ; l'expérience que j'en fais a du poids pour ce que je dois penser. Mais il n'en va pas de même avec la vision. *Voir* le lion devant moi, cela donne à la présence du lion un poids à l'égard de ce que je vais penser à propos de l'existence d'un lion devant moi : je peux correctement juger, sur la base de la présence du lion, qu'il y en a un. La présence du lion peut *par conséquent* avoir de l'importance à l'égard de ce qu'on peut penser d'autre – par exemple, que je suis heureux d'avoir rédigé mon testament – selon ce qu'elle *signifie* (comme la présence d'un lion devant vous signifie que ce serait une bonne chose d'avoir rédigé un testament).

Ce qui importe pour savoir si je suis astigmate, c'est que *ma vision* (selon l'usage d'Anscombe) de la poule dans son nid a besoin que mon œil accommode *de telle ou telle façon* ; c'est le fait que je suis affecté de cette manière. Ce n'est pas que, indépendamment de tout cela, il y a une poule dans son nid pour m'affecter ainsi, ni qu'il y a quelque chose qui y ressemble, ni une image. Ce serait là plutôt quelque chose que *n'importe qui* pourrait voir (s'il était bien placé). La poule dans son nid ne correspond à rien d'autre qu'à l'air qu'ont les choses pour moi – quelque chose qui n'est présent que si l'on adopte la position que je prends à l'égard de mon expérience visuelle. L'état des choses *visible* dans le Sahara devant moi, c'est qu'un lion, de manière reconnaissable, y est présent. *Je* peux dire que tel est le cas et *n'importe qui* peut le dire. Car l'état des choses dans ce cas est précisément qu'il y a un lion. Ce modèle ne coïncide pas avec la poule dans son nid. Les choses qui ont *cet* air ne correspondent pas au fait que la poule a l'air qu'elle aurait si elle était dans son nid (de telle sorte que la façon dont je saisis les choses ayant cet air est, en d'autres termes, ma « vision » de la poule dans son nid). L'air qu'ont ces choses ainsi n'est pas quelque chose dont *quiconque* pourrait être visuellement conscient. Car il n'y a pas d'autre air ici que les airs qu'ont les choses pour *moi* ; et il ne peut y avoir des airs pour *moi* que s'ils m'en laissent l'impression. Et l'impression qu'ils me laissent n'est pas ici la réponse que j'offre à ce qui est *reconnaissable* de cette façon, ni donc la *reconnaissance* (*erkennen*) que j'en donne. Cette notion de reconnaissance n'est pas celle qui convient ici.

Il n'y a aucune raison de penser que la vision (au second sens d'Ayer ou selon l'usage intentionnel d'Anscombe) serait la conscience *visuelle* de ce qui importe pour *ce dont* je fais alors l'expérience, de la même manière que ce que je vois dans le veld est la conscience visuelle de ce qui importe pour savoir si j'ai affaire à un lion ou une lionne. Les mâles ont un certain air, les femelles en ont un autre. Il se peut que je voie, ou pas, la différence. Néanmoins, elle existe bien et *quiconque* peut la voir. Alors que ce qui importe pour déterminer si je vois une poule dans son nid, ou voltigeant au-dessus, ce n'est pas | que je me confronte visuellement avec ce qui a un air 217
dans le premier cas et ce qui a un autre air dans le second (que je puisse ou non le dire).

REGARDER ET OBSERVER

Les problèmes tiennent ici peut-être à ce que l'intensionnalité-avec-s, qui est un phénomène linguistique, ne nous est d'aucune aide pour comprendre l'intentionnalité-avec-t, qui est la marque supposément caractéristique du mental. Si certains ont pu penser que c'était le cas, c'est parce qu'ils ont mal interprété l'échec de la généralisation existentielle. Qu'*est*-ce donc que l'intentionnalité ? A-t-elle quelque chose à voir avec le fait d'être *à propos de*, sans être à propos de quelque chose en particulier ? Wittgenstein faisait cette remarque : vous pouvez chercher quelqu'un quand il n'est pas là, mais pas le pendre. Chercher, tout comme vouloir et espérer sont, s'il y en a, des cas clairs d'intentionnalité. Peut-être peut-on trouver un indice dans la distinction de Wittgenstein. Cela a-t-il cependant un sens de dire qu'elle porte sur le non-existant ?

La locution « la fontaine de jouvence » dans l'expression « chercher la fontaine de jouvence » n'est pas un nom. Et la locution « la fontaine de jouvence la plus proche de Miami » n'a pas non plus besoin d'en être un. « Chercher _ » peut être complété par un nom. Mais ces ajouts ne montrent rien quant au fonctionnement de la locution complète. À ce niveau, ce n'est pas encore *l'intensionnalité* qui est en jeu. « Sid veut *N* » pourrait-il être vrai, si *N* fonctionnait dans ce contexte comme un *nom*, mais sans rien dénommer ? L'idée semble absurde. Être un nom consiste précisément à faire en sorte que l'ensemble verbal auquel il appartient porte sur un individu et que la vérité de cet ensemble dépende essentiellement de l'état de *cet* individu. Un nom qui ne dénomme rien ne peut pas le faire. Prenons des exemples : « Sid veut rencontrer le roi Edward IX », ou « Syd veut manger un Mars », « Syd » désignant l'ancêtre du XIXe siècle de Sid (lorsque Sid a en tête une série de complots ayant finalement pour résultat de mettre sur le trône un Edward IX dans la semaine qui vient, et que Sid dit ce qu'il veut dire, « Edward IX » ne fonctionne pas comme un nom). « Sid veut... » devrait répondre à la question de savoir ce que veut Sid. Mais il n'est pas possible de « rencontrer le roi Edward IX » ; on ne peut pas rencontrer cette personne qui n'existe pas. Aussi, dire, ou essayer de dire, que *c'est* ce que veut faire Sid, ce n'est pas fournir une réponse. Cela n'identifie rien qu'on puisse faire, ni donc quelque chose que Sid puisse vouloir faire. Mettre « rencontrer Edward IX » entre guillemets et en faire ce que Sid pense de manière erronée, c'est là une chose qu'on peut faire et, dans ce cas, les choses peuvent en aller autrement. Si « veut faire *X* » sert à identifier une chose *qu'on peut faire* comme étant une chose que quelqu'un veut faire, cette locution va inévitablement avoir d'autres usages en identifiant ce que quelqu'un *s'imagine* pouvoir faire comme ce qu'il *s'imagine* vouloir. Pour le redire, Syd ne pouvait pas vouloir manger un Mars, puisqu'une telle chose n'existait pas à ce moment-là (et elle n'était même pas prévue). Au mieux pouvait-il rêver d'un futur produit qui s'appellerait « Mars ». Mais
218 vouloir manger une telle chose, | ce n'est pas vouloir manger un Mars. Syd ne pouvait donc vouloir que des choses qu'il pouvait avoir à l'esprit.

Jusqu'ici, rien n'indique que « Sid veut ___ » est intensionnel. Qu'en est-il de la substituabilité ? Si Nicole est vraiment maman, Sid peut-il vouloir être avec Nicole mais pas avec maman ? Je suppose qu'il le peut s'il peut *penser* que Nicole, mais pas maman, réussit particulièrement bien les *churros*. Il n'est pas du tout évident qu'il puisse le faire. S'il le pouvait, cela ne l'aiderait pas à vouloir, ou à penser à, des choses (ou des individus) qui n'existent pas. Rien ne pourrait l'y aider, même si des usages dérivés de

« veut… » (comme des usages dérivés de « fume… ») peuvent en donner *l'impression.* Il n'est pas non plus évident que tout cela ait un lien avec *l'intentionnalité.*

L'intensionnalité n'a pas besoin qu'un contexte (phrastique) soit rempli, avec un élément qui ne réfère à rien, pour qu'une vérité soit établie. Si c'était le cas, ce serait pour le moins problématique. Le rôle d'un nom est de faire que l'ensemble dont il fait partie exprime une pensée singulière : une pensée dont la vérité dépend précisément de l'état de *telle ou telle chose.* Alors qu'il peut y avoir une pensée générale selon laquelle il existe quelqu'un qui est *insipide*, pour une pensée singulière, il existe quelqu'un tel que, selon cette pensée, *il* est *insipide.* Un nom qui ne réfère à rien ne peut permettre cela. Car ce serait un *nom* qui jouerait son rôle sans identifier un individu – une idée de toute façon absurde et qui confond les pensées singulières et générales. Je ne développerai donc pas plus l'argument.

Il a été suggéré jusqu'ici qu'il existe deux usages de « cherche », « veut », etc., parallèles aux deux usages de « voir » et « courir » – pour dire ce que quelqu'un *a vu* et pour dire ce qu'il a semblé voir, pour dire où quelqu'un a couru et où il s'est imaginé courir. Le premier usage de « cherche » sert à dire ce que quelqu'un recherche et le premier usage de « veut » sert à dire ce qu'il veut. Le second type d'usage de « chercher » intervient lorsqu'un nom ne dénomme rien ou rien que le chercheur puisse avoir à l'esprit : « Edward IX », « un Mars ». Il sert à dire ce que quelqu'un imagine qu'il faut chercher ou faire. « Chercher une fontaine de jouvence » peut être du premier type. Or « une fontaine de jouvence » n'est pas un nom. Comment comprendre *ce* type de cas ?

Au premier abord, vouloir et chercher sont des verbes relationnels. Si l'on peut chercher ce qui n'est pas présent – une fontaine de jouvence –, alors on pourrait penser que la relation n'opère pas avec un *objet.* Avec quoi donc s'opère-t-elle ? Il existe un état dans lequel une personne peut se trouver : l'état où elle a trouvé une fontaine de jouvence. C'est un état dans lequel une personne peut tout à fait se trouver, même s'il ne sera jamais instancié par quiconque. Cela n'est pas intensionnel (puisqu'il ne s'agit pas d'une phrase ouverte) et je suggère qu'il n'est pas plus évident que cela soit intentionnel, même si l'on ne peut pas trouver ce que l'on ne cherchait pas – ou du moins ce dont on ne se rend pas compte – et que chercher *est* intentionnel ou que « se rendre compte » doit s'avérer l'être. Chercher, cela peut être une relation à un état des choses. Cela peut consister, *grosso modo*, à *viser* à ce que les choses soient dans cet état – à essayer d'accomplir cela. Comme toute relation, elle ne peut pas être reliée à rien. C'est la raison pour laquelle, on ne peut pas opérer une relation avec | « rencontrer Edward IX ». 219
Dès lors, là encore, si « Sid veut rencontrer Edward IX » ou « Sid cherche

Edward IX » peuvent parfois exprimer une vérité, ce n'en est pas une qui concerne ce que Sid est en train de chercher ou la personne qu'il veut rencontrer ; c'est plutôt une vérité qui porte sur qui il *imagine* chercher ou vouloir rencontrer.

On y trouve peut-être de l'intentionnalité. Mais la relation à rien n'est pas une relation avec quelque chose. Il en va de même avec *viser* et *être dirigé vers*. Que pourrait alors bien être l'intentionnalité ? J'ai soutenu que *voir* et *vouloir*, ce sont des relations à des états de choses. Pour qu'il existe un état des choses donné, il peut être nécessaire, ou pas, qu'il existe des objets donnés. Vous ne pouvez *littéralement* pas être plus vieux que Mathusalem sans qu'il y ait eu de Mathusalem. Vous pouvez avoir l'espoir de rencontrer un jour un honnête homme sans qu'il n'y en ait aucun. Si un état des choses donné requiert ainsi tel ou tel objet, il est impossible pour quiconque d'être en relation avec cet état si cet objet n'existe pas. Une relation à un état des choses pourrait avoir lieu indépendamment de l'instanciation de cet état. Il n'est pas nécessaire que cette relation soit intentionnelle. Mon plaqueminier est dans une certaine relation avec l'état de fait suivant : le fait de porter des kakis. Sa relation est la suivante : il ne parvient pas à le faire. Mais mon plaqueminier, peut-on présumer, ne jouit pas d'intentionnalité.

Pour saisir cette distinction, nous pouvons revenir à l'idée d'être dirigé vers ou de viser. J'ai dit que chercher, c'est viser un état dans lequel les choses doivent être (ou l'instanciation de cet état). Vouloir (être riche par exemple), c'est se diriger vers cet état, et ainsi de suite. Lorsqu'il y a une visée, elle peut réussir ou échouer. Les vœux peuvent être réalisés ou déçus ; la recherche peut être fructueuse ou pas. Les circonstances dans lesquelles *N* cherche, ou veut, telle ou telle chose, déterminent certaines conditions de ce succès, tout autant que ce qui exprime une pensée peut imposer certaines conditions à sa propre vérité. Mon plaqueminier ne *vise* pas à produire des kakis. Il se borne simplement à fructifier. Lorsqu'il le fait, peu importe comment, cela n'identifie aucune gamme de cas pour lesquels il serait *victorieux* ou le ferait *correctement* en le faisant. Peut-être trouvons-nous ici les marques caractéristiques de l'intentionnalité.

Mais tout cela est-il correct ? Pourquoi ne pas dire que mon plaqueminier vise à produire des kakis et qu'un plaqueminier malade, qui ne produit rien, n'atteint pas ses objectifs ? Une réponse possible est la suivante. Si vous cherchez une fontaine de jouvence, ou voulez en trouver une, alors, aussi longtemps que vous restez dans ces dispositions, vous avez raison de mettre en œuvre certains moyens pour agir, qu'une fois le succès rencontré, vous avez raison de stopper. Vous devez savoir quand arrêter de chercher. Il s'agit notamment de savoir quand renoncer ; mais il

s'agit également de savoir quand il ne faut plus *chercher* : quand l'objectif est atteint. La recherche est ainsi liée, par ses objectifs, à des raisons, contrairement au fait d'être en bonne santé pour produire des kakis. Si mon plaqueminier recouvre la santé et devient productif, cela ne lui donne aucune *raison* de faire quoi que ce soit. Ce n'est pas le genre de chose qui a des raisons. C'est peut-être fondamental. Ce sont pour | des créatures inten- 220
tionnelles que les choses peuvent être des raisons ; il est essentiel aux états intentionnels qu'ils les imposent. C'est là *une* notion d'intentionnalité.

Si nous pensons à l'intentionnalité de cette façon, l'intentionnalité est-elle la marque du mental ? Il est possible que les créatures qui ont des vies mentales soient précisément celles qui sont susceptibles d'avoir des états intentionnels. Mais un *état* (une circonstance ou un processus) est-il mental du simple fait qu'il est intentionnel ? Tim Crane, dans un article récent qui défend la thèse de Brentano [1], fait la remarque suivante :

> Si la perception était le seul état mental sur lequel portait la discussion, l'intentionalisme [la thèse de Brentano] ne serait pas une thèse controversée [2].

Précisément pas, aurait-on pu penser. Il y a des phénomènes mentaux, comme chercher quelque chose, qui visent quelque chose, ont un objectif, ont une direction. Et il y en a d'autres qui, pour le dire vaguement, ne visent rien mais restent là où ils étaient – des cas qui sont, en un certain sens, factifs, dans une pure relation avec *l'état* des choses. La perception, la vision par exemple, aurait plutôt semblé être un exemple typique de ce second type de cas. La connaissance en aurait été un autre. Dans un certain sens de « devrait », il y a un état dans lequel les choses devraient être lorsqu'un sujet recherche quelqu'un. Par contraste, on voit simplement ce qui est devant soi (selon l'acuité, l'attention, etc.). La vision du lion (ou du lapin) dans l'herbe n'est la réalisation d'aucun de *mes* objectifs et elle n'en recèle aucun. Elle n'implique même pas que je prenne le lion pour un lion (et non pas pour un lapin). (À cet égard, il n'en va pas de même pour la vision d'*une chose en tant que telle* ; mais ça ne semble pas non plus *la* rendre intentionnelle.)

Pourquoi est-il possible que Crane pense que la perception est un cas évident d'intentionnalité ? J'ai seulement proposé une certaine conception de l'intentionnalité – selon laquelle la perception n'est pas, à première vue,

1. « L'intentionnalité, "l'orientation de l'esprit vers des objets", est ce qui distingue les phénomènes mentaux », dans T. Crane, « Intentionality as the Mark of the Mental », dans A. O'Hear (ed.), *Contemporary Issues in the Philosophy of Mind*, Cambridge, Cambridge University Press, 1998, p. 1.

2. *Ibid.*, p. 4.

intentionnelle. Il y en a peut-être d'autres selon lesquelles elle est intentionnelle. C'est peut-être une de ces conceptions qu'il a en tête. Crane envisage deux théories de l'intentionnalité. La première est celle de Brentano et Crane l'explique ainsi :

> Tout acte intentionnel « inclut en lui quelque chose comme un objet » [...] L'objet vers lequel se dirige l'esprit existe *dans* l'acte mental lui-même. Par exemple, en entendant un son, le son [...] – un phénomène physique – est contenu dans l'acte de perception du son – un phénomène mental [1].

Crane parle ici de direction vers un *objet* plutôt que d'état possible des choses. C'est une différence importante quant à la façon dont nous concevons l'intentionnalité. J'ai déjà donné mes raisons. « Être contenu dans » est une métaphore. Je considère qu'elle veut dire quelque chose de ce genre : l'acte (d'entendre ce son) ne serait pas *cet acte* sans ce son. Aussi
221 l'objet contenu est-il essentiel à l'identité du | phénomène mental. En tout cas, je ne vois aucune façon d'interpréter cette idée sans jeter un filet beaucoup trop large pour identifier l'intentionnel. L'acte de laver la vaisselle du dîner contient en lui la vaisselle, même lorsqu'elle est faite par la machine. Peut-être le filet semblera-t-il plus resserré si nous considérons que l'objet de l'acte ne doit pas avoir d'existence indépendamment de l'acte. Mais nous nous sommes déjà débarrassés de cette idée.

Crane lance peut-être un filet plus étroit un peu plus tard, quand il identifie « deux éléments principaux du concept d'intentionnalité ». Il s'agit de « la structure relationnelle apparente de l'intentionnalité » et de « la nature perspectivale, ou au grain fin [*fine-grained*], de l'intentionnalité » [2]. La structure relationnelle dont il parle est celle qui lie un sujet (un penseur) avec l'objet de l'état (ou épisode, etc.) mental. En tant que telle, la structure relationnelle est de peu d'aide pour identifier l'intentionnel. Il y a une structure relationnelle entre un penseur et ce bol de soupe qui a taché son pantalon – via la relation *être taché par*. Je crois que beaucoup de choses reposent ici sur le mot « apparente ». Je pense que l'idée, c'est que le *phénomène* peut toujours être instancié, les conditions toujours réunies, même quand la relation pertinente apparaît *seulement* valable sans l'être réellement : lorsqu'il n'y a pas de second terme avec lequel le sujet entre en relation. Je ne peux pas être taché par de la soupe qui n'existe pas. Mais je peux chercher de la soupe quand il n'y en a pas. Or j'ai déjà montré qu'ainsi comprise, une structure relationnelle seulement apparente n'est qu'une illusion : ce avec quoi j'entre en relation – et ce avec quoi il apparaît que j'entre en relation – en cherchant quelque chose est un état possible des

1. T. Crane, « Intentionality as the Mark of the Mental », art. cit., p. 3-4.
2. *Ibid.*, p. 12.

choses, à l'instanciation duquel j'aimerais contribuer. Lorsque cet état exige qu'un certain objet existe (je « cherche ce diamant aussi gros que le Ritz ») et qu'il n'existe pas, il n'y a rien que je cherche. Ce qui revient à dire : j'ai seulement l'illusion de chercher quelque chose ; les descriptions *correctes* de ce que je fais en cherchant ainsi sont des descriptions de ce dont j'ai l'illusion.

Quant à la question de la finesse de grain, il y a deux façons de la comprendre. La première idée veut que lorsque je suis dans une relation avec quelque chose qui la saisit jusqu'à son grain le plus fin, je le suis toujours selon une certaine perspective ou d'un certain point de vue. Si je cherche un honnête homme, je le fais en ayant en tête une certaine image de ce qu'est un honnête homme. Si je vois le lion dans l'herbe, je le fais en adoptant une certaine perspective sur le lion. Si je suis tâché de soupe, je le suis d'après une certaine perspective : moi sous la soupe, le serveur qui virevolte avec elle au-dessus de moi. Cette première idée ne nous aide pas beaucoup. Une autre idée est que ma perspective entre de fait comme une sorte de troisième terme effectif dans la relation. Ainsi, je ne suis pas en train de chercher un honnête homme *tout court*. Je suis plutôt en train d'en chercher un sous « un mode de présentation » de ce qui consiste à *être un honnête homme*, et non pas sous un autre. *Si* chercher, cela ressemble vraiment à ça, alors « *N* cherche ___ » est peut-être intensionnel.

En lisant de cette façon les deux éléments principaux relevés par Crane, la vision, du moins la vision de ce qui se trouve devant vous, reste non intentionnelle. Je ne vois pas le lion sous certains modes de présentation plutôt que sous d'autres. Je le vois ou pas, c'est tout. Bien sûr, le voir d'après | différentes perspectives (ou d'après différents angles) modifie 222
l'information à son propos qui m'est disponible. C'est une autre question. Et la vision n'est pas susceptible d'être seulement en apparence relationnelle. Nous pourrions encore continuer à chercher d'autres notions d'intentionnalité qui rendraient la vision intentionnelle. Mais faut-il le faire ?

Penser que la perception est intentionnelle, cela a en fait déformé la réflexion la concernant. D'une part, cela a donné l'impression qu'on devait trouver quelque chose vers lequel elle se dirigeait – quelque chose comme « une condition de correction » pour voir ce qu'on voit en une occasion. Ce qui en a conduit d'autres à trouver dans la perception quelque chose qui n'y est tout simplement pas, à savoir : un contenu représentationnel, c'est-à-dire la représentation de telle ou telle chose comme étant telle ou telle. Savoir, tout comme voir, n'est pas un phénomène intentionnel, si nous concevons l'intentionnalité comme nous l'avons fait. Mais ce n'est pas sans rapport avec ce qui est intentionnel (si quoi que ce soit l'est) : *penser* que quelque chose est le cas. Savoir et penser sont notamment connectés par un repli rationnel : je pensais savoir, mais maintenant je comprends que je ne faisais que le penser. Supposez que le savoir soit une forme de réalité hybride, un amalgame composé de la *pensée* que quelque chose est le cas et d'autres conditions supplémentaires dont un sujet n'a pas besoin d'être conscient du fait qu'elles sont réunies. On peut ainsi concevoir l'intentionnalité de telle sorte que le savoir hérite uniquement son intentionnalité de ce composant qu'est le fait de penser que telle chose est le cas. Nous n'avons pas besoin de vérifier qu'il réussit, de lui-même, d'autres tests. Dès lors, si vous pensez que le savoir *doit* simplement être intentionnel, vous avez là un motif d'essayer de le rendre hybride. Certains ont pensé la même chose pour la vision. J'ai *pensé* avoir vu un lapin dans l'herbe ; mais je comprends maintenant que les choses sont simplement apparues ainsi. Si on suit le modèle du savoir, il se peut que la vision soit une réalité hybride, composée de choses qui apparaissent de telle ou telle façon et d'autres conditions supplémentaires, dont il n'est pas nécessaire, ni peut-être possible, d'avoir une conscience visuelle. Aussi la vision peut-elle être intentionnelle de la même façon que le savoir selon l'explication précédente (Crane est bien conscient de ce lien ; lorsqu'il endosse la thèse de Brentano, son argument repose explicitement sur une conception de la vision, ou des expériences visuelles, comme représentant les choses comme étant telles ou telles, et donc comme réalité hybride). Mais il y a de sérieuses objections à l'encontre de l'idée que la perception ou le savoir sont des réalités hybrides (Frege a montré pourquoi on ne peut pas concevoir la vision de cette façon). Dans ce cas, pour autant que l'idée de direction ait une quelconque valeur, le mieux à faire sera simplement d'admettre que certains phénomènes mentaux sont intentionnels et que d'autres ne le sont pas [1].

Traduit de l'anglais par Bruno AMBROISE et Charlotte GAUVRY

1. Je voudrais remercier Mark Kalderon qui m'a considérablement aidé à mettre au point ces idées.

INDEX NOMINUM

TABLE DES MATIÈRES

DEUXIÈME PARTIE
LE REPRÉSENTATIONALISME D'ORDRE SUPÉRIEUR

TROISIÈME PARTIE
L'AUTO-REPRÉSENTATIONALISME ET L'INTENTIONNALITÉ PHÉNOMÉNALE

QUATRIÈME PARTIE
PERSPECTIVES CRITIQUES

Achevé d'imprimer par Corlet Numérique - 14110 Condé-sur-Noireau
N° d'Imprimeur : 131186 - Dépôt légal : août 2016 - *Imprimé en France*